Heimo Schwilk
HERMANN HESSE

Heimo Schwilk

HERMANN HESSE

Das Leben des Glasperlenspielers

Mit 28 Abbildungen auf Tafeln

Piper München Zürich

Mehr über unsere Autoren und Bücher:
www.piper.de

Bildnachweis
Wir danken dem Deutschen Literaturarchiv Marbach für die freundliche Genehmigung zum Abdruck der Fotos im Bildteil. Dank gebührt auch dem Suhrkamp Verlag, der das Foto von Hermann Hesse und Ruth Wenger (Tafel 9 unten) zur Verfügung stellte.

MIX
Papier aus verantwor-
tungsvollen Quellen
FSC® C014889
www.fsc.org

ISBN 978-3-492-05302-0
© Piper Verlag GmbH, München 2012
Satz: Kösel, Krugzell
Druck und Bindung: Pustet, Regensburg
Printed in Germany

Für meine Mutter

INHALT

halbe Kunst.« *Versöhnung mit den Eltern. Endlich das erste Buch:*
Romantische Lieder. *Brieffreundin, Autorin und Förderin:*
Helene Voigt-Diederichs. Der »*Petit Cénacle*«. »*Eine Stunde hinter*
Mitternacht«. *Kündigung bei Heckenhauer. Das Lulumädele.*
Wieder in Basel: Reichsche Buchhandlung

Thomas Mann. Der achtzigste Geburtstag. Gesammelte Schriften. *Kleingärtner und Epigone: Hesse im Kreuzfeuer der Kritik. Peter Suhrkamp stirbt. Hesse rezensiert Ernst Jünger. Ehrenbürger von Montagnola.* Knarren eines geknickten Astes. *Tod durch Gehirnblutung. Beerdigung auf dem Friedhof von Sant' Abbondio*

VORWORT

Als Hermann Hesse am 9. August 1962 im Alter von 85 Jahren starb, hinterließ er ein Werk von fast 40 Titeln, die inzwischen weltweit in geschätzten 125 Millionen Exemplaren verbreitet sind. Allein in den deutschsprachigen Ländern wurden annähernd 25 Millionen Bücher veröffentlicht. Von rund 35 000 Briefen ist bislang ein Siebtel publiziert worden, Hesses Rezensionen füllen fünf Bände, die Sekundärliteratur zu Leben und Werk ganze Regale. Zahlreiche Materialienbände zu einzelnen Werken sind seit seinem Tod herausgekommen. Trotz dieser breiten Quellenbasis überrascht der Grundtenor der Urteilsbildung, der sich in den letzten Jahrzehnten kaum gewandelt hat. Wer sich mit Hermann Hesse beschäftigt, stößt sehr schnell auf eine Reihe von Allgemeinplätzen, mit denen man den irritierenden, geradezu unheimlichen Erfolg dieses Autors zu erklären versucht. Hesse sei der Dichter der Jugend und des Protests, ein Aufrührer gegen jede Autorität und Befürworter eines maximalen Individualismus. Sein phänomenaler Erfolg in den USA der Vietnamkriegsära habe mit dem zutiefst pazifistischen Charakter seines fernöstlich inspirierten Humanismus zu tun, die massenhafte Verbreitung seiner Bücher in Japan, China und Korea mit der Mittlerfunktion zwischen den Kulturen. Und in Deutschland teilt sich das Bild in den menschenscheuen, schizoiden Outsider *(Steppenwolf)* auf der einen und den aufgeklärten Kritiker einer »schwarzen Pädagogik« *(Unterm Rad)* auf der anderen Seite. Aber helfen solche Klischees wirklich, das Phänomen Hesse zu verstehen? Ist sein komplexes, spannungsvolles Werk tatsächlich Ausdruck einer durch und durch anarchischen Natur?

Es ist an der Zeit, das eigentlich Faszinierende an Hermann Hesse herauszustellen, das sich am besten in einer Doppelbegrifflichkeit ausdrücken lässt: Dichten und Dienen. Ein Bild, das für Leben und Werk gleichermaßen gilt. Die Helden seiner Erzählungen und Romane sind ja, wie ihr Autor selbst, nicht bindungsscheu, sondern bindungsbedürftig, nicht an Willkür interessiert, sondern an Selbstverwirklichung. Hesse hat ein ganz eigenes, gleichsam aristotelisches Verständnis von Individualität entwickelt. Für ihn ist der Mensch nicht »frei geboren«, sondern auf ein bestimmtes, sein ureigenes Wesen angelegt, dem er in seinem Wirken Gestalt zu verleihen, dem er zu dienen hat. Diese seelische Zielgerichtetheit hat Folgen für das Verhältnis des Individuums zur Gesellschaft: Der Einzelne setzt seinen Eigen-Sinn gegen den Herden-Sinn. Protest und Revolte entspringen bei Hesse nicht einer bestimmten ideologischen Weltsicht, sondern kommen aus dem Misstrauen gegenüber jeder Weltanschauung, gegenüber allem Normierten, gegenüber jeder für verbindlich erklärten »Wahrheit«, die vom eigenen Weg ablenkt. Der Mensch, lehrt Hesse, müsse sich der einzig wirklich tragfähigen Bindung versichern, die von Ideologen nicht auszubeuten ist: der Treue zu sich selbst.

Vermutlich haben die amerikanischen Leser genau diese radikale Subjektivität gespürt, die Hesses Protesten gegen Massenkultur, falsche Autoritäten, gegen Profit und Kriegstreiberei ihre besondere Authentizität verlieh. Die »Interior Journey« der Flower-Power-Generation war ja im Kern nicht nur psychedelischer Drogentrip und sexuelle Befreiung, sondern vor allem auch Meditation, Askese, Gemeinschaftserfahrung. Zu Hermann Hesses Echtheit gehört aber auch – eine Tatsache, die in der Forschung bislang eher verdrängt wurde – der Patriotismus, seine Liebe zu Deutschland und vor allem zur deutschen, idealistisch-romantischen Kultur, die er früh schon als das ihm Eigentümliche erkannt hatte und im Sommer 1914 für verteidigungswürdig erklärte. Hesse verstand sich zu keinem Zeitpunkt als Pazifist, er hatte drei Söhne, die ihren Wehrdienst in der Schweiz absolvierten, und hätte es für selbstverständlich gehalten, wenn sie ihre Heimat gegebenenfalls mit der Waffe in der Hand verteidigt hätten.

Hermann Hesse war aber ebenso wenig der gärtnernde Idylliker von Montagnola, wie ihn seine Kritiker in den Fünfzigerjahren polemisch beschrieben. Er hatte eine Mission, verstand sich als Sachwalter des europäischen Erbes. Den Geist zu verteidigen gegen die Barbarei ist die Absicht seines Hauptwerks *Das Glasperlenspiel*, das von Anfang an als Manifest gegen den Nationalsozialismus gedacht war. Den Dienst am Geist leistet Josef Knecht, dessen Lebensgeschichte das Buch im Wesentlichen erzählt. Den Namen seines Protagonisten hat Hesse mit Bedacht gewählt, denn Diener eines ihn selbst transzendierenden Ideals, der Vorstellung von der Einheit hinter den Gegensätzen, die sich am sinnfälligsten in der Musik ausdrückt, will Knecht in allen Phasen seines Lebens sein – bis in den Tod. Dienst und Opfer bestimmen Hermann Hesses späte Schriften, die auch eine behutsame Wiederannäherung an die Werte des eigenen Elternhauses und die Rehabilitierung der väterlichen Welt mit ihrer ethisch-religiösen Erfahrung erkennen lassen.

Wer den Weg des Eigensinns so konsequent geht wie Hermann Hesse, macht es auch seinen Weggefährten nicht leicht. Der dauernde, unabschließbare Prozess der Individuation hatte einen hohen Preis, nicht nur für den Suchenden und Zweifelnden selbst, sondern auch für jene, die ihn begleiteten, für die Eltern und Geschwister, die Freunde – vor allem aber für Hesses Frauen. Welchen Abgründen die »Heiterkeit« des Glasperlenspielers Hermann Hesse abgerungen ist, belegen nicht nur die autobiografischen Schriften, sondern auch die Tagebücher und die Korrespondenzen mit seinen Ehefrauen. Überhaupt die Frauen: Sie sind die wahren Heldinnen seines Lebens, und für den Biografen sind es gerade diese spannungsvollen Beziehungen zu Mia Bernoulli, Ruth Wenger und Ninon Dolbin, die Aufschluss geben über Hesses Versuch, die Freiheit des Schriftstellers mit der Fürsorge für die Familie zu verbinden. Dass er dabei zweimal scheiterte, gehört zur Tragik dieses alles in allem wunderbar gelungenen Lebens.

Bei der Arbeit an dieser Biografie, die mich noch einmal in meine eigene Schulzeit als Seminarist in Maulbronn zurückführte, habe ich vielerlei Anregungen empfangen. Ich danke besonders Rüdiger Safranski und Uwe Wolff für die Gespräche über das Wesen des Biografischen, die Wechselbeziehungen zwischen Leben und Werk des schöpferischen Menschen. Mein Dank gilt aber auch den Freunden Ulrich Schacht, Thomas Scheuffelen sowie Angelika und Martin Thoemmes, die mir wichtige Hinweise gaben. Hans-Eberhard Dentler, dem namhaften Cellisten und Kenner des Bachschen Œuvres, verdanke ich den musikphilosophischen Schlüssel zum Verständnis von Hesses zentralem Werk *Das Glasperlenspiel*. Nicht zuletzt danke ich den Lektorinnen des Piper Verlags Renate Dörner und Kristin Rotter, die das Buchprojekt mit viel Geduld und Sachverstand in all seinen Phasen begleiteten.

Heimo Schwilk
Berlin, im Januar 2012

ERSTES KAPITEL

Die Flucht: Von Maulbronn über Sternenfels nach Kürnbach. Der Club der toten Dichter. »Die Odyssee ist kein Kochbuch.« Die Nacht im Strohhaufen. Der verborgene Gott. Licht auf der Dornenkrone. Mit dem Landjäger zurück ins Kloster. »Kennst Du das Land, wo keine Blumen blühen.« Karzerstrafe. »Bitte liebt mich noch wie vorher.« Morddrohung. Hermann muss das Seminar verlassen. Absturz in den Wahnsinn? Zum Teufelsaustreiber nach Bad Boll

Nichts wird so sein wie vorher. Das Herz rast, heiße Wellen treiben ihn voran. Der junge Mann spürt, dass diese Entscheidung sein Leben verändern wird. Eben ist er durch die Mauerpforte an der Nordwestecke des Klosters geschlüpft, jetzt gibt es kein Zurück mehr. Hinter den in blau-weißem Dunst schwimmenden Hügeln am Horizont ruft keine Glocke zum Aufstehen, zur Lektion, zum Mittagstisch. Auf dem Höhenweg über dem Kloster schwenkt er seine grüne Mütze, um sich einer Gruppe von Mitschülern bemerkbar zu machen, die am Brunnen vor dem Seminargebäude zur Mittagspause zusammensteht. Einer ruft etwas, winkt, aber sein Ruf verhallt zwischen den Mauern von Jagdschloss und Abtshaus. Niemand würde ihm folgen, das weiß er. Keiner hat wie er den Mut, frech die Seminarordnung zu durchbrechen, den Schritt ins Freie zu wagen. Man lästert gegen die Repetenten, reimt Spottverse, aber wenn einer der Lehrer das Zimmer betritt, verstummen die meisten, machen ihren Bückling und erweisen sich als dankbar-gefällige Stipendiaten.

Hermann Hesse aus dem Pietistenstädtchen Calw ist anders. Einen der Lehrer liebt er, die anderen sind ihm gleichgültig, nur einer ist ihm verhasst. Das Maulbronner Klosterseminar erscheint ihm als ein durchaus angenehmer Ort, keine »Knabenpresse«, in die ehrgeizige Eltern ihre Söhne zwingen, um sich Ausbildungskosten zu sparen – oder weil sie auf eine glanzvolle Karriere ihres Sprösslings hoffen. »Alles zusammen bildet ein festes, schönes Band zwischen Allen und nirgends findet man einen Zwang«[1], hat er noch vor drei Wochen, am 14. Februar 1892, an seine Mutter geschrieben. Der Fünfzehnjährige ist nicht nur hier, weil der Besuch der württembergischen Eliteschule Familientradition ist. Sein Großvater, ein Onkel und sein Bruder Karl haben das evangelische Seminar höchst erfolgreich absolviert, und auch er selbst hat das berühmt-berüchtigte »Landexamen«, die Eingangsprüfung für die Klosterschulen Maulbronn, Blaubeuren, Schöntal und Urach, ohne Mühe bestanden. Doch nicht die Aussicht auf eine Pfarrstelle hat ihn beflügelt, sich in einer Göppinger Lateinschule auf das Landexamen vorbereiten zu lassen. Er wusste von Anfang an, wie hart die Paukerei für diese Prüfung sein würde, denn von mehreren Hundert hochbegabten Bewerbern werden nur fünfundvierzig ins Seminar aufgenommen. Hermann hat ganz andere Pläne, die er keineswegs verschweigt, die aber von seinen Eltern als Grille eines Pubertierenden aufgefasst werden: Hermann Hesse will Dichter werden – oder gar nichts. Diesen Traum glaubt er gerade hier in Maulbronn, wo auch sein Vorbild Hölderlin zur Schule ging, verwirklichen zu können.

Als Hermann den Tiefen See oberhalb des Klosters erreicht, kommt ihm das Gedicht in den Sinn, das er gestern noch seinen Stubenkameraden vorgetragen hat und das ihm als »ossianische Schwärmerei« eines Lebensmüden ausgelegt worden ist:

Ich steh allein auf dem Berge,
Allein mit all meinem Weh,
Und schaue hinab in die Weiten,
Hinein in den ruhigen See.
Der See ist so blau wie der Himmel
Da wird mir so eigen zumut,
Als sollt' ich hinein in die Fluten,
Als wäre dann alles gut.[2]

Hermann schüttelt den Kopf, die Kerle wissen eben nicht, dass der Dichter seine Gedichte nicht wörtlich verstanden wissen möchte, nicht als Aufschrei oder Bekenntnis, sondern dass er einen menschlichen Seelenton treffen will, dessen Schmerzlichkeit im Versmaß zur Ruhe kommt.

Hermann lässt das in der Mittagssonne silbern aufblinkende Wasser hinter sich zurück und wandert hinauf zur Hügelkette im Norden Maulbronns, die vom Scheuelberg beherrscht wird. Dort ist er öfter schon mit Freunden gewesen, an milden Herbsttagen, um den freien Blick über den Kraichgau zu genießen, die Weinberge und bewaldeten Kämme von Stromberg und Heuchelberg, wo das Königreich Württemberg und das Herzogtum Baden zusammenstoßen. Dort oben lasen sie, heimliche Mitglieder im Club der toten Dichter, die himmelstürmenden Oden Klopstocks und Hölderlins, deklamierten Schiller, Shakespeare und Goethe mit verteilten Rollen. Hesse trumpfte auf mit eigenen Versen, die, an Heines zärtlichem Spott geschult, ihre Wirkung nicht verfehlten. Er fühlt sich in dem kleinen Kreis der Literaturbegeisterten als der eigentlich Berufene, er allein strebt wie hundert Jahre vor ihm Hölderlin »nach Klopstockgröße« und dem »sonnenbenachbarten Flug der Großen«.

Bereits in Calw und Göppingen hatten die Deutschlehrer einräumen müssen, dass sie an die Aufsätze dieses so anschaulich formulierenden Schülers selbst nicht heranreichen konnten, dass der immer ein wenig aufsässige Hermann Hesse etwas Genialisches hatte. Auch als Seminarist setzt er diese Tradition des besten Aufsatzschreibers fort, und beim Landexamen hatte er die Kühnheit, seine Arbeit in Hexametern abzufassen. Dass ihm dies von seinen Maulbronner Kameraden nicht nur Aufmerksamkeit, sondern auch Neid, bisweilen sogar Häme und Spott einträgt, ist nur natürlich. Im Streit braust Hermann oft auf, ist jähzornig bis zur körperlichen Aggression, um von einem Moment zum anderen einzulenken oder einfach wortlos wegzugehen. Dann ist sein Blick voller Verachtung, die jedoch plötzlich wieder in Selbstmitleid umschlagen kann. Der Dichterhochmut ist gepaart mit Verletzlichkeit und tiefer, leicht ins Depressive kippender Unsicherheit.

Auch jetzt führt er ein Bändchen Schiller mit sich, dazu ein französisches Übungsbuch, da um 14 Uhr eigentlich die ungeliebte Sprachstunde beginnen soll, die er nun versäumen wird. In der Eile hat er ein einziges Brötchen in die dünne Leinenjacke gesteckt, aber als er bei strahlendem Sonnenschein über den Klosterberg und das freie Feld des Salzackers den Köbler erreicht, verspürt er keinen Hunger, dafür ist sein Gaumen wie ausgedörrt; jetzt vermisst er den Schoppen Bier, den die Seminaristen drei Mal die Woche trinken dürfen. Beim Eintritt in den Buchenwald erfasst ihn ein kalter Schauer, er bedauert, ohne Mantel und Handschuhe losgezogen zu sein. Die Schuhe sind längst durchnässt, die Hände klamm. In Wildschweinkuhlen leuchten vereiste Schneereste, herabgestürzte Äste und von Blitzeinschlägen ausgeglühte Baumruinen verstellen ihm den Weg.

Da fällt ihm ein, dass er diese winterlich-düstere Szenerie ja längst vorweggenommen hat in einem Gedicht, das ihm jetzt zu beweisen scheint, wie sehr es seine Berufung ist, Dichter zu sein und damit über die Gabe zu verfügen, der harten Realität auf den Flügeln der Poesie zu entkommen:

Ich bin in den Wald gegangen
Und habe lange geweint,
das Herz voll Weh und Verlangen,
Und einsam und ohne Freund.

Die Blätter haben gewimmert,
Der Sturmwind hat laut getost,
Ein einsamer Stern hat geschimmert –
Und das war mein ganzer Trost.[3]

Über die Straße nach Freudenstein gelangt Hesse wieder aufs freie Feld, an eine ausgedehnte, sanft ansteigende Lichtung, die auf den quer gelagerten Schulberg zuführt. Im Südwesten wird sie vom Höhenzug des Köbler zum Kloster hin abgeschlossen.

Nun atmet er freiere Luft und marschiert wieder auf offenem Feld und in der hellen Sonne hoch zum Kamm des Scheuelbergs, rasch an einem einsamen Gehöft vorbei, um an der froschgrünen Mütze nicht als entlaufener Seminarist erkannt zu werden. Dann senkt sich der Waldweg wieder hinab ins Tal, Diefenbach lässt er rechts liegen und stolpert in der Dämmerung durch eine feuchte Tannenschonung, aus der gespenstisch das hohle Klopfen eines Spechts ertönt. Aus einem nahen Gehöft dringt bedrohliches Hundegebell – nur weiter, weiter.

Natürlich weiß er, dass diese Flucht irgendwann enden, dass auch ein Taugenichts irgendwo ankommen muss, wenn sein romantischer Ausbruch einen höheren Sinn haben soll. Doch der Sinn steckt nicht im Ziel, sondern im Aufbruch, nicht im Durchbrechen der Ordnung, sondern im Erzwingen des Eigenen. Das Eigene liegt für Hermann Hesse begraben unter all dem Wissen, das er im Seminar anhäufen muss, auch wenn er anfänglich von der Ernsthaftigkeit der Lehrenden begeistert war, die den Klosterzöglingen 41 Wochenstunden Unterricht auferlegen. Zusätzlich zu den schulischen Übungen in Metrik und Versgeschichte hat Hermann sich selbst ein Extrapensum auferlegt und das *Handbuch der deutschen Prosa* studiert, um sein Stilgefühl zu entwickeln. Doch Freunden gegenüber klagt er, im Griechischunterricht lese man Homer, als sei die *Odyssee* ein Kochbuch: »Zwei Verse in der Stunde, und dann wird Wort für Wort wiedergekäut, ekelhaft!« Wenn einer griechisch zu leben, wie die Griechen zu dichten versuche, werde er rausgeschmissen. Einen Aufsatz erhielt er zurück mit der kritischen Bemerkung: »Sie besitzen Phantasie!!«[4] Das kannte Hermann ja schon aus Calw: Die Dichter werden von den Philistern hoch verehrt, ihre Werke gelesen und in den Bibliotheken aufgestellt, aber die eigenen Söhne dürfen auf gar keinen Fall den künstlerischen Weg einschlagen, sie sollen glaubensstarke Pfarrer, erfolgreiche Geschäftsleute oder tüchtige Beamte werden. Dichter, so die bürgerliche Vorstellung, kann man nicht werden, Dichter i s t man. Eine Ausbildung zum Dichter gibt es nicht, leider, das weiß er jetzt, auch nicht in einer so den Musen geweihten Bildungsanstalt wie dem Maulbronner

Seminar, wo man sich unablässig mit Cicero, Homer, Livius, Ovid und Xenophon beschäftigt. Hermann kennt die Folgen solch einer Künstler-Anmaßung aus der eigenen Familie, denn sein Bruder Theodor wollte Opernsänger werden und brach dafür seine Apothekerlehre ab – am Ende kehrte er als gescheiterter Künstler reumütig zur Pharmazie zurück.

Er, Hermann Hesse, wird nirgendwohin reumütig zurückkehren! Seine Freiheitsliebe ist nicht nur durch die Lektüre von Schillers Dramen befeuert, die er geradezu schwärmerisch verehrt und deshalb immer wieder liest, sondern sie steckt tief in ihm, sie ist der innerste Kern seines Wesens. Die Rücksichtslosigkeit und Sturheit, mit der er seinen Eigen-Sinn durchsetzt, ist für alle, die mit ihm zu tun haben, eine ständige Herausforderung. Hermann weiß das, spürt aber, dass er gar nicht anders kann, auch wenn er, besonders gegenüber seinen Eltern, ein schlechtes Gewissen dabei empfindet und es immer auch den anderen recht machen will. Liebe und Freundschaft sind die einzigen Gefühle, die seinen unbändigen Durchsetzungswillen beschränken.

Als Hermann den stillen Weinort Sternenfels passiert, über dessen Rebhängen ein steinerner Wehrturm in den verblassenden Himmel ragt, kehren seine Gedanken zu den Kameraden der Stube »Hellas« zurück, mit denen er bis vor wenigen Stunden eine kleine, verschworene Gemeinschaft gebildet hat. Er hat den Raum mit dem schönen Blick auf Kreuzgang und Brunnenhaus lieb gewonnen; dort steht sein Arbeitspult, in dessen Holz frühere Schüler ihre Namen eingeritzt haben. Auf dem Pult in wildem Durcheinander Wörterbücher, Arbeitshefte, Zeichnungen, Zirkel, Tintenfässer und Stahlfedern. Im Schreibtischkasten hat er seine kleine Privatbibliothek mit Werken von Schiller, Eichendorff, Klopstock, Freiligrath, Mörike, Körner, Lenau, Uhland und den *Werther* verwahrt, dazwischen aber auch Gläser mit Marmelade und Honig und einen Ring geräucherter Wurst. Der ihm angenehmste Stubenkamerad ist Wilhelm Lang aus Nürtingen. »Arm in Arm mit Dir, so fordr' ich mein Jahrhundert in die Schranken!« – den Schwur des Don Carlos hatten sie sich oft zugerufen, erhitzt vom Eilfingerwein, den man spät abends heimlich im Dorment trinkt, um sich in Stimmung zu bringen für die Debatten über Freiheit, Freundschaft und Demokratie. »All voll, keiner leer, Wein her!« skandieren sie die »Maulbronner Fuge« Joseph Victor von Scheffels, der das bekannte Trinklied bei einem Besuch des Klosters verfasst hatte. Einmal schlichen die »Hellenen« über die finstere »Höllentreppe« hinab in den Kreuzgang, um eine Papst-Prozession mit weißen Umhängen, ausgestopften Bäuchen und Papier-Mitra aufzuführen, ein Schabernack, der in einem protestantischen Internat nicht gerade als Sakrileg aufgefasst wird, aber doch als geschmackloser Unfug. Auch hier war Hermann der Rädelsführer, schnitt die schiefsten Grimassen und marschierte mit der Mitra vorneweg. Nur einmal hatte er es zu weit getrieben, als er sich nach einem heftigen Disput über das Phänomen des Geisterwesens von einem Mitschüler hypnotisieren ließ. Sein Zustand – starr im Bett liegend mit weit geöffneten Augen – hatte alle Beteiligten tief erschreckt, sodass man sich den Lehrern offenbarte, die den Spuk verboten.

Im Kreis seiner Kameraden fühlt sich Hermann geborgen, und wenn er den Drang verspürt, allein zu sein, spielt er auf seiner Geige. In der Freizeit malt er mit Hingabe Porträts historischer Persönlichkeiten, karikiert aber auch Mitschüler und Lehrer. Bisweilen zieht er sich in die Klosterbibliothek zurück, in der die Regale mit den schweinsledernen Bänden bis hinauf zum gotischen Gewölbe reichen. Die Aura des stillen Ortes erinnert ihn an des Großvaters Bibliothek. Als Kind durfte er dort spielen, und wenn er allein war, zog er manchmal eines der schweren Bücher aus dem Regal, um stundenlang die Zeichnungen zu betrachten und sich in den Bildern zu verlieren. Auch in der Maulbronner Klosterbibliothek scheint die Zeit stillzustehen, sogar sein Dichterehrgeiz löst sich in solch glücklichen Augenblicken auf, spielerisch kann er sich seiner Neugier überlassen, von Gedanke zu Gedanke, von Buch zu Buch springen. Wie erlösend muss es sein, als Mönch Teil einer Gemeinschaft zu sein, die den persönlichen Ehrgeiz in einem höheren Ganzen aufgehen lässt!

Nachts jedoch überfällt ihn nicht selten eine merkwürdige

Beklommenheit, Zweifel melden sich, ob das Seminar wirklich der richtige Ort für ihn sei, da es ja als Vorschule gilt für das nachfolgende Theologiestudium am Tübinger Stift. Kopfweh und Schwindelanfälle quälen ihn; an solchen Tagen liegt Hermann lange wach und versucht sich in seine Kindheit zurückzuträumen, um die böse Stimmung zu vertreiben. Bilder von den Flussauen seiner Heimatstadt steigen vor seinem inneren Auge auf, er sieht sich beim Angeln am Ufer sitzen oder auf einem Floß die Nagold hinabtreiben. Fast schon im Traum läuft er durch blühende Wiesen, ein Röckchen weht vor ihm her durchs Grün, verschwindet und taucht plötzlich verlockend wieder auf. Hermann wälzt sich im Bett, stöhnt, drückt seinen Körper an die Matratze – das helle Gesicht eines Mädchens erscheint, ihr nackter Körper verstrickt ihn in ein verwirrendes, erregendes, nie gekanntes Spiel, dann verfließen ihre Gesichtszüge wieder, verwandeln sich in das Antlitz der Madonna, die ihm aus einer der Seitenkapellen des Klosters entgegenlächelt. Schließlich reißen ihn seine Dichterphantasien fort, leise spricht er Verse vor sich hin, bis sich aus dem Dämmer des Schlafsaals etwas Leuchtendes nähert: ein mit zarten Vignetten geschmücktes Bändchen, auf dem er seinen Namen erkennt und darunter den Titel »Romantische Lieder«.

Die Erinnerung an diese Vision lässt Hermann die Kälte vergessen, die langsam unter seine dünne Jacke kriecht. Er wandert bis in den späten Abend hinein, um in Bewegung zu bleiben, im Zickzack wie ein flüchtender Hase am Fuß des Strombergs entlang und im Schutz der Wälder, jede Begegnung mit Menschen meidend, bis er die Gemarkung von Kürnbach erreicht. Hier, in dem hessisch-badischen Ort, der ein kleines Schloss, ein stattliches Rathaus und mehrere Wirtshäuser besitzt, will er Rast machen, denn nun liegt Maulbronn bereits zwanzig Kilometer hinter ihm. Hermann verspürt großen Appetit auf Schweinebraten und Kartoffeln und würde sich auch gern einen Krug badischen Weins gönnen. Aber er hat nur ein paar Münzen dabei, die gerade für eine Metzelsuppe und einen Schoppen Bier reichen, die ihm die Wirtin mit misstrauischem Blick serviert. Übernachten könne er hier nicht, meint die unfreundliche Alte. So beschließt er, dieses Dorf rasch wieder zu verlassen.

An einem Bachlauf zwischen Kürnbach und Derdingen entdeckt er einen Strohhaufen, in den er hineinkriecht, um sich vor der feuchten Kälte zu schützen. Das knisternde Stroh, das Murmeln des Baches und der wie ein Schirm über ihm aufgespannte, in winterlicher Klarheit funkelnde Himmel lassen ihm seine Lage jetzt gar nicht mehr so unangenehm erscheinen, auch wenn er lieber im Wirtshaus säße bei einem Glas Wein und mit einem Buch in der Hand. Vor allem vermisst er seine Geige, seine treueste Gefährtin und Seelentrösterin, die ihn niemals im Stich lässt. Der schönste Ort für sein einsames Spiel ist der Rasen vor der klösterlichen Brunnenkapelle, da mischen sich die Geigentöne mit dem Plätschern des Wassers und dem Summen der Insekten, die aus den Hecken aufsteigen. Das Kloster, das ihm zuerst düster und abweisend erschienen war, entfaltete, je länger er dort war und je mehr er sich mit seinen Räumen und Winkeln vertraut machte, seinen ganzen Zauber. Nur dort, nicht in den enervierenden Bibelstunden spürt er, was eigentlich Religion bedeutet, dieses aus Ehrfurcht und Staunen gemischte Gefühl einer Bindung, die von etwas Umfassendem, die eigene Existenz Einschließendem hervorgerufen wird, auch wenn dieses Größere sich ihm immer wieder entzieht, wenn er sich eine genauere Vorstellung davon zu machen versucht. Im schulmäßigen Christentum findet er keinen Zugang zu dem, was ihn umtreibt, Bibelkritik empfindet er wie ein ätzendes Bleichmittel, das die Farbe aus den Bildern wäscht, die er sich von Jesus von Nazareth und seiner Welt gemacht hat. Ähnlich ergeht es ihm mit dem, was er die »Pietisterei« nennt, die ungeheure moralische Verschärfung des Religiösen, die den Menschen klein macht und ihn unter die »Pflichten« presst, die ein Christenmensch täglich zu erfüllen hat. Das hatte er zwar in seinem Calwer Elternhaus als nicht so niederdrückend empfunden, weil im Missionsverlag des Vaters ein weltbürgerlicher Geist herrscht, der die christliche Vorstellungswelt mit den Kulturen der missionierten Völker in China, Japan und Indien konfrontiert und den praktizierten Glauben damit beweglicher, geschmeidiger und am Ende auch maßvoller und toleranter macht. Doch die Rigorosität, mit der sein Vater das »Gute« in ihn, Hermann, hineinzuzüchten und das »Böse« zu eliminieren sucht, ruft in ihm das Gefühl hervor, nur ein halber Mensch sein zu dürfen, den seine doch auch von Gott gegebenen Triebe unrein machen, obwohl er ihnen viel, ja alles verdankt, die Lust an der Kunst nämlich, die das Helle und Dunkle, das Schöne und das Hässliche nach ihren ganz eigenen Gesetzen in sich vereint.

Als Kind hatte er seine Mutter einmal treuherzig und über sich selbst ein wenig erschrocken gefragt: »Gelt, ich singe so schön wie die Sirenen und bin auch so böse wie sie?«[5] Wer ein Dichter sein wollte, der kann sich mit der amputierten bürgerlichen Welt nicht anfreunden, in der regelmäßig die Pflicht über die Neigung, die Moral über das Kunstwerk gestellt wird. Und ist nicht das Kloster selbst, mit seinem großartig-schlichten Kirchenschiff, dem kunstvoll geschnitzten Chorgestühl und dem aus einem einzigen Sandsteinblock gehauenen Kruzifix der beste Beweis dafür, dass am Ende die Kunst über die Askese siegt, wie sie sich die Erbauer der Anlage, die Zisterzienser, auferlegt hatten? Man musste nur durch die Gewölbe streifen, um zu sehen, welcher Reichtum an Blättern, Trauben, Rosen und Tierköpfen aus dem Stein der Kapitelle, Konsolen und der Schlusssteine wächst. Der Ort, der den größten Eindruck auf ihn machte, war das Chorgestühl. An den Reliefs, die an den Außenwangen des Holzgehäuses angebracht sind, kann er nur mit Ehrfurcht vorübergehen. Sie zeigen Szenen aus dem Alten Testament, wie Moses vor dem brennenden Dornbusch, den Wettstreit Kains und Abels, die Opferung Isaaks und den Kampf Samsons mit dem Löwen. Eine Welt, in der das eherne Gesetz Jahwes gilt und noch nicht die Menschenliebe Christi, auch wenn zwischen die alttestamentarischen Bilder christliche Motive wie das der Jungfrau mit dem Einhorn oder ein Porträt der Muttergottes eingeschoben sind, die den Blick auf das Neue, die Erlösungsbotschaft Jesu lenken. So fern ihm diese mythischen Bilder auch sind, so nahe geht ihm der Gedanke, dass die Gewalt- und Opferwelt der biblischen Stammväter und Propheten auch in ihn hineinreicht, ein Kain ebenso in ihm schlummert wie ein Abel, und dass im väterlichen Haus in Calw ebenfalls ein wenig von dieser Patriarchenluft weht, wie sie in diesen Darstellungen zum Ausdruck kommt.

Etwas abseits, an der Südwand des Chors, thront ein prächtiger Abtstuhl mit kunstvoll geschnitztem Baldachin. Als er die Klosteranlage zum ersten Mal erkundete, erregte das Relief an seiner Brüstung seine Aufmerksamkeit. Aus dem wie Flammen züngelnden Blättergewirr eines einzigen Rebstocks baut sich ein Paradiesgarten auf, eine Wildnis von Bäumen und Gekräute, mit Leibern und Köpfen von Tieren und allerlei Fabelwesen. Hinter dem Stamm des Weinstocks aber lauert ein Armbrustschütze, Sinnbild des Schmerzes, der jeden Augenblick in diese Idylle einbrechen kann. Dann bemerkte Hermann ein vogelartiges Wesen, das mit ausgebreiteten Schwingen über den Garten streicht, als sei dieses aus Lust und Schmerz zusammengefügte Reich eben erst aus seinem gewaltigen Ei geschlüpft. Ist dieser mysteriöse Vogel der eigentliche Schöpfer der Welt – und nicht der Allmächtige, den jeder Stein dieses Kirchenbaus zu verherrlichen sucht? Und was bedeutet die in die Rückenlehne des Abtstuhls geschnitzte Inschrift: »Vere Deus absconditus«? Hatte der Künstler erkannt, dass der wahre Gott im Verborgenen bleibt und es wenig hilft, sich ein Bild von ihm zu machen? Wie passt das aber zusammen mit dem herrlichen Kruzifix, das im vorderen Teil des Kirchenschiffs aufragt, wo einst die Laienmönche ihre Gebete verrichteten? Dort ist der Gekreuzigte im Augenblick des größten Leidens dargestellt: Der magere Brustkorb wölbt sich unter den Konvulsionen des Schmerzes mächtig auf, das Haupt ist zur Seite geneigt, der Mund halb geöffnet: »Mein Gott, mein Gott, warum hast du mich verlassen?« Man erzählt sich im Seminar, dass in den Tagen der Sommersonnenwende ein dünner Lichtstrahl aus einem der oberen Kirchenfenster auf das Haupt des Heilands fällt und dabei die Dornenkrone in hellem Glanz aufstrahlen lässt. Ist dieses Licht die Brücke, die zurück ins göttliche Geheimnis führt, wo Schmerz und Leiden aufgehoben sind?

Auch jetzt, beim Blick von seinem Strohlager hinauf in den von Sternen übersäten Himmel wird Hermann von der Macht der kosmischen Tiefe überwältigt, der Schwindel der Unendlichkeit greift ihm ans Herz, ein eisiges Todesgefühl, das nicht allein von der frühmorgendlichen Kälte herrührt, die vom Boden aufsteigt. Halb im Schlaf hört er hallende Schritte, sieht im Frühnebel eine Gestalt in einiger Entfernung auf der Straße vorbeigehen und im Dunkeln entschwinden – doch dann bricht die Sonne durch den Nebel und neuer Lebensmut durchströmt ihn. Hermann streckt seine klammen Glieder und klopft sich das Stroh aus den Kleidern. Jetzt muss er wieder in die Welt hinein, auch wenn er ratlos ist, wohin.

Er hat keine Ahnung davon, dass seine Kameraden am Vortag ausgeschwärmt sind, um den Ausreißer aufzuspüren. Bis tief in die Nacht hinein haben sie die Wälder um Maulbronn nach allen Himmelsrichtungen abgesucht, unablässig »Hesse!« rufend. Schon am Nachmittag des 7. März 1892, »um 4 Uhr 40«, hatte Professor Paulus ein Telegramm an Johannes Hesse, Hermanns Vater, aufgegeben: »Hermann fehlt seit 2 Uhr. Bitte um etwaige Auskunft.«[6] »Missionar Hesse« antwortet noch am Abend, er wisse nichts: »Bitte Beruhigung telegraphieren.«[7] In Calw verbringt Hermanns Mutter Marie eine schreckliche Nacht am Bett ihrer fiebernden Tochter Marulla. Zur Angst um das Kind kommt jetzt die Sorge um den Sohn, der irgendwo in der kalten Nacht unterwegs ist. Marie Hesse steigert sich in ihrer Verzweiflung in die Vorstellung, Hermann könnte in einem der Seen um Maulbronn ertrunken sein, was für die Pietistin offenbar leichter zu ertragen ist als der Gedanke, ihr Sohn habe der Familie durch seine Flucht Schande gemacht. Am Morgen des 8. März bittet Marie Hesse ihren Bruder Friedrich, nach Maulbronn zu reisen, um eigene Nachforschungen anzustellen, doch schon um 12 Uhr 15 trifft ein Telegramm mit der Nachricht ein, Hermann sei »wohlbehalten zurück«[8].

Erschöpft und fast erfroren hat Hermann sich auf den Rückweg gemacht. Über Freudenstein und Diefenbach kommt er ins nördlich von Maulbronn gelegene Dörfchen Zaisersweiher; dort trifft er auf einen Gendarmen, den er fragt, wohin es denn nach Maulbronn geht? Als der Mann ihm den Weg nach Süden weist, dreht Hermann sich trotzig auf dem Absatz um und marschiert in die entgegengesetzte Richtung. Doch der erfahrene Polizist hat gleich bemerkt, dass es sich bei diesem seltsamen Wandersmann um den entlaufenen Seminaristen handeln muss, über dessen Verschwinden die Gendarmerien der Umgebung schon seit dem Vorabend informiert sind. Höflich, aber bestimmt bietet ihm der Beamte an, ihn nach dem gesuchten Ort zu begleiten, und Hermann willigt ein. Als die beiden das Klostertor erreichen, kommt ihnen bereits Repetent Mettler entgegen, um den Ausreißer in Empfang zu nehmen. Inzwischen ist auch Hermanns Onkel Friedrich im Seminar eingetroffen und findet einen vor Kälte zitternden, schweigsamen Neffen vor. Hermann weiß, dass er in den kommenden Tagen durch die Mühle gedreht werden wird, es warten Verhöre, Zurechtweisungen, Strafen, vielleicht sogar die Relegation von der Schule auf ihn. Aber er wird nichts widerrufen, denn es gibt nichts zu bereuen. Was er getan hat, musste er tun, und er würde es gegebenenfalls wieder tun, wenn ihm danach ist.

Schon am 9. März trifft ein langer Brief seines Vaters ein. Er hat den eigentlichen Grund für das Abenteuer seines Sohnes sofort begriffen: »Du hast so viel privatim gelesen, seit Du in Maulbronn bist, soviel mit deutscher Literatur und auch mit eigenem Dichten Dich beschäftigt, daß wir nicht glauben können, es sei Dir genug Zeit und innere Kraft geblieben für die eigentliche Arbeit.«[9] Für Johannes Hesse ist das Schreiben von Poesie eine Form der Selbstherrlichkeit, die Hermann von seiner eigentlichen Bestimmung, dem Pfarrberuf, ablenkt. Er legt ihm nahe, vor allem die zehn Gebote an sich zu prüfen und dabei besonders das erste zu beachten, das den »Götzendienst« um das eigene Ich verbiete. Er trifft damit ins Herz seines Sohnes, der eben begonnen hat, dem Eigenen, seinem Selbst auf die Spur zu kommen. Hermann müsse sich prüfen, so der Vater weiter, ob er sich selbst tatsächlich für das Wichtigste halte, denn das gehe auf Kosten seiner Mitmenschen. Noch deutlicher ist sein Verweis auf das Gebot, Vater und Mutter zu ehren, denn hier drohe der Verlust des Heils. Der Brief endet mit dem biblisch anmutenden Satz: »Ich sage Dir: Beim Heiland hat mans gut. Probier es mit Ihm.«[10] Die freundliche Diktion kann nicht darüber hinwegtäuschen, dass hier die Autorität mit der Macht des Gesetzes droht. Doch Hermann lenkt erst einmal ein und dankt seinem Vater dafür, dass man ihm trotz seines Vergehens Verständnis entgegenbringt. »Bitte liebt mich noch wie vorher«[11], schreibt er in seinem kleinlauten Antwortbriefchen. Er spürt, dass dieser Konflikt noch nicht ausgestanden ist. Nur zwei Tage später erhält Hermann einen weiteren Brief, in dem Johannes Hesse ihm seine Lesart elterlicher Liebe mitteilt: »Liebe ist Sehnsucht nach Gemeinschaft, nach Übereinstimmung. Uns verlangt danach, mit Dir eins zu werden.« Dieses Einswerden sei aber an Bedingungen geknüpft, die Hermann erfüllen müsse, um dieser Liebe teilhaftig zu werden: »*Unser* höchster Lebenszweck ist, Gott zu gefallen und Ihm in Seinem Reich zu dienen. Wenn das auch *Dein* Lebenszweck geworden ist, dann *haben* wir Gemeinschaft untereinander, dann ist alles Licht, Liebe und Freiheit.«[12] Nur durch »Selbstüberwindung« könne Hermann »ein gehorsamer Sohn sein«.

Verfehlt diese pietistisch verengte Auffassung nicht das Wesen wahrer Liebe, die den anderen auch in seiner Andersartigkeit annimmt und gerade in diesem Hinnehmen des Gegensätzlichen ihre Selbstlosigkeit beweist? Hermann täuscht sich nicht über die Kompromisslosigkeit dieser Haltung, die nur die engen Grenzen christlicher Tugend gelten lässt und in der kein Platz ist für die Freiheit der Anschauung und der Kunst; aber noch ist er zu schwach und erschöpft, um sich dagegen aufzulehnen. Dafür lobt er dem Vater gegenüber die verständnisvolle Art, mit der die Schulleitung auf den Fluchtversuch reagiert hat: Trotz der Schwere des Verstoßes ist ihm die eher milde Strafe von acht Stunden Karzer bei Wasser und Brot auferlegt worden. Man habe ihm auch die verhassten Geigenstunden bei Musiklehrer Haasis erlassen, berichtet er mit einem Anflug von Schadenfreude, denn kurz zuvor hatte Johannes Hesse seinen Sohn noch brieflich er-

mahnt, auch Unangenehmes zu ertragen, weil es »Gott *will*«[13].
Hermann darf in seiner beheizten Zelle Homer lesen und
schreibt in einem erstaunlich gefassten, fast kühlen Brief am
12. März an seine Eltern: »Professor Paulus und auch die beiden
Herrn Repetenten behandeln mich sehr schonend und rück-
sichtsvoll.« In einem Gedicht, das er im Karzer zu Papier bringt,
klingt das allerdings viel melodramatischer:

Kennst Du das Land, wo keine Blumen blühen,
Den finstern Kerker, den kein Gott besucht?
O wehe dem, der dahin musste ziehen,
O Hundeloch, sei tausendmal verflucht![14]

Die Parodie auf Goethes Mignon-Lied ist natürlich mit Blick auf
die Kameraden geschrieben, die sehen sollen, über welch literarischen Witz er noch immer verfügt.

Die Tage in Maulbronn sind für Hermann gezählt. Trotz ihres
Wohlwollens sind die Lehrer zu der Überzeugung gelangt, dass
dem Seminaristen Hesse die »Fähigkeit fehlt, sich selbst in Zucht
zu halten und seinen Geist und sein Gemüt in die Schranken ein-
zufügen, welche für sein Alter und für eine erfolgreiche Erziehung in einem Seminar notwendig sind«. Mit seinen »über-
spannten Gedanken« und »übertriebenen Gefühlen« könne er
leicht zur Gefahr für seine Kameraden werden, heißt es im Protokoll des Lehrerkonvents.[15] Wenige Tage später erschreckt Hermann seine Eltern mit einem Bericht, der tiefe Depression, ja
Lebensmüdigkeit ausdrückt. Auslöser ist der Rückzug seines
Freundes Wilhelm Lang, dem seine Eltern den Kontakt zu ihm
verbieten. Er habe den Menschen verloren, schreibt Hermann
nach Hause, den er mehr liebe als alle. Er wisse nun nicht, wofür
es sich noch zu leben lohne.
Dass der Verlust des besten Freundes das endgültige Ende
seiner Maulbronner Schulzeit ankündigt, wird Hermann erst
Wochen später begreifen, als ein neuerlicher Vorfall die Schulleitung alarmiert. Inzwischen ist er von einem vierwöchigen

Zwangsurlaub ins Seminar zurückgekehrt. Auch in Calw fühlte er sich elend; bei der Explosion eines selbst gebastelten Feuerwerkskörpers hat er sich an den Augen verletzt und kehrt am 23. April wenig motiviert nach Maulbronn zurück. Wieder machen ihm rasende Kopfschmerzen zu schaffen, und in Briefen redet er seine Eltern überraschend mit »Sie« an. Fast täglich gerät er jetzt mit seinen Kameraden aneinander. Seit seinem »Geniereisle«, wie Großvater Gundert die Eskapade seines Enkels ironisch nennt, fühlt er sich seinen Mitschülern haushoch überlegen. Auch wenn er ins Kloster zurückgekehrt ist, so hat er in diesen 23 Stunden Abwesenheit doch auch eine Art Initiation erfahren, einen Sprung gewagt, seinen Willen erprobt und tief in den Abgrund der Einsamkeit geschaut, die ihn keineswegs erschreckt. So kommt ihm der Biedersinn seiner angepassten, verbissen um die schulische Rangordnung kämpfenden Kameraden immer lächerlicher vor. Schnell werden aus harmlosen Unterhaltungen aggressive Streitgespräche, die bedrohlich eskalieren. Hermann stellt alles infrage, was zur religiösen Welt des evangelischen Seminars gehört: Es gebe keinen Himmel und keine Hölle, das Jenseits sei ein Ort glücklicher Geister, eine Art Elysium, wo die Seelen der Verstorbenen ohne Zwang miteinander verkehrten. Zwar glaube er an das Göttliche, aber es gebe kein echtes Verhältnis zwischen Gott und den Menschen. Beten, die Zwiesprache mit Gott, sei sinnlos. Hermann stellt den Selbstmord als legitimes Freiheitsrecht dar und will nicht einsehen, dass ein Geschöpf Gottes damit eine schwere Sünde begeht. Seinem Tisch- und Bettnachbarn, dem Stuttgarter Professorensohn Otto Hartmann, droht er sogar mit Mord, denn nur solch eine radikale Tat könne ihn von seiner lähmenden Schwermut befreien, trumpft er in pubertärem, provozierendem Überschwang auf. Eine ganze Reihe von Vätern äußert dem Ephorus, dem Maulbronner Seminarleiter, und der Familie Hesse gegenüber die Sorge, Hermanns Geisteszustand könne auch ihren Söhnen Schaden zufügen. Tatsächlich fürchten sie, der aufsässige Mitschüler könnte über kurz oder lang auch ihre Sprösslinge mit seinem Freiheitsfuror infizieren.

Kurzentschlossen fährt Marie Hesse am 7. Mai nach Maulbronn, um ihren Sohn abzuholen und zur Behandlung zu dem befreundeten Pfarrer Blumhardt in den Kurort Bad Boll zu bringen. Christoph Blumhardt, Sohn des bekannten schwäbischen Heilers und Teufelsaustreibers Johann Christoph Blumhardt, kuriert seelische Störungen durch Gebete und strenge Exerzitien. In ihrem Tagebuch notiert Marie Hesse, nicht nur Hermanns Mitschüler hielten ihn inzwischen für geisteskrank, auch der Hausarzt Doktor Zahn habe eine Einweisung in die Irrenanstalt empfohlen. Aus Hermann Hesses Geniereise ist ein Absturz in den Wahnsinn geworden, der Dichtertraum scheint ausgeträumt.

ZWEITES KAPITEL

In der Privatheilanstalt von Pfarrer Blumhardt. Großvater Gundert. Verschmähte Liebe. Hermann kauft sich einen Revolver. »In das Gefängnis wollt Ihr mich sperren?« Verlegung in das Irrenhaus von Stetten. Briefe an den Vater: »Ich gehorche nicht und werde nicht gehorchen.« Nach Basel zu Pfarrer Pfisterer. »Gänzlich verkommen an Leib und Seele«: Im Cannstatter Gymnasium. Buchhandelslehrling in Eßlingen. Erneute Flucht

Marie Hesse bleibt drei Tage in Bad Boll, um ihrem Sohn den Übergang in die ungewohnte Umgebung zu erleichtern. Und tatsächlich fühlt sich Hermann in dem früheren Schwefelbad in der Nähe von Göppingen, wo er sich vor zwei Jahren auf das Landexamen vorbereitet hatte, rasch heimisch. Er bekommt ein eigenes Zimmer und kann dort in einem Lehnstuhl stundenlang lesen. Über seine Lektüre berichtet er brav nach Hause. Zwar wird Hermann ständig zum Gebet angehalten, darf aber auch Billard spielen, kegeln, musizieren, Spaziergänge machen und sogar nach Göppingen wandern, um frühere Freunde zu besuchen.

Auch Pfarrer Blumhardt gefällt ihm. Christoph Blumhardt profitiert nicht nur vom Ruhm seines Vaters, der durch Handauflegung zu heilen verstand und an einem jungen Mädchen sogar erfolgreich eine Teufelsaustreibung vorgenommen hatte. Als bekennender Sozialist und als Kopf einer pietistischen Bußbewegung ist er ebenfalls weit über Württemberg hinaus bekannt. Sein Heim bezeichnet er als »Vorposten des Reiches Gottes«. Christoph Blumhardt gilt als feuriger Prediger, der seinen Schäfchen von der Kanzel herab gern die Leviten liest. Doch gegenüber Hermann setzt er zunächst auf Einfühlung und Verständnis. Die Eltern sollten, schreibt er am 5. Mai 1892 aus Bad

Boll, ihren Sohn selbst entscheiden lassen, ob er in das christliche Erholungs- und Kurhaus kommen wolle: »Vielleicht erkennt er selbst an, daß etwas Krankhaftes ihn umtreibt, daß er gerne etwas für seine Gesundheit tut.«[16]

Die volkstümliche Ausdrucksweise von Pfarrer Blumhardt imponiert Hermann, wie er seinen Eltern schreibt: »Neulich sagte er: Es ist ein Unsinn, eine Lüge zu sagen, das Christentum ist gut, schön, edel etc. Nix ischs, der ganze Lumpenpack hat von einem Christus aber auch von Moral keinen Geschmack.«[17] Trotz seiner Abwehrhaltung ist Hermann bereit, das Neue, auch die neue Autorität des Heimleiters, erst einmal anzuerkennen, sich ein- und unterzuordnen. Denn er sehnt sich nach Zugehörigkeit, Anteilnahme, Liebe. Hermann ist hilfsbereit und hört geduldig zu, wenn man ihn belehrt. Er gibt sich gesellig und singt im Chor mit. Aber er hält diese Rolle nicht lange durch, immer wieder drängt es ihn, die aufkommende Nähe, die wachsende Gemeinsamkeit zu zerstören. Marie Hesse ahnt, dass dieser Frieden in Bad Boll nicht lange vorhalten wird. »Ich bin wie vernichtet«, schreibt sie nach ihrer Rückkehr ins Tagebuch, »wund an Gemüt und Nerven, Tag und Nacht muss ich denken: Was treibt H. jetzt?«[18]

Nach kurzer Zeit schon regt sich Hermanns Widerspruchsgeist. Er fühlt sich durch die Selbstsicherheit Christoph Blumhardts herausgefordert. Was die Familie Hesse mit Pfarrer Blumhardt verbindet, ist der Pietismus, sind die gemeinsamen Erfahrungen im Baseler Missionshaus. So ist Hermanns Kampf mit dem schwäbischen Heiler auch ein Aufstand gegen das religiöse Milieu des Elternhauses. Beide Eltern entstammen protestantischen Missionsfamilien, die Mutter Marie ist sogar in Indien geboren, wo ihr Vater Hermann Gundert christliche Aufbauarbeit leistete, bis er 1859 schwer erkrankte und in seine schwäbische Heimat zurückkehren musste. 1862 übernahm er in Calw die Leitung des dortigen Missionsverlages.

Hermann Hesses Vater Johannes wurde 1847 in Weißenstein in Estland geboren, wohin die Vorfahren der Familie, Lübecker

Kaufleute, ausgewandert waren. Als er vier Jahre alt war, starb seine Mutter, mit sieben verlor er seine Stiefmutter. Er litt unter Ängsten und neigte zu Schwermut und Jähzorn. Deshalb gaben seine überforderten Eltern ihn mit elf Jahren außer Haus. Nach einer Ausbildung im Basler Missionshaus wurde er 1869 nach Indien geschickt; von dort kehrte er vier Jahre später mit einem unheilbaren Kopf- und Darmleiden zurück. Als der sechsundzwanzigjährige Deutschbalte im November 1873 nach Calw kam, um an der Seite von Hermann Gundert evangelische Missionsliteratur herauszugeben, traf er dort auf Marie, die 31-jährige Tochter des Verlagsleiters. Die mit ihren streng nach hinten gekämmten Haaren und den zusammengepressten Lippen auf den ersten Blick eher abweisend wirkende Witwe hatte zwei Kinder, Karl und Theodor. Ihren verstorbenen Mann, den Missionar Charles Isenberg, hatte sie in Indien kennengelernt. Er war, wie viele Missionare, schon bald einer tropischen Krankheit erlegen. Dem ernsten, blassen, immer etwas kränklich wirkenden Gehilfen ihres Vaters gegenüber empfand Marie Isenberg von Anfang an eher Respekt als Liebe; an einen Bekannten schrieb sie, man müsse den »feinen, frommen, intellektuellen Mann« achten, er mache auf sie den Eindruck, als sei er »für eine bessere Welt geschaffen«[19]. Sie erkannte sofort das Idealistische, aber auch Weltflüchtige seines Charakters. Marie selbst ist zwar eine »erweckte« Christin, die sich mit Leidenschaft, ja Rigorosität in den Dienst des Glaubens stellt, aber sie hat auch Sinn für das Künstlerische, für Poesie und Musik, kann hinreißend erzählen und ist trotz aller Strenge eine liebevolle und verständnisvolle Mutter.

Wie Julie Dubois, ihre zupackende, praktisch orientierte Mutter, die aus der französischen Schweiz stammt, sieht sie in der Ehe vor allem eine religiöse Verpflichtung, einen Dienst an der christlichen Gemeinschaft. Diese Haltung ist umso erstaunlicher, als Marie das Missionarsleben immer als Entbehrung und Opfer erlebt hatte und von ihren Eltern als Kind in ein Heim nach Basel abgeschoben worden war. Dieses Trauma, das von einer unglücklichen frühen Liebe noch vertieft wurde, verfolgte sie ein Leben lang, ohne sie jedoch an ihren christlichen Überzeugungen irre werden zu lassen. In Briefen an ihren Bruder Hermann und im Tagebuch gesteht sie, dass sie oft am Leben verzweifelt sei. Nur das Gebet und der feste Glaube an die Liebe Christi halte sie aufrecht. Die Konflikte, die Marie Hesse in sich auszutragen hat, der Zwiespalt zwischen dem Wunsch nach Unterordnung, Hingabe und Dienst und dem Drang, die eigene Emotionalität auszuleben und in Worten auszudrücken, kehren bei ihrem Sohn Hermann wieder, der aber, anders als seine sehr viel strenger erzogene und duldsame Mutter, von Anfang an gegen die Vereinnahmungen revoltiert.

Der überaus höfliche, gebildete und schon durch sein makelloses Hochdeutsch in der schwäbischen Kleinstadt auffallende Johannes Hesse wuchs der empfindsamen Marie rasch ans Herz. Als Witwe mit zwei minderjährigen Söhnen hatte sie es in der kleinbürgerlichen Calwer Gesellschaft nicht leicht, sodass die beiden am 22. November 1874 heirateten. Am 15. August 1875 wurde das erste gemeinsame Kind geboren, Adele. Nur zwei Jahre später kam Hermann Hesse zur Welt, ein freudiges Ereignis, das Marie Hesse im Tagebuch enthusiastisch kommentierte: »Am Montag, 2. Juli 1877, nach schwerem Tag, schenkt Gott in seiner Gnade abends halb sieben Uhr das heiß ersehnte Kind, unsern Hermann, ein sehr großes, schweres, schönes Kind, das gleich Hunger hat, die hellen, blauen Augen nach der Helle dreht und den Kopf selbständig dem Licht zuwendet, ein Prachtexemplar von einem gesunden, kräftigen Burschen.«[20]

Getauft wird das »Hermännle« von Großvater Hermann Gundert, dem unangefochtenen Patriarchen des Hauses. Unter Theologen gilt er wegen seiner überragenden Bildung, seiner Pionierarbeit als pietistischer Missionar in Indien, seiner Vielsprachigkeit und wissenschaftlich fundierten Bibelkenntnis als Ausnahmeerscheinung. Für Hermann Hesse wird der Großvater zum »Zauberer« seiner Kindheit, eine fast ins Mythische entrückte Gestalt, die Güte ausstrahlt und trotz aller Gelehrsamkeit durch Witz und Schlagfertigkeit imponiert. Eigentlich hatte Hermann Gundert Soldat werden wollen, später begeisterte sich der Maulbronner Seminarist für die Pariser Julirevolution und geriet beim

Theologiestudium in Tübingen unter den Einfluss des Bibelkritikers und Junghegelianers David Friedrich Strauß. Als es ihm durch Beten gelang, einen Kommilitonen vor dem Selbstmord zu bewahren, verstand er dies als Zeichen seiner Erweckung. 1835 ließ er sich für den Missionsdienst in Ostindien anwerben und lernte dort ohne große Mühe mehrere indische Dialekte, um in den Landessprachen predigen zu können. Im Calwer Verlagshaus gibt er nun indisch-englische Grammatiken, Wörterbücher, Lexika und Bibelübersetzungen heraus.

Die mit Büchern und allerlei exotischen Gegenständen vollgestopfte Gelehrtenstube des Großvaters zog Hermann magisch an, viel mehr als das Büro des Vaters, das nüchterner war und kein Geheimnis hatte. Er schaute hinauf zum tanzenden Gott Shiwa im Glasschrank des Großvaters, und bereits da fühlte er, dass in der kleinen Skulptur eine Lösung seiner Probleme, seiner inneren Kämpfe verborgen sein könnte. Um die steinernen und metallenen Götzen herum lag noch vieles andere, Ketten aus Holzperlen, Rollen mit indischer Schrift, Schildkröten aus Speckstein, kleine Götterbilder aus Holz, Glas und Quarz, gestickte seidene Decken, Messingbecher und Schalen aus Indien und Ceylon, aus China, Siam und Burma – eine Rätselwelt, die nur von Großvater Gundert, dem hünenhaften Alten mit dem weißen Bart, verstanden wurde. Er sprach alle Sprachen, kannte alle Götter und Religionen, konnte fremde Lieder singen und beherrschte mühelos die Gebetsübungen der Buddhisten und Muslime, obwohl er Christ war und an den dreieinigen Gott glaubte.

Wenn fremde Besucher in das Verlagshaus kamen, in den großen, von hallenden Korridoren durchzogenen Fachwerkbau am Rand des Calwer Talkessels, sprachen der Großvater und die Mutter indisch, malayisch, italienisch, französisch, dänisch, holländisch oder englisch. Die Sprache des Vaters war demgegenüber geheimnislos, er sprach mit Hermann deutsch, mit seiner Frau, die ihn »Johnny« nannte, immer wieder auch englisch, mehr nicht. Er litt ständig unter Kopfweh, neigte zur Schwermut und verzweifelte über den enormen Aufgaben, die ihm sein

Schwiegervater aufbürdete, dem alles so leicht von der Hand ging, der eine robuste Natur hatte und ein viel heitereres Gemüt. Hermann liebte seinen stillen, leidenden, noblen Vater, der sich nicht nur als Verlagsmann verstand, sondern auch als Wissenschaftler und Autor. Er verdankte ihm die sprachlichen Feinheiten, das Gespür für Satzbau und Satzmelodie. Aber er erkannte auch, dass sich der Vater das Leben selbst schwer machte mit seinem stark entwickelten Sinn für Moral und Gerechtigkeit, seinem unablässigen Streben nach Harmonie. Insgesamt fünfzehn Bücher erschienen unter seinem Namen, darunter selbst verfasste »Missionsgeschichten«, die Erzählungen »Salma, das Santalmädchen«, »Des Trappers Bekehrung«, »Der Gebetsbund« und ein Moraltraktat, das sich unter dem suggestiven Titel »Warum bist du nicht glücklich?« an »die Sklaven der Onanie oder Selbstbefleckung« richtete.

Sexuelle Enthaltsamkeit gehörte ganz selbstverständlich zur christlichen Wertewelt des Vaters, der sich die geheimen Wünsche seines pubertierenden Sohnes nicht einmal vorstellen wollte. Undenkbar, darüber ein aufklärendes Gespräch zu führen! Die Moral der Selbstbeherrschung und der Selbstaufopferung ist eines der Zentralanliegen des Pietismus. Ihm hatte sich Johannes Hesse bereits als Achtzehnjähriger unterworfen. In einem Bewerbungsschreiben an die Basler Missionsgesellschaft aus dem Jahr 1865 klingt schon die Haltung an, die er seinem aus dem Seminar entlaufenen Sohn Hermann knapp dreißig Jahre später vermitteln wird: »Mein Sehnen ging nach einer korporativen Gemeinschaft, in welcher mein Ich verschwinden würde – denn es war mir längst zu stark geworden.«[21] Jeder individuelle Impuls sollte umgelenkt und fruchtbar gemacht werden für die christliche Gemeinschaft und ihre Werte.

Ohne das Vorbild seines strenggläubigen Vaters, des baltischen Arztes Carl Hermann Hesse, der in Weißenstein ein christliches Waisenhaus geführt hatte, wäre diese »Erweckung« sicher nicht so früh und so nachdrücklich erfolgt. Wie bei der Mutter Marie machte sich auch im Falle von Johannes Hesse der Einfluss der Familie und des damit verbundenen pietistischen Milieus geltend. Im Baltikum und in Schwaben formierte sich die Erweckungsbewegung am radikalsten, die schwäbischen Seminare und das Tübinger Stift brachten mit Schelling und Hegel, Mörike und Hölderlin, Strauß und Vischer herausragende Köpfe hervor, die von diesem religiösen Milieu nachhaltig geprägt sind. Gerade im ländlich-konservativen Württemberg wurde der Pietismus zur Volksfrömmigkeit, die oft sektiererische Formen annahm. Die schwäbischen Pietisten setzten dem modernen Lebensgefühl mit ihren Brüdergemeinden eine Art neuer Urkirche entgegen. Das irdische Leben habe keinen Zweck in sich selbst, wurde gepredigt, es dürfe nur als Prüfung und Vorstufe zum ewigen Leben verstanden werden. Zu dieser Prüfung gehört die »Seelenarbeit«, eine andauernde, ehrliche Selbstbefragung, um die eigenen Antriebe erst zu durchschauen und sie dann auf Gott auszurichten. Denn in der Selbstprüfung, so das pietistische Credo, prüft mich auch Gott selbst, der alle meine Motive, Gedanken und Absichten kennt. Nicht die Lehre oder das kirchliche Amt, sondern die Ergriffenheit, die persönliche Bekehrung macht den Einzelnen zu einem neuen Menschen in der Nachfolge Christi.

Schon äußerlich ist Christoph Blumhardt in Bad Boll eine ähnlich eindrucksvolle Erscheinung wie Hermann Gundert, mit weißem Backenbart und kräftigen Händen, die heilen, aber auch strafen können. Der redegewaltige Pfarrer versteht sich als Neuerer, als Modernist, der den modernen Wissenschaften gegenüber aufgeschlossen ist. Der Mensch, fordert er, dürfe sich nicht in der überkommenen Ordnung einrichten, Stehen bleiben bedeute die Trennung vom göttlichen Geist, der den Menschen immer neue Wandlungen abverlange. Wer sich der Wahrheit Jesu mit Haut und Haaren verschreibe, finde im Diesseits letztlich keine Befriedigung, keine letzte Befriedigung. Auch der schönste Sozialismus sei unüberbrückbar weit entfernt vom Reich Gottes. Alles nur Menschliche, Selbstbezügliche, so Blumhardt, müsse abgeworfen werden, um Jesus dienen zu können: »Denn erst, wenn der Mensch sich beugt in ganz neuer und vollkommenerer Weise, wird der Sieg kommen, welcher die Barmherzigkeit Gottes für alle Kreatur ermöglicht.«[22]

Sich beugen, das strenge Pflichtethos zu akzeptieren, das den Geist von Bad Boll bestimmt, ist Hermanns Sache nicht. Die Besuche seines Halbbruders Theodor, der in einer Apotheke in Waiblingen bei Stuttgart arbeitet, bestärken ihn in seinem Widerwillen. Der elf Jahre ältere Theodor ist Atheist und ermuntert seinen Bruder, zu Pfarrer Blumhardt auf Distanz zu gehen. Auch nimmt er ihn mit nach Waiblingen, wo er in Untermiete bei einer Frau Kolb wohnt, in deren hübsche Tochter Eugenie sich Hermann sofort verliebt. Sie ist sieben Jahre älter, aber gibt sich so aufgeschlossen, dass Hermann glaubt, sie würde seine Liebe erwidern. Er verbringt lange Abende mit Mutter und Tochter und rezitiert dabei Gedichte, die er für Eugenie geschrieben hat. Wenigstens sie soll den jungen Dichter verstehen, die Reinheit seiner Gefühle:

Wenn du's verstehst, was ich in Lust und Scherz,
Was ich im Weh als Heiligstes empfunden,
Wenn Du im Lied erkennst mein junges Herz,
So hab' ich den ersehnten Lohn gefunden.[23]

Doch seine Liebeserklärung wird sanft, aber unmissverständlich abgewiesen: »Glauben Sie mir, wenn ich Ihnen sage: Die erste Liebe ist *nie* und *nimmer* die *richtige*.«[24]

Nun entschließt sich Hermann zu einer besonders spektakulären Maßnahme und kauft sich einen Revolver. Dass er sich dafür von einem Wirt 25 Mark leiht und seine Eltern brieflich auffordert, das Geld zurückzuzahlen, empört sie sehr. Die Ankündigung des Selbstmords schlägt in der Heilanstalt wie ein Blitz ein. Pfarrer Blumhardt ist außer sich. Dieser junge Mann hat den Teufel im Leib! Nun steht seine Reputation auf dem Spiel. Er schreibt unverzüglich an Marie Hesse und schlägt vor, Hermann, der ganz offenbar sein Vertrauen missbraucht hat, zu einem Kollegen nach Göppingen abzuschieben. Das Erlebte erinnert ihn fatal an die Krankheitsgeschichte der besessenen Gottliebin Dittus aus dem schwäbischen Möttlingen, die sein Vater als junger Pastor durch Gebete geheilt hatte. Die Achtundzwanzigjährige war als Kind mit okkulten Praktiken in Berührung gekommen und hatte Johann Christoph Blumhardt offenbart, sie sei von bösen Geistern befallen. Sie hatte auch mehrmals versucht, sich umzubringen. Der Bericht des evangelischen Pastors an die Oberkirchenbehörde[25] enthielt schauerliche Details über Krämpfe, Blutungen und unerklärliche Wunden, zudem war der Körper der Besessenen von einem Tag auf den anderen mit metallenen Gegenständen gespickt, die zum Kopf hochwanderten, wo sie unter grässlichen Schmerzen ausgespien wurden. Pastor Blumhardt zog, wie er in seinem Protokoll berichtete, Nähnadeln und Drahtstücke aus Augenlidern und Kiefern hervor, die der Kranken einen rasenden Kopfschmerz verursacht hatten. Christoph Blumhardt kannte diesen Fall der Besessenheit zu genau, um nicht Parallelen zu Hermann Hesse zu ziehen, wusste er doch von dessen Maulbronner Hypnose-Erlebnis und hatte selbst erlebt, wie stark der Junge unter andauerndem Kopf- und Zahnschmerz litt. Könnte nicht auch dieser widerspenstige junge Mann ein Opfer finsterer Mächte geworden sein?

Am 21. Juni 1892 reist Marie Hesse zusammen mit ihrem Bruder David Gundert nach Göppingen, wo Christoph Blumhardt sie bereits erwartet. Er sieht keinen anderen Ausweg mehr, als Hermann in eine Irrenanstalt einzuliefern. Seine Therapien sind wirkungslos verpufft, er weiß, dass der junge Kranke den Kampf gegen ihn, den prominenten Heiler, gewonnen hat. Blumhardt schimpft über Bosheit und Teufelei und ist froh, dass Mutter und Sohn schließlich nach Stetten abreisen, wo sich ein anderer Geistlicher um den Gemütskranken kümmern soll. Dem Pietisten-Bruder Johannes Hesse schreibt er, der Verstand von Hermann sei »unterentwickelt« und er selbst sei froh, »mit dem Schrecken davongekommen zu sein«[26]. Nun muss er nicht mehr fürchten, dass die Dämonen auch auf die anderen Patienten überspringen.

Marie Hesse ist tief getroffen vom abweisenden Auftreten ihres Sohnes, der sie bei ihrem Besuch nicht einmal grüßt und finster vor sich hinstarrt. Doch sie kennt diese Stimmungsschwankungen und hat in ihrem Tagebuch lange schon darüber Buch geführt. »Lebhaft« und »verwegen«[27] nennt sie dort Hermanns Temperament und seinen Eigensinn und Trotz »oft geradezu großartig«[28]. Früh schon macht sich sein Bedürfnis nach Autonomie geltend, das sich nicht einmal vom Tod schrecken lässt. »Wenn i ins Gräble runter sterb, so nemm i halt a paar Bilderbücher mit!«[29], sagt der Vierjährige zu seiner Schwester Adele. Als seine Schwester Gertrud wenige Monate nach ihrer Geburt stirbt, sitzt er lange an ihrem Totenbett und wünscht, auch selbst bald »zum lieben Heiland« zu kommen. Dann wieder bittet der kleine Hermann seine Mutter, mit ihm zu beten, dass der Herrgott ihn »arg lieb mache«, als spüre er, wie sehr seine Aufsässigkeit seine Familie belastet. Beim Spielen mit den Kameraden will er immer der Erste, Beste, Mächtigste sein, möchte auch seine Geschwister beherrschen, die er manchmal aus einer Laune heraus drangsaliert, um sie gleich darauf wieder zu herzen und zu küssen. Mal spielt er den Missionar, dann wieder predigt er wie ein Pfarrer oder erzählt aus dem Stegreif Geschichten. Der »hohe Tyrannengeist« ihres Sohnes setze ihr immer mehr zu, notierte Marie Hesse am 2. August 1881: »Gott muss diesen stolzen Sinn in Arbeit nehmen, dann wird was Edles und Prächtiges draus, aber ich schaudere beim Gedanken, was bei falscher oder schwacher Erziehung aus diesem passionierten Menschen werden könnte.«[30] Das Pflichtbewusstsein der Pietistin lässt den Gedanken nicht zu, dass es vielleicht doch nicht ihr Versagen ist, wenn der Sohn Schwierigkeiten macht, sondern das Ergebnis seiner komplexen, widersprüchlichen Anlagen.

Am Tag nach seinem inszenierten Selbstmordversuch wird Hermann Hesse bei Pfarrer Gottlob Schall, dem Inspekteur der Nervenheilanstalt Stetten, untergebracht. Die Familie bezahlt dafür 1200 Mark; das Krankenblatt vermerkt als Diagnose »Melancholie« – ein eher harmloser Befund. Später wird man ihm »moral insanity« bescheinigen: moralischen Schwachsinn. Die weitläufige Anstalt im Remstal bei Stuttgart, ein ehemaliges Schloss, beherbergt Geistesgestörte und epileptische Kinder. Als die Mutter mit ihm über den Hof der Anstalt geht, ruft Her-

mann: »In das Gefängnis wollt ihr mich stecken? Lieber spring
ich in den Brunnen dort.«[31] Erst als Pfarrer Schall auf ihn ein-
redet, beruhigt er sich. Wieder fügt Hermann sich äußerlich in
sein Schicksal, dramatisiert aber noch am Tag seiner Einlieferung
seine Lage in einem Gedicht:

Auch ich hab einst nach dem Glücke gestrebt.
Auch ich bin nicht lächelnd durchs Leben geschwebt,
Doch alles ist lange verflogen,
Verflogen der Traum von Freude und Scherz,
Erfroren, erstarrt das glühend Herz,
Und die kindliche Unschuld betrogen …

Das Leben, es war so hell und so süß
und die blühende Erde ein Paradies,
Und jetzt ist alles verdorben,
das Spiel und der Scherz und der Erde Tand
Und der wagende Mut erlosch, entschwand
O wär ich doch lange gestorben![32]

Dass seine Kindheit unwiderruflich zu Ende ist, ohne dass sich
eine annehmbare Zukunft auftut, wird Hermann Hesse in diesen
Tagen schmerzlich bewusst. Die routinierte Todeslüsternheit des
Gedichts erweist sich als dichterische Pointe, die er öfter schon
erprobt hat. Seine Ausnahmesituation empfindet er als Herausforderung, jetzt will er erst einmal das fremde Terrain sondieren,
um dann seine Kräfte mit den Autoritäten neu zu messen. Eben
noch ein potenzieller Selbstmörder, schickt er nun wie schon
zuvor in Maulbronn und Bad Boll detaillierte Berichte über seinen Tagesablauf nach Calw und rühmt sich seines guten Verhältnisses zu Inspektor Schall. Sogar zu einer Entschuldigung gegenüber seinen Eltern ringt er sich durch. Der Anstaltsleiter stellt
ihm in Aussicht, den Kindern Unterricht im Lesen und Rechnen
erteilen zu dürfen, um sich nützlich zu machen. Hermann darf
im Anstaltsgarten arbeiten und liest in seinem Zimmer bis spät
in die Nacht.

Hermanns Vater ist erst einmal beruhigt und schreibt seinem Sohn in mitfühlendem Ton, auch er trage schwer am Leben und »empfinde die tiefe Kluft zwischen Ideal und Wirklichkeit beständig auf das Schmerzlichste«. Als Heilmittel kann er aber nur wieder auf Gottes Hilfe verweisen, die nicht ausbleibe, wenn man »den Willen zur Pflicht und zum Guten«[33] ausbilde. Hermann aber liebäugelt insgeheim mit dem Gymnasium in Cannstatt, denn er hofft, dort Eugenie Kolb wiederzusehen.

Nur wenige Wochen dauert dieser Waffenstillstand, dann explodiert Hermanns Gemüt in einem gewaltigen Wutausbruch gegen den Vater und dessen christliche Gewissheiten. Johannes Hesse hatte seinen Sohn auf dessen Drängen am 5. August von Stetten nach Calw zurückgeholt, ihn aber schon nach zwei Wochen wieder zurückgeschickt. Hermann verschafft sich Luft mit einem Gedicht, das er in Calw zurücklässt, um seinen Eltern ein schlechtes Gewissen zu machen:

Leb wohl, du altes Elternhaus,
Ihr werft mit Schande mich hinaus,
Ade, ihr Lieben (?) groß und klein,
Von neuem bin ich jetzt allein! …

Zum Teufel geht die Freiheit auch,
Sie war ja immer höchstens Rauch,
Ich werd' ins Irrenhaus geschickt,
Wer weiß – ich bin wohl gar verrückt.[34]

Wie schon nach seiner Flucht aus dem Seminar spricht Hermann seine Eltern im Brief mit Sie an, schreibt »Verehrte Eltern!« oder »Sehr geehrter Herr Hesse!« und unterzeichnet mit »Achtungsvoll H. Hesse Nihilist (haha!)«. Er habe nun endgültig alles verloren, klagt er, »Heimat, Eltern, Liebe, Glaube, Hoffnung und mich selbst«. Stetten sei ihm die Hölle, aber eigentlich sei der Irrsinn doch etwas Erstrebenswertes, weil man dann alles vergessen könne. Abwechselnd nimmt er die pathetische Schiller-Pose ein, dann wieder will er ein Turgenjewscher Nihilist sein, weil er gerade dessen Romane, darunter auch *Väter und Söhne*, liest. Schall nimmt ihm den Turgenjew-Roman *Dunst* weg, den er wegen der dort beschriebenen amourösen Verwicklungen für schädlich hält, wie er Johannes Hesse mitteilt: »Ob zu seinen Verirrungen nicht auch das Romanlesen beigetragen hat, wodurch er in eine ganz andere Welt versetzt wurde und mit der Wirklichkeit nicht mehr rechnete, vielleicht auch die Lust am angestrengten Lernen verlor? Er hat eine ziemliche Lesewut, welche ich zügeln muß.«[35]

Pfarrer Schall kann sich über Hermanns Verhalten nicht beklagen, dem strengen Heimleiter gegenüber zeigt er sich kooperativ, lässt sich sogar ins Gewissen reden wegen des ungebührlichen Verhaltens gegenüber seinen Eltern. Deren sorgende Liebe dagegen empfindet Hermann – das zeigt die krude Art, wie er auf ihre hilflosen Briefe reagiert – als Schwäche. Der Pubertierende testet die Grenzen ihrer Toleranz aus, die er bei Pfarrer Schall nie überschreiten würde. Der im Umgang mit schwierigen Jugendlichen erfahrene Anstaltsleiter weiß seine Zuwendung genau zu kalkulieren, sie wechselt zwischen einfühlsamer Zuwendung und harter Sanktion.

Die Briefe, die Hermann zwischen dem 30. August und dem 22. September 1892 an seine Eltern schreibt, schwanken zwischen virtuos vorgetragenem Weltschmerz, höhnischer Aggressivität und devotem Betteln um Verständnis. Es handelt sich nicht um Briefe eines verzweifelten Schülers, es sind literarische Selbstinszenierungen, geschult an Schiller, Heine und Hölderlin – sorgfältig komponierte Rollenprosa, mit der ein hochbegabter, aber sich verkannt fühlender Sohn seinem Vater imponieren will: »Wenn das Leben des Wegwerfens überhaupt wert wäre, wäre das ganze Leben nicht bald ein heiterer, bald schwarzer Wahn – ich möchte mir den Schädel an diesen Mauern einrennen, die mich von mir selber trennen. Und dazu dieser trübe Herbst und der nahe schwarze Winter. Ja, ja, es ist Herbst, Herbst in der Natur und im Herzen: Die Blüten fallen, ah, das Schöne flieht und eisige Kälte bleibt zurück. Und ich bin der Einzige unter einigen Hunderten von entmenschten Irren, der dies fühlt. Fast wünsche ich mir den Irrsinn, es muß unendlich süß sein, alles, alles verschlafen, vergessen zu können, Lust und Leid, Leben und Schmerz, und Liebe und Haß!«[36]

Die Irren von Stetten: Sie stehen für die Menschen draußen, die unverständigen Philister, aber auch für die Familie in Calw, die keine Ahnung hat vom reichen inneren Leben eines eingekerkerten Jung-Dichters, der sich nicht verständlich machen kann, dessen Gedichte zurückgewiesen werden und der deshalb ins Vergessen, ja in den Tod fliehen möchte. Hatte ihn die Mutter nicht angefleht, dem Vater ja keines seiner Gedichte zuzusenden? Und hatten sich die Eltern nicht immer wieder mit seinen Erziehern verständigt, dass eine künstlerische Laufbahn für ihren Hermann gar nicht infrage komme, ja das Allerschädlichste sei für einen begabten jungen Menschen? Pfarrer Schall spricht Johannes Hesse aus dem Herzen, wenn er schreibt, Hermann solle nicht glauben, »daß man durch Geigen und Dichten sich durchs Leben bringe«. Das gebe nur »verkümmerte Existenzen«[37].

Es ist die Tragik des eigentlich wohlmeinenden Vaters, dass er das große Talent, die Berufung seines Sohnes nicht zu erkennen, geschweige denn anzuerkennen vermag. Seine Sorge gilt der bürgerlichen Existenzsicherung, aber auch dem »Seelenheil« von Hermann, der sich als Nihilist gebärdet und die Religion verächtlich macht. »Ich *kann* eben in diesem Gott nichts als einen Wahn, in diesem Christus nichts als einen Menschen sehen«, donnert dieser seinen Eltern entgegen. Er lasse sich nicht mit ihrem »pietistischen Gesäusel« abspeisen. In Calw erwarte man nach »diesem elenden Leben« ein besseres im Jenseits, aber er, Hermann, wolle dieses sein Leben entweder wegwerfen oder »etwas davon haben«[38]. Sein Sohn, lautet der Hauptvorwurf des Vaters, lasse sich ausschließlich von »Lust- und Unlustempfindungen« leiten und nehme dabei keinerlei Rücksichten »auf die Liebe zu Eltern und Geschwistern«[39].

Diese unzulässige Verkürzung seiner Antriebe und Wünsche macht Hermann noch zorniger als all die christlichen Belehrungen. Denn seine Abwendung von der Familie ist ja die Folge der Nichtanerkennung seiner Talente, die er unablässig unter Beweis stellt, so auch mit der Übersendung eines heiter-wehmütigen Gedichts, das er am 11. September 1892 seinem Brief beilegt:

Und soll ich es glauben und ist es wahr?
Die Sonnenstrahlen, das Bächlein klar
Der junge Frühling, die Blüt' am Baum
Sie alle waren nur Schaum und Traum?

Es hat doch die Welle so silbern geschäumt
Von sinkender Sonne mit Purpur gesäumt,
es klang doch der munteren Vögelein Lied
So heiter durchs Land und durchs frohe Gemüt,
So glücklich war doch das junge Herz
Und schaute begeistert himmelwärts,
So selig wogte in weiter Brust
Der ersten Liebe unendliche Lust,

Und alles war nur ein neckischer Sang,
Der unverstanden im Tale verklang,
Und alles war nur geglaubt und geträumt
Und ist im Herbst verduftet, verschäumt?

So lebe denn wohl, mein Sonnenschein
In Winter und Stürmen gedenk ich dein,
In Schnee und Eise durchzieht's noch die Brust
Wie Träumen von Lenz und Liebe und Lust,
O Sonne, und wenn du wiederkehrst,
Das Lied der Vögel im Busche hörst,
So scheine auch auf mein stilles Grab
Mit Wärme und Liebe und Mitleid herab,
Und bringe dem Frühling, dem Letzten, Gruß
Und meiner Liebe den Abschiedskuß.[40]

Natürlich sind diese Strophen epigonal, enthalten eine Prise Romantik von Eichendorff, ein bisschen Heinesche Liebeswehmut und viel Nikolaus Lenau, in dessen Lyrik sich Naturbeschreibung und Seelenstimmung wechselseitig durchdringen. Johannes Hesse liest die Gedichte seines Sohnes jedoch nicht als Produkte der Imagination, sondern der moralischen Entgleisung, nimmt Anstoß an dem Dreiklang von Lenz, Liebe und Lust und sieht mit Erschrecken, dass der fünfzehnjährige Hermann noch immer für die viel reifere Eugenie schwärmt, statt sich Gedanken um seine schulische Zukunft zu machen. Wenn ein junger Mensch überhaupt Gedichte schreibt, dann bitte religiös inspirierte wie Marie Hesse, die ihrem Sohn nahelegt, sich die Hand beim Schreiben »vom Herrn« führen zu lassen. Es macht Hermann rasend, dass der Vater sein künstlerisches Temperament mit keinem Wort anerkennen will – oder kann. So muss er die Liebe seiner Eltern als Eigenliebe und ihre Ratschläge als Zurückweisung verstehen.

Was ihn umtreibt, ist der Geist der Freiheit, der ihn immer mehr zum Freigeist und Religionsskeptiker gemacht hat; er findet Gefallen an der Rolle des Geächteten, der sich von allen lästigen Bindungen löst. Diese Selbstherrlichkeit ist jedoch nur eine vorgespielte, brüchige, denn eigentlich wünscht sich Hermann nichts mehr als das Verständnis, den Gleichklang mit seinen Eltern, die er schmerzlich vermisst. Doch sein selbstverliebter, fordernder Charakter ist nur zur Fernstenliebe fähig, ist er von zu Hause weg, wird die Familie idealisiert, kehrt er zurück, ernüchtert ihn die Realität, weil er sich nicht angenommen weiß in seiner Eigenheit. Bei den Kolbs fühlte er sich wohl, weil man ihn dort nicht moralisierte, sondern als interessanten, eigenwilligen Menschen aufnahm und auch seine Fähigkeit zu phantasieren und zu dichten bewunderte. Und er will Eugenie um jeden Preis gefallen – und gibt sich deshalb so sanft und verständig wie möglich.

Als eigentliches Feindbild baut er sich den Vater auf. Er glaubt sich von ihm verlassen und verraten. Der fromme Mann ist nie zur Stelle, wenn er ihn braucht, in Maulbronn nicht, in Bad Boll nicht und nun auch in Stetten nicht. Hermann spürt, dass sein Vater Angst vor ihm hat, vor seinen Wutausbrüchen, seinem scharfen, verletzenden Geist, seiner Skepsis, die seine Gewissheiten gefährdet. So ist es die Mutter, die an seiner Stelle mit Behörden und Erziehern verhandeln muss. Gleichwohl aber hat Johannes Hesse in der Zeit, als Hermann nach Calw zurückgekehrt war, unablässig nach einem Gymnasium für seinen Sohn gesucht, aber wegen der Vorgeschichte keine Zusage für eine Aufnahme erhalten. Für Hermann jedoch ist es sein Vater, der ihn ins Irrenhaus abgeschoben hat, um in Calw in Ruhe seinen Geschäften nachgehen zu können. In Stetten will er jetzt auch bleiben, um denen in Calw ihre Schande nicht zu ersparen; in trotziger Auflehnung schreibt er an den Vater: »Man hat mich mit Gewalt in den Zug gesetzt, herausgebracht nach Stetten, da bin ich und belästige die Welt nimmer, denn Stetten liegt außerhalb der Welt. Im Übrigen bin ich zwischen den vier Mauern mein Herr, *ich gehorche nicht und werde nicht gehorchen*.«[41]

Wieder schlägt er den pathetischen Schiller-Ton an, pocht auf sein Menschenrecht auf Freiheit und Unabhängigkeit: »Ich bin Mensch, ›Person‹, wie Schiller sagt, meine Erzeugerin ist allein die Natur, und sie hat mich nie, nie schlecht behandelt. Ich bin Mensch und erhebe vor der Natur ernst und heilig Anspruch auf das allgemeine Menschenrecht und dann auf das Spezielle. Ich behaupte: Kein Verdienst schafft uns ein eigentliches Recht, sondern dies besteht von der Natur, die uns zu den und dem bestimmt hat. Ich sage, wenn es auch, selbst in meinen Ohren, seltsam klingt: Ich habe von der Natur gar nicht das Recht, unter Schwachsinnigen und Epileptischen zu leben.«[42] Auf dieses Menschheitspathos kann der erschrockene Vater nur wieder mit Ermahnungen antworten, die dem Sohn Geduld und Selbstbeherrschung abverlangen, aber für Hermann das niederschmetternde Eingeständnis enthalten, dass sein Gemütszustand von seinem Vater doch für »krankhaft«[43] gehalten wird, von dem er geheilt werden müsse. Der Schlagabtausch zwischen Vater und Sohn gipfelt in einem Brief, den Hermann am 14. September

1892 verfasst, in der Absicht, seinen Vater aufs Äußerste zu demütigen:

»Sehr geehrter Herr!

Da Sie sich so auffällig opferwillig zeigen, darf ich Sie vielleicht um 7 M oder gleich um den Revolver bitten. Nachdem Sie mich zur Verzweiflung gebracht, sind Sie doch wohl bereit, mich dieser und sich meiner rasch zu entledigen. Eigentlich hätte ich ja schon im Juni krepieren sollen.

Sie schreiben: Wir machen Dir gar keine ›schrecklichen Vorwürfe‹ weil ich über S[tetten] schimpfe. Dies wäre auch mir durchaus unverständlich, denn das Recht zu schimpfen darf man einem Pessimisten nicht nehmen, weil es sein einziges und letztes ist.

›Vater‹ ist doch ein seltsames Wort, ich scheine es nicht zu verstehen. Es muß jemand bezeichnen, den man lieben kann und liebt, so recht von Herzen. Wie gern hätte ich eine solche Person! Könnten Sie mir nicht einen Rat geben. In alter Zeit war das Fortkommen leicht: jetzt ist's schwer, ohne Scheine, Ausweise etc durchzukommen. Ich bin 15jährig und kräftig, vielleicht könnte ich an der Bühne unterkommen?

Mit Herrn Schall mag ich nicht verhandeln, der herzlose Schwarzfrack ist mir verhaßt, ich könnte ihn erstechen. Er gönnt mir keine Familie, so wenig als Sie oder irgend jemand.

Ihre Verhältnisse zu mir scheinen sich immer gespannter zu gestalten, ich glaube, wenn ich Pietist und nicht Mensch wäre, wenn ich jede Eigenschaft und Neigung an mir ins Gegenteil verkehrte, könnte ich mit Ihnen harmonieren. Aber so kann und will ich nimmer leben und wenn ich ein Verbrechen begehe, sind nächst mir Sie schuld, Herr Hesse, der Sie mir die Freude am Leben nahmen. Aus dem ›lieben Hermann‹ ist ein andrer geworden, ein Welthasser, eine Waise, deren ›Eltern‹ leben.

Schreiben Sie nimmer ›Lieber H.‹ etc; es ist eine gemeine Lüge.

Der Inspektor traf mich heute zweimal, während ich seinen Befehlen nicht nachkam. Ich hoffe, daß die Katastrophe nimmer lang auf sich warten läßt. Wären nur Anarchisten da!

H. Hesse, Gefangener im Zuchthaus zu Stetten

wo er ›nicht zur Strafe‹ ist. Ich beginne mir Gedanken zu machen, *wer* in dieser Affaire schwachsinnig ist.

Übrigens wäre es mir erwünscht, wenn Sie gelegentlich mal herkämen.«[44]

Der Einzige, der bei der ganzen Aufregung ruhig bleibt, ist Pfarrer Schall. Nachdem Johannes Hesse ihm den Brief seines Sohnes verzweifelt und ratlos hat zukommen lassen, teilt Schall ihm mit, dass Hermann, anders als er selbst behauptet, ihm gegenüber gehorsam sei. Er halte den Brief, in dem wieder Selbstmorddrohungen und Schlimmeres anklingen, »für eine Renommage und Pression«[45], um von Stetten wegzukommen. Er, Schall, habe nur den Wunsch, »dass ihn der liebe Gott recht krank werden lassen möchte, dann würde wahrscheinlich er das Sprüchlein lernen, das ich ihm letzthin ans Herz legte: Den Demütigen gibt Gott Gnade«[46].

Der Wunsch geht überraschend schnell in Erfüllung: Hermann weiß, dass er zu weit gegangen ist, und gibt sich demütig und einsichtsvoll. Schon fünf Tage später bittet er seine Eltern um Verzeihung, weil er nun, nachdem er ihre Liebe verloren habe, fühle, wie sehr er sie doch brauche. Doch nur wenige Zeilen später schreibt er trotzig, von »wohlmeinender Liebe« wolle er nichts mehr hören, das sei wertloser »Wahn«[47]. Am liebsten würde er zu Pfarrer Jakob Pfisterer nach Basel reisen. Dort hatte Hermann Hesse einen Teil seiner Kindheit verlebt. Der Vater willigt sofort ein, froh, dass jetzt »Dein *Herz* zu uns redet und nicht irgend ein fremder böser Geist, dem Du Dich momentan hingegeben«[48]. Auch Pfarrer Schall ist erfreut über die Aussicht, den schwierigen Patienten abgeben zu können. Er hoffe, schreibt er Hermanns Onkel, David Gundert, dass sich der Verdacht auf »primäre Verrücktheit«[49] nun doch nicht bewahrheite.

Basel bedeutet für Hermann Hesse ein Wiedereintauchen in das Fluidum seiner als glücklich erlebten Schweizer Kindheit. Jakob Pfisterer, seinen ehemaligen Lehrer an der Knabenschule der Mission, begrüßt er auf dem Bahnhof mit »Grüß Gott, Papa«.

Zwar war er schon damals von seinen überforderten Eltern aus dem Haus gegeben worden. Aber Pfisterer hat nichts vom moralischen Rigorismus seines Vaters, er begegnet seinem früheren Zögling fürsorglich und vermittelt Hermann sofort das Gefühl, nicht als Kranker oder gar als Geistesgestörter betrachtet zu werden. Im Gegenteil, der Fünfzehnjährige kommt dem Schweizer Pfarrer, verglichen mit dem eigenen Sohn, für sein Alter geistig sehr entwickelt vor. Die Rückkehr nach Basel hat jedoch auch eine belastende Seite, weil sie Hermann mit einer Zeit kindlicher Unbeschwertheit konfrontiert, die er so schmerzlich vermisst. An seine Mutter richtet er einen liebevollen, zärtlichen Brief, bittet als »gefallener Sohn« um Verzeihung, deutet aber auch an, sich am liebsten in den Rhein stürzen zu wollen. Nur die Liebe zu ihr halte ihn davon ab. Sie sei sein »Haltplatz«, sein »Hafen«. Er räumt ein, »krank im Innersten Mark«[50] zu sein.

Pfarrer Pfisterer beweist seine Umsicht, indem er Hermanns Vater drängt, seinen Sohn ans Cannstatter Gymnasium zu geben, um ihm mit dem »Einjährig-Freiwilligen-Examen« einen Schulabschluss zu ermöglichen. Das brächte den Vorteil, dass Hermann, der seine in Basel angenommene Schweizer Staatsbürgerschaft wegen der Aufnahme ins Maulbronner Seminar gegen die württembergische hatte eintauschen müssen, nicht den in Deutschland obligatorischen dreijährigen Militärdienst abzuleisten hätte. Durch das Militärexamen würde sich die Dienstzeit auf ein Jahr verkürzen.

Nur vier Wochen nach seinem Wechsel von Stetten nach Basel verlässt Hermann am 4. November 1892 die Schweiz wieder und fährt in das nahe bei Stuttgart gelegene Städtchen Cannstatt. Es gelingt ihm auf Anhieb, bei einer Witwe eine Dachstube zu bekommen. Hermann fügt sich in die neue Klasse rasch ein, kann gut mithalten. Verpflegt wird er im Haus von Präzeptor Geiger, einem pädagogisch schwachen, allein auf die Logiskosten erpichten Gymnasiallehrer. Im Aufsatz sind seine Leistungen so überragend, dass der Deutschlehrer darauf verzichtet, seine Aufsätze zu zensieren. Dann flammt der alte Liebeskummer auf, als er merkt, dass die immer noch von ihm umworbene Eugenie Kolb seine Gedichte zwar schön findet, sich ihm aber zunehmend entzieht. Doch er will mehr für sie sein als nur ein Freund. Nachts schluchzt er ihren Namen ins Kissen, dann wieder versucht er verzweifelt, sie zu vergessen, aber es gelingt ihm nicht.

Weihnachten 1892 verbringt Hermann zu Hause in Calw, gibt sich freundlich und umgänglich, schockiert aber bei der Abreise seine Mutter: »Täusche dich nicht über mich; ich bin noch ebenso krank und unglücklich wie damals in Boll und stürbe am liebsten gleich!«[51]

Dies ist der Auftakt zu einer neuen Phase der Konfrontation. Die erste Andeutung macht Hermann in einem Brief an seine Mutter, in dem er, Turgenjew zitierend, gesteht, es gewähre einen angenehmen Schmerz, vernarbte Wunden wieder aufzureißen, gar »ein Vergnügen«[52]. Hermanns Seelenmasochismus verkehrt sich vier Tage später, am 20. Januar 1893, in eine bösartige, geradezu sadistische Attacke auf seine Mutter, deren religiöse Gefühle er als »wertlos« verhöhnt, um die eben von einer schweren Krankheit Gesundete dann mit einer Selbstmorddrohung in neue Ängste zu stürzen: »Ich nahm rasch einige Bücher, ohne Auswahl, und kaufte in Stuttgart dafür – einen Revolver. Und jetzt sitz ich wieder da und vor mir liegt das rostige Ding.«[53]

Sofort eilt Marie Hesse von Calw nach Cannstatt, um ihren Sohn vom Schlimmsten abzuhalten. Hermann empfängt sie abweisend, düster, schweigend. Sie verbringt eine schlaflose Nacht im ungeheizten Nachbarzimmer, um bei ihm zu sein, doch am nächsten Tag wird sie so sehr beschimpft, dass sie am liebsten sofort abgereist wäre. Als Marie Hesse am 22. Januar schließlich doch nach Calw zurückfährt, ist sie »an Leib und Seele krank«[54].

Regelmäßig kommen nun Briefe aus Cannstatt, in denen Hermann sich in Selbstmitleid geradezu suhlt, immerzu den baldigen Tod vor Augen, dann aber wieder um Verzeihung bittend, denn er sei »jetzt noch böser als je«[55]. Die Antworten aus Calw sind ebenfalls auf den immer gleichen Ton gestimmt, die Eltern bitten um Geduld, hoffen auf Gottes Gnade und Hermanns Einsicht und Umkehr. Johannes Hesse ist jetzt bemüht, sich auf die

Gedanken- und Gefühlswelt seines Sohnes einzulassen, sinniert über dessen Todesverfallenheit, über Freiheit und Nihilismus, um am Ende dann doch wieder zum Glauben zurückzulenken, ohne den die inneren Widersprüche und Zerrissenheiten eben nicht zu überwinden seien: »Zu diesem Glauben fordert uns die Stimme im eigenen Innern, das Beispiel so vieler edler Menschen und alles das auf, was in der Natur und im Geistesleben auf einen Zweck, ein Ziel, eine Absicht, auf ein Höchstes hinweist. Zum Gegenteil, d. h. zum Nihilismus zieht uns die Ungeduld, der Weltschmerz und die verführende Macht derer, die wohl auch geistreich und welterfahren waren, aber aus Hochmut oder übertriebener Eigenliebe sich nicht fügen wollten in die Schranken, die uns im Diesseits nun einmal gesetzt sind. Wer sein *eigenes* Leben, seine eigenen Gefühle, Gedanken und Wünsche in den Tod zieht und es mit dem versucht, der uns über uns selbst hinausheben will, *dem* geht ein neues Leben auf schon hienieden.« Der Brief endet mit der Versicherung, dass man Hermann nichts nachtrage. Johannes Hesse unterzeichnet mit »In herzlicher Liebe Dein Vater«[56].

Hermann antwortet gereizt, alles könne er ertragen, »nur keine Liebe«, er sei nun mal »gänzlich verkommen an Leib und Seele«. Sarkastisch schreibt er, es täte ihm leid, dass »so fromme, ehrbare, rechtliche Leute« einen solchen »Lump« hätten – aber vielleicht hätte etwas aus ihm werden können, wenn er nur einfach dümmer gewesen wäre und sich »von vornherein mit Religion etc hätte belügen lassen«[57]. Neue Klagen aus Cannstatt von Präzeptor Geiger illustrieren, was Hermann mit den Lumpereien gemeint hat: Der Sohn treibe sich mit zwielichtigen Gestalten herum, lasse sich aushalten, komme spät abends betrunken nach Hause und störe die Nachtruhe. Hermann findet offenbar Gefallen an den »dunklen Seiten des Lebens«, wandelt sich vom Idealisten zum Egoisten, wie er seinen Eltern triumphierend schreibt. Er verkauft seine Schulbücher, um die Schulden bezahlen zu können, fälscht Telegramme und leiht sich Geld, das er dann wieder von der Familie einfordert. Als sein Vater droht, ihn von der Schule zu nehmen und in eine Anstalt zu stecken, erhält er zur Antwort, der einzige Antrieb, die »einzige bittersüße Freude« für ihn sei nun einmal die Poesie, sie liege ihm im Blut.[58] Doch solle man ja nicht glauben, er sei ein Schwärmer, getrieben vom Wunsch, »mit schönen guten, geliebten Seelen idealer Anschauung leben zu dürfen«. Es wäre ihm lieber, sein Vater sei Millionär und er hätte dazu noch ein paar Erbonkel. All seine früheren Ideale würde er jetzt liebend gern »gegen gute württembergische Coupons«[59] umtauschen, um unbeschwert als Dichter leben zu können.

Als sein Großvater am 25. April 1893 stirbt, reist Hermann zum Begräbnis nach Calw, kehrt aber schnell wieder nach Cannstatt zurück, wo er sofort in den alten Trott zurückfällt. Doch sein selbstzerstörerischer Furor ist größtenteils gespielt, bloße Pose. Während er in verwahrlosten Kneipen seine Kumpane durch zynische Reden belustigt, ekelt es ihn zunehmend vor sich selbst, empfindet er heimlich Ehrfurcht vor dem, was er verhöhnt, und leistet innerlich Abbitte gegenüber seiner Mutter, deren Liebe er missbraucht in seinem zähen Kampf um Unabhängigkeit.

Trotz des liederlichen Lebenswandels schafft Hermann das Examen. Doch Kopfschmerz, Zahnweh, Rheumatismus und Schlaflosigkeit bleiben das beherrschende Thema seiner Briefe. Er setzt seine Krankenberichte geschickt ein, um den heiß ersehnten Abbruch seiner Gymnasialzeit herbeizuführen. Johannes Hesse überlegt noch immer, ob er seinen Sohn nicht doch das Abitur machen und studieren lassen soll. Am 15. Oktober geben die Eltern auf und holen ihren Sohn nach Calw zurück. Vermittelt durch seinen Onkel David Gundert, bekommt Hermann eine Stelle als Buchhandelslehrling in Eßlingen. Der Ausbildungsvertrag sieht drei Lehrjahre in der Buchhandlung S. Mayer vor und wird am 25. Oktober 1893 abgeschlossen. Schon fünf Tage später trifft ein Brief im Calwer Verlagshaus ein. Hermann ist verschwunden. Wieder hat er sich einer Verpflichtung durch die Flucht entzogen. Man findet ihn am 2. November bei Verwandten in Stuttgart, wo er sich nichts hat anmerken lassen. Der enttäuschte Vater holt ihn ab. Er will jetzt seine Drohung wahr machen und konsultiert einen Arzt der Irrenanstalt in Winnenden. Der soll ein abschließendes Gutachten über den Gemütszustand seines Sohnes erstellen. Statt eines Universitätsstudiums erwartet Hermann Hesse nun eine geschlossene Anstalt.

DRITTES KAPITEL

In der Bibliothek des Großvaters. Briefwechsel mit Maulbronner Schul-
kameraden. Das Vater-Drama *Lebensfahrt. Mechanikerlehre in der*
Calwer Turmuhrfabrik von Heinrich Perrot. Der Schatten des Vaters
als Verfolger. »Mein Motto ist Kampf und Sieg, nimmer Traum und
Liebesrausch«. Noch einmal Cannstatt: Korrespondenz mit Wilhelm
Kapff, Lehrer am Cannstatter Gymnasium. Buchhandelslehrling bei
Heckenhauer in Tübingen

Es sei am besten, Hermann eine Zeit lang in Calw zu behalten
und ihn nicht zu einer Berufsentscheidung zu drängen, emp-
fiehlt Ernst Zeller, der Leiter der Irrenanstalt in Winnenden. Das
Beratungsgespräch zwischen Zeller und Hermanns Vater findet
am 3. November 1893 in Winnenden statt. Der seelische Gärungs-
prozess, dem der Sechzehnjährige ausgesetzt ist, sei die Folge
einer Pubertätskrise, der nur mit Behutsamkeit begegnet werden
könne. Sonst drohe dauernde Geistesgestörtheit. Unter dem Eindruck der fachlichen Einschätzung des Nervenarztes erinnern
sich Hermanns Eltern an Fälle bei Bekannten, die verhängnisvoll
verlaufen sind. So war eine nahe Freundin von Marie Hesse
durch die Auflösung der Verlobung ihrer Tochter so schwermütig
geworden, dass sie in die Irrenanstalt nach Winnenden gebracht
werden musste. Und im Verlag war plötzlich ein Mitarbeiter verschwunden. Er fühle sich nicht tüchtig genug, hatte er in einem
Abschiedsbrief geschrieben. Auf dem Weg zu seiner Familie hatte
er dann einen Tobsuchtsanfall bekommen. Auch er wurde in
Winnenden eingeliefert.

Seit dem Tod des Großvaters hat das Verlagshaus für Hermann
seine Aura verloren. Hermann Gundert war für ihn die Quelle
aller Lebendigkeit, die nun, noch befördert durch die Krankheit
der Mutter und das Dauerleiden des Vaters, allmählich ganz aus

den Räumen zu verschwinden droht. Bei Marie Hesse ist Osteomalazie, Knochenerweichung, diagnostiziert worden. Ausgelöst wurde die Krankheit durch die großen körperlichen und seelischen Belastungen der letzten Jahre und vor allem auch durch den Tod des geliebten Vaters. Marie Hesse muss viel liegen und lauscht dabei dem Klavierspiel von Hermann, der seine eigenen Gedichte vertont: »alles furchtbar melancholisch«[60], schreibt sie ihrem Sohn Karl Isenberg. Gespräche mit dem durch die neue Verantwortung noch reizbarer gewordenen Vater meidet Hermann, so gut es geht, auch wenn er ihm gelegentlich im Kontor hilft; er flüchtet immer wieder aus dem großen Haus hinaus in die Natur, geht zum Schlittschuhlaufen auf der zugefrorenen Nagold oder wandert auf die Berge vor der Stadt. In der Familie ist er ohnehin nur geduldet. Man wartet auf seinen Entschluss, endlich das Leben selbst in die Hand zu nehmen.

Der einzige Ort, an dem er sich wirklich wohlfühlt, ist die Bibliothek des Großvaters. Der Saal voller Bücher ist wie ein unerforschter Kontinent. Hermann liest sich systematisch durch die deutsche Dichtung und entdeckt dabei Autoren, die er bislang nur gestreift hat: Novalis, Jean Paul, Gellert, Hamann und vor allem Nietzsche, dessen illuminierte, von Einsamkeitsräuschen durchglühte Gedichte er besonders liebt. Nur von Heinrich Heine findet sich nichts in der Büchersammlung des Großvaters. Die Werke des romantischen Spötters muss er beim Buchhändler am Marktplatz bestellen. Der engstirnige Mann verbreitet die fragwürdige Vorliebe des Missionarssohns sofort in der ganzen Stadt und informiert auch Johannes Hesse. Der nimmt seinem Sohn alle Heine-Bücher weg. Wenn Hermann sich doch wenigstens einmal mit den Schriften der pietistischen »Kirchenväter« Zinzendorf, Oetinger und Bengel beschäftigen würde! Stattdessen liest er indische und chinesische Philosophen und Mystiker, die *Upanishaden*, das *Tao-te-King* des Laotse, beschäftigt sich mit den Merksprüchen des Konfuzius und den Reden Buddhas. Nicht die reichhaltige theologische Abteilung der Bibliothek zieht Hermann an, sondern vor allem die Bücher internationaler Erzähler wie Balzac, Walter Scott, Charles Dickens, Victor Hugo,

Turgenjew und Dostojewski, die ins pralle Menschenleben hineinführen und bei deren Lektüre er sich in den fremden Schicksalen verlieren kann.

Um ein Zeichen zu setzen, dass er doch nicht im Irrenhaus gelandet ist, sendet Hermann Hesse seinen früheren Mitbewohnern aus der Stube »Hellas« einen Brief mit Neujahrsgrüßen. Die Maulbronner Seminaristen sind inzwischen ans höhere Seminar nach Blaubeuren gewechselt. Keiner hat ihn vergessen, alle antworten mehr oder weniger freundlich, und Theodor Rümelin berichtet ihm vom Seminarleben. Hermann erfährt, dass der literarische Club sich nach seinem Weggang aufgelöst hat und man sich jetzt vor allem mit Philosophie und Theologie beschäftigt, da die meisten nach dem Examen ans Tübinger Stift wechseln wollen, um dort Theologie zu studieren. Weil er damit einen wunden Punkt bei seinem Freund trifft, fügt Theodor Rümelin an, Freundschaft sei nicht »Verstandes-, sondern Herzenssache«[61]. Er ist es auch, der Hermann Hesse in Calw besucht und auch weiterhin den Kontakt zu ihm hält. Es entwickelt sich ein regelmäßiger Briefwechsel, bei dem Hesse von seiner Lektüre berichtet und eigene Gedichte mitsendet, um zu beweisen, dass er seinen Dichtertraum längst noch nicht aufgegeben hat. Großspurig kündigt er an, es mindestens so weit bringen zu wollen wie der Schriftsteller Gustav Freytag, »dessen Soll und Haben 28 Auflagen, und der eine Million Vermögen hinterlassen hat«[62].

Über solche Dinge kann er mit seinem Vater immer noch nicht sprechen. Er schreibt ihm deshalb einen vorsichtig formulierten Brief, in dem er um ein kleines Startkapital bittet. Statt ihn für tausend Mark zum Kaufmann ausbilden zu lassen, solle man ihm die nötigen Papiere besorgen und ihm auch erlauben, seine Wäsche nach Hause zu schicken. »Anfangen würde ich da, wo ich schon Boden habe, in Cannstatt, Eßlingen, Stuttgart.«[63] Was er dort genau zu tun beabsichtigt, geht aus dem Schreiben nicht hervor. Offenbar traut Hermann sich nicht, den Vater mit seinem Wunsch nach einer Künstlerexistenz zu konfrontieren. Doch schon die genannten Orte sind Reizworte für Johannes Hesse. In seinem kühlen Antwortbrief verlangt er Garantien, dass »daß Du nicht wieder ins Rauchen, Wirtshaussitzen und Schuldenmachen hineinkommst«[64]. Ein »ungebundenes und genussreiches Leben« wolle er ihm keinesfalls ermöglichen, Hermann müsse sich jetzt endlich zu einer regelmäßigen Tätigkeit durchringen, am besten zu einem Handwerk. Dann könne man irgendwann auch über eine anspruchsvollere Ausbildung sprechen.

Hermann, das zeigt diese kleine Kraftprobe, geht nicht mehr mit dem Kopf durch die Wand. Das Wechselspiel von Verweigerung, Drohung und Unterwerfung hat sich abgenutzt. Er ist jetzt kompromissbereit, will sich unter günstigen Bedingungen von Calw lösen, um endlich seinen eigenen Weg einschlagen zu können. Aber die Macht des Vaters, sein Schatten, holt ihn gerade dort ein, wo er sich von ihm zu befreien sucht: beim Schreiben. Im März 1894 verfasst er ein Dramolett mit dem Titel *Lebensfahrt*. Der »Traum in vier dramatischen Bildern«[65] erzählt die Geschichte vom verlorenen Sohn. Anders als in dem biblischen Gleichnis erhält der sein Elternhaus verlassende Heinrich den Segen des Vaters, er ist kein Tunichtgut, sondern Idealist, der die »toten Glaubenslehren« wieder zurückverwandeln möchte in eine echte, brüderliche »Liebesreligion«[66]. Doch draußen in der Welt verfliegen die Ideale, nur die Liebe zu Elisa gibt Heinrich neue Hoffnung. Bei der lange herbeigesehnten Begegnung mit ihr erscheint plötzlich der Geist des längst gestorbenen Vaters, und Elisa flüchtet vor dem »bösen Spuk«. Heinrich ist außer sich: Sein Vater ist gekommen, um ihn an seine früheren Ideale zu erinnern, und hat ihm dadurch das Einzige genommen, was ihn dem Verlorenen hätte wieder nahebringen können. Er verflucht ihn und bricht die Brücken endgültig ab: »Zerstören soll jetzt meine einz'ge Lust sein.«[67]

Wie Karl Moor in Schillers *Räuber* wird der Edle zum Verbrecher, der die verlorene Geliebte von seinen Kumpanen rauben lässt. Wieder erscheint der Geist des toten Vaters, um ihn vor dem »wüsten Leben«[68] zu warnen – vergeblich, denn Elisa wird bei der Entführung getötet, und Heinrich findet sich endgültig mit der Rolle des Nihilisten ab. Alt, krank und verkommen liegt er in der Schlussszene in den Ruinen seines Elternhauses. Dort findet ihn einer seiner Brüder, aber Heinrich verleugnet sich und stirbt. Der verlorene Sohn findet nicht zurück ins Vaterhaus.

Der siebzehnjährige Hermann Hesse hat mit *Lebensfahrt* eine hochsymbolische, psychologisch aufschlussreiche Darstellung seines Vater-Traumas geschaffen. Heinrich verkörpert das Alter Ego des Autors, wie er es auch in seinen Gedichten unablässig beschwört: ein Einsamer, Auserwählter und Gezeichneter, dem die Kindheit als verlorenes Paradies erscheint, das er draußen in der Welt wiedergewinnen möchte, aber nicht finden kann. Wie Hermann fühlt sich auch Heinrich als Opfer des Moralismus seines Vaters. In der Wirklichkeit muss dieser übersteigerte Idealismus zu Enttäuschung und Desillusionierung führen. Der fordernde Geist des Vaters zerstört die rettende Liebe Heinrichs zu Elisa, die in dem Drama die Rolle der Eugenie übernimmt. Elisa erkennt, dass Heinrich sich durch ihre Liebe von seinem Vater-Schatten (er)lösen will, und flieht: »Mit Teufeln bist du im Bund und wolltest mich verführen.« Und wie Hermann in Cannstatt rettet sich auch Heinrich aus der gescheiterten Liebe in Lebensgenuss und Zynismus.

Ganz offensichtlich stand Hermann Hesse bei der Abfassung des Dramas unter dem Einfluss des eben von ihm entdeckten Friedrich Nietzsche. Auch Nietzsche hatte sich ja mit seiner Schrift *Jenseits von Gut und Böse* endgültig von den Einflüssen seiner Herkunft aus einem protestantischen Elternhaus zu lösen versucht. Das Christentum mit seiner »Herdenmoral«, verkündete er, sei eine die natürlichen Antriebe des Lebens schwächende Religion, und es sei an der Zeit, die christlichen Scheinwerte umzuwerten und zu bekämpfen. Das Leben gründe nicht auf Opfer und Demut, sondern sei Wille zur Macht, verlange Stärke, Leidenschaft, Kampfbereitschaft. So kriecht Heinrich am Ende nicht zu Kreuz, sondern stirbt im Bewusstsein, bis zuletzt dem Irrglauben an die Nächstenliebe widerstanden zu haben.

Der Bruder, der den heimgekehrten Sohn erkennt, heißt im Drama »Hermann«. Offenbar will sich der Autor nicht mit Heinrich identifizieren, der ihm doch in so vielem ähnlich ist, sondern mit dem fürsorglichen Bruder. Er, Hermann Hesse, das ist die geheime Botschaft des Stücks, möchte nicht so enden wie der Held in seinem Albtraum-Vierakter. *Lebensfahrt* markiert einen Wendepunkt. Zwar verbirgt Hermann das Drama vor seinem Vater, aber er bearbeitet darin seinen Vater-Konflikt und zieht die Schlussfolgerung aus der Umkehr, die es andeutet: Am 5. Juni 1894 bewirbt er sich als Lehrling in der Calwer Turmuhrfabrik des Heinrich Perrot und wird auch tatsächlich angenommen.

Dem Unternehmer geht der Ruf voraus, ein äußerst strenger Mann zu sein. Doch für Hermann ist der harte Arbeitsalltag erst einmal eine Herausforderung. Das Proletariermilieu hat sogar etwas Romantisches. Jetzt kommt er mit Menschen in Berührung, von denen er bislang nur gelesen hat, trägt selbst einen blauen Arbeitsanzug und eine blaue Mütze und hat Schwielen an den Händen vom Feilen. Seinem Freund Rümelin berichtet er einige Monate später nicht ohne Stolz: »In der Mechanik habe ich immerhin einiges gelernt, verstehe eine Nähmaschine zu zerlegen, eine Drahtleitung zu ziehen, Eisen zu drehen, Schrauben zu machen, eine Säge zu hauen, kann Stahl, Eisen, Messing, Kupfer, Zinn, Zink, Antimonium etc. unterscheiden, Elementläutwerke einrichten, Most trinken, trocken Brot essen, Lehrlinge kommandieren, von Leitern herabfallen, Hosen zerreißen und was sonst zur Mechanik gehört.«[69] Dass er nebenbei wie besessen liest und Gedichte in der Manier von Heinrich Heine schreibt, vergisst er nicht zu erwähnen.

In Calw kennt man die Geschichte vom missratenen Missionarssohn Hermann Hesse zu genau, um nicht zu tuscheln über die erstaunliche Wendung, die sein Leben genommen hat. Anfangs rufen ihm die Jungen auf der Straße noch spöttisch »Landexamensschlosser« hinterher, aber nach kurzer Zeit hat man sich an das Bild des kräftigen jungen Mannes mit der blauen Jacke gewöhnt, der nach der Arbeit mit seinem Pack Bücher unterm Arm über den Marktplatz schlendert. Oft sitzt er mit Handwerksgesellen in einer der Calwer Gastwirtschaften, um zu rauchen und

Bier zu trinken, wie er es in Cannstatt gelernt hat. Aber das sind keine Ausschweifungen mehr, sondern verdiente Feierabende nach harter körperlicher Arbeit. Einmal rutscht ihm der Meißel ab und er reißt sich die Hand blutig. Aber Hermann trägt seine Schwielen und Blessuren mit Stolz.

Auch sein Blick auf Calw ist jetzt ein anderer. Das Städtchen im Nordschwarzwald ist nicht mehr das Paradies der Kindheit, in dem er seine ersten vier Lebensjahre, dann die Zeit zwischen dem neunten und dem zwölften Lebensjahr verbracht hatte. Wo er einst mit seinen Freunden als Indianer verkleidet durch die Gassen gejagt war und auf den umliegenden Hügeln selbst gebastelte Knallfrösche abgebrannt hatte. Wo er ausgerüstet mit Strohhut, Botanisiertrommel, Angelrute und Schmetterlingsnetz zu Streifzügen in die umliegenden Wiesen und Wälder aufgebrochen war. Wo er die nackten Füße von der steinernen Brüstung der Nikolausbrücke hatte baumeln lassen, während seine Angelschnur im grünen Wasser der Nagold hing und unten die zusammengebundenen Flöße vorbeirauschten. Einmal war er aufgesprungen und ein Stück weit bis ins benachbarte Hirsau mitgefahren. Dort hatte der Vater ihn eingeholt und zurück nach Calw gebracht. Ein Bild, das sich eingebrannt hatte: der Schatten des Vaters als Verfolger. Der hilflos dem Floß nacheilende Mann, an dessen Stämme der kleine Hermann sich anklammerte, geängstigt und zugleich belustigt vom Schrecken seines Vaters.

Die Schatten waren von Anfang an da. Heute kann er mit dem Leiden umgehen, es zum Stoff seines Schreibens machen. Dass jedes Glück am Ende bezahlt werden muss, war eine frühe Erfahrung für ihn, ob beim verbotenen Floßfahren oder beim Schreiben, das auf Kosten der schulischen Leistungen ging, ihm aber in jedem Augenblick eine tiefe Befriedigung verschaffte, die alles andere aufwog. Als er wegen einer Schneeballschlacht von einem besonders strengen Lehrer mit dem Rohrstock hart geschlagen worden war, nahm er als Einziger die Bestrafung gleichmütig hin, als wolle er ausdrücken, dass, wer Lust erfahre, dafür auch Schmerzen aushalten müsse. In diesem Augenblick hatte er sich zum ersten Mal als stolzer Märtyrer seines Andersseins empfunden. Dieses Gefühl der inneren Überlegenheit sollte sich noch viele Male wiederholen.

Für seine Eskapaden war der kleine Hesse in der ganzen Stadt bekannt. Einmal hatte er eine Waldwiese abgefackelt und seine Familie wegen der drohenden Strafe in größte Nöte gebracht. Dann wieder hatte er einen Ladenbesitzer bis aufs Blut geärgert, weil er immer wieder Ware verlangte, die dieser gar nicht im Angebot hatte. Er setzte das Bett seines Vaters mit einer Petroleumlampe in Brand und brachte bei einem Bootsausflug den Kahn zum Kentern. Für Johannes Hesse waren das keine Jungenstreiche mehr, sondern Demonstrationen der Bosheit. Aus der Sicht des Pietisten halfen dagegen auch keine Prügelstrafen. Für den Gottesmann durften Strafen nicht nur eine abschreckende, sondern mussten auch eine läuternde Wirkung haben.

Wie aber die notwendige Gewissensprüfung auslösen bei einem so verstockten Kind? Hermann gelobte ja immer Besserung, um das nächste Mal noch Schlimmeres anzustellen. Als Johannes Hesse einmal bemerkte, dass sein Sohn aus seinem Arbeitszimmer gezuckerte Feigen gestohlen hatte, gab er sich gelassen, hoffte, dass Hermann selbst käme, seine Schuld einzugestehen. Zug um Zug widerlegte er dessen Ausreden, trieb ihn in die Enge. Hermann spürte darin eine Anmaßung, eine richterliche Attitüde, die er nicht akzeptieren wollte. War sein Vater wirklich so rein, so unbefleckt von Schwäche, dass er ihn zum Sünder abstempeln durfte? Oder fühlte er sich nicht gerade durch die Beharrlichkeit, mit der Hermann sich seinen Wünschen und Trieben überließ, an das von ihm selbst Verdrängte erinnert – und herausgefordert? Konnte man die Sinneslust zugunsten der Nächstenliebe einfach aufgeben, die Natur dem Geist opfern, ohne zu einem einseitigen, verlogenen Menschen zu werden? Solche Gedanken, die verzweifelt die erwartete Reue abwehrten, nahmen ihm zwar nicht die Angst vor der moralischen Demütigung durch den Vater, aber sie hielten ihn davon ab, den wahren Gründen seines Aufbegehrens auf die Spur zu kommen: Der Vater hatte keine Zeit für ihn, den Sohn, weil er die Menschen bekehren musste! Er war ein Repräsentant des rechten

Wissens und des reinen Gewissens. Er war in seiner Glaubensburg unangreifbar. Hermann aber stand außerhalb dieser Gewissheiten und wollte als künftiger Dichter die Welt nicht besser machen, sondern verstehen. Und die Welt mit ihren Widersprüchen war ja auch in ihm selbst, er brauchte nur in sich hineinzuhören, um zu ahnen, wie es ist, zugleich Dieb und Bestohlener, Verbrecher und Heiliger, Sohn und Vater zu sein. Der fromme Mann in seiner Gelehrtenstube aber nahm Hermanns Selbstbehauptung nicht zur Kenntnis, er war Seelsorger, kein Psychologe und schon gar nicht Künstler.

Deshalb hätte Hermann lieber einen groben Vater gehabt als einen so feinen und gerechten. Ihm gegenüber war er ja immer im Unrecht, elend und klein. Und eigentlich hatte er im Zimmer des Vaters nur stöbern, einmal hinter die Fassaden seiner Rechtschaffenheit schauen wollen, um vielleicht doch ein kleines Geheimnis zu entdecken, eine Schwäche, die den großen Mann ein bisschen menschlicher machen würde. Er fand aber nichts, und so hatte er die Feigen aus der Kommode genommen, um das gewohnte Bild seiner Kleinheit wieder zurechtzurücken, dem Zwang folgend, einfach etwas Böses zu tun. Danach war er aus dem Haus gestürzt, und hinter ihm her lief seine Schuld, und der Schatten seines Vaters als Verfolger lief mit.

In der Stadt begegnete er einem Schulfreund, geriet mit ihm in Streit und verprügelte ihn, stellvertretend für seinen Vater, den er nicht treffen konnte. Hermann berauschte sich an der Vorstellung, den Vater zu ermorden und das Haus anzuzünden. Gegen die Gesetze des Vaters zu verstoßen, das hatte er früh gelernt, verschaffte eine unerklärliche, süße Lust. Aber er konnte sich auch das Leben nehmen, dann würde man ihn auf einer Bahre nach Hause tragen, und alle würden um ihn weinen. Zwischen diesen zerreißenden Empfindungen wütete es in ihm hin und her, von der Mordlust zur Selbstvernichtung, vom Welthass zum Selbsthass. Am Abend gab er alles zu, und der Vater verzieh ihm. Hermann aber konnte dem Vater nicht verzeihen.

Das alles liegt jetzt lange zurück. Hermann Hesse hat seinen Frieden mit dem Vater gemacht. Er sucht die Anerkennung inzwischen woanders. In Briefen an die Freunde Theodor Rümelin und Wilhelm Lang sowie an seinen Bruder Theodor Isenberg breitet er selbstbewusst seine im Selbststudium erworbenen Kenntnisse aus. Er verteidigt sein Idol Heinrich Heine mit Worten, die seine Überlegenheit, aber auch eine neu gewonnene Distanz ausdrücken sollen: »Ich bekämpfe den moralischen schlimmen Einfluß dieses Genies, ich wünschte fast, er hätte nie gedichtet, aber hassen, hassen im Herzen kann ich ihn nicht; lese ich seine Lieder, so umstrickt mich wunderbar ein buntes Zaubernetz mit geheimem Bann, – Heine hat wohl der Romantik ein Ende gemacht, aber er hat doch noch die letzten, reifsten Lieder der Romantik gesungen, Klänge, die in naiver Einfachheit das Herz erobern. Ich lese und verliere mich in diese lockenden Verse, staunend sehe ich eine geniale, mächtige Individualität offen vor mir ihr freies Wesen treiben, spielen und weinen, lachen und elend sein.«[70]

Trotz des Lobes der Individualität klingt hier erstmals auch Kritik an den moralischen Folgen zügelloser Ich-Entfaltung an, wie sie die Eltern immer wieder gegen ihn selbst ins Feld geführt haben. Aber Hermann kann solche Einsichten nur hinter dem Rücken des Vaters äußern, im Austausch mit Gleichgesinnten. Zu Hause würde das als ein Zu-Kreuze-Kriechen missverstanden werden.

Die Briefe an die Freunde schwanken zwischen Pathos und Spott. In einem satirischen Rundumschlag gegen die zeitgenössische Literatur geißelt Hesse den Literaturbetrieb als Hexensabbat: »Ja, der liebe deutsche Helikon [griech. Sitz der Musen, HSch]! Er erinnert an die Walpurgisnacht. Ich will also Dein Mephisto, Dein Führer sein. Wir sind eben bei einem Kreis von Realisten angekommen:

Fasse wacker meinen Zipfel!
Hier ist so ein Mittelgipfel (G. ›Faust‹).

Wir erblicken da um den Hexenkessel versammelt die Herren Hauptmann, Bleibtreu, Sudermann etc., Wilbrandt und Lindau fehlen nicht. Auch ein kecker Sozialist und mehrere Söhne Israels sind da, gleich hinter ihnen ein verirrter Antisemit mit zerrissenen Hosen, daneben ein paar moderne Schauspieler, lauter Ibsenianer. Mehr rechts haben sich Turgenjews Anhänger gelagert, ganz links sitzen Herrn Zolas Parteigänger. Die ganze Gesellschaft hängt an den Lippen Hauptmanns, ihres Zeus, der eben über die Unabhängigkeit der Kunst von der Moral spricht. Die Ästhetik ist längst abgeschafft. Im Hexenkessel brodeln einige hundert realistische Romane, aus denen eine neue Art des Ehebruchs herausgekocht werden soll, da dieses wichtige Thema allmählich nahezu erschöpft worden ist. Wir verlassen diese Edlen, da vermutlich das Absud noch lange nicht fertig sein wird, und wenden uns zu einem dusterrot glimmenden Feuer, in das fortwährend Weihrauch geschüttet wird. Um dasselbe sitzen die Nachkommen der Romantiker, trübe und ›vom Vaterland getrennt – die letzten Zehn vom vierten Regiment‹. Lauter wohlmeinende, hoffnungslose Trauerwedel. All diese Gruppen lagern rund um den Brockengipfel, auf dem der Satan einen Teeabend für die Vertreter der politischen Oppositionspresse veranstaltet hat. Satan präsidiert, Kontrapräses ist Eugen Richter, Vizepräses Bebel. Wir lassen die saubere Gesellschaft ungeschoren und bleiben bei den kleineren Gruppen. Da finden wir vor allem eine große Schar bunter, zwickertragender, auffallender Frauenzimmer, die Amazonen des deutschen Helikon, absurd, geschmacklos, kraftlos, stillos. Sie gehören sämtlich dem von Satan gegründeten ›Verein für Ruinierung der Sprache‹ an und sind nebst den Naturalisten und Feuilletonschreibern die tätigsten Mitglieder. In einer kleinen Höhle haben sich die wenigen besseren Lyriker zusammengefunden. Sie hängen Blumenzweige, mit eau de Cologne bestreut, herum und bauen sich so in harmloser Kinderlust einen Frühling im Kleinen. Auf dem Sitz der Unsterblichen, wo einst Goethe, Klopstock, Lessing, Schiller, gesessen, finden sich ganz vereinsamt ein paar Historiker, Ranke und Hettner nehmen zu zweien den Platz des toten Schlosser ein.«

Die Satire sei zwar das Ergebnis »meiner launischen Einfälle«, schreibt Hesse an Theodor Rümelin, »doch auf Studien gestützt«[71]. Seine Geschmacksurteile, verteidigt sich der Schulabbrecher, seien keineswegs willkürlich, sondern beruhten auf Wissen und Überblick. Das Verdammungsurteil über die gesamte Literatur seiner Zeit, die als künstlich, unoriginell, seicht und epigonal kritisiert wird, zeigt trotz aller überlegenen, an Heine geschulten Ironie die Autoritätsgläubigkeit des Autodidakten, der das Neue am Alten, Bewährten, Klassischen misst. Am übelsten, so Hesse am Ende des Briefes, sei die deutsche Lyrik dran, sie habe sich gänzlich überlebt: »Einige singen im schrecklichsten Kater, andre sind noch halb im Fieber des Rausches, andre posaunen in allgemeinen Phrasen von ›Zukunft‹ und ›Erhebung‹.« Im Kontrast dazu, gewissermaßen als ästhetischen Gegenentwurf, legt Hesse seinem Freund ein eigenes Gedicht bei, das aber den Traditionalismus, die Epigonalität seiner romantischen Stimmungsmalerei geradezu beispielhaft veranschaulicht:

Gott grüße Dich, schöne, herrliche Welt!
Wie schimmern die Berg' in der Sonne,
Wie wogt von den Ähren das goldene Feld,
Wie jauchzen die Lerchen voll Wonne![72]

Kein Wort im Brief über Stefan George, Hugo von Hofmannsthal, Arno Holz oder Rainer Maria Rilke, die als Erneuerer der Sprache eben dabei sind, eine moderne Ästhetik zu entwickeln. Der Siebzehnjährige bleibt auf die Romantik fixiert und stellt dies anhand eines poetischen Journals (»Plauderabende«) unter Beweis, das aus Lektürehinweisen, poetologischen Reflexionen, Kindheitserinnerungen und Gedichten im Sinne der frühromantischen Fragment-Theorie komponiert ist. Er sendet es allerdings nicht an seine Freunde, sondern schenkt es seiner Mutter zum Geburtstag. Um die Spuren seiner Abhängigkeit zu verwischen, bekennt Hesse am 29. Mai 1895 gegenüber Theodor Rümelin, wie wenig er von der Romantik halte: »Im Prinzip sind mir die Romantiker zuwider, doch liebe ich Einzelne, vor allem Uhland und Eichendorff. Tieck kann ich nicht leiden. Brentanos ›fahrender Schüler‹ widerstand mir nach dem Lesen einiger Seiten so sehr, daß ich ihn weglegte und also wirklich nicht gelesen habe. Auch Eichendorff wird mir oft zu romantisch, zu wirr und schwül und einseitig. Tieck lese ich grundsätzlich nimmer, sein Gebimmel wird am Ende kindisch. Überhaupt kann es einem nicht lange wohl sein im engen Gärtchen der Romantiker, in diesem aus dem Moder beschworenen Tand, in diesem Weihrauchqualm.«[73] Im Grunde sei die romantische Schule endgültig erloschen, und das Denken aufgeklärter Autoren wie Voltaire, Diderot und Rousseau bestimme jetzt die Zukunft. Sein Motto als Autor sei nun »Kampf und Sieg, nimmer Traum und Liebesrausch«[74].

Inzwischen fühlt Hermann Hesse sich auch reif genug, um Kontakt zu einem ehemaligen Lehrer am Cannstatter Gymnasium aufzunehmen, mit dem er sich gut verstanden hat. Der vierzehn Jahre ältere Wilhelm Kapff schreibt selbst Gedichte und ist für Hesse eine wichtige Instanz für die Beurteilung seiner schriftstellerischen Qualität. Hesse gibt vor, als »Techniker« keine Freunde zu haben, mit denen er sich über Poesie austauschen könne. Dem Pädagogen gegenüber streicht er seine Wandlung heraus und beteuert, er sei inzwischen ein anderer geworden, »ruhiger und klarer im Urteil, selbständiger«. Statt in die Kneipen zu gehen, beschäftige er sich nach der Arbeit ausschließlich mit dem Studium von Literatur, Kunst, Geschichte und Philosophie. Die »tollste Sturm- und Drangzeit« sei »glücklich überstanden«[75].

Ausführlich erläutert er Kapff seine literarischen Vorlieben, bekennt sich als »Arbeiter im blauen Wams« zur Sozialdemokratie, um im gleichen Atemzug den moralischen Verfall der Gesellschaft als Folge der kommunistischen Agitation zu beklagen: »Ich habe in Fabriken Gespräche gehört, gegen welche etwa Zola's schlimmste Zoten harmlos sind. Schon diese unglaublich große Zahl unehelicher Kinder! Neben mir in der Werkstätte steht ein solches, ein kleiner Lehrling, den ich teilweis zu beaufsichtigen habe. Das ist ein durchaus verkommener Mensch und vierzehn Jahre alt! Ich übertreibe hier absolut nicht – im Gegenteil!«[76] Klingt das nicht alles ein wenig nach jenen pietistischen

Traktätchen, wie sie im Calwer Verlagshaus produziert werden? Nicht ohne Opportunismus zeichnet Hermann Hesse in seinem Brief ein überaus freundliches Bild seines Vaters, der ihm »von Kind auf mit Sorgfalt und feinem Geschmack die beste Lektüre gegeben«[77] habe. Und er vergisst nicht zu erwähnen, dass sein Großvater väterlicherseits ein russischer Staatsrat gewesen sei und seine Großmutter aus dem livländischen Adel stamme. So ist der Brief ein genau kalkulierter Versuch, mit dem Umworbenen auf Augenhöhe zu kommen, was auch gelingt, denn es entspinnt sich eine intensive, freundschaftliche Korrespondenz.

Auch Johannes Hesse bleibt die Wandlung seines Sohnes nicht verborgen. Irritiert teilt er seiner Tochter Adele mit, Hermann schreibe »merkwürdig viel Briefe. Die Korrespondenz muß ihm wohl anderes ersetzen.«[78] Er spürt, dass sich Hermann endgültig von ihm zu lösen beginnt. Als er zudem erfährt, dass Wilhelm Kapff versucht, seinen Sohn für eine Auswanderung nach Brasilien zu begeistern, schiebt er dem sofort einen Riegel vor. Dafür wird es kein Geld geben. Hermann soll erst einmal seine Schlosserlehre zu Ende bringen, dann wird man sehen.

Am 1. Juli 1895, einen Tag vor Hermann Hesses achtzehntem Geburtstag, wird Calw von einem gewaltigen Gewitter heimgesucht, das wie ein Zyklon durch den Talkessel rast und mit seinen Hagelschauern Bäume entwurzelt, Dächer abdeckt und Fensterscheiben zerbricht. Der Ort ist ein einziges Schlachtfeld. Die Verwüstung wird für Hesse zum Zeichen, dass nichts mehr so ist, wie es war. Nun muss er fort, um anderswo neu zu beginnen. Wie immer, wenn sich die Dinge zuspitzen, tut er auch selbst etwas dafür, um eine Entscheidung herbeizuführen. Im September wird sein Arbeitsvertrag nicht verlängert, weil er zu oft krank ist. Der nachsichtige Heinrich Perrot stellt ihm trotzdem ein wohlwollendes Zeugnis aus, in dem er bescheinigt, dass Hermann sich »Kenntnisse und Fertigkeiten«[79] erworben hat.

Nach kurzer Überlegung, welchen Beruf er ergreifen soll, entscheidet sich Hesse für den Buchhandel und kann dafür auch seine Eltern gewinnen, obwohl das Scheitern in Eßlingen noch nicht vergessen ist. Am 3. Oktober gibt Johannes Hesse in der Stuttgarter Zeitung *Schwäbischer Merkur* ein Inserat auf: »In einer Buchhandlung wird für einen jungen Mann mit Lateinbildung Lehrstelle gesucht.«[80]. Darauf meldet sich die Buchhandlung Heckenhauer in Tübingen. Der Inhaber bietet Hermann Hesse »unter Zusicherung gewissenhaftester Ausbildung in Sortiment, Antiquariat und Verlag«[81] eine dreijährige Lehrzeit an. Drei Tage später schickt Hesse seine Bewerbung ab und wird angenommen. Das ist eine glückliche Fügung, denn nun kommt er in jene Stadt, wo auch seine früheren Schulkameraden studieren, ohne dass er selbst die Theologenlaufbahn einschlagen muss. Er wird nicht mehr auf den brieflichen Austausch angewiesen sein, sondern kann an die Maulbronner Zirkel anknüpfen.

VIERTES KAPITEL

Tübingen: »Die Stadt gefällt mir wohl.« Zur Miete bei der Dekanswitwe Leopold. Hermann liest Goethe. Erste Gedichte erscheinen in Wien. Streit mit der Mutter: »Die Kunst als Mittel ist höchstens halbe Kunst.« Versöhnung mit den Eltern. Endlich das erste Buch: Romantische Lieder. *Brieffreundin, Autorin und Förderin: Helene Voigt-Diederichs. Der »Petit Cénacle«.* »Eine Stunde hinter Mitternacht«. *Kündigung bei Heckenhauer. Das Lulumädele. Wieder in Basel: Reichsche Buchhandlung*

Auch Marie Hesse sieht in der Aufnahme ihres Sohnes in die Tübinger Buchhandlung eine Fügung. Offenbar hat Gott ihre Gebete erhört. Im Tagebuch ermahnt sie sich zur Dankbarkeit: »O Herz, vergiß es nie, wie viel Er an uns getan hat!«[82] Dankbar zeigt sich aber auch Hermann, der seinen Eltern jede Woche einen langen Brief nach Calw sendet, um sie über alles, was er in Tübingen erlebt, bis ins kleinste Detail auf dem Laufenden zu halten. Doch noch bevor er seinen Dienst bei Heckenhauer antritt, händigt ihm Johannes Hesse ein Schreiben mit zehn Geboten aus, dem anzumerken ist, dass es unter dem Eindruck der Cannstatter Erfahrungen verfasst wurde: Nichts darf ohne Erlaubnis gekauft werden, Schuldenmachen ist strengstens verboten, ebenso das Kartenspiel um Geld, das Rauchen soll auf ein Minimum beschränkt werden, »weil es den Appetit vermindert, die Nerven reizt und Geld kostet«[83]. Papier und Schreibfedern müssen von zu Hause angefordert werden, um Kosten zu sparen. Die Mahlzeiten sind bei der Wirtin einzunehmen, die auch das wöchentliche Taschengeld zuteilt und das Haareschneiden bezahlt. Und auf keinen Fall darf Hermann, warnt der Vater, ohne Erlaubnis des Prinzipals ein Buch aus der Buchhandlung mitnehmen. In allen Geboten schwingt die Sorge mit, Hermann

71

könne in die Flegelhaftigkeit und den Müßiggang der Cannstatter Zeit zurückfallen.

Die Freude über die neue Unabhängigkeit sorgt dafür, dass Hermann diese Maßregeln ohne jede Widerrede akzeptiert. Seine ganze Aufmerksamkeit gilt der Arbeit, die morgens um halb acht Uhr beginnt und abends zur selben Zeit endet. Die zwölf Arbeitsstunden werden nur durch eine einstündige Mittagspause unterbrochen, die Hermann bei seiner Vermieterin verbringt. Dazu muss er aus der Buchhandlung, die gegenüber der Stiftskirche am Holzmarkt liegt, durch die engen Straßen und Gassen der Altstadt in die Herrenbergerstraße gehen, wo er im Haus der Dekanswitwe Leopold ein Erdgeschosszimmer bewohnt. Das Vorstadtviertel ist eher schäbig, aber es eröffnet einen schönen Blick auf die Silhouette Tübingens: »Die Stadt gefällt mir wohl«, berichtet Hesse seinen Eltern kurz nach seinem Eintreffen am 20. Oktober 1895 begeistert, »besonders, daß ich nicht darin, sondern vor derselben draußen wohne. Eng und winkelig, mittelalterlich romantisch, voll Richter'scher Bildchen, aber auch etwas dunstig und schmutzig. Das Schloß ist prächtig. Vor allem der Schloßberg und die Alleen sind herrlich.«[84]

Tübingen, seit vierhundert Jahren eine Universitätsstadt von Weltrang, die Köpfe wie Hegel, Schelling und Hölderlin hervorgebracht hat, ist mit seinen 14 000 Einwohnern etwa dreimal so groß wie Calw. Es ist eine Stadt der Gelehrten, Studenten und Beamten, die von den Einheimischen mit Respekt, aber auch kritischer Distanz beäugt werden. Die Tübinger leben von der Universität, aber sie lieben sie nicht. Es ist eine zur profitablen Gewohnheit gewordene Zwangsgemeinschaft, die sich in unzähligen in der Stadt zirkulierenden Witzen Luft macht. Auch Hermann macht die Erfahrung des »Reingschmeckten«, des Fremden, als er beim Waten durch den Straßenschlamm einem Weinbauern begegnet, einem »Gog«, der ihm hämisch zuruft: »No zua, Herr, no zua, ma muaß da Dreck ett schpara.«[85] Dementsprechend kritisch fällt das Bild aus, das er seinen Eltern von den Tübingern in seinem Viertel vermittelt: »Diese Raupen (alias Gägen) sind ein horribles Geschlecht, schmutzig und vierschrötig, und gegenwärtig voll neuen Weins. Ihr Schwäbisch ist echt und faustdick und mahnt ans Slowakische. Mein Weg führt gerade durchs ärgste Räuberviertel, und ich betrachte, je nachdem, mit Lachen oder Mitleiden die versoffenen Männer, die magern, schlampigen Weiber und die schmutzigen frechen Kinder. Doch scheint es ein gesunder Schlag zu sein.«[86]

Die Arbeit in der Buchhandlung, zu der auch ein Antiquariat und eine Buchbinderei gehören, ist eintönig und hart. Hermann muss Bücher aus- und einpacken, sie auszeichnen, um sie dann zu den Professorenhäusern auf die umliegenden Hügel zu tragen. Er fegt die Geschäftsräume, staubt die in den Kellern lagernden Bücher ab und verschickt Zeitschriften. Auch die Kundenbetreuung und das Schreiben von Rechnungen gehört zu seinen Aufgaben. Heckenhauer ist auf die Fächer Theologie, Philologie und Jurisprudenz spezialisiert, sodass sich Hermann nicht, wie erhofft, nur mit Literatur beschäftigen kann, auch wenn er sich beim Studium der Verlagskataloge einen guten Überblick über die neueste Produktion zu verschaffen vermag. Vor dem Geschäftsführer, einem hochgewachsenen Mann mit wilhelminischem Schnurrbart, hat er »heillos[en] Respekt«[87]. Mit Sinn für Drastik schildert Hermann den Eltern Aussehen und Charakter der Angestellten: »Mein nächster Vorgesetzter, Herr Straubing, ist derjenige, den mir Papa als wortkarg und mürrisch schilderte. Wirklich sieht er so teilnahmslos, verbittert und staubig aus, als wär' er selber einer der gelben, verwitterten Folianten, mit denen er Tag für Tag beschäftigt ist, und wüßte nicht, was Lachen oder Plaudern ist.«[88] Auch die Hauswirtin wird ausführlich porträtiert und erscheint wie eine Gestalt aus einem Roman von Charles Dickens, vital, heiter und unablässig Geschichten erzählend. Die lustige Witwe bemuttert ihren schmächtigen, blassen Untermieter geradezu und stellt ihm Apfelmost, Obst, Wecken und warme Würstchen auf den Tisch. Er fühle sich, schreibt Hermann, »höchst behaglich«[89].

Die Briefe sollen den Eindruck vermitteln, dass Hermann rundum zufrieden ist mit seiner neuen Lebenssituation. Ein guter Sohn legt Rechenschaft ab und gibt seinen Eltern das Gefühl, dass er es ernst meint mit seiner Ausbildung. Hermann geht sogar so weit, nun auch in der Glaubensfrage Zugeständnisse zu machen, um seine Umkehr zu illustrieren: »Soweit wenigstens haben sich meine Ansichten geändert, daß ich die Bibel wieder verehre und liebe und lese, daß ich staunend und ehrfurchtsvoll diese großen, schlichten Worte anschaue wie ein altes, unwandelbares Urgebirg, und mir daneben unsäglich winzig und ärmlich vorkomme.«[90] Schon einen Tag später antwortet Johannes Hesse auf den »lieben Brief«[91] seines Sohnes, dass er als junger Mann ähnliche Erfahrungen beim Studium der Bibel gemacht habe. In dem kurzen Schreiben schwingt die Erwartung mit, er möge endlich in die väterliche Tradition zurückfinden.

Doch Hermann hat längst begonnen, vom zerstörerischen Entweder-Oder seiner Schulzeit in ein taktisches Sowohl-als-Auch zu wechseln. Die Nacht ist sein Reich, dort sucht er das, was ihm der profane Alltag vorenthält: Freundschaft, Liebe, Schönheit. Das alles findet er in den Büchern, die er liest, bis ihm die Augen zufallen. Nun besitzt er endlich ein eigenes Zimmer, das ganz zweckmäßig mit Bett, Wasch- und Nachttisch, Schreibpult, Sofa und Schrank eingerichtet ist. Er schickt der Familie eine exakte Skizze und erläutert auch, welche Bilder er aufgehängt hat: Über dem Sofa zwei Porträts von Gerhart Hauptmann und Friedrich Nietzsche, über der Kommode ein Bild seines Lieblingsmusikers Frédéric Chopin. Und auf dem Schreibpult stehen die Fotos der Eltern und schauen ihn fordernd an. Später wird er von seinem ersten verdienten Geld einen schneeweißen Gipsabguss des Hermes von Praxiteles kaufen, um der einfachen Stube einen Anstrich von Weimarer Klassizität zu geben.

Hesse liest jetzt leidenschaftlich Goethe, denn in ihm bewundert er jene Lebenskunst, die ihm selbst so schmerzlich fehlt. Er könne sich sogar vorstellen, seine Bibliothek im Notfall ganz auf das Werk Goethes zu beschränken, schreibt er den Eltern. »Goethes Schöpfungen sind marmorne Bilder, die wir nicht eines Gedankens, nicht ihrer Taten wegen lieben, sondern allein wegen ihrer sich selbst genügenden stetigen Schönheit und weil wir wissen, daß diese Bilder nicht zerrinnen können, sondern dauerhafter sind.«[92] Was Goethe zum größten Dichter mache, sei die Tatsache, dass allein in ihm »das Rätsel der Neuzeit sich gelöst hat, Feuer und Wasser sich verbunden haben, nämlich das klassische und das romantische Element in Denken und Dichten, Ja und Nein, Plato und Aristoteles, Idee und Ironie, Homer und Dante.«[93] Goethe wird für Hermann Hesse zum Idol der Selbstberuhigung, die er sich durch den Wechsel nach Tübingen zur Aufgabe gemacht hat: »Was ich bei Goethe fand, scheint mir überhaupt das Beste und Einzige, die Kunst nämlich, bei allem Interesse, bei aller Phantasie, aller Beweglichkeit sich doch ein Stückchen Seele, einen Raum in der Brust, still und stumm zu bewahren, damit der Grund ruhig sei, wenn auch oben Stürme gehen.«[94] Schiller, das Idol seiner Schülerzeit, ist ihm selbst viel zu ähnlich in seiner auftrumpfenden Unbedingtheit. Jetzt zählen nicht mehr *Die Räuber* oder *Don Karlos*, zum »literarischen Evangelium«[95] sei ihm, bekennt er, Goethes *Wilhelm Meister* geworden.

Es ist kein Zufall, dass Hermann gerade den *Meister*-Roman schätzt. In Goethes *Wilhelm Meister* erkennt er auch sich selbst, seine Loslösung aus der bürgerlichen Beschränktheit des Elternhauses und den Enthusiasmus für die Kunst. Die Welt des Theaters, der sich der junge Wilhelm Meister verschreibt, steht im Widerspruch zu den pietistisch inspirierten »Bekenntnissen einer schönen Seele«, die Goethe seinen zwischen Künstlertum und gesellschaftlicher Verantwortung hin- und her gerissenen Wilhelm lesen lässt, um ihn mit einer aus zarter Innerlichkeit erwachsenen Moralität zu konfrontieren. Die Bekenntnisse der Stiftsdame müssen Hermann wie ein Spiegelbild der Gemütsverfassung seiner Mutter erscheinen, die ja in ihrer Jugend ebenfalls ihr individuelles Glück dem Glauben geopfert hatte. Der weltflüchtigen Frömmigkeit der Stiftsdame stellt Goethe in ihrem tatkräftigen, allem Schönen verpflichteten »Oheim« ein aktives, tätiges Lebensideal gegenüber, das sich auch als verstecktes Selbstporträt lesen lässt. Der Onkel der Pietistin formuliert Goethes eigene Maxime: Der Mensch müsse sich nicht allein moralisch, sondern auch sinnlich bilden. Nur so könne er zu einer ganzheitlichen, harmonischen Persönlichkeit heranreifen. Das ist Hermann aus der Seele gesprochen, denn er weiß durch seine Studien, dass Goethe als junger Mann ebenfalls unter dem Einfluss pietistischer Kreise gestanden hatte. So geht Goethes Porträt der »schönen Seele« auf Aufzeichnungen der Pietistin Susanna von Klettenberg zurück, einer Cousine seiner Mutter.

Die Abgrenzung des Ästhetischen vom nur Erbaulichen ist ein Thema, über das Hermann schon oft mit seiner Mutter aneinandergeraten ist. Anders als Goethes Stiftsdame, die am Ende gesteht, in der Poesie und der Musik immer nur das Belehrend-Sittliche gesucht und sich so dem Kunstschönen nie ganz geöffnet zu haben, bleibt Marie Hesse bei ihrer Überzeugung, die Dichtung müsse sich dem »Höheren«, der Wahrheit der christlichen Botschaft fügen. Ganz in diesem Sinne verfasst sie ihre Gedichte: »So wie die Blum' vom Tau sich tränkt,/der ihr herab vom Himmel fließt,/so, Jesu süß, in Dich versenkt,/mein Herze Honigseim genießt./O Schönster, den kein Auge schaut/In seiner reinen Herrlichkeit,/ich beuge mich als Deine Braut/in Demut und voll Seligkeit.«[96]

Für Hermann ist die Poesie in erster Linie Kunst, nicht Gotteslob. Als Gedichte von ihm von der Wiener Zeitschrift *Deutsches Dichterheim* angenommen werden, berichtet er dies am 10. August 1896 stolz nach Calw und legt Wert auf die Feststellung, dass dieser Erfolg das Ergebnis seiner selbst erworbenen Kunstfertigkeit sei: »In dem einen Gedicht hatte ich zum erstenmal fünffüßige Trochäen mit männlichem Reim in Zweizeilern versucht, einen der einfachsten, aber schwer wirksam zu machenden Rhythmen.«[97] In weiteren Briefen entwickelt Hesse seine eigene Poetik, in der die starren Regeln der Verslehre durch die »geheimnisvollen, ewig wandelbaren Gesetze der Stimmung« aufgebrochen werden sollen, um aus Poesie »sprachliche Musik«[98] zu machen. Er demonstriert dies anhand eines dreistrophigen Gedichts, das den dionysischen Klangzauber von Chopins »Valse Brillante« wiedergeben soll:

Ein Tanz von Chopin lärmt im Saal,
Ein wilder zügelloser Tanz.
Die Fenster leuchten wetterfahl,
Den Flügel ziert ein welker Kranz.

Den Flügel du, die Geige ich,
So spielen wir und enden nicht
Und warten angstvoll, du und ich,
Wer wohl zuerst den Zauber bricht.

Wer wohl zuerst einhält im Takt
Und von sich weg die Lichter schiebt,
Und wer zuerst die Frage sagt,
Auf die es keine Antwort gibt.[99]

Als Hermann im September 1897 eine ganze Ausgabe des *Dichterheims* nach Calw sendet, in der auch das Chopin-Gedicht enthalten ist, ist das Echo enttäuschend. Der Vater antwortet, er finde nichts, »was ich zu würdigen in der Lage wäre«[100]. Das Gedicht, in dem das Begehren zweier Liebender beim musikalischen Spiel einem erlösenden Höhepunkt zutreibt, ist für den prüden Johannes Hesse tatsächlich nur »zügelloser Tanz«. Marie Hesse revanchiert sich mit der Zusendung eines Bändchens religiöser Gedichte der Schweizer »Volksdichterin« Regula Erb. Hermann lässt sich die Enttäuschung, dass sein Gedicht keine Anerkennung findet, nicht anmerken, kann sich aber einige süffisante Bemerkungen zur christlichen Lyrik nicht verkneifen: »Gott sei mit der Kunst, wenn sogar die Schweizer beginnen, Volksdichterinnen zu entdecken! Diese Branche blüht ja zur Zeit. Und gar religiöse Lyrik! Das heikelste und im ganzen trostloseste Gebiet, das ich kenne. Je lyrischer, desto weniger fromm – und umgekehrt! Dieser Gattung ist von den Herrenhutern doch eigentlich der Hals abgedreht worden.«[101] Marie Hesse lehnt Hermanns hartes Urteil über die fromme Lyrik entschieden ab. Zum »Bewundern« seien die Lieder von Paul Gerhardt, Gerhard Tersteegen und Graf Zinzendorf nicht, sondern »gottgeweihte Gesänge«, ein »tägliches Manna meiner Seele«[102]. In bewusster Abgrenzung zu den Vorlieben ihres Sohnes stellt sie als Christin eine klare Rangordnung auf: »Ich glaube auch ganz gewiß, dass Gerhardts und Tersteegens Lieder tausendmal mehr Gutes in der Welt ausgerichtet haben als Goethes, Schillers und Shakespeares Werke, wiewohl ich diese auch hoch schätze als gute Gaben Gottes.«[103]

Hermann beharrt auf seinen Ansichten, ohne wie früher den Streit eskalieren zu lassen. Die Dichtkunst, antwortet er am 4. Oktober, sei nicht dazu da, Gutes zu bewirken: »Die Kunst als Mittel ist höchstens halbe Kunst.«[104] Die Moral des Künstlers sei nun einmal die Ästhetik. Er bedauert jedoch, sich den Eltern nicht verständlich machen zu können. Johannes Hesse findet für das Gemeinsame hinter dem Abweichenden versöhnliche Worte, die zeigen, dass man in Calw zu erkennen beginnt, wie sehr sich Hermann gewandelt hat: »Mit dem Einander-verstehen oder -nichtverstehen ist es ein eigen Ding. Wer versteht denn nur auch sich selbst? Wir lernen alle und sind alle im Werden. Die Hauptsache ist, daß man einander trägt und liebt und füreinander hofft und glaubt. Und das tun wir doch. Das Vollkommene wäre freilich besser, aber ich möchte sagen: Wer das Unvollkommene verachtet, ist des Vollkommenen nicht wert.«[105] Dieses Einlenken fällt ihm schon deshalb leicht, weil Hermann sich in einem vorangehenden Brief »für das viele Unrecht, das ich Euch getan«[106], entschuldigt hatte.

Johannes Hesse wusste nicht, als er das schrieb, dass sein Sohn schon kurz nach seiner Ankunft in Tübingen begonnen hatte, sich intensiv mit seiner Kindheit zu beschäftigen. Denn trotz der häufigen Besuche bei der Schwester Marulla und seiner Tante Elisabeth Gundert, die ebenfalls in Tübingen leben, und den sonntäglichen Kaffeerunden bei Fräulein von Reutern, einer musikliebenden Pensionatsleiterin, leidet Hermann unter »selbstgewählter Vereinsamung«[107]. Deshalb erfindet er sich seinen eigenen Wilhelm Meister, die Figur des Hermann Lauscher, eines »modernen Ästheten und Sonderlings«, wie er im Vorwort des einige Jahre später veröffentlichten Buches schreiben wird.[108]

Dieser Hermann Lauscher alias Hermann Hesse erinnert sich an seine Kindheit wie an ein »goldgerahmtes, tieftöniges Bild«[109], in das er mit breitem Pinselstrich alles hineinmalt, was sich ihm an Schönem und Schrecklichem aus dieser frühen Zeit eingeprägt hat. Die blühende Wiesenlandschaft am Stadtrand von Basel, wo die Familie in den Jahren 1881 bis 1886 gewohnt hatte, wird als Garten Eden geschildert, aus dem Hermann durch die Abschiebung ins »Knabenhaus« jäh vertrieben worden war. Es gelingt dem zwanzigjährigen Hesse meisterhaft, genaue Beschreibung mit einer lyrischen Sprache zu funkelnden Impressionen zu verbinden: »Da waren helle Morgen, an denen ich, ins Gras gestreckt, den Kopf auf den Händen, über das von Sonne flimmernde, gekräuselte Meer der Gräser hinwegschaute, in welchem rote Inseln von Mohn, blaue von Glockenblumen und lilafarbene von Schaumkraut lagen. Darüber flatterten und reizten mich die blitzgelben Zitronenfalter, die zarten Bläulinge, die in einem kostbaren, gleichsam antiquarisch seltenen Schimmer aufleuchtenden Schiller- und Distelfalter, die schweren Flügel der Trauermäntel, das Edelwild der Segler und Schwalbenschwänze, der schwarzrote Admiral, der seltene, mit Ehrfurcht genannte Apollo. Dieser, den ich aus Beschreibungen meiner Kameraden schon kannte, flog mich eines Tages an, setzte sich in meiner Nähe an die Erde und regte langsam die wunderbaren, alabasternen Flügel, daß ich ihre feine Zeichnung und Rundung sehen konnte, und die blanken Diamantlinien, und auf den Flügelpaaren beide hellblutrote Augen. Weniges aus dieser fernen Zeit hat sich so stark und frisch in meinem Gedächtnis erhalten wie die atemlose, herzklopfende Wonne, welche mich bei diesem Anblick durchdrang.«[110]

Die eigentliche Hauptperson der Aufzeichnungen aber ist der Vater. Hermann will ihm endlich Gerechtigkeit widerfahren lassen, ohne die Dissonanzen zu verschweigen. Das mit großer Zartheit und Liebe geschriebene Porträt ist als Wiedergutmachung gedacht, auch wenn in einigen Passagen das Gewissensquälerische von früher anklingt, die Angst vor dem Bestraftwerden und dem Verlust der Zuwendung. Gleich zu Anfang schildert

Hermann Hesse seine früheste Kindheitserinnerung: »Ein junger Onkel hob mich über die Brüstung einer hohen Mauer und ließ mich in die ansehnliche Tiefe hinuntersehen. Davon ergriff mich die Angst des Schwindels, ich war aufgeregt und zitterte am ganzen Leibe, bis ich zu Hause wieder in meinem Bette lag. Von da an trat in schweren Angstträumen, denen ich damals zur Beute fiel, häufig diese Tiefe herzbeklemmend vor meine Seele, daß ich im Traum stöhnte und weinend erwachte.«[111]

Die Schlüsselszene offenbart, dass es Verlustängste waren, die ihn damals heimsuchten, die aus tiefem Selbstzweifel erwachsene Sorge, nicht mehr geliebt, ja irgendwann verstoßen zu werden, ins Unbehauste abzustürzen. Der eigentliche Abgrund ist das Unverstandene in Hermanns Seele, der Zwiespalt zwischen dem nie zu stillenden Bedürfnis nach Liebe und einer rätselhaften Lust an der Zerstörung, die ihn zwanghaft in den Konflikt mit der väterlichen Autorität treibt. Nun, im versöhnlichen Rückblick, steht Johannes Hesse nicht mehr allein für Rechtschaffenheit und Ordnung, sondern erscheint als der eigentliche Lehrer, ja sogar als Türöffner zur Welt der Dichtung: »Hell und verklärt von Verehrung und Liebe zeigten sich mir die Unterweisungen, die ich in Garten, Feld und Studierzimmer von meinem Vater genoß. Diese schlossen mir die verschwisterten Reiche der Geschichte und der Dichtung auf … Der freundschaftlich in Frage, Antwort und Erzählung erteilte väterliche Unterricht legte einen guten Grund in mir. Was in der Schulstube und im Mund der Lehrer mir langweilig und peinlich erschien, gewann hier anziehende Formen und schien mir alles ernstlichen Fleißes würdig.«[112] Auch Marie Hesse wird in die verklärende Darstellung des Elternhauses einbezogen. Ihr sei es immer wieder gelungen, Vater und Sohn miteinander auszusöhnen, gerade weil sie als Mutter unter dem schwierigen Charakter Hermanns selbst gelitten habe: »Sie sagte mir von Zeiten, da ich ihr fremd geworden sei, und wie da ihre Angst und Liebe mich begleitete; sie beschämte und beglückte mich mit jedem Wort, und dann redeten wir beide mit Namen der Liebe und Ehrfurcht von meinem Vater und freuten uns mit Sehnsucht auf seine Rückkehr.«[113]

Die Versöhnung mit den Eltern verschafft Hesse eine doppelte Entlastung. Sie kompensiert die gesellschaftliche Isolation, die Einsamkeit, die ihm sein Doppelleben zwischen Brotberuf und Dichterexistenz auferlegt. Und er erhält durch den intensiven Briefwechsel die Chance, sein neues Selbstbewusstsein zu dokumentieren. Dafür verzichtet er gern auf die Vergnügungen, wie sie eine lebendige, von jungen Menschen bevölkerte Universitätsstadt zu bieten hat. Zwar trifft er sich in den ersten Monaten mit früheren Mitschülern aus seiner Maulbronner Zeit gelegentlich zu Trinkabenden, aber schon wegen der von seinem Vater verordneten Sparsamkeit verlieren sich diese Kontakte bald wieder. Dass Hesse dieser Rückzug nicht immer leicht fällt, belegt ein Brief an seinen Mentor Wilhelm Kapff: »Die bunte Schar der Studenten flattert an mir vorbei, je nachdem mit durchgeistigten, asketischen, leichtsinnigen, betrunkenen, verliebten Gesichtern; ihr Treiben erscheint mir im ganzen recht arm und flitterartig, zuweilen allerdings komme ich mir in meinem soliden, einsamen Leben recht philisterhaft vor, besonders nachts, wenn ich am Pulte ernste Gedanken im Sinne wälze und von der nächsten Kneipe die jauchzenden Stimmen klingen.«[114]

Im Salon des Theologieprofessors Häring, der Mitglied im Leitungsgremium des Calwer Verlagsvereins ist und ihm von seinen Eltern empfohlen wurde, trifft er immer mal wieder »Stiftler«, also Studenten des evangelisch-theologischen Stifts, doch fühlt er sich als Lehrling deplatziert und bekommt kein Wort heraus. Auch gegenüber den Eltern klagt Hesse, wie sauer ihn die eintönige Arbeit bei Heckenhauer ankomme und wie sehr er sich manchmal danach sehne, »mit dem bunten Schwarm in die Aula« zu wandern. Das »Wahre und Edle« sei aber hier nicht zu finden, deshalb bemühe er sich trotz aller Müdigkeit und Anstrengung, sich »jenes Auge für's Große« nicht trüben zu lassen. Das Große ist für ihn die Dichtung, um die es aber schlecht bestellt sei. Als Kronzeugen führt er den von ihm verehrten Goethe an: »Warum kommt Talent und Genie unserer Zeit mit diesem schmutzigen Schleier zur Welt, der die sonnige Höhe verhüllt, warum erscheint nicht mehr im Künstler, im Weisen, im Dichter der blühende, lachende Mut, der Krankes zu heilen vermag?«[115]

Gegenüber seinem Bruder Karl Isenberg wird Hesse noch deutlicher: In literarischen Dingen sei er »reaktionär«, es erfasse ihn ein Grauen »vor diesen ›psychologischen Dramen‹ und Romanen mit ihrer kranken Lust am Schmutzwühlen und Sezieren«[116]. Am Ende sei kein Moderner weitergekommen als Goethe mit seinem *Werther* und den *Wahlverwandtschaften*. Das ist erneut ein vernichtendes Urteil über die Gegenwartsliteratur. Naturalismus und Realismus sind für Hesse Niedergangssymptome einer aus den Fugen geratenen Zeit, in der die Naturwissenschaften und ein allgemeiner Ökonomismus triumphieren, das »Zeitalter der Maschinentitanen«, das für spätere Generationen allenfalls »noch von pathologischem Interesse sein wird«, wie er Wilhelm Kapff in einem bemerkenswert hellsichtigen Brief schreibt. Der Machbarkeitswahn bringe immer »größere Pläne« hervor, die Menschen aber würden dabei immer kleiner, »überfüttert mit Emanzipationsidealen, Populärphilosophien, mit Caviar- und Reclameliteratur«. Man spiele mit den Sternen und genieße »große und größte Gedanken als Dessert«[117].

Hermann Hesse drückt damit einen Gedanken aus, den bereits Nietzsche formuliert hatte: Für den »Bildungsphilister« ist die Kultur eben nicht die einzig mögliche Rechtfertigung des Daseins, sondern seine schönste Nebensache, die man als Dekoration zu genießen versteht, von der man sich aber nicht ergreifen und verwandeln lässt. Das Gegenprogramm dazu findet Hesse in der »romantischen Schule«, bei Novalis, Eichendorff, Tieck und Wackenroder. Vor allem Novalis hat es ihm angetan, er halte ihn, schreibt er am 21. November 1898 an seine Eltern, »für den edelsten Dichter der ganzen neueren deutschen Poesie darin, daß er nie ein Wort geschrieben hat, das bloß Wort und Zierat, Phrase war«[118]. Friedrich von Hardenberg, der sich den Künstlernamen »Novalis« (der Neuland Bebauende) zugelegt hatte, um damit vor aller Welt kundzutun, dass er sich als ein Erneuerer der Poesie verstand, erscheint Hesse nicht nur vorbildlich wegen seiner souveränen Art, sich von der religiösen Welt seines pietistischen Vaters, eines niedersächsischen Gutsbesitzers, zu lösen, sondern weil er sich auch seine eigene »Kunstreligion« geschaffen hatte. Eine Zeit lang hatte Novalis, wie auch Hesse in Göppingen, den Lebemann gespielt, um sich dann mit dem Eintritt ins Militär einer strengen äußeren Ordnung zu unterwerfen. In Briefen an den Vater hatte Novalis seine guten Vorsätze beteuert, um bei der Begegnung mit der erst dreizehnjährigen Sophie von Kühn sofort alle Pläne wieder zu verwerfen. Erst an Sophies Gestalt konnte sich seine dichterische Phantasie entzünden, erst durch sie erfuhr er das Göttliche als »Einbildungskraft«, als ein Vermögen, die reale Welt auf eine ideale, schönere, erfülltere hin zu transzendieren – ins »Unendliche«.

Das alles ist Hesse vertraut, hatte er diese Selbststeigerung doch nach der Begegnung mit Eugenie Kolb in Göppingen auch an sich selbst erfahren. Novalis' *Hymnen an die Nacht* sind ein einziger Lobpreis der poetischen Fähigkeit, die Grenze vom Diesseits zum Jenseits mithilfe der Imagination überschreiten zu können. Der Dichter kann der Geliebten nachsterben, in die »ewige Nacht« eintauchen, die ihm zur eigentlichen Wirklichkeit wird. Erst die Nacht enthüllt das wahre Bild der Geliebten, die Nacht ist nur ein anderes Wort für die Poesie, in der alle Gegensätze – Tag und Nacht, Licht und Dunkel, Leben und Tod – sich aufheben in der allversöhnenden, göttlichen Liebe, im »heiligen Sinn«. Der Zauber der Poesie endet, wenn der nüchterne Blick des Alltagsmenschen auf sie fällt. Novalis: »Muß immer der Morgen wiederkommen? Endet nie des Irdischen Gewalt? Unselige Geschäftigkeit verzehrt den himmlischen Anflug der Nacht. Wird nie der Liebe geheimes Opfer ewig brennen? Zugemessen ward dem Lichte seine Zeit; aber zeitlos und raumlos ist der Nacht Herrschaft.«[119]

Die Beschäftigung mit Novalis und den Romantikern hat unmittelbaren Einfluss auf Hesses eigenes Schreiben. In seinen Gedichten erscheint der Dichter als Stern, der »in der eignen Glut verbrennt«, als »König ohne Land«, dem nur die Träume bleiben, die »eine Stunde hinter Mitternacht« – so der Titel eines Gedichts – Gestalt annehmen und von den ersten Lichtstrahlen jäh hinweggewischt werden:

Von allen Wänden fällt die Pracht,
Das strenge Leben gellt herein
Und ich muß dienen seiner Macht
Scheu und verzagt, ins Joch geplagt,
– O Mitternacht, wie harr ich dein![120]

Einsamkeit, Liebesverlangen, Heimweh und Todessehnsucht bestimmen Hesses Tübinger Verse, die er dem Dresdener Verlag E. Pierson anbietet, um sie in Buchform erscheinen zu lassen. In der Form anspruchsvoll, ja artistisch, lassen die Verse ein ausgeprägtes Gespür für Melos und Rhythmus erkennen. Sie gehören in den Umkreis von Neuromantik, Jugendstil und Symbolismus, zu den Strömungen also, die gegen die Entpoetisierung und Entzauberung der Kunst durch den Naturalismus angetreten sind. Unter dem programmatischen Titel *Romantische Lieder* und mit der Widmung *Für Maria und Frau Gertrud* kommt die Sammlung von 56 Gedichten im September 1898 heraus – der Dichtertraum ist also doch wahr geworden. Der Lehrling tritt aus seiner Schattenexistenz heraus und offenbart seine wahre Berufung. Als Hesse das schmale Bändchen in Händen hält, gehen seine Gedanken zurück nach Maulbronn, wo er diesen Augenblick so oft herbeigesehnt hatte. Endlich werden seine ehemaligen Mitschüler erfahren, dass er kein Aufschneider ist, sondern ein Dichter, der unbeirrt seinen Weg geht.

Die Freude über das Debüt kann auch die Bedingung des Verlages nicht trüben, dass Hesse sich mit 175 Mark selbst an den Druckkosten beteiligen muss. Da Hesses Lehrzeit am 30. September 1898 endete und er bei Heckenhauer als Sortimentsgehilfe inzwischen fest angestellt worden ist, kann er diese Summe ohne Mühe aufbringen. Der einzige Wermutstropfen ist die ablehnende Reaktion seiner Mutter, der er das Buch zum Geburtstag schenkt. Hesse hatte den Verlag sogar gedrängt, die Auslieferung unbedingt vor dem Termin zu schaffen, was auch gelang, doch dann zeigt Marie Hesse sich wenig beeindruckt von dem Geburtstagsgeschenk ihres Sohnes. In ihrem Dankesbrief wünscht sie sich einen »höheren Inhalt« für die Gedichte, »weil sie Verdacht wecken, als sei die Liebe nicht immer keusch und rein«[121]. Sie wisse ja auch nicht, bemerkt sie spitz, wer die in der Widmung erwähnten beiden Frauen seien. Dass es Traumgestalten, Inkarnationen der Dichtermuse sein könnten, kommt ihr nicht in den Sinn, sie wittert erotische Verirrungen, wo das Gedicht nur die Einbildungskraft des Dichters und die mystische Vermählung der Liebenden beschwört:

Weil ich dich liebe, bin ich des Nachts
So wild und flüsternd zu dir gekommen,
Und daß du mich nimmer vergessen kannst,
Hab ich deine Seele mit mir genommen.

Sie ist nun bei mir und gehört mir ganz
Im Guten und auch im Bösen;
Von meiner wilden, brennenden Liebe
Kann dich kein Engel erlösen.[122]

Marie Hesse ermahnt ihren Sohn, er solle sein Talent nicht an Unreines verschwenden, sondern Gott widmen: »Wenn Du einmal Ihn gefunden hast und Ihm diese schöne Gabe weihst, dann erst wird dein altes Mutterle über dich glückselig sein ...«[123]

Hermann ist es leid, sich mit seiner Mutter erneut über die Problematik erbaulicher Lyrik auseinanderzusetzen, lenkt aber ein und antwortet, der Titel der Sammlung enthalte »ein ästhetisches und ein persönliches Bekenntnis«, das nicht mehr gelte: »Ich nehme es als Abschluß einer Periode und glaube, daß auf mein ferneres Dichten von ihnen aus kein Schluß zulässig ist ...«[124] Er habe, schließt er, Respekt vor ihrem Urteil: »So fremd ist mein Herz Dir nicht, daß ich nicht diese mütterlichen Ermahnungen und Sorgen verstände und ehrte.«[125] Hätte er seine Mutter, die Novalis schon deshalb für einen bedenklichen Dichter hält, weil er, wie sie irrtümlich annimmt, »katholisch«[126] ist, darüber aufklären sollen, dass in dessen Liebesverherrlichung immer auch die Christus-Liebe mitgemeint ist? Dass der Dichter der blauen Blume in der Poesie eine Selbstoffenbarung des göttlichen Geistes sehen wollte? Dass man durchaus religiös inspiriert schreiben konnte, ohne ständig den Jesus-Namen im Mund zu führen?

Aber auch der Bruder Karl Isenberg äußert sich kritisch. Ihm sind die Gedichte viel zu selbstbezüglich, ohne echten Lebensstoff, ohne jede Einfühlung in andere Menschen: »Infolge der Beschäftigung nur mit Deinen eigenen Leiden und Schmerzen – denn auch bei der Liebe handelt es sich eigentlich nur um Dich, kaum um die Geliebte – weil Du auf andere Gestalten nicht eingehst, kranken die Lieder an einer gewissen Eintönigkeit.«[127] Als Goethe-Leser muss Hesse sich von dieser schonungslosen Kritik getroffen fühlen, denn sein Bruder wirft ihm romantischen Solipsismus vor, vor dem schon Goethe gewarnt hatte. Für den Weimarer Olympier war das Romantische das »Kranke«.

Die von der Liebesthematik der Gedichte irritierte Marie Hesse konnte nicht ahnen, dass es tatsächlich eine junge Frau war, die ihrem Sohn zu dieser Erstveröffentlichung geraten hatte. Die junge norddeutsche Erzählerin Helene Voigt war durch den Abdruck einiger Gedichte in der Zeitschrift *Dichterheim* auf Hermann Hesse aufmerksam geworden. 1875 auf einem Gutshof in Schleswig-Holstein geboren, ist sie bereits mit einem Erzählungsband hervorgetreten. Am 22. November 1897 hatte Helene Voigt Hesse einen ersten, schwärmerischen Brief geschrieben: »Was ich Ihnen sagen wollte? Ach was sagt man, wenn jemand mit ein paar Worten eine Saite in uns berührt hat, die nun lange, lange nachschwingt. Immerfort muß man den Kopf wenden und auf den tiefen, geheimnisvollen Ton lauschen. Diese Stimmung ist zu fein, als daß man sie mit Händen greifen und nach Wesen und Heimat fragen darf ... Wird der Dichter unwirsch die Achseln zucken, wenn ein junges Mädchen kommt und ihm die Hand gibt und – schweigt? Nein, denn er muß fühlen, daß dies der schlichte Ausdruck ist für ein großes inneres Ergriffen-

sein.«[128] Hesse war gerührt über so viel Bewunderung und über-
mittelte der Unbekannten umgehend ein Bild seiner Einsamkeit,
den subtilen Hinweis, dass er nicht gebunden sei: »Ich saß bei
Bekannten, hatte Ärger und Sorgen gehabt, und war von der
Arbeit müde. Mein Freund, ein lieber Künstler ohne Namen,
geigte mir eine alte, einfache Gavotte. Und ich dachte eben an
Sie, d. h. an die Wenigen, die ich mir zu Hörern und Freunden
wünsche, an bessere Zeiten, an Lieder, die noch nicht gesungen
sind ... da wurde Ihr Brief mir gebracht und grüßte mich heimatlich und tat mir wohl. – Ich bin so wenig an Freundschaft
und Freundlichkeit gewöhnt.«[129]

Der letzte Satz war zu diesem Zeitpunkt nicht ganz korrekt,
denn Hesse hatte im Sommer 1897 den Reutlinger Jurastudenten
Ludwig Finckh kennengelernt, der ebenfalls Gedichte schrieb.
Finckh brachte Hesse mit zwei weiteren Studenten zusammen, mit
Carl Hammelehle, Hesses früherem Maulbronner Mitschüler,
und Oskar Rupp, die sich schließlich zu einem kleinen Freundeskreis zusammenschlossen. Der Kreis nannte sich nach einer Vereinigung spätromantischer Dichter in Frankreich »Petit Cénacle«.
Finckh habe einige Verse und Skizzen von »ungemein viel Zartheit, Duft und Stimmung«[130] verfasst, berichtete Hesse enthusiastisch nach Calw. Der schwärmerische, immer etwas aufgekratzte
Freund lädt ihn mehrfach zu seiner Familie ins nahe Reutlingen
ein, wo man Hesse freundlich aufnimmt. Die Freunde, zu denen
im Frühjahr 1898 noch zwei weitere Studenten stoßen, unternehmen Ausflüge in die Tübinger Umgebung und treffen sich einmal die Woche zum Bier, um das Neueste aus der Welt der Literatur und Philosophie zu diskutieren.

Doch so befreiend und anregend diese Männerfreundschaften
auch sind, so sehr sehnt sich der 21-jährige Hesse nach der Liebesbeziehung zu einer Frau, um die Wunschbilder seiner Phantasie endlich Wirklichkeit werden zu lassen. Als Helene Voigt im
Mai 1898 ein Porträtfoto nach Tübingen sendet, das eine sinnlich
wirkende junge Schönheit in schwarzer Reitertracht zeigt, ist
Hesse so elektrisiert, dass er sofort ins Fotoatelier eilt, um auch
von sich ein Porträt machen zu lassen. Auf dem Foto ist ein aske-

tisches, hageres Gesicht zu sehen, mit wachen, ernsten Augen hinter einer runden Nickelbrille. Der etwas steife Eindruck wird noch verstärkt durch das schwarze Jackett mit dem hochgestellten weißen Hemdkragen. Doch Hesses Hoffnungen werden enttäuscht. Seine Brieffreundin lässt ihn wissen, dass sie den jungen Leipziger Verleger Eugen Diederichs kennengelernt und sich mit ihm verlobt habe. »Wenn je der Himmel zwei Menschen füreinander bestimmt hatte, so sind wir es«, schreibt sie überschwänglich. Doch hoffe sie, dass ihre Freundschaft erhalten bleibe, zumal auch ihr Mann dies wünsche. Hesse ist erst einmal wie vor den Kopf gestoßen, aber die überraschende Heirat hat einen hilfreichen Nebeneffekt: Eugen Diederichs, ein glühender Novalis-Bewunderer, will Hesses Prosasammlung *Eine Stunde hinter Mitternacht* herausbringen, die aus neun kürzeren und längeren Erzählungen besteht. Den Titel des Buches hat Hesse dem gleichnamigen Gedicht aus den *Romantischen Liedern* entlehnt:

Eine Stunde hinter Mitternacht,
wo nur der Wald und der späte Mond,
Und keine einzige Menschenseele wacht,
Steht breit und groß ein weißes Schloß,
Nur von mir und meinen Träumen bewohnt.[131]

Der innere Zusammenhang der beiden Bücher ist die romantische Vorstellung vom »Heiligen Schlaf«, wie sie Novalis in seinen Hymnen an die Nacht poetisch gestaltet hat. Die Anklänge an die zweite Hymne sind bei Hesse unüberhörbar: »Der Tag ist laut und grausam, für Kinder und Krieger gerecht, und alles Tagleben ist vom Ungenügen durchtränkt. Ist nicht jeder eindämmernde Abend eine Heimkehr, eine geöffnete Türe, ein Hörbarwerden alles Ewigen?«[132] Die neun Erzählungen handeln von einem phantastischen Traumreich, das sich die Einbildungskraft baut. Im erzählerischen Hauptstück »Der Inseltraum« nimmt Hesse den Leser mit auf eine Fahrt zu einer Insel mit verwunschenen Gärten und marmornen Schlössern. Dort stößt der Träumer auf eine Gruppe junger Frauen, die mit einem goldenen Ball spielen.

Rasch erkennt er, dass es sich um alle jene Frauen handelt, die er einmal »gekannt und bewundert hatte«. Eine Schönheit, die »Königin«, ragt heraus, sie ist das Urbild all seiner Liebessehnsüchte und erinnert den Erzähler daran, dass er den Träumen seiner Jugend untreu geworden ist: »Warst du es nicht, der die Lieder, die ich dich singen lehrte, in Gassenlieder verkehrte, und der die Becher der Freude, die ich dir reichte, zur Trunkenheit mißbrauchte?«[133] Die Königin, die sich schließlich als Dichtermuse erweist, eröffnet ihm eine letzte Chance, es unter ihrer Herrschaft noch einmal mit der wahren Kunst zu versuchen. Unter dem Motto »Incipit Vita Nova« (ein neues Leben beginnt)[134] kündigt Hesse in einem zentralen Abschnitt des Buches eine neue Phase der Dichtung an, seine geistige »Wiedergeburt«, die ganz aus den Urbildern der Kindheit schöpfen soll: »Was du hier siehst, das ist alles schöner als alle Wirklichkeit, und wirklicher als alle Wirklichkeit.«[135]

So ist es konsequent, dass das letzte Stück des Bandes, »Der Traum vom Ährenfeld«, zurück in die als paradiesisch erlebte Basler Kinderzeit führt, als der vierjährige Knabe die Natur als Glücksrausch erlebte, als Unio mystica, die jederzeit möglich ist: »Du leuchtendes Ährenfeld, bist du nicht ein Bild meiner befreiten Seele? Du und ich, beide in flutender Helle, beide reich an Unaussprechlichem, beide einander beschenkend, und beide sich neigend unter einer süßen Last?«[136]

Hesse konfrontiert den Leser aber auch mit der dunklen Kehrseite des Romantischen. Die Gestalt der »Fiebermuse«, im Buch die frivole Gegenspielerin der Königin, lockt aus dem Dichter das Unbewusste, Dämonische hervor, sie verführt ihn zu einer Ästhetik des Bösen, zu »grausamer Wollust« und »lustgestachelte(m) Geigenreigen«. Für diese schwarze Romantik steht die Erzählung »Das Fest des Königs«, in der eine schwüle Fin-de-Siècle-Stimmung vorherrscht, ein Hauch von Morbidität und Untergang: Bei einem Maskenball auf dem königlichen Schloss verführt der schöne Hofsänger die tugendhafte Königin, und der Prinz, der die beiden entdeckt, wird vom Sänger erschlagen – die eben noch scheinbar festgefügte, vom Volk bejubelte höfische Ordnung zerbricht im blutigen Exzess. Hesse zeichnet in dieser und ähnlichen Erzählungen (»Gespräche mit dem Stummen«, »Notturno«) eine düstere Welt aus Lust, Angst, Verzweiflung und Tod.

Diederichs schwankt lange, ob er das Buch veröffentlichen soll. Er steht unter dem Erwartungsdruck des Autors, der es seinem Vater zum zweiundfünfzigsten Geburtstag am 14. Juni 1899 schenken will. Diederichs sagt zwar zu, bezweifelt aber den verlegerischen Erfolg: »Ich muss sagen, daß mir im Allgemeinen das Befreiende fehlt. Wenn ich mich in das Seelenleben eines anderen vertiefe und mich nun von ihm wie Dante und Vergil führen lasse, möchte ich nicht immer seine inneren Bekümmernisse durchleben, sondern vor allem seine Befreiung daraus. Sonst legt man das Buch mit dem Gefühl aus der Hand, ja es war interessant, aber es treibt dich nicht, es das zweite Mal zu lesen. Geschäftlich habe ich daher nur zu den Büchern Vertrauen, die man jederzeit wiederliest.«[137] Dagegen hat sich seine Frau Helene rasch ein positives Urteil gebildet: »Bei Ihnen, dem Romantiker, steht über jeder Zeile dieses Ungesagte, dieses Zeit- und Raumlose, dieser Flügelschlag der Ewigkeit … Ich bin ja der Meinung, daß in diesen Prosaarbeiten Ihr eigentliches Selbst reiner und zwangloser und vor allem gewachsener heraustritt als aus manchen Ihrer Gedichte.«[138]

Diederichs ist trotz seiner Skepsis als Verleger vom literarischen Wert des Werkes überzeugt und schlägt dem Autor vor, es in einer kleinen Auflage von 600 Exemplaren und in bibliophiler Typografie im Juli herauszubringen. So kann Hesse seinem Vater noch rechtzeitig zum Geburtstag ein Vorausexemplar zusenden. Johannes Hesse aber ist erkrankt und nicht in der Lage, das Buch zu lesen. Dafür ist Marie Hesse nach einer ersten, flüchtigen Lektüre entsetzt und schreibt ihrem Sohn, sie habe danach nicht mehr schlafen können. Möge die Form auch noch so schön sein, der »unkeusche« Inhalt sei es nicht. Die Fiebermuse sei eine böse Schlange, die »jedes Liebes- und Poesie-Paradies gründlich vergiften« wolle, und manche Sätze seien so unanständig, dass kein Mädchen sie je lesen sollte. Sie bittet ihren Sohn, doch endlich mit dem im Buch angekündigten neuen Leben ernst zu machen: »Welche Erlösung, wenn der alte Wust und Schmutz dir gründlich entleidet, du Ekel empfändest.«[139]

Hesse ist tief getroffen von der Moralpredigt seiner Mutter, die von ihren religiösen Urteilen über die Kunst nicht lassen will. Er schreibt ihr einen empörten Brief, den er dann aber doch nicht absendet. Aber irgendwie muss er seiner Enttäuschung Luft machen. Kühl bittet er sie, ihm das Buch zurückzugeben und auch keine Geschenke zu seinem bevorstehenden Geburtstag zu schicken. Die erhoffte Anerkennung kommt wenige Wochen später, als der noch wenig bekannte Dichter Rainer Maria Rilke in der Septemberausgabe des *Boten für die deutsche Literatur* eine sehr wohlwollende Rezension veröffentlicht. Rilke sieht hinter den tastenden dichterischen Versuchen einen Gottsucher am Werk: »Es verlohnt sich wohl von einem Buch zu reden, welches fürchtig ist und fromm von einer dunklen, betenden Stimme; denn die Kunst ist nicht ferne von diesem Buch. Der Anfang der Kunst ist Frömmigkeit: Frömmigkeit gegen sich selbst, gegen jedes Erleben, gegen alle Dinge, gegen ein großes Vorbild und gegen die eigene ungeprobte Kraft. Hinter der ersten Hoffart unseres Herzens beginnt jenes große Belagertsein von Gott, welches damit endet, dass wir mit hundert Toren aufgehen vor dem dunklen Ring seiner Macht. Da hebt unser Leben an: das neue Leben, die vita nuova.«[140] Rilke ordnet Hesse nicht Novalis zu, sondern Dante, der von Beatrice durch die sechs Kreise der Hölle hindurch ins Paradies und damit zu Gott geführt wird. Die geheimnisvolle »Frau Gertrud«, Hesses Seelenführerin, habe den jungen Autor gelehrt, dass nur die Überwindung des Eros zur Dichtung befreit.

Die Sublimation ist das eine, aber das reale Bedürfnis eines jungen Mannes nach Liebe das andere. Schon am 8. Oktober 1898 hatte Hesse Helene Voigt-Diederichs freimütig gestanden, was ihn immer stärker quäle: »der fehlende Umgang mit Frauen … Denn eben meine innere Vereinsamung lehrt mich wieder nach Rede und Verkehr von Mund zu Mund verlangen, nach Menschen, die ich lieben, und nach Menschen, von denen ich lernen kann.«[141] Die Gelegenheit dazu sollte sich erst ein Jahr später, im August 1899, ergeben, als der »Petit Cénacle« einen Ausflug ins nahe Kirchheim unternimmt, woher drei Mitglieder des Kreises stammen, die Jurastudenten Oskar Rupp, Otto Erich Faber und der Theologiestudent Wilhelm Schönig. Hesse hat eben sein Arbeitsverhältnis bei Heckenhauer beendet. Nach der Rückkehr von einem Besuch bei seinen Eltern in Calw, den er mit Angeln, Floßfahren und den geliebten Feuerwerkereien verbracht hat, trifft er sich mit seinen Freunden am 16. August in der Kirchheimer Gastwirtschaft »Zur Krone«. Das nahe beim Kirchheimer Schloss gelegene Wirtshaus ist das Stammlokal von Ludwig Finckh, den seine Freunde nur »Ugel« nennen. Der gesamte »Cénacle« mietet sich in der Krone ein. Die besondere Attraktion des Lokals sind zwei hübsche Schwestern, die Nichten des Wirts. Die dreiundzwanzig Jahre alte Sophie Hellmann arbeitet in der Küche, ihre zwei Jahre jüngere Schwester Julie als Bedienung. In die unbeschwerte Julie verliebt sich Hesse sofort, aber anders als seine ebenfalls entflammten Freunde Finckh und Faber ist er so schüchtern, dass er es kaum wagt, das schöne Fräulein anzusprechen.

Acht Tage lang vergnügen sich die Freunde mit Kutschfahrten und Fahrradtouren, gehen baden und wandern zusammen auf die Schwäbische Alb. Abends liest man sich Gedichte vor und musiziert. Um »Lulu« zu sehen, wie die fünf Julie Hellmann nennen, trifft sich der »Cénacle« regelmäßig zu den Mahlzeiten in der Krone – misstrauisch beobachtet von der Wirtin, die ihre Nichten von den jungen Verehrern abzuschirmen versucht. Lulu ist ein Jahr älter als Hesse und nimmt dessen scheue Annäherungsversuche nicht zur Kenntnis, sodass dieser enttäuscht beschließt, wieder nach Calw zurückzufahren. Vorher lassen sich die »Cénacle«-Freunde im Atelier eines Kirchheimer Fotografen ablichten, adrett mit Anzug, Vatermörder und Hut. Hermann Hesse liegt auf einem weißen Fell zu Füßen seiner Kameraden. Ein dem »Petit Cénacle« gewidmetes Hesse-Gedicht klingt wie der Kommentar zu den insgesamt sieben Porträtfotos, die der Freundeskreis von sich aufnehmen lässt:

Wir galten für dekadent und modern
Und glaubten es mit Behagen.
In Wirklichkeit waren wir junge Herrn
Von höchst dezentem Betragen.[142]

Zur Abschiedsfeier am 24. August wird das Lokal mit Lampions und Girlanden geschmückt, man spielt Musik, tanzt und brennt ein prächtiges Feuerwerk ab. Am Ende wird Julie unter den schmachtenden Blicken ihrer Verehrer zur »Prinzessin Lulu« gekürt. Zurück in Calw schreibt Hesse »An das Lulumädele« sofort einen Brief. Was er ihr nicht persönlich zu sagen wagte, bringt er jetzt mit großem Pathos zu Papier: »Haben Sie mir beim Adieu-Sagen nicht angesehen, wie mir die Hand und die Stimme zittern wollten? ... Ich stehe morgens auf und bin untröstlich, Sie an diesem ganzen Tag nicht sehen zu dürfen, ich gehe hin und her und versuche allerlei zu tun, aber nichts fesselt mich, denn ich muß alle Augenblicke wieder die Augen schließen und mir Ihr Bild ausdenken, und dieses schöne, schlanke Bild ist den ganzen Tag bei mir, still und freundlich, und vertreibt jeden anderen Gedanken. Ich klage Sie an, mir alle Ruhe genommen zu haben. Ich klage Sie an, denn Sie quälen mich; Sie wissen nicht, welche Qual der Liebe und Eifersucht fortwährend mich bedrückt. Aber ich danke Ihnen auch. Wofür? Dafür, daß Sie so schön sind, dafür, daß ich Sie sehen durfte und daß Ihr Bild mich so verfolgt und beglückt. Von dem Augenblick an, wo ich in Kirchheim abreiste, bereute ich schon, daß ich fortgegangen war, und seitdem schmerzt mich jede versäumte Stunde.«[143] Julie sei seine Märchenprinzessin, er wolle ihr als »Liebessklave« dienen und erlaube sich, ihr dann und wann eine Blume oder ein Lied zuzusenden, schmeichelt Hesse in diesem ersten Brief, dem noch viele folgen werden.

Er schickt der Angebeteten wirklich Gedichte und Bücher sowie Blumen aus dem Schwarzwald und kündigt an, bald nach Kirchheim zu kommen. Doch Julie antwortet nur kurz und eher förmlich, sich hinter den Freunden versteckend: »Wie geht es Ihnen? Wir vermissen Sie sehr und würden uns sehr freuen, wenn Ihr Plan zur Ausführung käme.«[144] Hesse ist keineswegs enttäuscht, sondern nimmt seine unerwiderte Liebe unbeirrt mit sich nach Basel, wo er Mitte September 1899 die neue Stelle als Sortimentsgehilfe antritt.

Die Arbeit in der Reichschen Buchhandlung wird nicht viel anders sein als in Tübingen: Versenden von Journalen und Büchern, Ordnen von Lagern und Karteien, Schreiben von Rechnungen, das Frankieren von Briefen. Der Freundin Helene Voigt-Diederichs erklärt Hesse die Beweggründe für seinen unerwarteten Ortswechsel so: »Das ist ja meine Lieblingsstadt, meine Stadt der Städte, und außerdem die Heimat der Burckhardts und Böcklins. Außerdem habe ich in Basel den größten und herrlichsten Teil meiner Kindheit gelebt ...«[145] Im Gepäck hat Hesse das Manuskript des *Hermann Lauscher*, einen Packen Lulu-Gedichte und die Schriften von Friedrich Nietzsche, der in Basel als junger Professor gelehrt hatte. Sie will er jetzt neu studieren, vor allem die *Geburt der Tragödie*. Mitgenommen hat Hesse aber auch sein Lieblingsbild, die gerahmte Reproduktion von Böcklins »Toteninsel«. Basel soll ihm vor allem die Welt der bildenden Kunst erschließen.

FÜNFTES KAPITEL

Böcklin, Burckhardt und Nietzsche. Arbeit in der Buchhandlung. Bei den Wackernagels. Wohngemeinschaft mit dem Architekten Heinrich Jennen. Elisabeth La Roche. Musterung. Mit dem Boot auf dem Vierwaldstätter See. Hermann Lauscher. Erste Italienreise. Wechsel ins Antiquariat Wattenwyl. Gedichte. Tod der Mutter. Freundschaft mit Stefan Zweig. Zweite Italienreise

Basel ist für Hermann Hesse in erster Linie der Ort seiner frühesten Kindheit. So berichtet er den Eltern am 24. September 1899, dass er bald nach seinem Eintreffen das frühere Wohnhaus der Familie im Müllerweg und vor allem auch seinen Lieblingsspielplatz, die »Schützenmatte«, aufgesucht habe. Die von bunten Schmetterlingen umflatterte Wiese nahe beim elterlichen Haus ist das eigentliche Traum- und Sinnbild seiner Kindheit, und so verwundert es nicht, dass ihm von den zwölf Böcklin-Bildern, die er sich im Stadtmuseum anschaut, besonders das Gemälde »Vita somnium breve« (Das Leben, ein kurzer Traum) gefällt. Die Allegorie der drei Lebensalter zeigt zwei spielende Kinder auf einer blühenden Wiese und im Hintergrund einen alten Mann, dem der Tod mit der Sense droht. Dazwischen steht ein junges Mädchen, dessen Geliebter als geharnischter Ritter ins Abenteuer davonreitet. »Kinderlust, Liebeszeit, Tatenlust und Greisenalter sind auf kleinem Raum in ganz wunderbaren Gestalten dargestellt«, schreibt Hesse und rühmt Böcklins »sehr modernen Farbensinn«[146].

Das Museum hat für die Bilder des in Basel geborenen Künstlers extra ein Böcklin-Zimmer eingerichtet, das Hesse an den freien Sonntagen regelmäßig besucht. Der Aufenthalt in diesem Raum sei »überaus köstlich«, schreibt er den Eltern, es gehe ihm das Herz auf vor dieser »unerhörten Pracht«[147]. Dass er Arnold

Böcklin, dessen erotische Motive – Faune, Nymphen, Najaden, Kentauren und Pan-Figuren – von prüden Zeitgenossen als frivol empfunden werden, dem Gottesdienst vorzieht, dürfte Marie Hesse wenig erfreut haben. Hesse aber liebt die heidnische Sinnlichkeit, den farbig erzählenden Symbolismus dieses Malers, der die antiken Mythologien aufgreift, um gegen das materialistische Weltbild seiner Zeit zu protestieren. Von seiner neuen Liebe zur bildenden Kunst berichtet Hesse auch seiner Brieffreundin Helene Voigt-Diederichs: »Mit dem Betrachten von Farben und Zeichnungen ist ein bisher verdunkelter Teil meines Wesens fröhlich und leidenschaftlich ans Licht gesprungen und beherrscht mich bis auf Gang und Bewegung.«[148]

Basel, die Stadt im Rheinknie, am Übergang von Schweiz, Deutschland und Frankreich gelegen, ist wegen des immer noch den Ton angebenden Patriziats zutiefst konservativ. Durch ihre calvinistische Prägung sind die Bürger der industriellen Entwicklung gegenüber aber durchaus aufgeschlossen. Basel hat in den letzten Jahrzehnten einen rasanten wirtschaftlichen Aufschwung erlebt und sich so zu einem international bedeutenden Finanz- und Handelsplatz entwickelt. Das befördert einen gewissen Freigeist, den Hesse nach der kleinstädtischen Enge Tübingens als befreiend empfindet. Vor allem aber ist Basel für ihn jener Ort, an dem Jacob Burckhardt und Friedrich Nietzsche gewirkt haben, in Freundschaft und durch den zentralen Gedanken verbunden, dass Geschichte nur durch Kunst, die Macht nur durch die Kultur zu verstehen sei. In diesem Geist verfasste Burckhardt sein bahnbrechendes Werk *Die Kultur der Renaissance in Italien* und Nietzsche das Traktat *Die Geburt der Tragödie aus dem Geiste der Musik*. Neben dem *Zarathustra*, den Hesse schon in Tübingen gelesen hat, scheint ihm das 1874 erschienene *Tragödie*-Buch am besten auszudrücken, was auch ihn selbst bewegt: den Kampf zwischen den dunklen, den dionysischen, und den hellen, den apollinischen Triebkräften der Kunst. Denn dass sich Nietzsches Dialektik zwischen dem Dionysisch-Chaotischen und dem Apollinisch-Geistigen auch psychologisch, also seelisch deuten lässt –

das beginnt Hesse bereits zu ahnen, auch wenn er erst später daraus Schlüsse für seine eigene Lebensproblematik zu ziehen lernt.

Von Hesses Pension Bäschlin in der Holbeinstraße sind es nur zehn Minuten bis zur Reichschen Buchhandlung. Über die weiträumige, sich über zwei Stockwerke erstreckende und mit viel Stuck verzierte Buchhandlung berichtet Hesse gleich in seinem ersten Brief aus Basel: »Im Geschäft finde ich, scheints, sehr viel Arbeit, aber nette Kollegen (5 und 1 Lehrling), ein sehr schönes Geschäft, neu und glänzend eingerichtet, und in Herrn Reich einen offenbar sehr angenehmen Chef. Ich besuchte ihn heute früh und lernte Frau und Tochter kennen. Die Frau ist eine Bernerin und sehr nett. Tischhauser ist Lehrling, ein etwas ungeschickter, aber sehr lieber und dienstwilliger Mensch. Meine Arbeit ist hauptsächlich das Expedieren der Journale (mir sehr unangenehm), Führen der ›kleinen Kasse‹ und Lagerordnen, Post frankieren etc. Französisch wird sehr viel gesprochen!«[149] Mit Eifer stürzt sich Hesse in das Erlernen der französischen Sprache, um auch die französisch sprechenden Kunden bedienen zu können. An seinen Bruder Karl Isenberg (»Mon chèr frère!«) schickt er einen Brief, den er in einem schon recht flüssigen Französisch verfasst hat.[150]

Wie in Tübingen nutzt Hesse das Netzwerk seines Vaters, um tief in das bildungsbürgerliche Geflecht Basels einzudringen – dieses Mal mit dem stolzen Bewusstsein, als aufstrebender Autor den Salons der höheren Gesellschaft gewachsen zu sein. Nun bewähren sich die beruflichen und freundschaftlichen Bande, die Johannes Hesse in den Achtzigerjahren geknüpft hatte und die zwischen dem Stammhaus der Basler Mission und dem Calwer Verlagsverein immer noch fortbestehen. Zum Türöffner für Hermann Hesse wird der Historiker und Staatsarchivar Rudolf Wackernagel, Autor der *Geschichte der Stadt Basel*, in dessen Haus am Brunngäßli er auf Empfehlung seines Vaters häufig eingeladen wird. »Wie lieb und wertvoll mir dieses Haus schon geworden ist, kann ich gar nicht sagen«[151], berichtet er am 22. Oktober 1899 dankbar nach Calw. Bei den Wackernagels gehen Künstler und Professoren ein und aus, darunter der bekannte

Kunsthistoriker Heinrich Wölfflin, der an der Basler Universität lehrt, sowie die Historiker Johannes Haller und Karl Joel. Auch bei seinem Chef, Herrn Reich, ist Hesse ein gern gesehener Gast. Besonders die Kinder freuen sich, wenn der immer zu Späßen aufgelegte, freundliche Sortimentsgehilfe am Sonntag zu ihnen kommt, um »Charade« oder »Thalerverstecken« zu spielen.

Bei den Soiréen in den Basler Professorenhäusern ist Hesse meist der Jüngste, ohne jeden akademischen Titel, aber durch seine Eloquenz und sein im Selbststudium erworbenes literarisches Wissen hochwillkommen. Dort lernt er auch den jungen Architekten Heinrich Jennen kennen. Der lebhafte Rheinländer hat eben den ersten Preis im Wettbewerb um die Erweiterung des Basler Rathauses gewonnen und gilt als großes Talent. Jennen wohnt mit einem befreundeten Architekten in der Bargfeldstraße, wo Hesse am 16. Oktober für 25 Franken Miete ebenfalls eine Wohnung bezieht. Die Nachbarschaft der beiden jungen Männer wirkt auf Hesse belebend, man tauscht Bücher aus, und der kunstinteressierte Deutsche erhält Einblicke in die Zeichnungen und Pläne der beiden Architekten.

Die Freude, nach dem Verlust des »Petit Cénacle« endlich wieder einen kleinen Freundeskreis gefunden zu haben, drückt sich in einem begeisterten Brief an die Eltern aus: »So wohnen drei fleißige Kunstjünger, alle drei von Natur sehr verschieden, auf einem Boden beieinander. Jennen ist ein rechter Künstler, genial und launisch, häufig wenn die Stimmung fehlt, müßig und dann wieder von rapider und ausdauernder Energie. Der zweite, Herr Drach, ist lustig und liebenswürdig und hat mich gern.«[152] Man spielt zu dritt Billard und schwärmt in die Altstadtlokalitäten aus, in das Weinlokal »Pinte zum Helm« oder in den »Storchen« am Fischmarkt. Die gemeinsamen Weintouren werden bald bis ins Elsass und nach Baden ausgedehnt, sodass Hesse sich zunehmend zum Weinkenner entwickelt.

Als Hesse mit Heinrich Jennen zusammen eine gemeinsame Wohnung bezieht, löst dies bei seiner Mutter Alarmstimmung aus. Denn Hermann ist weder zur silbernen Hochzeit seiner

Eltern im November nach Calw gekommen, noch konnte er sich entschließen, Weihnachten mit der Familie zu feiern. Sein neuer Freund scheint ihm jetzt wichtiger zu sein als die eigene Familie. Zudem hatte Hermann einen Prosazyklus mit dem beunruhigenden Titel *Schlaflose Nächte* nach Calw geschickt, der bei Marie Hesse zwar durchaus Gefallen fand, weil die darin beschriebene »blonde Muse« mit dem Namen Maria auch als eine Allegorie des Mütterlichen zu deuten ist. Doch das Schwermütige dieser lyrischen Prosa scheint doch irgendwie einen Rückschritt, die Rückkehr in längst überwunden geglaubte Seelenzustände zu signalisieren. Und dass sich hinter der als Anima-Gestalt gezeichneten Maria, die ihrem Sohn schlaflose Nächte bereitet, nicht vielleicht doch ein erotisches Phänomen verbergen könnte, das befürchtet Marie Hesse nicht ganz zu Unrecht, wenn sie von streichelnden Händen, Küssen und »rosenroten Liebeszeiten«[153] liest. Und hatte Hermann seinen Eltern nicht von üppigen und teuren Menüs mit viel Wein berichtet, die er sich jetzt mit seinem gegenüber Tübingen doppelt so hohen Buchhändlergehalt leisten könne? Das Schreckbild einer Basler Bohème tut sich vor Marie Hesse auf, und in einem Brief beklagt sie sich am 9. März 1900, Hermann habe offenbar gar keine Zeit mehr für seine Eltern. Das bereite *ihr* schlaflose Nächte: »Liebes Kind! O strebe nach wahrhaft Gutem und Hohem und fliehe die Sünde! Die Welt liegt im Argen, die Versuchung zum Bösen ist mächtig: da muß ein ganzer Wille da sein, sich nicht hinabziehen zu lassen und ein Schreien zu Gott um Kraft zum Sieg.«[154]

Auf diesen unerwarteten Ausbruch kann Hesse nur mit Ironie reagieren: »Daß ich Ende März von dem Ungeheuer Jennen wegziehe, wird Euch mit Freude erfüllen.« Er sei im Übrigen mit »Glockentönen nicht zu rühren«, denn hier in Basel, »wo das Frommsein zum guten Ton gehört, werden einem die gewohnten Formen dieses Frommseins oft zu viel«[155]. Am Ende schiebt er seine Schreibfaulheit auf eine Grippe und das ewige Kopfweh. Dass Hesse dann doch von der Bargfeldstraße in ein bescheideneres Quartier, in ein »kleines Stübchen bei ganz einfachen Leuten« wechselt, verdankt sich weniger der mütterlichen Mahnung als der Einsicht, dass er, um zu schreiben, allein sein muss, denn die Gegenwart des umtriebigen Mitbewohners sorgt für dauernde Ablenkung.

Am 1. April 1900 zieht Hesse in die Mostackerstraße 10, wo er ungestört am Buchprojekt *Hermann Lauscher* arbeiten und nebenbei kleine Feuilletons für die *Allgemeine Schweizer Zeitung* verfassen kann. Das Buch soll nicht nur seine Kindheitserinnerungen versammeln, sondern auch die zwiespältigen Erfahrungen in Tübingen. Ein besonders eindrückliches Erlebnis, den Selbstmord eines früheren Maulbronner Seminaristen, dessen Beerdigung er selbst miterlebt hatte, nimmt Hesse zum Anlass, um in der Erzählung *Die Novembernacht* seine damalige labile Lebenssituation zu spiegeln. Den Hermann Hesse der Tübinger Zeit spaltet er in die Figur des angehenden Dichters Hermann Lauscher und des verkrachten Studenten »Elenderle« auf. Nach einer durchzechten Nacht, in der sich Hermann Lauscher über seinen Saufkumpan lustig macht und sich großspurig als Verseschmied hervortut, erschießt sich Elenderle, in den Tod getrieben von einem mysteriösen Fremden. Hesse schildert ihn als diabolischen Verführer, der sich die Seelen junger Menschen kauft, um spurlos wieder im Nichts zu verschwinden. Die unheimliche Gestalt verkörpert den inneren Dämon, der Hesse in seiner adoleszenten Phase bis an den Rand des Selbstmords getrieben hatte.

Je länger er in Basel lebt, desto leichter gelingt es ihm, sich aus seiner quälenden Ich-Bezogenheit zu befreien, auch wenn er immer wieder von den alten Dämonen bedrängt wird, besonders nachts. Das Bild der immer noch verehrten Julie Hellmann, der Kirchheimer »Lulu«, beginnt zu verblassen, als er im Haus Wackernagel die junge und schöne Pianistin Elisabeth La Roche kennenlernt. Sie ist die Tochter eines Pfarrers, dessen Familie seit Langem mit den Hesses befreundet ist. Eingeschüchtert durch seine Erfahrung mit der spröden »Lulu«, offenbart er sich der Angebeteten nicht. Aber er widmet ihr heimlich ein Gedicht, das sie jedoch nie zu Gesicht bekommen wird:

Elisabeth

Wie eine weiße Wolke
Am blauen Himmel steht,
So still und schön und helle
Bist du, Elisabeth.

Die Wolke geht und wandert,
Kaum hast du ihrer acht,
Und doch durch deine Träume
Geht sie in dunkler Nacht.

Geht und erglänzt so silbern,
Daß fortan ohne Rast
Du nach der weißen Wolke
Ein süßes Heimweh hast.[156]

Die Wackernagels fahren an den Wochenenden regelmäßig hinaus zum Wenkenhof, zu einem Landgut vor den Toren der Stadt mit Herrenhaus und schön angelegtem Park. Dort treffen sich auch Hermann und Elisabeth, um zu musizieren und kleine Wanderungen zu unternehmen. An diesem inspirierenden Ort schreibt Hesse seine Gedichte, die ersten seit Monaten. Sie alle gelten Elisabeth La Roche, wie Hesse seinem Tagebuch anvertraut, das er später als das von Hermann Lauscher ausgeben wird. Er schreibt ihr auch eine Reihe von Briefen, in denen er sein zögerliches, ungeschicktes Verhalten erläutert, Elisabeths Gesten zu deuten versucht und gesteht, sie in seiner »inneren Welt« längst gekannt zu haben. Doch Hesse hat nicht den Mut, diese Liebeserklärungen abzusenden. Er hat gelernt, den Konventionen zu genügen, sich zurückzunehmen. In dieser verquälten Situation erinnert er sich wieder an die unerwiderte Liebe zu Eugenie Kolb, »den lodernden Rausch«, der ihm nun gar nicht mehr so fragwürdig erscheint wie damals, als er ihn in die erste große Krise seines Lebens stürzte. Der Nietzsche-Leser, der die Spannung zwischen dem Dionysischen und dem Apollinischen an sich selbst erfahren hat, den Widerstreit von Chaos und Ordnung, Natur und Kultur, Gefühl und Vernunft, sehnt sich, »vernünftig« und gesellschaftstauglich geworden, zurück in die jugendliche Zeit der Leidenschaft, »die gellend und bacchantisch sich aus Übermut und Ungenügen zum Verhängnis wöbe«[157]. »O diese Seele«, lässt er seinen Lauscher sagen, »dieses schöne, dunkle, heimatliche, gefährliche Meer! Während ich ihre schillernde Oberfläche unermüdlich prüfe, liebkose, befrage und bestürme, spült sie zuweilen immer wieder wie zum Hohn ein fremdfarbiges Rätsel aus bodenloser Tiefe vor mir aus ...«[158]

Hesse beginnt zu begreifen, dass sein Leiden auf untergründige Weise mit dem Schöpferischen verbunden ist. Zwar empfindet er sich selbst, seine Stimmungsumschwünge und Selbstzweifel, seine schmerzhafte Zerrissenheit immer noch als Rätsel. Aber aus dieser Unerlöstheit kommen ja auch die Antriebe zum Schreiben, sein Ausdruckszwang, der die Gegensätze zumindest zeitweilig zu überbrücken hilft. Kein Kunstwerk, das glaubt er jetzt zu wissen, kann auf diese rätselhafte Tiefe verzichten, erst durch sie wird das in ihm Ausgedrückte »wahr«. Wie für Nietzsche ist auch für ihn das Dasein nur als ästhetisches gerechtfertigt, nur durch den schönen Schein der Kunst erträglich. Um diesen schönen Schein aber realisieren zu können, bedarf es mitreißender Affekte und tragischer Konflikte, ohne die die Kunst leere Form bleiben muss. Hesse befürchtet ernstlich, dass ihm diese dionysische Wildheit, diese Ursprünglichkeit, dieser Schaffensrausch durch seine wachsende Bildung abhanden zu kommen droht. Gerade das ständige Reflektieren entfremde ihn den Quellen der Imagination, den Instinkten: »Ich glaube, daß kein anderer Mensch über die Gründe seines inneren Lebens und über die wahren Ursachen seines Begehrens und Ungenügens so durchaus im Dunkeln ist und immer tiefere Finsternis findet wie eben der, der seine flüchtigsten Regungen beobachtet und dem Entstehen jeder Reizung nachspürt. Als ob dadurch sich das verscheuchte Unbewußte nur enger konzentrierte und sich, ängstlich geworden, vollends jedem vorsichtigsten Blick entzöge.«[159]

Um diese Ursprünglichkeit wieder zuzulassen, muss er sich neuen Erfahrungen stellen, sich dem Dionysischen, dem Rauschhaften wieder öffnen. Hesse sucht den Anschluss dort, wo er seine tiefsten Epiphanien erlebt hatte: in der Natur. Sie ist zugleich schön und fordernd, sie verlangt nach Eroberung und Gestaltung, ist aber nie ganz zu bändigen. Frühmorgens nimmt er jetzt regelmäßig ein Bad im kühlen Rhein, wandert in den Bergen um den Vierwaldstätter See, rudert, segelt und angelt. »Hier hoch über dem See, zwischen den Schneebergen, jodelt der Gaisbub. Es ist köstlich, köstlich! Das Wetter klar und heiß, alles voll Veilchen, Klee und Schlüsselblumen«, schreibt er am 15. April an die Eltern, und im Tagebuch wird aus der Begegnung mit der Schweizer Frühlingslandschaft ein Bekenntnis zur ästhetizistischen Weltanschauung, wie sie ihn Nietzsche gelehrt hat: »Ich weiß nun, daß meine Religion kein Aberglaube ist, daß es sich lohnt, alle körperlichen und geistigen Dinge nur in ihren Beziehungen zur Schönheit zu betrachten und daß diese Religion Erhebungen schenken kann, die an Reinheit und Seligkeit denen der Märtyrer und Heiligen nicht nachstehen.«

Bevor er im Juli 1900 erneut an den Vierwaldstätter See fährt, muss Hesse sich im badischen Lörrach der Musterung stellen. Denn er ist ja seit seiner Maulbronner Schulzeit kein Schweizer Bürger mehr, und es steht zu befürchten, dass die Deutschen ihn einberufen. Doch der Arzt erklärt ihn am 8. Juli aufgrund »hochgradiger Kurzsichtigkeit« für untauglich und teilt ihn der Reserve zu. Erleichtert fährt Hesse nach Luzern, um sich zusammen mit seinem Freund Mörike bei einem Seenachtsfest zu vergnügen. Sein Vater, den er über seine Rückstellung informiert hat, gibt ihm noch eine Ermahnung mit auf den Weg: »Werde nur immer kurzsichtiger für all das Böse und Verführerische in der Welt!«[160] Empört berichtet Johannes Hesse im selben Brief, er sei auf einer Zugfahrt von einem Fremden angesprochen worden, der ihm eine Broschüre über Empfängnisverhütung habe zustecken wollen. Das ist eine versteckte Warnung für seinen Sohn, der in der Großstadt mancherlei Versuchungen ausgesetzt ist. Doch solche

Appelle erreichen Hesse nicht mehr. Er hat sich an das Calwer Moralisieren inzwischen gewöhnt, sodass er sich diesen Themen kurzerhand verweigert. Er will nicht mehr der dankbare und verständige Sohn sein, sondern ein Dichter auf dem Weg zu sich selbst. Nicht einmal familiäre Krisen wie der Nervenzusammenbruch seines Bruders Karl berühren ihn, auch wenn er ihm einen anteilnehmenden Brief nach Tübingen schickt. Zu einem Krankenhausbesuch kann er sich aber nicht aufraffen. Auch der Wechsel seines an der Schule gescheiterten jüngeren Bruders Hans von Calw ans Basler Missionshaus lässt ihn kalt. Er hat gelernt, sich den familiären Konflikten konsequent zu entziehen, um seine eigene Loslösung vom Elternhaus nicht zu gefährden.

Nachdem Hesse seinen Sommerurlaub am Vierwaldstätter See verbracht hat, wird er der Natur schon bald wieder überdrüssig, dem stundenlangen Treiben mit dem Kahn auf dem Wasser, den ewigen Sonnenbädern und Angeltouren. Das Lauscher-Tagebuch vermerkt den wachsenden Überdruss: »Dieser melancholisch stille See mit den bleichen Herbstmatten, diese kühlen Berge und dieser kühle Himmel ängstigen mich ... Ich muß Menschen sehen, Wagen fahren hören, neue Bücher und Zeitungen aufschneiden und den frischen, unreifen Duft des schnellen Lebens atmen, auch sehne ich mich danach, Nächte in kleinen Weinschänken zu verbringen, mit gemeinen Mädchen gemeine Gespräche zu führen, Billard zu spielen und tausend Nichtigkeiten zu treiben ... Es muß noch Genüsse geben, die mir unbekannt geblieben sind, es muß noch Reize geben, auf die meine Nerven heftig reagieren, noch rare Bücher, die mir Freude machen können, noch irgendeine neue, raffinierte Musik.«[161] Die andere Seite seines Wesens, die Zerstreuung, Geselligkeit und Anerkennung fordert, macht sich wieder geltend.

Die Rückkehr nach Basel bringt aber nicht den erhofften Aufschwung, sondern den grauen Arbeitsalltag. Lange zehrt Hesse von den unbeschwerten Urlaubstagen am See, dann entschließt er sich zu kündigen, um eine Stelle als Antiquar zu suchen. Zwar würde er dabei schlechter bezahlt, aber es bliebe ihm mehr Zeit fürs Schreiben und Reisen. Ende Dezember wird er mit seinem Arbeitgeber einig, ab September 1901 in das zur Firma Reich gehörende Antiquariat Wattenwyl zu wechseln. Es liegt ganz in der Nähe der Reichschen Buchhandlung, im Pfluggässlein. Zwar erhält Hesse nur 110 Franken, aber die neue Tätigkeit verspricht wegen der wertvollen Bücher interessanter zu werden. Inzwischen ist das Lauscher-Manuskript abgeschlossen, und Hesse beginnt mit einem Roman, der in den Bergen über dem Vierwaldstätter See spielen soll.

Nachdem der Verleger Diederichs den *Hermann Lauscher* im Oktober abgelehnt hatte, weil er nach dem miserablen Verkauf der *Stunde hinter Mitternacht* das Risiko eines erneuten Misserfolgs scheut, lässt Hesse das nur 83 Seiten zählende Bändchen im Hausverlag der Reichschen Buchhandlung in kleiner Auflage drucken. Der Autor, seiner Sache ebenfalls nicht ganz sicher, greift zum Mittel der Camouflage. Im Vorwort erklärt sich Hesse zum Herausgeber des literarischen Nachlasses eines »armen, toten Freundes«. Der Buch heißt jetzt *Hinterlassene Schriften und Gedichte von Hermann Lauscher. Herausgegeben von Hermann Hesse* und erscheint kurz vor Weihnachten 1900. Das Versteckspiel ist der Versuch, das Bekenntnishafte, Intime der Erinnerungen zu verschleiern und das Disparate der Sammlung zu erklären. Hesse schreibt im Vorwort: »Lauschers literarischer Nachlass enthielt fast nichts als die hier mitgeteilten Stücke. Nächst dem rein persönlichen Wert, den diese für seine Freunde haben, dürften sie als Dokumente der eigentümlichen Seele eines modernen Ästheten und Sonderlings das Interesse aufmerksamer Leser verdienen, namentlich durch die herbe, selbstquälerische Wahrheitsliebe des ›Tagebuchs‹. Sie entbehren fast ganz die fleißig geschliffene, preziöse Form, welche Lauschers Dichtungen eigen ist, und dürften so, ganz im Sinn ihres Verfassers, auch gewandten literarischen Spürern keinerlei Schlüsse auf dessen anderwärts existierende Autorschaft zulassen.«[162]

Der schmale Band enthält neben der Tübinger Erzählung »Novembernacht« die Basler Kindheitserinnerungen sowie die im Geist E.T.A. Hoffmannns verfasste Erzählung »Prinzessin

Lilia«. Die Kirchheimer Erlebnisse des »Petit Cénacle« liefern dabei die Vorlage für eine phantastische Geschichte, in der Realität und Traum sich fast ununterscheidbar vermischen. Den magischen Übergang zwischen den beiden Sphären verkörpert der wunderliche Philosoph Drehdichum, der sich als Türöffner zur »Welt hinter dem Vorhang« versteht. Die mit dialogischem Witz und feiner Ironie erzählte Geschichte ist der Versuch, die romantische Erzähltheorie, die Hesse in den vergangenen Jahren ausführlich studiert hat, neu zu beleben.

Erschöpft von den Überstunden des Weihnachtsgeschäfts, freut sich Hesse auf die sechsmonatige Auszeit, die er sich hat zusichern lassen. Er fährt nach Calw, um sich dort auf seine lang ersehnte erste Italienreise vorzubereiten. Er studiert den Baedeker und lernt Italienisch. Eigentlich will er die Zeit bis zur Abreise nutzen, um an dem entstehenden Roman zu arbeiten, aber die heimatliche Umgebung inspiriert ihn zu einer Reihe von schwäbischen Geschichten, die er wie im Rausch niederschreibt. Sie handeln von erster Verliebtheit und von Jugendstreichen, die sich so stark ins Gedächtnis eingebrannt haben, dass Hesse sie bis ins Detail nacherzählen kann. Darunter auch die düstere Geschichte vom Sterben eines begabten Kindes, ein peinigendes, längst vergessenes Erlebnis, das ihn in der Erinnerung noch einmal fast körperlich zu überwältigen scheint – ein mysteriöser Zwang, vor dem Aufbruch in den hellen Süden noch einmal die dunkle Seite der Kindheit, ihre abgründigen Ängste beschwören zu müssen.

Doch dann geht es am 25. März 1901 wirklich los, die Reisekasse ist gut gefüllt mit den Einnahmen, die Hesse durch den Verkauf von 25 Exemplaren einer kleinen handschriftlichen Sammlung von Gedichten erzielt hat. Sie sind bei Liebhabern sehr begehrt und werden auch entsprechend honoriert. Hesse reist mit dem Zug dritter Klasse über Stuttgart nach Mailand, wo er sich als Erstes den prachtvollen Dom mit seinen in mystischem Licht strahlenden Kirchenfenstern anschaut. Auf der Weiterfahrt Richtung Toskana macht er in Genua halt, um endlich einmal das Meer zu sehen: »Genua gab mir das erste echt italienische Bild:

Sonne, helle weiße Häuser, blaugrünes Meer schillernd, bunt gekleidetes Volk, Bettler und Bummler auf den Treppen der Häuser und Kirchen. Dazu der Hafen mit Schiffen aller Herren Länder … Dieser erste Anblick des Meeres ging mir wie ein Traum vorbei, sitzt mir aber fest im Gedächtnis als unbestimmt großartiger, andächtiger ernster Eindruck.«[163]

Sein Hauptziel ist die Renaissance-Stadt Florenz, denn Hesse will endlich mit eigenen Augen sehen, worüber er bei Jacob Burckhardt gelesen hat. Er nimmt sich ein Zimmer mit Aussicht auf den Palazzo Vecchio und die Uffizien. Bald kennt er jeden Winkel des berühmten Museums. Manche Bilder schaut er mehrmals an, um ihre Motive und die Maltechnik zu verstehen. Begleitet wird er bei diesen Gängen von einem deutschen Kunsthistoriker, der in seinem Haus an der Piazza Signoria Zimmer vermietet. So erhält er einen Überblick über die Werke von Botticelli, Ghirlandaio, Lippi, Tizian, Schiavone, Rembrandt, Raffael und des flämischen Malers Hugo van der Goes. Er besucht die Skulpturensammlung im Bargello und die Galerie der Akademie mit dem berühmten »David« von Michelangelo und den Bildern des Florentiner Malers Fra Angelico. Im Palazzo Pitti, der eine Reihe von bedeutenden Gemäldesammlungen beherbergt, beeindrucken ihn vor allem die Porträts von Tizian und die Madonnen von Tintoretto und Filippo Lippi. Sie erscheinen ihm »in Bau und Kolorit harmonisch, weich und süß, das ganze Bild wie Musik«[164]. Hesse sieht Florenz mit den Augen Jacob Burckhardts, dem es in seiner Geschichte der Renaissance darauf ankam, den beginnenden Individualismus in der Darstellung des Menschen sichtbar zu machen. Inspiriert durch Goethes *Italienische Reise*, führt Hesse akribisch Tagebuch über den Besuch von Ausstellungen, Kirchen, Villen und Gärten, aber sein Augenmerk gilt nicht nur der Kultur. Hesse verliebt sich in die Menschen, auf die er mit ungewohnter Offenheit zugeht, er plaudert mit den Marktfrauen, Wirten, Bettlern und am liebsten mit den »fidelen schlampigen Kindern«, die auf den Straßen umherstreunen. Enthusiastisch notiert er am 6. April: »Diese Leute sind, wenn sie nicht gerade Geschäfte machen, von einer Naivität und Sicherheit des Sichgebens, dabei von einer natürlichen Lebensart und Beweglichkeit, neben der wir Nordländer Marionetten sind.«[165] Dagegen gerät Hesse in Rage über die »deutschen Geldsäcke«, die sich schweinisch benähmen und beim Anblick des Sonnenuntergangs über der Stadt nichts Besseres wüssten, als Witze zu reißen.

Einer seiner Lieblingsplätze ist Fiesole, der kleine Ort auf den Hügeln über Florenz, wo Arnold Böcklin am 1. Januar 1901, wenige Monate vor Hesses Ankunft, gestorben ist. Dort liegt er gern im Gras unter Zypressen und verplaudert ganze Nachmittage mit »Blumenmädchen« und alten Männern. Bald kann er sich eine andere Existenz gar nicht mehr vorstellen: »Dieses verwahrloste, fleißig-faule Schlenderleben, dieses Herumliegen auf Mauern und Sitzen in Loggien und auf Treppen hat einen besonderen Reiz.« Und er hat rasch gelernt, sich in der Touristenstadt zu behaupten: »Mein Abendbrot, wenn ich überhaupt eines nehme, ist ein Brot mit Käse oder Wurst und zwei Gläser Wein, der pro Glas 20 cts kostet, wobei man sich das Glas auch halb, ja nur viertels vollschenken lassen kann. Ganz famos ist das überall nützliche Wort basta, mit dem man alle Händler, Kellner, Bettler etc. abfahren läßt und das, wenn es wirken soll, mit kühl brutalem Ton gesagt werden muß. Gelegentlich half mir auch ein deutsches Kraftwort.«[166]

Am 28. April nimmt Hesse nach einem »flotten Souper mit Rheinwein und Champagner«[167] Abschied von Florenz und reist über Bologna, Ravenna und Padua nach Venedig. Auch hier lässt er sich erst einmal durch die Gassen treiben, unternimmt eine Lagunenfahrt nach Burano und Torcello und schlendert über den Markusplatz. Es macht Hesse eine geradezu kindliche Freude, die Tauben auf dem Markusplatz mit Mais zu füttern und ihr weiches, »schillerndes« Gefieder zu streicheln. Die Tauben und die Kinder hätten ihn gern, schreibt er verzückt in sein venezianisches Tagebuch. Er fühle schon jetzt, dass er »nach diesen Stunden eines traumhaft wunschlosen Lebens später Heimweh haben werde«[168].

Aber wie in Florenz gibt es auch in Venedig Schattenseiten, die Eingang ins Tagebuch finden. So mokiert Hesse sich während eines Gottesdienstes in der Markuskirche über die »deutschen Bierbäuche«, die dauernd klatschen: »Wie gemein so ein feister deutscher Kommerzienrat neben einem italienischen Bettel-buben aussehen kann!«[169] Dass Hesse, der inzwischen immer flüssiger Italienisch spricht und sich schon als halber Italiener fühlt, sich so herablassend über seine Landsleute auslässt, hat mit seinem veränderten Selbstverständnis zu tun. In bester europäi-scher Tradition befindet er sich jetzt auf einer »sentimental jour-ney«, absolviert seine ganz persönliche Kavalierstour: als ge-nießerischer Kenner der italienischen Kultur und als Autor, der dabei ist, sich einen Namen zu machen. Der Blick auf Venedig ist so stark von ästhetischem Interesse bestimmt, dass die schlecht gekleideten deutschen Touristen einfach nicht ins Bild passen.

Zu den besonderen Vergnügungen zählen die Gondelfahrten durch den Canal Grande, von denen Hesse nicht genug bekom-men kann. Das sanfte, geräuschlose Dahingleiten eröffnet einen Theaterblick auf die Stadt, die in all ihrer Geschäftigkeit am Beobachter vorbeizieht. Er liebt es aber auch, sich von einem Gondoliere auf die Lagune hinausrudern zu lassen, um Venedig aus der Ferne zu betrachten: »Abends gegen 6 Uhr fuhr ich noch schnell nach dem Lido hinaus; die Lagune hatte ganz hellgrüne Rheinfarbe, das Irisspiel darauf bei bleicher Sonne unsäglich fein, mit Opal- und Perlmutterglanz. Von eigentümlicher, unver-geßlicher Schönheit war der Anblick der Stadt: Hinter San Gior-gio sah die Salute heraus, sich langsam nach links schiebend, und die ganze Stadt mit Kuppeln und Türmen lag in schwarzer Sil-houette auf dem Wasser wie eine schöne, schattenhafte Dekora-tion.« Er wisse nun, woher Tintoretto und Paolo Veronese »den rätselhaft süßen Schmelz ihrer Farben« genommen hätten, notiert er im Tagebuch. Die Reiseaufzeichnungen sind eine Art Bilderbuch, Übungen in Präzision und Stil, um die Wirklichkeit immer sicherer zu erfassen.

Am 16. Mai erhält Hesse die Nachricht, dass er erneut zur Mus-terung muss. Nach zweitägiger Zugfahrt trifft er am 19. Mai in Calw ein; dort will er bleiben, bis er in Basel seine neue Stelle anzutreten hat. Von der Musterungsbehörde wird er erneut als untauglich zurückgestellt, aber Freude darüber will nicht recht aufkommen. Die Stimmung im Verlagshaus ist gedrückt, denn die Krankheit seiner Mutter hat sich dramatisch verschlechtert. Marie Hesse wird von einem äußerst schmerzhaften Nierenleiden gequält, eine Folge der länger schon diagnostizierten Knochenerweichung. Die Familie hat der Kranken eine Veranda anbauen lassen, wo sie sich an warmen Tagen in die Sonne legen kann. Dort leistet Hermann ihr häufig Gesellschaft. Noch hat sie die Kraft, lange Gespräche zu führen und Gedichte zu schreiben. Zum 54. Geburtstag von Johannes Hesse am 14. Juni 1901 fasst sie ihre christliche Zuversicht angesichts der fast aussichtslosen Lage in einem Vers zusammen: »Pilger sind wir, heimwärtseilend,/ fühlen oft zu tief die Qual/und die Angst im Erdental./Aber liebend, tröstend, heilend/ist Er bei uns überall.«[170]

Hesse bezieht sein früheres Zimmer und arbeitet in Gedanken schon an seinem Roman *Peter Camenzind*. Seine kranke Mutter und der Betrieb im Verlagshaus nehmen ihn jedoch so sehr in Anspruch, dass er am Manuskript nicht weiterschreiben kann. Ende August reist er mit dem festen Vorsatz nach Basel zurück, das Buch dort in Angriff zu nehmen. Aber die neue Tätigkeit im Antiquariat erweist sich, anders als erhofft, nach den schönen Wochen in Italien als wenig befriedigend. Zwar hat er es nun mit sehr viel kundigeren Käufern zu tun, aber vieles ist doch Routine, und vor allem bekommt Hesse nur noch die Hälfte seiner früheren Bezüge bei Reich. Er muss also hinzuverdienen, was ihn von seiner eigentlichen schriftstellerischen Tätigkeit abhält. Und um das Honorar, das man ihm für seine Reisefeuilletons beim *Basler Anzeiger* zugesichert hat, muss er kämpfen. Man hält ihn wochenlang hin und rückt die achtzig Franken erst nach seinem persönlichen Erscheinen in der Redaktion heraus. In dieser angespannten Situation erhält er einen Brief des bekannten Berliner Schriftstellers Carl Busse. Er fragt, ob Hesse sich vorstellen könne, in der Lyrikreihe »Neue deutsche Dichter« einen Band Gedichte zu veröffentlichen. Hesse sagt sofort zu, denn das Angebot ist eine große Anerkennung für einen Vierundzwanzigjährigen. Fieberhaft arbeitet er an einer Auswahl seiner seit 1899 entstandenen Gedichte und sendet sie am 26. September 1901 nach Berlin. Das »Heft Lyrik«, das er anzubieten habe, schreibt er Busse in nüchterner Selbsteinschätzung, enthalte »vielleicht Schlechtes, aber nichts Gelogenes«[171]. Natürlich weiß Hesse, wie sehr Busse seine Lyrik schätzt, und so kann er sich diese ein wenig mokante Selbstkritik leisten. Wie erwartet lobt Busse die eingesandten Gedichte und sagt zu, das Buch im Herbst in der G. Groteschen Verlagsbuchhandlung herauszubringen.

Hesse widmet den Band, dem er den schlichten Titel *Gedichte* gibt, seiner Mutter. Aber Marie Hesse stirbt vor dem Erscheinen des Buches am 24. April 1902 nach qualvollen Schmerzen. Kurz vor ihrem Tod sagt sie zu ihrem Mann, sie spüre bereits den »Heiland« um sich und »habe es gut in jeder Beziehung«. Auch im größten Leiden kann nichts sie in ihrem Glauben erschüttern. Hermann Hesse drückt seine Gefühle in einem Gedicht aus, das er kurz vor Drucklegung noch in den neuen Lyrikband aufnimmt:

MEINER LIEBEN MUTTER

Ich hatte dir so viel zu sagen,
ich war zu lang im fremden Land,
und doch warst du in all den Tagen
die, die am besten mich verstand.

Nun, da ich meine erste Gabe,
die ich dir lange zugedacht,
in zagen Kinderhänden habe,
hast du die Augen zugemacht.

Doch darf ich fühlen, wie beim Lesen
Mein Weh sich wunderlich vergißt,
weil dein unsäglich gütig Wesen
mit tausend Fäden um mich ist.[172]

Wohl kaum jemand, der diese berührenden Zeilen liest, kann sich vorstellen, dass der Sohn, der hier so innig seiner Mutter gedenkt, zu ihrer Beerdigung nicht erscheinen wird. Zwar hatte Hesse sich bis zuletzt mit seinem Vater brieflich ausgetauscht und war über den Zustand seiner Mutter genau informiert, aber nach Calw zu reisen wollte er sich nicht entschließen. Er wünsche, schrieb er kurz vor ihrem Tod, dass sie bald von ihrer Qual erlöst würde. Ein zweites Mutter-Gedicht enthält den Schlüssel für dieses lieblose Verhalten, das offenbar stark von Schuldgefühlen bestimmt ist. In der dritten Strophe des Gedichts »Im Garten meiner Mutter steht« heißt es: »Mich treibet eine dunkle Schuld/Umher in Schmach und Not./Mein Mütterlein, hab du Geduld/Und denk, ich wäre tot.«[173] Der Schuldgedanke, den Hesse hier formuliert, ist umso merkwürdiger, weil er ja nicht wissen konnte, dass Marie Hesse tatsächlich einmal überlegt hatte, nämlich bei der Flucht ihres Sohnes aus dem Seminar Maulbronn, ob es nicht besser sei, Hermann wäre tot, als dass er der Familie Schande mache. Hesse weiß, dass er von Anfang an ein Fremdling im Vaterhaus war, ein aus dem Ruder Gelaufener, ja letztlich ein Gescheiterter, denn zu keinem Zeitpunkt hatte man seinen Eigen-Sinn, sein trotziges Anderssein anerkannt. So fühlt er sich unschuldig schuldig, denn Marie Hesse war für ihn eben nicht nur besorgte Mutter, sondern auch Widerpart in einem all die Jahre hindurch zäh geführten Kampf um den rechten Weg. Sie hatte den Dichterambitionen ihres Sohnes die eigene christliche Lyrik entgegengesetzt und mit ihrem sozialen Engagement ihren Worten auch Taten folgen lassen. Das hatte etwas Einschüchterndes für einen jungen Mann auf dem Weg zu sich selbst, zumal dieser Weg nicht in die dienende Selbstpreisgabe, sondern zum schöpferischen Individualismus des Künstlers führen sollte. Und nun setzte der tapfere Tod dieser vorbildlichen Frau ein Ausrufezeichen hinter ihr Lebenswerk. Hesse flüchtet sich in die Floskel, er empfinde ihre »Gegenwart und Liebe stärker als je zu ihren Lebzeiten«, und es sei wohl für alle Beteiligten besser, wenn er in Basel bliebe. Er räumt zwar gegenüber seinem Vater seine früheren »Lieblosigkeiten« ein, aber diesem dürfte es kaum entgehen, dass seinen Sohn die Gefahr, als

Heuchler zu erscheinen, mehr beunruhigt als der Gedanke, als pietätlos zu gelten. Der eiserne Wille, den eigenen Weg weiterzugehen, setzt sich über die Sohnesliebe hinweg, die allenfalls im Gedicht anklingt.

Die *Gedichte* finden rasch öffentliche Anerkennung. Der österreichische Schriftsteller Richard Schaukal schreibt in der *Wiener Abendpost* über Hermann Hesse, niemand habe seit Eichendorff »diese, das Gemüt beseligende Macht«. Seine Gedichte seien »dem Schönsten beizuzählen, das wir in deutschen Versen besitzen«[174]. Ein anderer Kritiker betont die Antimodernität von Hesses Poesie, »die Abwesenheit jener Virtuosenkünste … mit denen manche dichtende Zeitgenossen ihren Versen einen flott modernen Aufputz geben zu müssen meinen«[175]. Zwar kann man bei diesem zweiten Gedichtband nicht von einer wirklich gelungenen Komposition sprechen, zu willkürlich wechseln die Sujets, zu uneinheitlich ist der lyrische Ton, aber das Volksliedhafte der gereimten Vierzeiler hat doch etwas Einprägsames, Melodisches, eine verzaubernde Wehmut, die nie im nur Stimmungshaften aufgeht, sondern den Leser zur Nachdenklichkeit anregt. Trotz ihrer Musikalität ist Hesses Poesie kein *L'art pour l'art*, sie will immer auch Lebenshilfe sein – und ist damit auf paradoxe Weise gar nicht so weit entfernt von der Erbauungslyrik seiner Mutter, die er immer so sehr abgelehnt hat. Frühlingsgedichte stehen neben Liebesgedichten für Lulu und Elisabeth, Philosophisches neben schlicht Beschreibendem, »Venezianische Gondelgespräche« folgen auf Calwer Impressionen, Heiteres auf Düsteres. Hesse stimmt ein Loblied auf seine Geige an und erinnert sich einmal mehr an das verlorene »Wunderheimatland«. Eine kleine lyrische Kostbarkeit gelingt ihm mit dem Gedicht »Kennst du das auch?«[176]:

Kennst du das auch, daß manchesmal
Inmitten einer lauten Lust,
Bei einem Fest, in einem frohen Saal,
Du plötzlich schweigen und hinweggehn mußt?

Dann legst du dich aufs Lager ohne Schlaf
Wie einer, den ein plötzlich Herzweh traf;
Lust und Gelächter ist verstiebt wie Rauch,
Du weinst, weinst ohne Halt – Kennst du das auch?

Dass dieser plötzliche, unerklärliche Weltschmerz zu Hesses psychischer Grundausstattung gehört und auch nicht durch weltmännische Kavalierstouren oder naturburschenhafte Bergwanderungen wegzutherapieren ist, zeigt die poetische Momentaufnahme überdeutlich. Die Monate nach dem Tod der Mutter haben ihn wieder in die Depressionen und Hypochondrien der Tübinger Zeit zurückfallen lassen, es plagt ihn so starker Kopfschmerz, dass die Ärzte zu einer Augenoperation raten. Schon bei der Musterung in Lörrach hatte man einen »beidseitigen Bügelmuskelkrampf« und zu enge Tränenkanäle diagnostiziert, die schmerzhafte Entzündungen hervorrufen. Dass Hesse mit seinem Roman nicht weiterkommt, stürzt ihn in zusätzliche Verzweiflung. Denn mit diesem Buch will er aufs Ganze gehen, seine romantische Phase endgültig abschließen, um Anschluss an die zeitgenössische Literatur zu finden. Nach einem langen, erholsamen Aufenthalt in Calw, bei dem er erneut dem Zauber der Schwarzwaldlandschaft erliegt, fühlt er sich »neu belebt«, wie er nach seiner Rückkehr seiner Schwester Adele aus Basel schreibt. Auch zu den Basler Freunden, die er in den zurückliegenden Monaten durch sein Fernbleiben brüskiert hat, nimmt Hesse wieder Kontakt auf. So entschuldigt er sich bei Rudolf Wackernagel am 19. Oktober 1902 für seine lange Abwesenheit und berichtet von seinem neuen Buchprojekt: »Seit fast einem Jahr arbeite ich an einem Roman, der, wenn er im bisherigen Tempo fortschreitet, vielleicht in 10 bis 12 Jahren fertig sein kann.«[177]

Es ist die Nebentätigkeit als Feuilletonist, die ihn davon abhält, am *Peter Camenzind* dranzubleiben. Hesse bespricht Bücher, die im Verlag von Eugen Diederichs erschienen sind, darunter auch der neue Gedichtband seiner Freundin Helene Voigt-Diederichs, verfasst »Stimmungsbilder aus Oberitalien« und unterhält eine aufwendige Korrespondenz mit Lesern und Autoren,

die Kontakt zu ihm suchen, denn Hesse gilt inzwischen als literarischer Geheimtipp. Den 20-jährigen Wiener Studenten Stefan
Zweig schreibt Hesse im Januar 1903 selbst an, um ein Wid-
mungsexemplar von dessen eben erschienenem *Verlaine*-Buch zu
erbitten. Hesse ist ein Bewunderer des französischen Symbolis-
ten und hat in seinen zweiten Lyrikband eine Übersetzung des
Verlaine-Gedichts »Mon rêve familier« aufgenommen. Und er
schätzt Zweigs Gedichtband *Silberne Saiten*, der 1901 herausgekommen ist. Als Gegengabe übersendet er ihm sein neues Buch.
Im Begleitbrief weist er vorsorglich darauf hin, dass er ein
»pauvre«, ein armer Schlucker sei, der sich seine »Freuden eben
da und dort zusammenbetteln«[178] müsse. Der Hinweis geschieht
nicht ohne Hintersinn, denn Hesse hatte kurz zuvor in Basel
einen Vortrag über die wichtigsten Gegenwartslyriker gehalten
und sich dabei auch mit Stefan Zweig beschäftigt. So ist ihm bekannt, dass Zweig als Sohn eines deutsch-jüdischen Textilfabri-
kanten aus sehr vermögenden Verhältnissen stammt. Als Zweig,
der auf die bescheidene Anfrage Hesses überaus freudig reagiert
und ihm sofort die Freundschaft anbietet, ein wenig eitel auf
seine Verbindungen zu einer Reihe von berühmten Schriftstel-
lern hinweist, antwortet Hesse am 5. Februar 1903 kühl, er könne
leider keinerlei Verpflichtungen eingehen und sei zu »literarischen Briefwechseln gar nicht veranlagt«[179]. Anders als Zweig
ziehe es ihn überhaupt nicht an Orte, »wohin man mit Hand-
schuhen und gewählten Worten geht«. Hesse inszeniert sich als
Hinterwäldler und Sonderling, dem die großstädtische Salon-
kultur vollkommen fremd sei und der am liebsten mit einfachen
Leuten wie Bauern, Kindern und Seeleuten verkehre. Vor allem
aber liebe er die Natur und die Bücher, allenfalls noch die bildenden Künstler: »In Werkstätten, wo es nach Farbe riecht, wo Bau-
risse hängen oder Studienmappen liegen, ist mir immer wohl.
Gegen Literaten, Schauspieler und Musiker habe ich eine Abneigung. Die Maler reden immer von der Natur, die andern immer
von ihren Werken oder von beneideten Kollegen.«[180]
  Zweig fühlt sich durch die freundlich-abweisende Reaktion
Hesses keineswegs brüskiert. Er gesteht, sich unter den Wiener

Kaffeehausliteraten bisweilen selbst fehl am Platze zu fühlen, und stellt eine baldige Italienreise in Aussicht, um Hesse für sich einzunehmen. Als gehorsamer Sohn wolle er aber erst einmal seine Promotion zu Ende bringen. Zudem lobt er den *Hermann Lauscher*, in dem er die Keimzelle zu einem großen Roman erkennt. Hesses herzliche Antwort vom 6. März zeigt, dass der Funke trotz der anfänglichen Irritation übergesprungen ist und das Fundament zu einer freundschaftlichen Beziehung schon nach diesem kurzen Austausch gelegt ist. Zweig verspricht, im Sommer nach Basel zu kommen, um Hesse persönlich kennenzulernen.

Viel folgenreicher für den weiteren Werdegang Hesses aber ist die Bewunderung des Schweizer Schriftstellers Paul Ilg für den *Lauscher*. Sofort nach der Lektüre reicht er das Buch mit einer Empfehlung an den renommierten S. Fischer Verlag in Berlin weiter. Samuel Fischer ist beindruckt und lädt den jungen Autor ein, ihm ein neues Manuskript anzubieten. Hesse antwortet dem berühmten Verleger am 2. Februar 1903 ein wenig ausweichend, er habe eine kleinere Prosadichtung in Arbeit, schreibe aber »nur aus persönlichstem Bedürfnis«[181]. In Wirklichkeit arbeitet er seit dem Angebot Fischers wie entfesselt und hat das Buch kurz vor Ostern fast abgeschlossen.

Bevor er das Manuskript nach Berlin schickt, reist Hesse jedoch noch einmal in den Süden. Die Anregung zu dieser zweiten Italienreise kommt von der Basler Malerin Maria Gundrum, die beabsichtigt, sich dauerhaft in Florenz niederzulassen. Sie lädt Basler Freunde ein, darunter auch Hesse, sie nach Italien zu begleiten. Hesse wird von Maria Bernoulli, einer Freundin der Malerin, zum Mitkommen überredet, denn eigentlich will er den *Camenzind* abschließen. Die Fotografin ist neun Jahre älter als Hesse und entstammt einer bekannten Basler Gelehrtenfamilie, zu deren Haus Hesse länger schon Zutritt hat. Kennengelernt hat er sie bei einem der »Jours« in ihrem Fotoatelier für Porträtfotografie, das Maria Bernoulli zusammen mit ihrer Schwester Mathilde in Basel betreibt. Beide gelten sie als die ersten Berufsfotografinnen der Schweiz. Am 2. April fährt Hesse mit seiner weiblichen Begleitung von Basel über Mailand nach Florenz. Von dort berichtet Hesse seiner Familie am 8. April über den bisherigen Verlauf der Reise: »Wir fuhren die ganze Nacht durch nach Mailand. Da wir alle drei kein Geld haben und alles dritter Klasse fahren, kamen wir ziemlich gerädert an, liefen aber doch den ganzen Donnerstag in Mailand herum und besuchten namentlich die Certosa di Pavia, die ich schon vor 2 Jahren sah. Freitag früh 7 bis abends 6 Uhr Bahnfahrt nach Florenz (via Bologna) ohne Aufenthalt. Hier sitzen wir nun, d. h. wir sitzen wenig, laufen vielmehr eifrig herum, auch in der schönen Umgegend. Es war mir ganz merkwürdig, wie heimatlich ich mich hier von der ersten Stunde an wieder fühlte. Ich kenne hier Weg und Steg und hatte das Gefühl, nur von einer kurzen Abwesenheit hierher zurückzukommen. Für die zwei Mädchen fand sich ein altes schönes Prunkzimmer in einem großen Palast des 16. Jahrhunderts, lächerlich billig. Da ich meine Augen nicht angreifen mag, gehe ich fast gar nicht in die Galerien, sondern treibe mich in Gassen, Plätzen, Hallen, Wirtshäusern und Garküchen herum und lasse mir das Volksleben und namentlich die billige und delikate Küche gut bekommen. Leider muß Frl. Bernoulli am Sonntag früh schon wieder reisen …«[182]

Das »leider« im letzten Satz ist bewusst gesetzt, denn zwischen den beiden Reisegefährten hat sich in den sieben Tagen in Florenz eine wachsende Zuneigung entwickelt. Maria Bernoulli ist unternehmungslustig und liebt es zu »abenteuern«, sich mit ihrem Begleiter bei Mondschein durch die alten Gassen treiben zu lassen und sich in »Nachtcafés« zu vergnügen. Hesse zeigt ihr seine Lieblingsplätze, die Boboli-Gärten, San Miniato und Fiesole, und nimmt sie mit auf sein Zimmer, wo sie sich gegenseitig ihre »Liebeserlebnisse« erzählen. »Wir können's miteinander«[183], notiert Hesse schon am 3. April 1903 in sein Tagebuch. Dann muss das »tüchtige liebe Mädchen« zurück nach Basel, und Hesse reist am 14. April allein weiter nach Venedig. Bei kühlem und stürmischem Wetter entfaltet die ihm nun ruinös und abweisend erscheinende Stadt nicht mehr den Charme wie während der ersten Reise, und ein Traum, in dem er seiner verstorbenen Mutter begegnet, reißt die alten Wunden auf. Das Verdrängte kehrt mit Macht zurück, und er bricht nach dem Erwachen in Tränen aus. Ende April ist Hesse wieder zurück in Basel und vollendet seinen Roman *Peter Camenzind*, den er am 9. Mai an den S. Fischer Verlag absendet. Auf dieses Buch setzt er seine ganze Hoffnung, denn im Falle eines Erfolgs kann er endlich den leidigen Buchhändlerberuf aufgeben und als freier Schriftsteller arbeiten.

SECHSTES KAPITEL

Autorenvertrag mit dem S. Fischer Verlag. Verlobung mit Maria Bernoulli. Der Roman Peter Camenzind *wird zum Bestseller. Noch einmal Maulbronn:* Unterm Rad. *Gerbersauer Erzählungen. Nach Gaienhofen an den Bodensee. Der erste Literaturpreis. Ludwig Finckh kommt an den Bodensee. Geburt des Sohnes Bruno. Hausbau. Mit den »Sonnenbrüdern« auf den Monte Verità nach Ascona*

Der Mai 1903 wird für Hermann Hesse zum Schicksalsmonat. Am 18. Mai bedankt sich Samuel Fischer überschwänglich für das »wundervolle Werk«. Die dichterische Erzählweise des *Peter Camenzind* gebe dem Buch »Fülle und Glanz«[184]. Es sei ihm eine Freude, es veröffentlichen zu dürfen. Der Verlag sichert sich zudem ein Vorkaufsrecht auf alle Werke für die nächsten fünf Jahre. Befreit vom Druck, als Autor endlich anerkannt zu werden, öffnet sich Hesse für eine Liebesbeziehung mit Maria Bernoulli. Wie nahe sich die beiden seit der Rückkehr aus Italien schon gekommen sind, macht ein Brief an einen italienischen Freund deutlich: »Seit Jahren war ich nicht mehr verliebt und hatte keine Liaison mehr, pfiff vielmehr auf die Weiber und war der reine Puritaner. Seit kurzem aber halte ich allabendlich einen entzückenden, kleinen, schwarzen, wilden Schatz im Arm, wandle im Mondschein, mache Verschen, pflücke Jasmin und schwelge auf entlegenen Rasenplätzchen vor der Stadt. Auf meinem Schreibtisch liegen unbeantwortete Briefe in Menge, die Tinte ist vertrocknet und auf Stühlen und Büchern liegt friedlicher Staub, denn meine ganze Freizeit gehört dem kleinen Mädchen, das mir nur bis an den Bart reicht und so gewaltsam küssen kann, daß ich fast ersticke.«[185] Allerdings, fügt Hesse hinzu, habe er keineswegs die Absicht zu heiraten. Dazu habe er nämlich kein Talent. Als ihm der Freund vorhält, man dürfe mit der Liebe nicht spielen, klärt Hesse ihn auf, dass es sich keineswegs um ein »liebes dummes Gretchen« handle, sondern um eine reife Frau, die ihm »an Bildung, Lebenserfahrung und Intelligenz mindestens ebenbürtig«[186] sei. Auch gegenüber seinem Vater wehrt Hesse jeden Gedanken an eine Heirat ab. Er habe ja gar nicht genug Geld und vor der Ehe »ein unbestimmtes Grauen«[187].

Diese jeden Einwand vorwegnehmende Rigorosität verschleiert, dass Hesse eine feste Bindung längst schon ins Auge gefasst hat. Trotz der Skepsis seines Schwiegervaters, der den kleinen Buchhändler mit den Dichterallüren nicht gerade für eine günstige Partie hält, verlobt er sich schon an Pfingsten heimlich mit »Mia«. Maria Bernoulli hat mit ihrer kleinen, gedrungenen Gestalt, den warmen braunen Augen und dem dunklen Haar viel Ähnlichkeit mit seiner Mutter. Sie ist keine schöne, aber eine durchaus aparte Frau. Und nicht ganz zufällig tragen beide Frauen denselben Namen. Vor allem das Erotische übt eine starke Anziehung auf Hesse aus. Jetzt endlich träumt er nicht mehr nur von der Liebe, die »rot und feuerfarben« ist, »gellend und bacchantisch« – er genießt die Reize der erfahreneren Frau, erlebt erstmals Sexualität wie einen Rausch. Neben dieser starken Sinnlichkeit ist da aber auch eine Aura von Leid und Schwermut, ein irritierender Zug ins Kränkliche, ja Lebensuntüchtige. Mia hat als Fotografin und Musikerin zwar viel Sinn für das Künstlerische, ist aber zugleich introvertiert, bisweilen verschlossen mit Neigung zur Depression. Diese Schwermut ist Hesse vertraut – aber was er an sich selbst zu ertragen gelernt hat, wird bei der Gefährtin rasch zum Problem.

Während seine Verlobte nach einer Wohnung sucht und in Gedanken schon die Hochzeit plant, ist Hesse in freudig-angespannter Erwartung seiner bislang wichtigsten Veröffentlichung. Er hat inzwischen die Stelle in Basel gekündigt und zieht im September nach Calw. Die Familie ist auf seine neue Beziehung vorsichtig vorbereitet worden, sodass ein erster Besuch von Mia in Calw einen angenehmen Eindruck hinterlässt. Dann ist es so weit: Von September bis November 1903 wird *Peter Camenzind* in der Literaturzeitschrift *Neue Deutsche Rundschau* vorabgedruckt. Dafür gibt es 480 Mark und einen Vorschuss auf das Buch von weiteren 300. Das Echo ist so überwältigend, dass der S. Fischer Verlag den Roman schon im Februar 1904 herausbringt. Bereits nach vierzehn Tagen ist die erste Auflage vergriffen, Ende März liegt schon die dritte vor. Stefan Zweig ist hingerissen von der Lektüre und mahnt den Freund, nicht zu bescheiden von seinen Erfolgen zu denken, er halte ihn für einen »der Ersten in Deutschland«, für bedeutender als alle Dichter, »die heute mit klappernden Glockenschwengeln ins Land geläutet werden«[188].

Was ist der Grund für diesen erstaunlichen Erfolg? Die Kritik ist beeindruckt von der Souveränität, mit der es Hesse gelingt, in einem eher unscheinbaren Einzelschicksal ein ganzes Epochengefühl lebendig werden zu lassen. Denn wie Tausende vor ihm ist auch der Bauernsohn Peter Camenzind aus seinem Schweizerdorf hinab in die von Mobilität und Fortschrittsgeist erfüllte Stadt gezogen, um sein Glück zu machen. Und wie der von der Hektik und dem Leistungsdruck überforderte Massenmensch möchte er nach den Exzessen des modernen Lebens wieder dorthin zurückkehren, wo ursprüngliches Leben noch möglich ist: in die unverdorbene Natur. Im *Camenzind* erkennen die Leser ihre eigene Sehnsucht nach einem sinnerfüllten Leben jenseits von Technik und Wissenschaft, von Produktion und Konsum. Gerade der deutsche Leser hatte ja den furiosen Aufstieg des Kaiserreichs zu einer der großen Wirtschaftsmächte nicht nur als Chance, sondern auch als Bedrohung erlebt, als soziale Entwurzelung, Konkurrenzkampf und Identitätsverlust. Fabrikanlagen und Arbeitersiedlungen verändern das Gesicht der Städte, die gemütlichen Pferdedroschken werden von elektrischen Straßenbahnen und Automobilen verdrängt. Gegen diese allgegenwärtige Dynamisierung des Lebens formt sich breiter Widerstand: Karl Fischers »Wandervögel« ziehen »aus grauer Städte Mauern« und schwärmen vom naturnahen Leben, von Gitarrenspiel und Lagerfeuer, Rudolf Steiner und Maria Montessori setzen auf eine ganzheitliche Reformpädagogik. Und mit Naturheilkunde, Vegetarismus, ökologischer Landwirtschaft, Freikörperkultur und

Turnbewegung setzen sich überall alternative Lebensformen durch. Auch die Universitäten erleben einen machtvollen Schub an Vitalismus: Gegen den seelenlosen Materialismus formiert sich die sogenannte »Lebensphilosophie«. Der vitale Mensch braucht keine »Hinterwelten« mehr, wie Nietzsche lehrt, sondern das authentische Erlebnis, die Versöhnung von Geist und Natur in der unmittelbaren Erfahrung. Gegen die Abstraktionen des Verstandes setzen die Lebensphilosophen die Intuition, durch die sich der moderne, entfremdete Mensch wieder als Teil des Seins, des Naturganzen fühlen darf.

Diese mystische Ganzheitserfahrung ist die eigentliche Botschaft des Buches, auch wenn Hesse sich keineswegs als erzählender Vermittler einer aktuellen philosophischen Strömung versteht. Der Möchtegern-Dichter Peter Camenzind verkörpert Hesses eigene, durch unzählige Wanderungen und Bergtouren erworbene Naturerfahrung: »Ich hatte, wie man weiß, den Wunsch, in einer größeren Dichtung den heutigen Menschen das großzügige, stumme Leben der Natur nahe zu bringen und lieb zu machen. Ich wollte sie lehren, auf den Herzschlag der Erde zu hören, am Leben des Ganzen teilzunehmen und im Drang ihrer kleinen Geschicke nicht zu vergessen, daß wir nicht Götter und von uns selbst geschaffen, sondern Kinder und Teile der Erde und des kosmischen Ganzen sind ... Ich wollte aber auch die Menschen lehren, in der brüderlichen Liebe zur Natur Quellen der Freude und Ströme des Lebens zu finden; ich wollte die Kunst des Schauens, des Wanderns und Genießens, die Lust am Gegenwärtigen predigen. Gebirge, Meere und grüne Inseln wollte ich in einer verlockend mächtigen Sprache zu euch reden lassen und wollte euch zwingen, zu sehen, was für ein maßlos vielfältiges, treibendes Leben außerhalb eurer Häuser und Städte täglich blüht und überquillt. Ich wollte erreichen, daß ihr euch schämet, von ausländischen Kriegen, von Mode, Klatsch, Literatur und Künsten mehr zu wissen als vom Frühling, der vor euren Städten sein unbändiges Treiben entfaltet, und als vom Strom, der unter euren Brücken hinfließt, und von den Wäldern und herrlichen Wiesen, durch welche eure Eisenbahn rennt. Ich wollte euch erzählen, welche goldene Kette unvergeßlicher Genüsse ich Einsamer und Schwerlebiger in dieser Welt gefunden hatte, und wollte, daß ihr, die ihr vielleicht glücklicher und froher seid als ich, mit noch größeren Freuden diese Welt entdeckt.«[189]

Wie ambitioniert das erste größere epische Werk Hesses ist, zeigt sich schon in den Eingangssätzen, die so wuchtig und bedeutungsgeladen daherkommen wie die biblische Sprache Nietzsches im *Zarathustra*. In Anspielung auf das Johannes-Evangelium formuliert Hesse seine mystische Auffassung von Wirklichkeit und Dichtung, die sich vom romantischen Solipsismus seiner dichterischen Anfänge weitgehend gelöst hat: »Im Anfang war der Mythus. Wie der große Gott in den Seelen der Inder, Griechen und Germanen dichtete und nach Ausdruck rang, so dichtet er in jedes Kindes Seele täglich wieder.«[190] Nicht der Logos, also der Gedanke, sondern der Mythos, die bildhaft-anschauliche Erfahrung steht am Anfang aller Dinge. Dichten heißt, die Sprache der Natur, ihre Bilder im Spiegel der eigenen Seele wiederzufinden, so wie Gott die Welt als Abglanz seiner eigenen Mächtigkeit schuf. Dichtung ist für Hesse nicht selbstherrliche Autorschaft, sondern erinnerndes Nachschöpfen. Der kleine Peter im Alpendorf Nimikon sieht seine Welt, wie sie die Genesis beschreibt, als gewaltig-gewalttätige Schöpfungsgeschichte, in der die Berge sich zu Gebirgen auffalten, Flüsse entspringen, Seen sich bilden und das nackte Gestein sich begrünt. Im Gemüt des Kindes spricht die Natur noch immer die Sprache des Anfangs, und die Dinge und Menschen stehen in einem geheimnisvollen, als wunderbar erlebten Zusammenhang. Zu diesem Mysterium gehören auch Leiden und Schmerz, ein unerbittlicher Behauptungskampf, der die Dorfgemeinschaft prägt und die Menschen wortkarg und schwermütig macht.

Peter Camenzind möchte »dem stummen Verlangen des Göttlichen in uns eine Sprache … schenken«[191], denn es ergreift ihn »oft ein ängstlich süßes, starkes Gefühl, als sähe all diese nächtige Schönheit mich mit einem gerechten Vorwurf an. Als sehnten sich Sterne, Berge und See nach Einem, der ihre Schönheit und das Leiden ihres stummen Daseins verstünde und ausspräche, und als wäre ich dieser Eine und als wäre dies mein wahrer Beruf, der stummen Natur in Dichtungen Ausdruck zu gewähren.«[192] Es ist ein kluger Kunstgriff des Erzählers, dieses religiös gefärbte dichterische Selbstverständnis vor dem Hintergrund eines Irrwegs zu entfalten, als Gegenbild zu dem von Eitelkeit und Sarkasmus bestimmten »verächtlichen Leben eines kleinen Berufsliteraten«. Denn wie Hesse einst in Basel, so verkehrt auch der »grüne Peter« in intellektuellen Zirkeln, verschafft sich in den Metropolen Paris und Zürich einen »Einblick in die geistige Internationale«[193]. Trotz der Beachtung, die er mit einigen seiner Novellen findet, nimmt die feuilletonistische Brotarbeit einen immer größeren Raum ein, sodass seine dichterischen Versuche in der Schublade liegen bleiben.

Als Künstlerroman weist *Peter Camenzind* zahlreiche Parallelen zum *Grünen Heinrich* des Schweizer Erzählers Gottfried Keller auf. Wie Kellers Maler Heinrich Lee scheitert auch Peter Camenzind daran, die Wirklichkeit mit seiner inneren Anschauung, Leben und Kunst zu versöhnen. Das zeigt sich auch bei seinen unglücklichen Liebesbeziehungen, die Hesse ziemlich getreu seinen eigenen Erfahrungen nachgebildet hat. In Rösi Girtanner, der hübschen Tochter eines Nimikoner Advokaten, kehrt die erste schwärmerische Jugendliebe zu Eugenie Kolb wieder, und weder bei der Malerin Erminia Aglietti noch bei der klavierspielenden Elisabeth, die der Basler Freundin Elisabeth La Roche entspricht, kommt Peter Camenzind zum Zug. Die ihm leidenschaftlich zugetane Gemüsehändlerin Annunziata Nardini aus Assisi erklärt ihm ihre Liebe erst, als er längst abgereist ist. Auch die zart homoerotisch gezeichnete Freundschaft zu dem Zürcher Musiker Richard, eine Reminiszenz an die Maulbronner Seelenfreundschaft mit Wilhelm Lang, endet tragisch: Richard ertrinkt nach einer gemeinsamen Italienreise in einem Fluss. Nach dem Tod seines einzigen Freundes gerät Peter Camenzind in eine Sinnkrise und verfällt dem Alkohol, »dem starken, süßen Gott«.

Trotz der problematischen menschlichen Beziehungen ist der in die Stadt verirrte Älpler aber kein Hermann Lauscher, der an seinem lebensfremden Ästhetizismus zugrunde geht, sondern eine echte Nietzsche-Figur: Was ihn nicht umbringt, macht ihn noch stärker. Eine Reise nach Assisi, in die Welt des heiligen Franziskus, leitet die entscheidende Lebenswende ein, auch wenn es vorher noch einiger Umwege bedarf, um ihn zu lehren, dass man »auch den Menschen Brüderlichkeit zeigen«[194] muss: Die Liebe zur Natur verbindet sich mit der Liebe zu den Menschen. Peters neuer Freund wird Boppi, ein Krüppel, der ihn die Weisheit der Duldsamkeit lehrt. Peter pflegt Boppi und kehrt nach dessen Tod nach Nimikon zurück, um sich nun um seinen kranken Vater zu kümmern. Mit dieser Rückkehr in die Heimat, die Hesses Heimkehr nach Calw vorwegnimmt, ist der Kreis geschlossen, die Versöhnung mit der Welt der Eltern vollzogen. *Peter Camenzind* ist so nicht nur ein hochaktueller Zeitroman, sondern in den persönlichen Passagen auch ein Buch der Selbsttherapie, Peters humaner Franziskanismus eine Verneigung vor Marie Hesses Lebensleistung. In der bewegenden Schilderung des Sterbens von Peter Camenzinds Mutter gelingt es Hesse, sich den Verlust der eigenen Mutter von der Seele zu schreiben – als ein Sohn, der offenbar nur in den Büchern lieben und verzeihen kann.

In seinem Elternhaus in Calw fühlt Hesse sich wohl. »Mein sehr behagliches Stübchen«, schreibt er am 11. Oktober 1903 an Stefan Zweig, »ist jetzt eingerichtet, sieht sehr fleißig und gelehrt aus mit Schreibtisch und vielen Büchern und riecht schon stark nach Tabak. An der Wand hängt meine Angelrute, das Bild meiner Mutter und das von meinem in Basel gebliebenen Schatz, ein paar Pfeifen und eine Karte von Italien, vor der ich manchmal versunken stehe ... Ich fand hier, was ich suche – völlige Stille und Einsamkeit ... Ich hoffe, diesen Winter tüchtig zu arbeiten, mindestens einen Roman oder so was. Jetzt bin ich noch hauptsächlich mit Wintervorbereitungen beschäftigt, das heißt, ich schleppe jeden Tag zwei kleine Säcke voll Tannenzapfen heim, mit denen ich später einheizen werde. Eine große Kiste hab' ich schon, aber ich brauche viel mehr. Dabei sehe ich und erlebe ich im Walde viel Schönes, vorgestern z.B. belauschte ich ein großes

Volk Feldhühner, heute einen Hasen usw. Es ist reichlich so interessant und viel lustiger als das Stadtleben … Nur bin ich leider von meinem Schatz getrennt und brauche viel Porto. Ich hoffte diesen Winter zu heiraten, aber der Vater sagte sehr ruppig nein, und Geld war keines da, darum muß ich jetzt arbeiten, denn sobald ich das Nötige im Sack habe, wird natürlich der alte Dickkopf nimmer gefragt.«[195]

Um rasch zu Geld zu kommen, beginnt Hesse im Oktober 1903 mit dem Roman *Unterm Rad*. Das Thema ist so heikel, dass er mit kaum jemandem darüber spricht. Gegenüber seinem Halbbruder Karl Isenberg deutet er an, dass es bei diesem Buch nicht allein um eine Verarbeitung seiner persönlichen Erlebnisse im Klosterseminar gehe, sondern um die Darstellung der schulischen Situation in Deutschland überhaupt: »Die Schule ist die einzige moderne Kulturfrage, die ich ernst nehme und die mich gelegentlich aufregt. An mir hat die Schule viel kaputt gemacht, und ich kenne wenig bedeutendere Persönlichkeiten, denen es nicht ähnlich ging. Gelernt habe ich dort nur Latein und Lügen, denn ungelogen kam man in Calw und im Gymnasium nicht durch – wie unser Hans beweist, den sie ja in Calw, weil er ehrlich war, fast umbrachten. Der ist ja auch, seit sie ihm in der Schule das Rückgrat gebrochen haben, immer unterm Rad geblieben.«[196]

Angeregt wurde Hesse zu dem Buch-Projekt von dem Schülerroman *Freund Hein* des schwäbischen Autors Emil Strauß, der 1902 bei S. Fischer erschienen war und eine ganze Welle von vergleichbaren Büchern nach sich zog. Das Schicksal des durch Überforderung in den Tod getriebenen Schülers Heinrich Lindner erinnerte Hesse an die Schulmisere seines Bruders Hans. So ist es kein Zufall, dass Hesses Protagonist Hans Giebenrath dessen Vornamen trägt. Obwohl Giebenraths Werdegang Hesses eigenen Bildungsweg spiegelt – die Schinderei für das gefürchtete Landexamen in Göppingen, die erfolgreiche Aufnahme ins Seminar Maulbronn wie der spätere Verweis von der schwäbischen Eliteschule –, hat Hesse doch entscheidende Umakzentuierungen vollzogen. Schon die Herkunft Giebenraths ist eine gänzlich andere: Das schüchterne, sensible Kind ist Halbwaise und hat einen regelrechten Spießer als Vater, einen Kaufmann, der mit den Erfolgen seines Sohnes renommiert, ohne dessen Leiden durch den aufgenötigten Leistungszwang zur Kenntnis zu nehmen. Zwar wird Hans Giebenrath wie Hesse auf die Stube »Hellas« verlegt, aber nicht er, sondern der genialische Hermann Heilner (der »heilende« Hermann!) ist der Dichter und Schöngeist, der Hesse einst in Maulbronn war. Eins und doppelt – Hesse spaltet sich in diese beiden so gegensätzlichen Charaktere auf, um den Konflikt, den er damals in sich selbst austragen musste, den Zwang, es seinen frommen Eltern recht zu machen und zugleich seiner Dichterberufung zu folgen, auf eine spannend inszenierte Handlungsebene zu heben.

Heilners Einfluss auf den fleißigen Giebenrath hat Folgen: Er lässt rapid in seinen Leistungen nach und verfällt in eine träumerische Apathie, die von den Lehrern als Aufsässigkeit verstanden wird. Die seltsame Freundschaft zwischen dem Leichtsinnigen und dem Gewissenhaften, dem Provokateur und dem Musterschüler wird zum Gespött der Mitschüler und zum Ärgernis für den Ephorus. »Ein Schulmeister hat lieber einige Esel als ein Genie in seiner Klasse, und genau betrachtet hat er ja recht, denn seine Aufgabe ist es nicht, extravagante Geister heranzubilden, sondern gute Lateiner, Rechner und Biedermänner.«[197] Der Schulleiter drängt seinen früheren Primus, sich von seinem ungleichen Freund loszusagen. Giebenrath widersteht dem Verrat und treibt so von Tag zu Tag tiefer in seine träumerisch-widerständige Isolation hinein. Nach einem Streit mit dem Ephorus verschwindet Hermann Heilner und kehrt nie wieder in die Schule zurück. Wenig später verlässt auch ein seelisch zerrütteter Hans Giebenrath das Seminar, um einen »Erholungsurlaub« anzutreten. Jeder weiß, dass auch dieser Schüler nie mehr nach Maulbronn zurückkommen wird.

In der Figur des Freigeists Heilner, der sich über alle Regeln der Klosterordnung hinwegsetzt, um seiner Berufung als Künstler zu folgen, hat Hesse sein jugendliches Wunschbild gestaltet.

Hans Giebenrath, der nach dem Maulbronner Desaster von seinem enttäuschten Vater in eine Mechanikerlehre gesteckt wird, ist demgegenüber die Verkörperung der Verzagtheit, dem nichts gelingt – offenbar das Selbstbild Hesses aus der Zeit nach Maulbronn. Die erste Liebe scheitert, und nach einem nächtlichen Saufgelage stürzt Hans auf dem Heimweg ins Wasser und ertrinkt. Der tragische Schluss ist nicht nur eine äußerst wirkungsvolle Pointe, um das Martyrium des Schülers in ein besonders düsteres Licht zu rücken, er enthält auch eine symbolische Deutung, die Hesse in späteren Werken immer wieder variieren wird: Der Tod durch Ertrinken bringt Erlösung, denn das Wasser ist ein Sinnbild der ewigen Wandlung, jedes Ende immer auch ein Anfang. Das gilt auch für den Autor selbst: Hesse setzt mit *Unterm Rad* einen Schlusspunkt unter eine – scheinbar – überwundene Entwicklungsstufe. Hans Giebenrath scheitert stellvertretend für Hesse wie einst Werther für Goethe.

Maulbronn wird zu Unrecht, aber äußerst wirkungsvoll zum Sinnbild für die sogenannte »schwarze Pädagogik« der Repression und des Leistungsdrills. Damit hat Hesse nach dem »grünen« *Camenzind* zum zweiten Mal den Nerv der Zeit getroffen. Der Erzähler lässt keinen Zweifel aufkommen, wer das doppelte Scheitern zu verantworten hat: »Alle diese ihrer Pflicht beflissenen Lehrer der Jugend, vom Ephorus bis auf den Papa Giebenrath, Professoren und Repetenten, sahen in Hans ein Hindernis ihrer Wünsche, etwas Verstocktes und Träges, das man zwingen und mit Gewalt auf gute Wege zurückbringen müsse. Keiner, außer vielleicht jenem mitleidigen Repetenten, sah hinter dem hilflosen Lächeln des schmalen Knabengesichts eine untergehende Seele leiden und im Ertrinken angstvoll und verzweifelnd um sich blicken. Und keiner dachte etwa daran, daß die Schule und der barbarische Ehrgeiz eines Vaters und einiger Lehrer dieses gebrechliche Wesen soweit gebracht hatten. Warum hatte er in den empfindlichsten und gefährlichsten Knabenjahren täglich bis in die Nacht hinein arbeiten müssen? Warum hatte man ihm seine Kaninchen weggenommen, ihn den Kameraden an der Lateinschule mit Absicht entfremdet, ihm Angeln und Bummeln

verboten und ihm das hohle, gemeine Ideal eines schäbigen, aufreibenden Ehrgeizes eingeimpft? Warum hatte man ihm selbst
nach dem Examen die wohlverdienten Ferien nicht gegönnt?
Nun lag das überhetzte Rößlein am Weg und war nicht mehr zu
brauchen.«[198]

Unterm Rad ist aber keineswegs nur eine todtraurige Schülergeschichte. Die Anfangs- und Schlusskapitel sind vielmehr ein
Hymnus auf Hesses schwäbische Heimat, die er beim Schreiben
des Buches in neuer und lustvoller Intensität erlebt. In der Beschreibung der Sommerferien, der letzten Frist vor dem Wechsel
Hans Giebenraths nach Maulbronn, verdichtet sich noch einmal
der ganze Zauber dieser schönen Wald- und Wiesenlandschaft zu
leuchtenden Bildern einer entschwindenden Kindheit: »Die großen Kirchberglinden glänzten matt im heißen Sonnenlicht des
Spätnachmittags, auf dem Marktplatz plätscherten und blinkten
die beiden großen Brunnen, über die unregelmäßige Linie der
Dächerflucht schauten die nahen, blauschwarzen Tannenberge
herein. Dem Buben war so, als hätte er das alles schon eine lange
Zeit nicht mehr gesehen, und es kam ihm alles ungewöhnlich
schön und verlockend vor.«[199]
Hesse erliegt den Verlockungen der Erinnerung so sehr, dass er
nach dem Abschluss des Romans sofort mit dem Schreiben seiner *Gerbersauer Erzählungen* beginnt. Gerbersau ist eine schwäbische Kleinstadt, Calw zum Verwechseln ähnlich, zumal schon
der Name auf die an der Nagold angesiedelten Gerbereibetriebe
anspielt. Wurde der *Camenzind* mit Gottfried Kellers Künstlerroman *Der grüne Heinrich* in Verbindung gebracht, so kann sich
der Leser bei Hesses *Gerbersau* an Kellers *Seldwyla* erinnert fühlen. Vor allem die im März 1903 vollendete Erzählung »In der
alten Sonne«, die das Leben in einem Armenhaus schildert, bietet mit dem bankrotten, arbeitsscheuen Unternehmer Hürlin
und seinem listig-verschlagenen Gegenspieler Heller zwei Typen
auf, die an die beiden Käuze Manz und Marti aus Kellers *Romeo
und Julia auf dem Dorfe* erinnern. Die tragische Liebesgeschichte
Kellers lässt Hesse noch einmal in der Novelle »Die Marmor-

129

säge« aufleben, in der ein Mädchen in den Tod geht, weil sie bereits einem Mann versprochen ist, sich aber in den Ich-Erzähler, einen Künstler, verliebt hat.

Wie sein Schweizer Vorbild liebt Hesse die Randfiguren, die Sonderlinge, Vagabunden, Tunichtgute, Aufschneider, unglücklich Verliebten und Ausrangierten. In der Erzählung »Karl Eugen Eiselein« ist es der Sohn des Gerbersauer Kolonialwarenhändlers Schorsch Eiselein, der über die Enge seiner Herkunft hinausdrängt und als Student auf Kosten seiner Eltern ein dandyhaftes Leben führt, in der Absicht, ein Dichter zu werden. Nachdem das Studiengeld durch allerlei Extravaganzen aufgebraucht ist, kehrt Eiselein reumütig nach Hause zurück und erhält von seiner resoluten Mutter eine letzte Frist, um sein großes Werk *Das Tal der bleichen Seelen* zu vollenden, das er im Stil Gabriele D'Annunzios furios begonnen, aber nie fortgeführt hatte. Schließlich erkennt er, dass er zum Dichter nicht bestimmt ist, und tritt in das Geschäft des Vaters ein: »Während dieser Jahre fiel das Geniewesen in aller Stille vollends von ihm ab wie eine Schlangenhaut, und es zeigte sich, daß unter der Hülle recht viel väterliche und mütterliche Erbstücke verloren geschlummert hatten.«[200] Mit dieser Wendung ins Komische und Selbstironische – es ist ja unverkennbar das eigene Lotterleben in Göppingen, das hier beschrieben ist – setzt Hesse einen deutlichen Kontrapunkt zum anklägerischen Ernst seines Maulbronn-Romans.

Nachdem ihn der *Peter Camenzind* gleichsam über Nacht in der deutschsprachigen Literaturszene bekannt gemacht hat, ergeben sich für Hesse vielfältige Möglichkeiten, mit prominenten Persönlichkeiten zusammenzukommen. Der bewunderten Ricarda Huch übersendet er am 19. März 1904 den *Camenzind* und bittet sie um eine Begegnung. Über die Ostertage reist Hesse nach München, wo ihm Samuel Fischer Thomas Mann vorstellt. Dort wird er auch von Ricarda Huch empfangen. In Konstanz lernt er den Komponisten Othmar Schoeck und den Leiter des Berner Symphonieorchesters, Fritz Brun, kennen. Neue Veröffentlichungen eröffnen ihm neue Leserkreise: Von April bis Mai wird *Unterm Rad* in der *Neuen Zürcher Zeitung* vorabgedruckt. Nachdem die ersten Fortsetzungen des Schülerromans erschienen sind, bewirbt sich der *Schwäbische Merkur*, ein konservatives Blatt, um die Abdruckrechte, nimmt aber rasch wieder Abstand von seinem Vorhaben, als die Redaktion bemerkt, wie hart Hesse in seinem Buch mit dem deutschen Schulwesen ins Gericht geht. Samuel Fischer rät Hesse, den Text für die Buchausgabe noch einmal zu überarbeiten und einige besonders drastische Stellen abzumildern. Im Frühjahr erscheinen zwei kleine Biografien über Boccaccio und Hesses Lieblingsheiligen Franziskus von Assisi. Nebenbei nimmt Hesse Auftragsarbeiten verschiedener Zeitungen und Zeitschriften an, um sich weitere Honorarquellen zu erschließen. Er schreibt für die *Münchner Zeitung* und die *Frankfurter Zeitung*, für das Leipziger *Literarische Echo* und für die Wiener Blätter *Die Zeit* und die *Neue Freie Presse* sowie Wilhelm Schäfers Zeitschrift *Die Rheinlande*. Hesse stellt Neuerscheinungen vor, berichtet »Über neuere Erzählungsliteratur«[201] und verfasst Porträts über Boccaccio, Mörike und Wackenroder. Rezensionen sind für Hesse in erster Linie Buchempfehlungen, keine analytischen Kritiken oder gar Verrisse. Er referiert ausführlich den Inhalt, beschreibt die Eigenart des Stils und hebt die gelungene Typografie und Buchgestaltung hervor.

Während Hesse in Calw seine sich dem Ende zuneigende Junggesellenzeit für das Schreiben nutzt, ist seine Verlobte Marie Bernoulli unablässig auf der Suche nach einem gemeinsamen Domizil. Nachdem sich in der Umgebung von Basel nichts Erschwingliches hat finden lassen, wird die Suche auf die Bodenseeregion ausgeweitet. Einen ersten Hinweis auf den Untersee, die Gegend um Radolfzell im deutschen Teil des Bodensees, hatten die beiden schon 1903 von Emil Strauß erhalten, der in Emmishofen bei Konstanz lebt. Im Juli wird Marie Bernoulli in dem kleinen Dorf Gaienhofen auf der Halbinsel Höri fündig. Dort mietet sie für monatlich 150 Mark ein altes Bauernhäuschen.

Am 2. August 1904 heiratet Hesse seine »Mia« in Basel »im Galopp«[202], wie er Stefan Zweig schreibt, an einem Tag, an dem sich der »Alte«, sein Schwiegervater, gerade nicht in der Stadt befindet. Seine Einwilligung zur Hochzeit, das weiß Hesse, würde er nie bekommen, denn aus Basel hatte Mia ihm geschrieben, ihr Vater habe »den Camenzind zuende gelesen und da sagte er mir neulich, er habe dadurch solch schlechten Eindruck von Dir bekommen, dass er seine Einwilligung zu unserer Verbindung nicht geben würde«[203]. Dann fährt das frisch getraute Paar ab nach Gaienhofen, um das Häuschen zu beziehen. Kurz vorher hatte Hesse seiner Freundin Helene Voigt-Diederichs noch gestanden, wie sehr ihn die Ehe ängstigt: »Denn im Grunde kommt es mir oft vor, ich sei eigentlich noch ein Knabe, so wie ich mit zwölf Jahren war, und wundere mich häufig, daß die Leute mich ernst nehmen und daß weltkluge und feine Leute wie mit ihresgleichen mit mir umgehen, daß ich nächstens eine Frau und einen Haushalt haben und wie alle ernsthaften Männer und Bürger leben und dastehen soll.«[204] Aber auch Mia fürchtet, dem Leben an der Seite dieses klugen Mannes nicht gewachsen zu sein. »Ich komme mir in allem so stümperhaft vor neben Deinem schönen großen klaren Denken«, schrieb sie ihm gleich zu Anfang ihrer Beziehung, doch sie setze ganz auf ihre Liebe, denn diese sei »ganz und voll und ungestüm«[205].

Aber erst einmal nimmt die energische Mia die Regie dieser jungen Ehe in die Hand. Das einsame Domizil ist genau nach ihrem Geschmack, denn sie ist eine Anhängerin der Lebensreformbewegung und sucht das bedürfnislose, asketische Leben. »Gaienhofen ist ein ganz kleines schönes Dörflein«, schreibt Hesse am 11. September an Stefan Zweig, »hat keine Eisenbahn, keine Kaufläden, keine Industrie, nicht einmal einen eigenen Pfarrer, so daß ich heut früh zur Beerdigung eines Nachbar bei scheußlichstem Regen eine halbe Stunde über Feld waten mußte. Es hat auch keine Wasserleitung, so daß ich alles Wasser am Brunnen hole, keine Handwerker, so daß ich die nötigen Reparaturen im Haus selber machen muß, und keinen Metzger, also hole ich Fleisch, Wurst etc. jeweils im Boot über den See aus dem nächsten thurgauischen Städtchen. Dafür gibt es Stille, Luft und Wasser gut, schönes Vieh, famoses Obst, brave Leute. Gesellschaft habe ich außer meiner Frau und unserer Katze nicht ... es lebe Peter Camenzind! Ohne den hätte ich nicht heiraten und nicht hierherziehen können. Er hat mir 2500.– Mark eingebracht, davon kann ich zwei Jahre leben, wenigstens, wenn ich hierbleibe.«[206]

Zwar gibt es kein Badezimmer, aber die Lage fünf Minuten vom Wasser entfernt ist herrlich. Dem Haus gegenüber befindet sich der Dorfplatz mit der Mauritiuskapelle und einem Brunnen. Dort tränken die Bauern ihr Vieh, sonntags läuten die Glocken. Von seinem Arbeitszimmer im oberen Stock kann Hesse über den See bis zu den Schweizer Alpen schauen. Mia bewohnt ein eigenes Zimmer im Erdgeschoss; dort steht auch ihr Klavier, auf dem sie ihrem Mann Chopin vorspielt. Nebenan befindet sich die Stube mit dem grünen Kachelofen, in dessen »Bratloch« der Kater Gattamelata schnurrt. Hesse legt ein Gärtchen mit Blumen, Johannisbeersträuchern und Kürbissen an, und am See liegt das Ruderboot, mit dem er regelmäßig zum Einkaufen auf die Schweizer Seite übersetzt.

Auf dieses Idyll fällt ein Schatten, als Mia, durch die Renovierungsarbeiten am Ischias geschädigt, nach Basel zurückkehren muss. Hesse wiederum bekommt zu spüren, was es bedeutet, sich ein regelmäßiges Einkommen zu erarbeiten und alle Anfragen von Zeitungen und Verlagen zu befriedigen. Das Schreiben von Rezensionen beansprucht wegen der Lektüre viel Zeit und belastet seine schwachen Augen. Er sei »sehr mit Arbeit überhäuft«, klagt er gegenüber seinem Bruder Karl, und müsse »manches Verlockende deshalb ablehnen«[207]. In diese erste Irritation platzt eine freudige Nachricht: Im November erhält Hesse für den *Peter Camenzind* den mit tausend Kronen dotierten Wiener Bauernfeldpreis, und *Meyers Konversationslexikon* nimmt seinen Namen auf. Über den plötzlichen Ruhm zeigt sich Hesse öffentlich nicht gerade glücklich. Der Erfolg des Romans – Ende 1904 erreicht er die fünfte Auflage, die Einnahmen steigen auf 9007 Mark – sei ihm nicht geheuer, schreibt er an den Lyriker Hans Bethge: »Die übertriebenen Erfolge des Peter haben mich – vom Geld natürlich abgesehen – nicht eben gefreut, ich werde ja förmlich Mode, und das wollte ich nie.«[208]

Angesichts der Erwartungen, die sich nun von allen Seiten auf ihn richten, macht Hesse sich Sorgen, seine früheren Bücher könnten seinem Ruf schaden. Er schlägt dem Verleger Eugen Diederichs deshalb vor, die *Stunde hinter Mitternacht*, sein »Unglücksbuch«[209], aus dem Handel zu nehmen. Es sei »ein mißglückter Versuch aus einer Zeit des Suchens und Irrens«. Hesse hat sich in seinem jahrelangen Außenseitertum so eingerichtet, dass ihn die öffentliche Anerkennung verunsichert. Er weiß nicht so recht, wer er eigentlich ist. Das entlädt sich bisweilen in schroffen Abwehrreflexen. Gegenüber Alexander von Bernus, einem modernen Mystiker und Alchemisten, der die Sehnsucht der Zeitgenossen nach einem alternativen Lebensgefühl wie kein anderer verkörpert, stilisiert Hesse sich zum abgerissenen Poeten, zum Outsider, der nicht salonfähig ist: »Ihrer gütigen Einladung, bei Ihnen zu wohnen, erinnere ich mich dankbar, doch hat das Schwierigkeiten, da ich mit meinen Zigeunerinstinkten kaum in gute Häuser passe, auch nach wie vor keinen in guter Gesellschaft möglichen Anzug samt Wäsche besitze.«[210]

Nun, da er erreicht hat, wovon ihm in seiner Jugend träumte, findet Hesse das alles schal und sehnt sich zurück in die frühere Unabhängigkeit. Er fühle sich im »Philisterland«, schreibt er in einer gleichnamigen Prosaskizze, um sein wachsendes Unbehagen auszudrücken: »Wenn ich abends beim Dunkelwerden zum Strand hinuntergehe, rauschen an der Schiffslände die Pappeln stark und zart, der feuchte Wind umarmt mich schnell, springt auf den See und fährt stöhnend über das bewegte Wasser hin. Dann tut mir das Herz im Leibe weh, daß ich kein Einsamer und Wanderer mehr bin, und ich gäbe mein bißchen Haus und Glück und Behagen gern für einen alten Hut und Ranzen, um noch einmal die Welt zu grüßen und mein Heimweh über Wasser und Land zu tragen.«[211] Die bürgerliche Existenz mit Ehefrau und Haus beginnt ihn einzuschränken, er fürchtet um seine produktive Isolation, und die frühere Bindungsangst kehrt wieder. Die innere Zerrissenheit, das merkt er nun, lässt sich eben nicht mit Romanen abarbeiten, vielmehr bleibt sie ein konstitutiver, beunruhigender Teil seiner Persönlichkeit.

Am 17. Dezember kehrt Mia nach langer Kur aus Basel nach Gaienhofen zurück. Als sie im März 1905 schwanger wird, muss sie sich erneut in Basel in ärztliche Behandlung begeben. In ihrer Abwesenheit kommt der alte Freund Ludwig »Ugel« Finckh aus Tübingen zu Besuch nach Gaienhofen. Er ist inzwischen Landarzt und hat sich mit der Veröffentlichung des Unterhaltungsromans *Der Rosendoktor* einen Namen gemacht. Die Gegend gefällt ihm so gut, dass er beschließt, gleich dazubleiben. Er kauft sich ein eigenes Häuschen und zieht im Mai mit zwei korsischen Eseln und zwei Bernhardinerhunden ein. Der große, kräftige Mann mit der Samtjoppe und dem Oberlippenbärtchen ist eine auffällige Erscheinung im bäuerlichen Gaienhofen. Für Hesse ist diese Wendung ein großes Glück, denn der immer zu Scherzen aufgelegte, gut gelaunte Schwabe bringt wieder Frohsinn in sein Leben. So dirigiert Finckh an Hesses Geburtstag frühmorgens um sechs eine fünfköpfige Blasmusik unter das Fenster, wie Hesse seinem Vater am 3. Juli 1905 berichtet: »Während des Blasens versammelte sich die gesamte Einwohnerschaft am Brunnen vor dem Hause und gratulierte mir, als ich herauskam … Um 7 Uhr kam Finckh und es wurde mir ein Gabentisch vorgeführt, dessen Glanzstück 24 Flaschen Rheinwein waren.«[212] Ugel wird zum ständigen Begleiter bei den »indianerhaften« Streifzügen durch die urwüchsige Landschaft: Man rudert gemeinsam mit dem Boot auf den See hinaus, fischt und legt sich in einer einsamen Bucht nackt in die Sonne. Wenn die beiden Dichter tagsüber mit Angel, Schmetterlingsnetz und einer Flasche Wein durch das Dorf hinunter zum See schlendern, werden sie von den Dorfbewohnern mit der Frage begrüßt: »So – gont'r spaziere?«[213] Für die Bauern sind die »Schriftsetzer«, wie die beiden etwas despektierlich genannt werden, einfach nur arbeitsscheue Müßiggänger.

Der heiße Sommer ist gut für Hesses Rheuma und Mias Ischiasleiden. Anstrengend sind die vielen Besucher, die aus dem gesamten deutschsprachigen Raum anreisen, um den bewunderten Dichter zu sehen. Erstmals kommt auch Stefan Zweig, der aber beim Eintreten in das Arbeitszimmer so heftig mit dem Kopf gegen den niederen Deckenbalken stößt, dass er sich erst einmal hinlegen muss. Doch es finden sich auch ungebetene Gäste ein, die Hesse mit ihrer Neugier einfach nur die Zeit rauben. An Alexander Freiherr von Bernus schreibt Hesse am 28. August: »Mein Befinden ist gut, doch wurde mir dieser Sommer ziemlich verdorben durch eine Masse Besucher. Zur Entschädigung tat ich eine schöne Reise (großenteils zu Fuß) durch Engadin, Bergell und übern Gotthard heim. Mit Arbeiten war es nichts, ich habe dieses Jahr nur eine kleine Novelle gemacht.«[214]

Hesse ist jetzt vor allem mit der abschließenden Überarbeitung des Romans *Unterm Rad* beschäftigt, der im Oktober 1905 beim S. Fischer Verlag herauskommt. Wie erwartet polarisiert das Buch die Kritik. Sarkastisch schreibt Artur Eloesser in der *Vossischen Zeitung*: »Der Roman enthält ungefähr eine Anleitung für Eltern, Vormünder und Lehrer, wie man einen gesunden, begabten jungen Menschen am zweckmäßigsten zu Grunde richtet, welche Wurzeln man abzuschneiden hat, damit das junge Stämmchen am schnellsten verdorrt und stirbt.«[215] Dagegen bezweifelt ein deutsches Lehrerblatt die Authentizität des Dargestellten: »Hesse mag ein begabter Dichter sein, ein Freund der Wahrheit ist er nicht.«[216] Der *Schwäbische Merkur*, der schon den Vorabdruck abgelehnt hatte, entrüstet sich ebenfalls über das verzerrte, tendenziöse Bild, das in *Unterm Rad* von den württembergischen Seminaren gezeichnet würde. Dass dies eine Schwäche seines Buches sein könnte, hatte Hesse bereits in einem Brief an seinen Verleger angedeutet, als er ihm am 28. Dezember 1903 schrieb: »Nun lesen Sie bitte die Geschichte in aller Muße. Daß sie so sehr auf speziell schwäbische Einrichtungen (Seminar) losgeht, wird Ihnen mißlich ein. Doch finden Sie vielleicht doch noch das allgemein Menschliche vorwalten.«[217] Tatsächlich beschreibt das Buch in erster Linie Hesses Erfahrungen mit den drakonischen Lehrmethoden an der Calwer Lateinschule, unter denen auch sein Bruder Hans gelitten hatte. Dessen Leidensgeschichte hatte er bereits 1901 seinem Erzählfragment »Julius Abderegs erste und zweite Kindheit« zugrunde gelegt, einer frühen Keimzelle des Romans. Viele Jahre später wird Hesse gegenüber Gottfried Bermann Fischer gestehen, dass *Unterm Rad* zu jenen seiner Bücher gehöre, die »ich lieber nicht geschrieben hätte und derer ich mich schämte«[218]. Das darin gezeichnete Bild von Maulbronn entspreche nicht der Wirklichkeit.

Der Erfolg von *Unterm Rad* übertrifft alle Erwartungen. Ende November ist bereits die fünfzehnte Auflage ausgeliefert, was annähernd 100 000 verkauften Exemplaren entspricht. Und am 9. Dezember bringt Mia einen Jungen, Bruno, zur Welt. Der Erfolgsautor Hermann Hesse ist nun auch Vater und Familienoberhaupt, hat eine Verantwortung zu übernehmen, die ihn in seinem Freiheitsdrang weiter einschränkt. Wie immer an solchen Wendepunkten löst die innere Anspannung eine körperliche Reaktion aus. Im Januar leidet Hesse unter heftigen Augen- und Kopfschmerzen, was ihn aber nicht davon abhält, nacheinander mehrere Reisen zu unternehmen. Er verbringt im März 1906 einige Wochen in Oberitalien, besucht seine Schwester Adele in Schwaben und fährt im Mai nach München. Der Schriftsteller Ludwig Thoma, Mitherausgeber der von den Behörden ständig mit Zensur bedrohten Satirezeitschrift *Simplicissimus*, und deren Verleger Albert Langen, die Hesse in Gaienhofen besuchen, wollen den bekannten Autor als Mitarbeiter für ein neues Zeitschriftenprojekt gewinnen. Die Halbmonatsschrift soll den programmatischen Titel »Süddeutschland« tragen und ist als liberales Gegengewicht gedacht zum preußischen »Neuberlinertum«[219], das für wilhelminischen »Militarismus« und »Imperialismus« steht. Hesse willigt ein und lässt sich zum Mitherausgeber des *März* machen, wie die Zeitschrift schließlich heißen wird. Und er wird ständiger Autor beim *Simplicissimus*.

Während all dieser Aktivitäten bleibt Mia mit Bruno in Gaienhofen zurück, obwohl Hesse weiß, wie sehr sie unter dem Alleinsein leidet. Im Sommer ist Hesse wieder bei seiner Familie, und so kann er seinem Cousin Paul Gundert schreiben: »Wir liegen viel im See und in der Sonne, der Kleine ist gesund und dick.«[220] Was Hesse verschweigt, ist seine schwieriger gewordene Beziehung zu seiner Frau, die sich mit der ihr zugedachten Rolle immer weniger abzufinden bereit ist. Als engagierte Berufsfotografin will sie nicht immer nur im Schatten ihres berühmten Mannes stehen, der mit seinen Stimmungsschwankungen und plötzlichen Wutausbrüchen ein anstrengender Partner ist. Einmal ist er ihr zu temperamentvoll, dann wieder zu abweisend. Und wenn er schreibt, darf man ihn nicht ansprechen. Hesse wiederum leidet unter Mias Verschlossenheit, die bisweilen manisch-depressive Formen annimmt. Dann zieht sie sich in ihr Zimmer zurück, spielt Klavier oder brütet vor sich hin. Das Unbehagen an ihrer Lebenssituation kann sie ihrem viel eloquenteren Mann nicht begreiflich machen. Es mache ihm große Sorgen, schreibt Hesse an seinen Vater, dass seine Schwiegermutter an einer Gemütserkrankung leide. Es schwingt die Sorge mit, dass auch Mia früher oder später psychisch erkranken könnte. Unter dem Eindruck der beginnenden Ehekrise schreibt Hesse ein Gedicht, das mit seiner tiefgründigen Schlichtheit zu seinen bekanntesten und beliebtesten gehören wird:

Im Nebel

Seltsam, im Nebel zu wandern!
Einsam ist jeder Busch und Stein,
Kein Baum sieht den andern,
Jeder ist allein.

Voll von Freunden war mir die Welt,
Als noch mein Leben licht war;
Nun, da der Nebel fällt,
Ist keiner mehr sichtbar.

Wahrlich, keiner ist weise,
Der nicht das Dunkel kennt,
Das unentrinnbar und leise
Von allen ihn trennt.

Seltsam, im Nebel zu wandern!
Leben ist Einsamsein.
Kein Mensch kennt den andern,
Jeder ist allein.[221]

Bei seinen herbstlichen Gängen hatte Hesse erlebt, wie sich die Weite der Seenlandschaft von einem Moment auf den anderen in ein fahles Nebelreich verwandelte. Diese Metamorphose wird im Gedicht zum Symbol der eigenen Lebenssituation, ja der des Menschen überhaupt. Der Nebel, der in der ersten Strophe als reine Naturerscheinung wahrgenommen wird, erfährt in den weiteren Strophen des Gedichts eine metaphorische Aufladung, nun ist er das Sinnbild für das Leben selbst (das Wort »Nebel« ist ein Palindrom, rückwärts gelesen wird daraus »Leben«), in dem jeder auf sich selbst zurückgeworfen bleibt. Von der Liebe, die das Unvereinbare überbrücken könnte, ist nicht die Rede. Jeder bleibt allein.

Wenn sich die Nebel der Seelenverdüsterung auflösen, geben sie den Blick frei auf die Schönheiten des Lebens. Das sagt sich auch Hermann Hesse, als er sich im Januar 1906 entschließt, ein eigenes Haus zu bauen. Es soll ein großes, helles Haus sein, gebaut im Schweizer Landhaus-Reformstil, mit gemauertem Erdgeschoss, Veranda und einem Obergeschoss aus Fachwerk und Schindeln. Als Bauplatz wird ein Grundstück oberhalb des Dorfes in schöner Hanglage ausgesucht, am Erlenloh, mit freiem Blick über den See bis zur Insel Reichenau und nach Konstanz. Hesse benachrichtigt seinen Vater von seinem Vorhaben und sendet ihm auch die Baupläne zu. Am 17. Januar kann er stolz berichten, dass die Finanzierung durch die Großzügigkeit seines Schwiegervaters gesichert ist: »Übrigens wird Vater Bernoulli uns den größten Teil der Bausumme zinslos vorschießen, so daß wir das Haus gewissermaßen als ein vorzeitig erhaltenes Erbe betrachten können. Einige Tausend werde ich immerhin zulegen müssen, doch werden sämtliche Kosten wohl höchstens 20 000 Mark betragen. Für den Bau sind gegen 16 000 veranschlagt, dann kommen noch einige Möbel, Zaun, Herrichten eines Gartens dazu.«[222]

Im März beginnen bereits die Bauarbeiten, doch bevor noch das Dach auf die Mauern gesetzt ist, flüchtet Hesse aus Gaienhofen an den Lago Maggiore, um sich dort einer vegetarischen Kur zu unterziehen. Das Erscheinen einer Gruppe von »Sonnenbrüdern«, die mit ihren langen Haaren und Bärten, den Gewändern aus Sackleinen und Sandalen wie die Nazarener daherkommen und auf der Pilgerschaft zum Sanatorium Monte Verità bei Locarno sind, hat in ihm den altbekannten Fluchttrieb ausgelöst. Er lässt ein halb fertiges Haus und eine schwangere Frau zurück. »Hierher solltest Du auch kommen«, schreibt er am 16. April aus dem Tessin an den Gaienhofener Malerfreund Max Bucherer, »da wäre eine Ernte für Dich: Alpen, See, Inseln, ein wilder Felsenberg, Akte im Freien etc. Unser Luft- und Sonnenbadplatz, wo man nackt geht, ist doppelt so groß als Finckhs Grundstück. Es geht mir ordentlich, und ich bleibe jedenfalls noch eine Weile.«[223]

Auf dem Berg der Wahrheit oberhalb des Fischerdorfes Ascona haben sich Naturapostel aus aller Herren Länder zu einer Aussteigerkolonie zusammengefunden. Es sind Lebensreformer, Revolutionäre, Theosophen, Pazifisten, Okkultisten, Gesundbeter, Hinduisten und Künstler. Sie hausen in Hütten und Höhlen, ernähren sich von Rohkost und praktizieren die freie Liebe. Hesse wird mit dem Begründer der Naturheilanstalt Monte Verità, dem belgischen Industriellensohn Henri Oedenkoven, bekannt und gerät in den Dunstkreis von Gusto Gräser, einem ehemaligen Bildhauer und Maler, der von seinen Anhängern wie ein Guru verehrt wird. Unter seinem Einfluss unterwirft sich Hesse einer radikalen Fastenkur, zu der er sich in eine der »Licht-Luft-Hütten« zurückzieht, um sich durch Askese ein für allemal seiner körperlichen Gebrechen zu entledigen. Seine Einsiedelei verfügt weder über Bett noch Tisch, er muss sich mit einer selbst gebastelten Matratze aus Laub und Zweigen begnügen. Das Wasser holt er sich von einem Tümpel, seine Nahrung sind Beeren und Kräuter. Von der Sonne verbrannt, von den Felskletterein zerschunden und durch das tagelange Hungern geschwächt, kreisen seine Gedanken unablässig um die Annehmlichkeiten der Zivilisation, um »laue Bäder in Wannen, frohe abendliche Gespräche mit Freunden, ein wohliges Gähnen vor dem mit kühlem Linnen bezogenen Bett, warmes Lampenlicht, eine Zigarre und eine Flasche weißen, kühlen Moselwein«, wie er auf ein mitgenommenes Blatt Papier kritzelt.[224] So verlockend diese Visionen sind, so stark ist der Wille zur Selbstüberwindung. »Ein Trotz, der nicht ohne Eitelkeit und Rechthaberei war«[225], lässt ihn durchhalten.

Diese Gewaltkur kurz vor seinem dreißigsten Geburtstag und dem bevorstehenden Einzug in das neue Haus am Erlenloh ist ein letztes Aufbäumen gegen die Sesshaftigkeit und den Alltag als Familienvater. Doch bringt Hesse aus Ascona nicht nur genaue Vorstellungen mit, wie er sich künftig ernähren und kleiden will, er hat sich durch die Konfrontation mit den auf dem Monte Verità erlebten ostasiatischen Meditationspraktiken auch in seiner antizivilisatorischen Haltung bestärken lassen. Einem Leser schreibt Hesse nach seiner Rückkehr aus Ascona: »Das dreißigste Jahr, in dem ich stehe, hat mir eine heftige Krise gebracht, zunächst körperlich mit Kranksein, Kur und langsamer Heilung, dann aber auch innerlich. Wenn ein bis dahin sinnenfroher junger Mensch auf Tafel und Becher, Zigarren und Kaffee verzichtet, will er es nicht gezwungen tun, sondern macht sich eine entsprechende Philosophie dazu. Damit bin ich seit Monaten beschäftigt.«[226] Sein neu gewecktes Interesse am Orient, an der Welt der indischen Religion und Dichtung wird ihn nicht mehr loslassen, der nächste Ausbruch ist programmiert.

SIEBTES KAPITEL

Im neuen Haus. Mia erleidet eine Fehlgeburt. Helena Blavatsky und Arthur Schopenhauer. Erzählungen. Der Künstlerroman Gertrud. *Geburt des Sohnes Heiner. Nervenkur in Badenweiler. Reisen. Begegnung mit Wilhelm Raabe. Streit mit Samuel Fischer. Korrespondenz mit Ninon Ausländer. Italienreise. Geburt des Sohnes Martin. Ostindienreise mit Hans Sturzenegger*

Nach seiner Rückkehr aus dem Tessin fügt Hesse sich nur widerwillig in das Familienleben ein. Braun gebrannt und abgemagert, noch empfindlicher und reizbarer als sonst, verlangt er von Mia, die Küche völlig auf vegetarische Kost umzustellen. Er verzichtet nun sogar auf Milch, Käse und Eier. Das von ihm gewünschte Graham-Brot und Bircher Müsli mit Mandeln und Rosinen hat sie extra aus dem Reformhaus in Konstanz zu beschaffen, Alkohol und das Rauchen sind jetzt tabu. Es gibt Suppe ohne Fleisch, viel Obst und Gemüse. Auch was die Einrichtung des Hauses betrifft, hat Hesse genaue Vorstellungen. Es soll in jedem Detail, auch in der Farbgebung, dem Funktionalismus des Reformstils entsprechen. Das gemauerte Erdgeschoss ist hell verputzt, die Schindeln sind in einem auffälligen Mintgrün gehalten. Die Wände im Flur werden rosa, das Speisezimmer grau und die Räume von Mia und Bruno grün gestrichen. Größte Sorgfalt erfährt der grüne Kachelofen im Arbeitszimmer; weil die Kacheln vom gewünschten Farbton abweichen, lässt Hesse eine ganze Wagenladung an die Fabrik zurückschicken. Das Wohnzimmer erhält eine einfache braune Täfelung im Schweizer Stil, passend zu dem Mobiliar aus hellem Eichenholz und den grünen Linoleumböden. Das Arbeits- und Bibliothekszimmer ist mit deckenhohen Regalen und Einbauschränken ausgestattet. Im Kinderzimmer wird der Boden höher gelegt, denn Bruno soll denselben

Ausblick auf den See haben wie seine Mutter im Erdgeschoss. »Gleiche Erlebniswelt für alle« – das reformpädagogische Prinzip gilt auch im Hause Hesse.

Die Askese des Hausherrn steht in einem herausfordernden Gegensatz zur Großzügigkeit des Anwesens. Mit seinen sieben Zimmern, den Erkern und Giebeln ist das Haus am Erlenloh eher eine Villa als ein Landhaus. Es hat Wasseranschluss, ein Badezimmer mit Wanne und zwei Toiletten mit Wasserspülung – geradezu ein Luxus für einen Ort wie Gaienhofen. Auch ein »Mägdezimmer« ist vorgesehen. Hesse lässt sich einen Weinkeller bauen und für Mia eine Dunkelkammer einrichten. Auch der Garten, rund 1500 Quadratmeter, ist großzügig bemessen. Er liegt Hesse besonders am Herzen. Mit Unterstützung eines benachbarten Bauernsohnes steckt er Beete, Blumenrabatten und Wege ab und pflanzt einen kleinen Kastanienhain, um die Kastanienallee seiner Kindheit, den Calwer Brühl, der 1895 einem Orkan zum Opfer gefallen war, im Kleinen wiederaufstehen zu lassen. Zur Nostalgie kommt ein hemdsärmeliger Sinn für das Praktische: Weil ihm Steine fehlen, pflastert Hesse den Sandweg zwischen den Beeten mit Rezensionsexemplaren, die sich nutzlos in seiner Bibliothek stapeln. Die Bücher werden mit einer Kiesschicht bedeckt und bilden so das Fundament des Weges. Zurück zur Natur – der modische Rousseauismus hat in diesem unterirdischen Bücherbunker seine buchstäblichste Form gefunden. Um den Haushalt autark zu machen, legt Hesse einen Nutzgarten an, in dem er Blumenkohl, Erbsen und Salat anbaut. Ludwig Finckhs Esel liefern mit ihren »Äpfeln« den notwendigen Dünger für die Beete. Hesse pflanzt Beerensträucher und Obstbäume, aber auch duftende oder farbintensive Blumen wie Dahlien, Goldlack, Hyazinthen, Narzissen, Kapuzinerkresse, Rittersporn, Rosen und ein schönes Spalier von Sonnenblumen. Später, als er sich längst im Tessin niedergelassen hat, wird er seine intensive Gartenarbeit in Gaienhofen ironisch als »Bauernspielen«[227] bezeichnen.

Der Hausbau auf dem Hügel über Gaienhofen ist eine Parallelaktion. Freund »Ugel« lässt, nachdem sein kleines Häuschen im Winter abgebrannt ist, nur einen Steinwurf entfernt ebenfalls ein neues Heim für sich und seine Frau Dora bauen. In der Zeit bis zum Einzug sind die beiden auf die Hilfe der Freunde angewiesen und wohnen mit Hermann und Mia in deren Bauernhaus. Die beengten Wohnverhältnisse und die Verzögerungen am Bau, der immer teurer wird, kosten Nerven. Hesse bittet seine Familie dringend, von Besuchen abzusehen, denn es ginge in Gaienhofen alles drunter und drüber. Kurz vor dem Umzug erleidet Mia eine Fehlgeburt, ein Ereignis, das wieder alles infrage stellt. Auch nachdem die Familie das komfortable Haus schließlich übernommen hat, lässt sich der Gedanke, ob dieses Leben wirklich das richtige für ihn sei, trotz aller äußeren Zufriedenheit nicht abwehren. Hesse schreibt an seinen Freund Karl Ginzkey: »Dabei sieht es aber in unserem Haus und Leben ganz freundlich aus, Frau und Bub sind munter und gedeihen … Aber ich habe mir das Glück als Junge anders vorgestellt und bin nun immer noch dumm unzufrieden, daß es mir in etwas anderer Fasson verabreicht wurde, als ich geträumt habe.«[228] Noch immer sind die Wunschbilder stärker als die Bereitschaft, sich vorbehaltlos auf das Neue einzulassen. Resignierend schreibt er in diesen Septembertagen in sein Notizbuch: »Das schien mir in jungen Zeiten schön und möglich: mit einem lieben Menschen lebenslang Hand in Hand denselben Weg zu gehen. Dann sah ich, daß jeder seinen Weg hat, jeder einen andern; unvermerkt gleitet man auseinander. Und später ist man damit zufrieden, einander je und je bei Annäherung der Wege zuzunicken und sich zu grüßen, für Augenblicke. Ein Kind, wenn es nachts erwacht, wird bang und trostlos vor dem Grauen des Dunkels, das alles Bekannte fremd macht. So geht es uns zuweilen, wenn wir mitten im Traum des Lebens für Momente erwachend, das Dunkel sehen, das uns umgibt.«[229]

Viele der Erzählungen und Novellen, die in diesen Monaten entstehen, beschäftigen sich mit der Sehnsucht nach einer Beziehung, die nicht von Alltagssorgen und Ehegewohnheiten banalisiert wird. Hesses Helden lieben die Liebe, nicht den jeweiligen

Menschen, auf den sie ihr Wunschbild projizieren. Sie verzichten lieber, als sich ihr Ideal beschmutzen zu lassen. In der Erzählung »Eine Fußreise im Herbst« kehrt der Erzähler in seine Heimatstadt zurück, um zu sehen, was aus der angebeteten Julie, dem »stolzen und prächtigen Mädchen«[230], geworden ist, die den jungen Phantasten damals gemocht hatte. Nun ist sie eine respektable Ehefrau und Mutter, die ihn mit »Sie« anredet und deren Schönheit fast erloschen, »gröber und glanzlos« geworden ist. Über das Vergangene will sie nicht reden, dafür aber von Schulsorgen und Krankheiten. Der Enttäuschte zieht weiter, aber im Herzen bewahrt er das Bild, das er sich einst von der Liebe gemacht hatte, die ihm die Kraft gab, »sich wegwerfen [zu] können für einen Augenblick, Jahre opfern [zu] können für das Lächeln einer Frau, das ist Glück«[231].

Eine ähnliche Konstellation beschreibt Hesse in der Novelle »Taedium vitae«. Ein auf dem Land lebender, in seine Bücherhöhle eingesponnener junger Mann kann seinen Lebensüberdruss nur mit der Erinnerung an frühere Erlebnisse überwinden, die ihm seine eigentliche Lebensmelodie vergegenwärtigen. Er setzt sich hin und schreibt sich zurück in eine Reise nach München, bei der »ich einmal an einem Abend im vollen Besitz meiner Jugend war«[232]. Jugend, das bedeutet für ihn Offenheit, Überschwang und Reinheit der Gefühle. Bei einer Soirée im Atelier eines Schwabinger Malers hatte er damals die neunzehnjährige Kunstgewerbeschülerin Maria kennengelernt, die ihm mit ihrem »blauäugigen, schmalen Mädchengesicht« sofort als die Verkörperung seiner Liebessehnsüchte erschienen war, als »innige, unschuldige Schönheit«. Doch bei einem Atelierfest zwei Tage später hatte er erkennen müssen, dass diese hübsche junge Frau mit ihm nur gespielt hatte und in Wirklichkeit längst eine Beziehung zu einem Maler der Schwabinger Bohème unterhielt. Sie war Teil einer Kunstschickeria, zu der er selbst keinen Zugang fand. Die eigentliche Botschaft dieser Reminiszenz hat Hesse in eine kleine Reflexion versteckt, die den Münchner Rückblick einleitet. Darin geht es um das »Identitätsbewusstsein«, jene innere Mitte, die den Menschen mit sich selbst versöhnt: »Es geht von Bild zu Bild und sagt: ›Ja, das war ich‹, und jedes Bild rückt damit sofort aus seiner kühlschönen Beschaulichkeit heraus und wird ein Stück Leben, ein Stück meines Lebens. Das Identitätsbewusstsein ist eine zauberhafte Sache, fröhlich zu sehen, und doch unheimlich. Man hat es, und man kann doch ohne es leben und tut es oft genug, wenn nicht meistens. Es ist herrlich, denn es vernichtet die Zeit; und es ist schlimm, denn es leugnet den Fortschritt.«[233]

An keiner anderen Stelle seines bisherigen Werkes hat Hermann Hesse so offen sein Identitätsproblem thematisiert wie hier. »So mußt du sein, dir kannst du nicht entfliehen«[234] – Goethes berühmte Sentenz über den gleichsam naturgegebenen Determinismus der Persönlichkeit klingt an, wenn Hesse das Verhaftetsein in sich selbst als Glück und Verhängnis zugleich beschreibt. In der Erinnerung, die, anders als das Gedächtnis, das Wesenhafte des Erlebten festhält, begegnet der Mensch sich selbst. Das Erinnerte wird zur freudigen Bestätigung, dass es ein Selbst gibt, das über alle Zeiten hinweg Bestand hat. Die Kehrseite dieser tröstlichen Kontinuität ist die Unmöglichkeit, die Fesseln der als belastend empfundenen Identität abzuwerfen, die Unfähigkeit, sich grundlegend zu verändern. Bezeichnenderweise gerät der Ich-Erzähler nach der ernüchternden Erfahrung mit der schönen Studentin an einen Theosophen, der ihm als Lösung seines Problems Vorstellungen wie »Karma« und »Wiedergeburt« vermittelt. Der Münchner Antiquar weist ihn auf die »Geheimlehre« der russischen Theosophin Helena Blavatsky hin. Die 1891 verstorbene Gründerin der Theosophischen Gesellschaft, eine russische Spiritistin, propagierte eine idealistische Weltanschauung, die aus den unterschiedlichsten religiösen und esoterischen Traditionen schöpft und sich so als Alternative zu den positivistischen Wissenschaften versteht. Helena Blavatsky hatte die Vision, dass der Geist wieder über die Materie herrscht, der Mensch durch Askese, Meditation und okkulte Praktiken zurückfindet in die ursprüngliche Einheit des Seins. In Deutschland ist es der Anthroposoph Rudolf Steiner, bekannt geworden als Herausgeber der naturwissenschaftlichen Werke Goethes, der diese esoterische Geheimlehre popularisiert und sie in seine

Lehre integriert. Hesse deutet hier einen Weg an, der aus der Vorstellung, es gäbe ein »Ich«, herausführt. In der Vorstellung der Theosophen steht der Mensch nicht in einer individuellen, sondern in einer kosmischen Kontinuität, in der die früheren und jetzigen Handlungen miteinander verknüpft sind und sich einander nach dem Gesetz des Karmas bedingen.

»Taedium vitae« zeigt jedoch auch Spuren von Hermann Hesses intensiver Beschäftigung mit der Philosophie Schopenhauers. Der zentrale Gedanke des Philosophen, durch »willenlose Anschauung« könne man vom blinden Lebenstrieb, dem »Willen«, erlöst werden, übt eine starke Anziehung auf ihn aus. Der Mensch, als Individuum selbst »Subjekt des Wollens«, soll sich der Welt gegenüber nur noch anschauend, also ästhetisch verhalten. Das Heraustreten aus dem Willen, und sei es nur für Augenblicke, ist Schopenhauers Ideal. Dieses Sich-Lösen-Können aus der Geschäftigkeit des Mitmachens bestimmt auch die philosophierende Erzählung »Freunde«, die Hesse zur Jahreswende 1907/1908 schreibt. Hans Calwer ist ein Nonkonformist, der sich nach seinem Austritt aus einer Studentenverbindung auch von seinem Freund und Bundesbruder Erwin trennt, der die »Burschenherrlichkeit« mit ihrem gesellschaftlichen Renommee und ihrer Geselligkeit nicht aufgeben will. Das führt zu einem schmerzhaften Bruch der Beziehung. Hans Calwer, Klavierspieler und leidenschaftlicher Schopenhauer-Leser, schreibt sich in ein Buddha-Kolleg ein und begegnet dort dem Orientalistikstudenten Heinrich Wirth, der sein neuer Freund und Mentor wird. Wirth rät Calwer, wie er selbst Vegetarier zu werden, denn eine vernünftige Ernährung löse die meisten Probleme: »Sie wollten mit dem Denken anfangen und mit dem Leben aufhören, ich tue das Gegenteil. Das ist der Weg, von dem ich sprach.« Aber Calwer erkennt bald, dass ihn diese Art der Askese nicht weiterbringt. Heinrich Wirth wiederum spürt, dass Hans Calwer etwas besitzt, was ihm selbst fehlt: »ein angeborenes Verhältnis zum Schönen, keinem Zwecke Dienenden, zur Kunst. Die Kunst war das einzige Gebiet des höheren Lebens, dem er mit Bedauern fremd geblieben war und von dem er doch ahnte, es berge Erlösung. Darum sah er in Hans nicht einen Schüler, der ihm einiges ablernen und dann weitergehen würde, sondern fühlte die Möglichkeit und Hoffnung, selbst von ihm zu lernen und einen Wegweiser an ihm zu haben.«[235]

Die beiden können den Weg des jeweils anderen nicht gehen. Hans Calwer will sich als Künstler selbst verwirklichen, zur Selbstpreisgabe wie Heinrich Wirth, der als Buddhist »im Ganzen aufgehen« möchte, ist er nicht bereit. Für Hesse ist diese Unentschiedenheit, der etwas Ratloses anhaftet, symptomatisch. Denn er trägt diese Polarität ja in sich selbst. Die durch die philosophischen Studien zusätzlich verstärkte Verwirrung spiegelt ein Brief, den er der Familie am 8. März 1908 nach Calw schreibt: »Gerade die Frage nach der Präexistenz, ethisch vielleicht belanglos, ist mir immer merkwürdig und anziehend, wenn auch nicht bedrängend. Wir stellen uns im Herzen doch stets eine individuelle Unsterblichkeit vor, da die nichtindividuelle eigentlich unvorstellbar ist; und da fragt man doch je und je wieder, wie es mit dieser persönlichen Seele wohl vor dem jetzigen Leben ausgesehen hat. Und da gibt mir die indische Wiedergeburtslehre, ohne daß ich gerade an sie ›glaube‹, eine gewisse Befriedigung, indem sie das Unausdenkliche mit einer prächtigen Bildlichkeit vorstellt. Im übrigen freilich helfen mir die Inder nicht viel, da sie gerade nicht das Glauben, sondern das Erkennen obenan stellen. Sie konstatieren, scheint mir, einen ganz einwandfreien, fast modernen Determinismus, lassen aber dann im Weg zum Nirvana doch ein nur dogmatisch konstruiertes Loch für die Freiheit des Willens offen.--- Doch genug davon, ich komme brieflich nicht damit zurecht.«[236]

Seit dem Einzug ins neue Haus ist Hesse voller Unruhe, reist rastlos umher, mehrfach nach München, um als Mitarbeiter des Satiremagazins *Simplicissimus* und Mitherausgeber des *März* Aufträge zu vereinbaren oder den redaktionellen Kurs zu besprechen. Er fährt ins Schwäbischen, nach Ulm und Ludwigsburg, aber auch nach Calw, um seinen Vater wiederzusehen. Das Bild, das er von Johannes Hesse in den Aufzeichnungen des Jahres

1907 überliefert, verrät viel von der Schwierigkeit des Dreißigjährigen, sich von dem früheren Rollenverständnis zu lösen. Nun haben sich die Fronten verkehrt, der Vater steht nicht mehr für die zu überwindende Autorität, aber die Verunsicherung bleibt: »Gefühl beim Wiedersehen eines inzwischen gealterten Vaters: der Vater blickt sanft und ist mild und schwach geworden; sein Blick ist nimmer forschend, herrschend, hat keine Vorwürfe mehr, der Sohn begegnet ihm ohne Scheu. Aber ihm wäre es lieber, einen strengen Vater zu finden als den Schwachen. Das Gefühl ist dabei eine Art Scham.«[237]

Als die erste größere Auswahl von Hermann Hesses Erzählungen im Frühjahr 1907 unter dem Titel *Diesseits* erscheint, wird sie mit großer Zustimmung aufgenommen; in kürzester Zeit sind zehn Auflagen erreicht, sodass der S. Fischer Verlag einen zweiten Band *(Nachbarn)* mit schwäbischen Erzählungen vorzubereiten beginnt. *Diesseits* enthält durchweg Texte, die sich mit Begebenheiten »diesseits« des Erwachsenenlebens befassen. Die an den Anfang gestellte Novelle »Aus Kinderzeiten« reicht sogar zurück bis in die Basler Kindheit und vergegenwärtigt den Tod von Hesses damaligem Spielkameraden Brosi. Von den *Gerbersauer Erzählungen* hat Hesse »Die Marmorsäge«, »Heumond«, »Der Lateinschüler« und »Eine Fußreise im Herbst« in den Band aufgenommen. Der schwäbische Publizist und Liberale Theodor Heuss, der Hesses schriftstellerische Laufbahn von Anfang an mit wohlwollender Kritik begleitete und 1949 zum ersten Bundespräsident gewählt werden wird, hebt in seiner Kritik den autobiografischen Hintergrund der Erzählungen hervor: »Hesse gehört zu denen, die aus dem eigenen Leben gestalten: ihre Phantasie ist gezügelt, alle dichterische Energie strömt in die Darstellung.«[238]
Hesse hat den Liebesgeschichten Erlebnisse aus seiner Calwer Schulzeit zugrunde gelegt, die, tragisch zugespitzt, eigene seelische Konflikte und adoleszente Verstörungen dieser Jahre verarbeiten. Es fällt auf – bedenkt man, unter welchen emotionalen Bedingungen die Erzählungen entstanden sind –, wie sehr Hesse dabei den Mädchen- und Frauenfiguren eine größere Reife und

Lebenstüchtigkeit zubilligt als den männlichen Protagonisten. Es zeigt Hesses Souveränität, dass er beim Schreiben dieser Erinnerungen vor allem das Problematische seiner eigenen Anlagen herausstellt, um in den meist positiv dargestellten Frauenfiguren die Geduld seiner Lebensgefährtin – vielleicht auch seiner verstorbenen Mutter – zu würdigen. Die häuslichen Konflikte gehen ja vor allem auf seine eigenen Unzulänglichkeiten zurück, auf die fast krankhafte Empfindlichkeit und den eklatanten Mangel an Fürsorge, Empathie und Verständnis, mit dem Mia von der ersten Stunde dieser Ehe an zu leben hatte. Dem Schaffensegoismus des Dichters ist im Hause Hesse alles unterzuordnen.

Seiner künstlerischen Berufung opfert auch der Geiger und Komponist Kuhn alles. In dem Musikerroman *Gertrud*, an dem Hesse drei Jahre lang arbeitet, ohne eine zufriedenstellende Form zu finden, setzt sich Hesse mit dem eigenen Lebensgefühl schonungslos auseinander. Kuhn ist als Kind durch einen Unfall zum Krüppel geworden und verliert schließlich auch das Mädchen, das er liebt, an einen Freund. So wird die Kunst für ihn zum Lebensersatz, der Weg zu »Erlösung, Vergessen und Befreiung«[239]. Die Verkrüppelung ist eine Metapher für die Pathologien der Künstlerexistenz, die Abschnürung vom Leben, Selbstbeschränkung und Leiden bedeutet. Obwohl der Roman in der Ichform geschrieben ist, greift Hesse wie schon in seinem Schülerroman *Unterm Rad* zum Mittel der Verdoppelung, spaltet seine Person in den versehrten Kuhn und den lebenstüchtigen und gewandten Sänger Muoth auf, der die von Kuhn geliebte Sängerin Gertrud Imthor heiratet, sich aber nach dem Scheitern seiner Beziehung – Gertrud verlässt ihn – umbringt. Muoth, der leichtsinnige, labile, donjuanhafte, das Leben und seine Genüsse bejahende Musiker, verkörpert den anderen Pol des Künstlerischen, das Gesellige und Gesellschaftliche, die unterhaltende Wirkung der Musik. Aber er ist es auch, der die Begabung Kuhns entdeckt und die von ihm komponierten Lieder zur Aufführung bringt. Als tragisch für beide erweist sich der Umstand, dass Muoth dadurch Gertrud, die Sopranistin, kennenlernt und für sich gewinnen kann.

Der Name »Gertrud« ist nicht zufällig gewählt. Einer »Frau

Gertrud« hatte Hesse schon seinen ersten Gedichtband gewidmet, und diese Frauengestalt kehrte wieder in *Eine Stunde hinter Mitternacht*. Dort verkörperte sie die unbestechliche Dichtermuse, die über die Wahrhaftigkeit der Poesie wacht. Für die Reinheit der Empfindung und die Welt des Geistes steht auch Gertrud Imthor, die von dem Sinnenmensch Muoth herausgefordert wird. Im Kampf zwischen dem Apollinischen und dem Dionysischen siegt das Licht über die Dunkelheit, der Geist über die Materie, die Tugend über das Laster. So ist es konsequent, dass Kuhn am Ende doch zu Gertrud findet, allerdings in Form einer platonisch-entsagenden Freundschaft, in der sich der Eros zur Kunst sublimiert. Im Epilog des Romans konstruiert Hesse ein philosophisch-humanes Notdach über seine eigene Zerrissenheit, um die Polaritäten in einer idealistischen Kunsttheorie zu versöhnen: »Das Schicksal war nicht gut, das Leben war launisch und grausam, es gab in der Natur keine Güte und Vernunft. Aber es gibt Güte und Vernunft in uns, in uns Menschen, mit denen der Zufall spielt, und wir können stärker sein als die Natur und als das Schicksal, sei es auch nur für Stunden. Und wir können einander nahe sein, wenn es not tut, und einander in verstehende Augen sehen, und können einander lieben und einander zum Trost leben.

Und manchmal, wenn die finstere Tiefe schweigt, können wir noch mehr. Da können wir für Augenblicke Götter sein, befehlende Hände ausstrecken und Dinge schaffen, die vordem nicht waren und die, wenn sie geschlossen sind, ohne uns weiterleben. Wir können aus Tönen und aus Worten und aus andern gebrechlichen wertlosen Dingen Spielwerke erbauen, Weisen und Lieder voll Sinn und Trost und Güte, schöner und unvergänglicher als die grellen Spiele des Zufalls und Schicksals. Wir können Gott im Herzen tragen, und zuzeiten wenn wir seiner innig voll sind, kann er aus unsern Worten schauen und auch zu andern reden, die ihn nicht kennen oder kennen wollen. Wir können unser Herz dem Leben nicht entziehen, aber wir können es so bilden und lehren, daß es dem Zufall überlegen ist und auch dem Schmerzlichen ungebrochen zuschauen kann.«[240]

Der Widerspruch bleibt, »da ich selber, mit allem guten Willen, aus meinem Leben kein Lied und keine reine Musik habe machen können«[241], wie Hesse Kuhn sagen lässt. Die Erkenntnis, aus dem eigenen Leben selbst kein Lied machen, sondern ihm allenfalls Poesie abgewinnen zu können, ist diesem Roman eingeschrieben, auch wenn es an seinem Schluss nach Selbstversöhnung und Aufbruch klingt. Hesse organisiert sein Leben weiterhin aus der Spannung heraus, sich selbst und seine schwierige Ehe durch das Schreiben und ein Netzwerk von Freunden und Bekannten in der Balance zu halten. Das Haus am Erlenloh wird zum Treffpunkt von Autoren, Malern und Musikern, die sich am Bodensee angesiedelt haben. Dazu gehören Schriftsteller wie Emanuel von Bodmann, Wilhelm von Scholz und der in Überlingen lebende Emil Strauß. Mia Hesse fühlt sich wohl im Kreis der Musiker, die regelmäßig zu Gast sind wie der Komponist Othmar Schoeck, der viele der Gedichte ihres Mannes vertont, oder die Kammersängerin Ilona Durigo. Das Atmosphärische dieser gemeinsamen Stunden kann Hesse in seinen Roman *Gertrud* einfließen lassen.

Zu der kleinen Kolonie von stadtmüden Künstlern, die sich in Gaienhofen und Umgebung niederlassen, gehört auch der Maler, Grafiker und Holzschneider Max Bucherer, mit Hesse schon seit Basel bekannt. Er arbeitet als Zeichenlehrer im Deutschen Landerziehungsheim für Mädchen im Schloss Gaienhofen und zählt mit Ludwig Finckh bald zum engsten Freundeskreis. Nicht nur aus der Schweiz, auch aus München kommen Künstler an den Bodensee, so der Maler Anton Kerschensteiner und seit 1909 auch der Kunstlehrer Ludwig Renner und der Grafiker und Illustrator Otto Blümel, der Max Bucherer als Lehrer im Landerziehungsheim ablöst. Blümel entwirft den Umschlag von Hesses 1910 im Verlag Albert Langen erscheinenden Musikerroman und gestaltet auch eine Vorzugsausgabe der Gedichtsammlung *Unterwegs*, die 1911 in nur 500 Exemplaren im Münchner Verlag Georg Müller herauskommt. Ein weiteres Illustrationsprojekt für den S. Fischer Verlag kann nicht realisiert werden, aber einige Jahre später wird Blümel den Umschlag der von Hesse bei Albert Langen herausgegebenen Anthologie *Lieder deutscher Dichter* entwerfen. Auch von Ludwig Finckh nimmt Otto Blümel Aufträge an und gestaltet dessen Exlibris. Die Familien Hesse und Finckh bekommen an Weihnachten 1910 Krippen geschenkt, die von ihm gebaut und bemalt sind.

Am 1. März 1909 kommt Hesses zweiter Sohn, Hans Heinrich, genannt Heiner, zur Welt. Schon im Dezember 1908 hatte Hesse gegenüber Rudolf Wackernagel-Burckhardt angesichts des bevorstehenden Ereignisses Fluchtgedanken geäußert: »Wenn ich nicht zu eitel und verständig wäre, ließe ich eines Tages den ganzen Kram im Stich und verschwände spurlos in einem umbrischen Kloster«[242], um wenige Wochen nach der Geburt, am 18. April, anzukündigen, bald aus Gaienhofen abreisen zu wollen. »Man wird unbeweglich, wenn man kleine Kinder hat. Nur manchmal muss ich wieder rasch verreisen, mich in ein paar fremden Städten herumtreiben und ein paar närrische Nächte verzechen.«[243] Hesses Ziel ist die Kurstadt Badenweiler, wo er sich den ganzen Juli hindurch gegen Rheuma und den andauernden Kopfschmerz behandeln lässt. Immerhin bleibt Mia dieses Mal nicht allein zurück, sondern bekommt zur Unterstützung eine Haushälterin. Hesse kann sich das leisten, weil seine Einnahmen aufgrund der hohen Auflagen seiner Werke enorm gestiegen sind. Zudem ist der Vertrag mit dem S. Fischer Verlag inzwischen durch eine Klausel ergänzt worden, die dem Autor drei Jahre lang ein Gehalt von 5400 Mark gewährt, das in monatlichen Raten von 150 Mark ausbezahlt und auf das übrige Honorar nicht angerechnet wird. Einen solchen Vertrag hatte Samuel Fischer zuvor noch keinem Autor zugestanden – und er räumt Hesse sogar das Recht ein, von seinen nächsten vier Büchern eines an einen anderen Verlag geben zu dürfen. Nur so kann der Roman *Gertrud* im Frühjahr 1910 bei Langen in München erscheinen. Albert Langen, in dessen Verlag die Zeitschriften *Simplicissimus* und *März* herauskommen, hatte Hesse bedrängt, ihm als Gegenleistung für die Mitherausgeberschaft beim *März* und die damit verbundene großzügige Zahlung von 200 Mark im Monat wenigstens ein Buch anzubieten, was Hesse aufgrund seiner neuen Vertragssituation denn auch tun konnte.

Der Eindruck, den Hesse von dem in aller Welt bekannten Kurort Badenweiler hat, ist ziemlich ernüchternd, wie er am 9. Juli einem Freund schreibt: »So ein Kurort vermag auch das ausgesucht schönste Schwarzwaldtal gründlich zu entzaubern und zu vergewaltigen. Freche, viel zu große und grelle Bauten, hunderte von völlig unnützen Wegzeigern in allen Farben, künstliche winzige Teiche mit verkümmernden Schwänen und dummen Goldfischen, künstliche winzige Wasserfällchen mit blechernen Gnomen oder Rehen oder Tropfsteinmäuerchen. Dazu erfüllt täglich dreimal eine Musikbande das ganze stille Waldtal anderthalb Stunden mit einer teuflischen, verzweifelten Blechmusik, vor welcher kein Entrinnen ist. Und das alles wird von einem großen, eleganten, internationalen Publikum nicht nur hingenommen, sondern anscheinend genossen. Es ist zum Weinen.«[244] Nur »ein sehr kluger und feiner Arzt«[245] – es handelt sich um Dr. Albert Fraenkel – wird von der Kritik ausgenommen. Seine »psychologische Methode«, berichtet Hesse seinem Vater zwei Tage später, bestehe darin, »die Störungen des Nerven- und Stimmungslebens … auf unausgeglichene seelische Zustände und Erlebnisse« zurückzuführen. Diese Methode könne aber bei intellektuellen Menschen »mit gesteigerter Sensibilität und fein verzweigter Individualität«, also bei Künstlern und Dichtern, nicht erfolgreich sein, weshalb er für sich von Anfang an keine Heilung erwartet habe: »Ich will ja nicht aus meiner Haut und Seele, aber zu lernen und zu gewinnen hoffe ich doch mancherlei.«[246] In den ein Jahr später veröffentlichten »Aufzeichnungen eines Herrn im Sanatorium« wird Hesse noch deutlicher und greift damit erneut das Thema des Romans *Gertrud* auf, den Gedanken, dass alles Künstlertum auf Leiden beruht. Über einen Dichter, in dem er sich fast unverhüllt selbst porträtiert, schreibt Hesse: »Der Leidende hat eingesehen, daß teils seine ganze seelische Veranlagung, teils das Besondere seines inneren Schicksals, teils aber auch seine eigene Charakterschwäche, sein Mangel an

Erziehung und Selbsterziehung, an Einordnung und Anpassung, die einzigen Ursachen seines wenig erfreulichen Zustands sind, und er schien anfänglich auf gutem Wege zur endgültigen Erkenntnis und damit zum endgültigen gelassenen Hinnehmen seines Lebens zu sein. In diesem Weg ist er aber wieder irre geworden und bleibt zögernd stehen ... Und da will mir scheinen, unser Mann zögere aufgrund eines vielleicht richtigen instinktiven Gefühls, er scheue nämlich vor der Bahn der reinen Erkenntnis und der Lebensklugheit deswegen zurück, weil seine innere Stimme ihm sagt, er werde mit den unbeherrschten dunklen Regungen seiner Seele auch die schöpferische Kraft als Künstler verlieren. Er hat die Wahl, entweder seine Gedanken- und Seelenstruktur zu Ende zu führen und damit ein stetigeres, leidloseres, wenn auch gedämpftes Lebensgefühl zu gewinnen, oder aber seinen Dämon fernerhin im Dunkeln walten zu lassen und zugunsten seltener trunkener und gehobener Stunden auf jenes stabilere Glück der Ruhe zu verzichten. Er wird von Apollo abfallen und zu Dionysos zurückkehren.«[247]

Hesse verzichtet auf das stabile Glück der Ruhe, das ihn in Gaienhofen erwartet, und setzt seine Reisetätigkeit unbeirrt fort. Eine Lesetour führt ihn nach Hildesheim, Osnabrück, Goslar, Bremen, Hannover und Braunschweig, wo er am 28. Oktober von dem 78-jährigen Wilhelm Raabe empfangen wird. Neben Gottfried Keller ist Raabe der Erzähler unter den Autoren des poetischen Realismus, der ihn am meisten beeindruckt. Kurz nach dem Besuch des verehrten Dichters, auf der Rückreise von Braunschweig an den Bodensee, muss Hesse sich in Frankfurt einer Blinddarmoperation unterziehen, die ihm so zusetzt, dass Mia aus Gaienhofen anreist, um ihm beizustehen. Wilhelm Raabe schildert er sein Erwachen nach der Operation in einem Brief als persönliche Auferstehung: »Am zweiten Tag nach der Operation, als ich zum erstenmal mit einiger Klarheit aus dem Dusel von Jammer und Chloroform erwachte, war es Mittag und hörte ich mit Erstaunen, sämtliche Glocken der Stadt Frankfurt zusammen läuten.«[248] Tatsächlich war es der 150. Geburtstag Friedrich Schillers, den die Frankfurter feierten, was Hesse nicht zu erwähnen vergisst.

Das Jahr 1910 beginnt mit einer heftigen Auseinandersetzung zwischen Hesse und seinem Verleger. Samuel Fischer ist verärgert, dass sein Erfolgsautor den Roman *Gertrud* an den Langen Verlag gegeben hat, und bedrängt ihn, sich auf Jahre an den S. Fischer Verlag zu binden und ohne Ausnahme alle künftigen Werke dort zu veröffentlichen, obwohl er Hesse ja im Vertrag zugestanden hatte, von vier Büchern eines an einen anderen Verlag geben zu dürfen. Am 29. Januar antwortet ihm Hesse in ungewöhnlich scharfen Worten: »Da Sie sich Mühe geben, die Sache so hinzustellen, als täten Sie mir mit Ihren Vorschlägen noch Gnade an, will ich lieber auf weitere Kontrakte verzichten, da Sie mich schon jetzt an meinen Briefen und Verträgen so gewaltsam festhalten wollen. Ich habe mit Ihnen einen Vertrag, nach dem ich das volle Recht habe, Langen ein beliebiges Buch zu geben. Trotzdem tun Sie nun, als begehe ich ein Unrecht, ihm ›Gertrud‹ zu geben, und müsse Ihnen dafür ein ›Äquivalent‹ bieten. Ich habe Ihnen wiederholt versichert, wie ich Ihren Verlag schätze und mit ihm zufrieden bin, und daß ich ein endgültiges Untreuwerden gar nie im Sinn hatte – Sie sind damit nicht zufrieden, sondern wollen mir einen Kontrakt aufnötigen, der für Sie Vorteile, für mich keine hat.«[249] Hesse rechnet Samuel Fischer vor, dass die 20 Prozent Honorar nebst der Zusatzzahlung von monatlich 150 Euro etwa den 25 Prozent entsprächen, die ihm von vier großen deutschen Verlagen als Honorar angeboten würden, sollte er den S. Fischer Verlag verlassen. Die Kontraktverlängerung beraube ihn also nur seiner Freiheit, stelle ihn aber nicht besser. Schon zwei Tage später lenkt Samuel Fischer ein und bittet höflich um ein Buch, das er im nächsten Jahr herausbringen möchte. Hesse bietet ihm den Novellenband *Umwege* an, der allerdings erst 1912 erscheinen wird. Er versäumt es in seinem sehr freundlich gehaltenen Brief jedoch nicht, darauf hinzuweisen, dass ihm Langen sogar 35 Prozent Honorar für *Gertrud* bezahle, während der Vertrag mit dem S. Fischer Verlag ihn verpflichte, die nächsten beiden Werke für 20 Prozent abzugeben. Der Hinweis verfehlt seine Wirkung nicht: Samuel Fischer beeilt sich, Hesse die Weiterzahlung der Monatsprämie über das Vertragsende hinaus zuzugestehen, um ihn weiterhin an den Verlag zu binden.

In diesen Monaten muss sich Hesse auch mit dem schärfer und polemischer werdenden Ton des *März* befassen, obwohl er sich ja ausschließlich um die Kultur kümmert und mit dem politischen Kurs wenig zu tun hat. Seit dem Tod von Albert Langen im April 1909 beginnt sich der Horizont der Zeitschrift zunehmend national einzuengen, die Publikation internationaler Autoren, an denen besonders Hesse Interesse zeigt, wird mehr und mehr eingeschränkt. Die satirische Attacke eines *März*-Autors auf die Stadt Basel, die als provinziell und philiströs charakterisiert wird, verärgert Hesse so sehr, dass er Ludwig Thoma einen Protestbrief schreibt. Mit solchen Ausfällen mache sich der *März* zum »Witzblatt«[250] und diskreditiere sich selbst, schreibt er am 15. Januar 1910. Gegenüber seinem Stuttgarter Mitherausgeber Conrad Haußmann macht er sich ebenfalls Luft über »manche unnütze Artikel«. Der *März* sei im jetzigen Zustand »absolut kein Blatt für deutsche Kultur, sondern eben ein Blatt für freisinnige Politik, verbrämt mit entbehrlichen Feuilletons«[251]. Das ist auch ein Seitenhieb auf den Freund, denn Haußmann ist württembergischer Landtagsabgeordneter der Fortschrittspartei. Seinen Vater wiederum muss Hesse beschwichtigen, weil der sich über eine antireligiöse Glosse der Zeitschrift empört hatte. Er selbst sei, antwortet er am 6. März, »in religiösen Sachen immer mehr duldsam und gewissermaßen sachlich« geworden und habe sich »den Glauben an die Einziggültigkeit der religiösen Denkart«, in der er aufgewachsen sei, nicht erhalten können. Dennoch habe er sich, versichert Hesse, »trotz aller Weltlichkeit meines Lebens doch eine tiefe Verehrung der echten Frömmigkeit bewahren«[252] können. Mit dieser Frömmigkeit sei es aber im »offiziellen Christentum« nicht weit her, deshalb sei seine »Kulturarbeit« beim *März* zwar nicht gegen den Glauben, aber gegen die Amtskirche gerichtet. Mit dieser antikirchlichen Wendung darf sich Hesse von seinem Vater durchaus verstanden fühlen, denn die Unabhängigkeit des »empfindlichen Herzens«[253] von jeglicher kirchlichen Autorität ist ein pietistischer Grundgedanke.

Das Jahr 1910 markiert auch insofern einen Wendepunkt, als Hesse erstmals mit Negativkritiken konfrontiert wird. Besonders hart trifft ihn das Urteil des geschätzten Theodor Heuss, der in der Zeitschrift *Die Hilfe* kritisiert, dass Hesse durch die Wahl der Ich-Form im Roman *Gertrud* »seinem alten Hang zur Reflexion« nachgegeben und das Buch dadurch »einen etwas grämlichen Zug«[254] bekommen habe. Hesse räumt ein, aufgrund seiner häufigen Krankheiten nicht mehr »so frisch wie vor acht Jahren« zu sein, wie also zum Zeitpunkt der Niederschrift des *Camenzind*, hält aber den neuen, schlichteren »Ton« des Romans für einen Fortschritt. Gegenüber Conrad Haußmann deutet er die kritischen Stimmen als Verschwörung der wankelmütigen Presse, die ihn »so lang als Genie ausgeschrien habe, bis sie müd wird und ihn plötzlich für einen Trottel erklärt«[255].

Provoziert durch die so noch nie erlebte Ablehnung, versteigt sich Hesse zu einem bedenklichen Antijudaismus, den die Autoren des *Simplicissimus* bislang immer den Deutschnationalen und Völkischen vorgeworfen haben: »Da belustigen mich besonders die gescheiten Berliner Juden, die sehr wenig von mir halten, aber wider Willen wenigstens mein Deutsch anerkennen müssen. Daß jemand mit Freude und angeborner Selbstverständlichkeit sich in seiner Sprache wie in Heimatluft bewegt, das ist diesen Leuten immer noch seltsam, deren Großväter noch hebräisch und deren Väter noch besser polnisch als deutsch gesprochen haben.«[256] In einem Brief an die Familie spielt ein innerlich aufgewühlter Hesse den Gelassenen. Am 2. April 1911 schreibt er nach Calw, zum »Angeschwärmt-Werden« kämen nun »auch wundervolle Schmähartikel und Angriffe«: »Ein Münchner Kritiker hat mir geraten, ich möchte doch lieber Leutnantsschwänke schreiben statt solche Sachen wie ›Gertrud‹, und über ›Unterm Rad‹ urteilte ein Lehrer unter anderm: Schopenhauer und Nietzsche seien ja Muster von gehässigen Grobianen, aber gegen mich seien sie Waisenknaben. – All diese unliebsame Öffentlichkeit ist so äußerlich, daß man sich daran gewöhnt, sie nie ernst zu nehmen …«[257] Eine Reihe weiterer Briefe aus dieser Zeit belegen, wie verletzt Hesse ist, auch wenn er es sich nach außen nicht anmerken lässt. Doch es erreichen ihn auch Briefe junger Menschen, die ihn als Dichter verehren oder sich an ihn wenden, um ihre Manuskripte von ihm begutachten zu lassen. Er könne das in ihn gesetzte Vertrauen, antwortet Hesse am 14. Oktober 1910 einem dieser jungen Briefschreiber, leider nicht erfüllen. Hesse legt seiner kurzen Antwort einen gedruckten Standardbrief bei, in dem er seine Haltung ausführlich darlegt. Der Text ist als offener Brief am 15. März 1910 in der Zeitschrift *März* unter dem Titel »Der junge Dichter – Ein Brief an Viele« erschienen. Man könne, heißt es dort, unmöglich aus Proben eines Anfängers irgendwelche Schlüsse auf sein Talent ziehen. Wer das verspreche, sei ein Schwindler. »Es gibt junge Dichter«, so Hesse, »die mit zwanzig Jahren ganz erstaunlich schöne Verse dichten, mit dreißig aber keine mehr oder, was schlimmer ist, noch genau dieselben. Und es gibt Begabungen, die erst mit dreißig, mit vierzig Jahren zum Bewußtsein kommen. Kurz, die Frage nach den Aussichten auf künftigen Dichterruhm, die Sie mir stellen, gleicht der Frage einer Mutter, ob wohl ihr Fünfjähriger einmal groß und schlank werden oder klein bleiben werde.«[258]

Hesse gibt den jungen Dichtern schließlich doch noch einen Ratschlag, der nicht ganz zufällig der pietistischen Forderung nach moralischer Selbstprüfung verpflichtet ist, mit der er in seinem Calwer Elternhaus so oft konfrontiert wurde: »Solange Sie das Gefühl haben, Ihre poetischen Versuche seien Ihnen förderlich und helfen Ihnen, über sich selbst und die Welt klarer zu werden, Ihre Erlebniskraft zu steigern, Ihr Gewissen zu schärfen, solange bleiben Sie dabei. Ob Sie dann ein Dichter sind oder nicht, es wird ein brauchbarer, wacher, helläugiger Mann aus Ihnen werden. Wenn das aber Ihr Ziel ist, wie ich hoffe, und wenn Sie im Genießen oder Hervorbringen poetischer Literatur das geringste Hemmnis und die kleinste Verführung zu unredlichen Nebenwegen, zu Eitelkeit und Abschwächung des naiven Lebensgefühls erblicken, so werfen Sie alle Dichtungen, Ihre und unsre, weg!«[259]

Als Hesse im Februar 1910 den Brief einer vierzehnjährigen Gymnasiastin aus dem österreichischen Czernowitz erhält, kann er nicht ahnen, dass dies sehr viel später schicksalhafte Folgen für ihn haben wird. Ninon Ausländer berichtet enthusiastisch von ihrer *Camenzind*-Lektüre und legt in einer für einen so jungen Menschen erstaunlich ausgereiften Diktion dar, dass sie eine ähnlich hohe Vorstellung von der Dichterberufung habe wie der Autor: »Und wir armen Nichtdichter, die wir nicht die Schaffensfreude kennen, die wir nur allzu häufig die Natur und das Schöne, das ins uns verborgen liegt, vor dem Schmutz des gemeinen Lebens vergessen, wir stehen staunend vor einem Menschen wie Camenzind, der sich so eine reine Seele bewahrt hat, vor einem Menschen, dessen Herz immer für das Gute und Schöne geschlagen hat und noch schlägt.«[260] In einem wesentlichen Punkt unterscheidet sich der Brief von den Zuschriften junger Leser, die Hesse in großer Zahl erhält: Die Schülerin Ninon hat den Mut, dem verehrten Dichter mitzuteilen, dass sie den Romanschluss des *Camenzind* für verunglückt hält. Ist es wirklich glaubwürdig, fragt sie, dass ein begabter Autor sein unvollendetes Manuskript in die Schublade legt, um künftig als Wirt im Gasthof seines Heimatdorfs zu arbeiten? »Ich kann es nicht glauben, daß ein Mensch plötzlich alle Gefühle, die ihm momentan lästig sind, über Bord wirft und ein andres Leben beginnt, daß einer, der immer ein ›Werdender‹ war, sich plötzlich sagt: ›Halt! So weit und nicht weiter!‹ und sich damit begnügt, wehmütig lächelnd auf die Vergangenheit zurückzublicken. Nein, ein Glücksucher wie Camenzind, der ist nicht glücklich, wenn er die Zufriedenheit statt des Glücks gewonnen hat. Zufriedenheit ist das Philisterglück! Und Camenzind ist doch kein Philister!«[261] Mit erstaunlicher Sensibilität erkennt diese junge Leserin Hermann Hesses zentrale Lebensfrage: Wie ist Freiheit mit Bindung vereinbar? Muss man das eine lassen, um das andere zu gewinnen? Sind Kunst und Leben doch nicht miteinander zu versöhnen? Peter Camenzind und Hermann Hesse sind für die Briefschreiberin identisch, und ihre Zweifel an dem jungen Dichter, der sich selbst untreu wird, richten sich auch gegen Hesse, dessen seelische Gefährdungen sie mit erstaunlicher Hellsicht erspürt. In einer späteren Phase ihres Lebens wird Ninon Ausländer den Kampf gegen diese Seelennot zu ihrer eigenen Sache machen.

Im Frühjahr 1911 ist Hesse erneut auf Reisen, dieses Mal zusammen mit zwei Freunden, dem Komponisten Othmar Schoeck und dem Dirigenten Fritz Brun. Die beiden Musikerfreunde geben zusammen mit Volkmar Andreä und Ilona Durigo eine Aufführung der Matthäuspassion in Mailand, die erste in Italien überhaupt. Anschließend geht es abwechselnd per Bahn, Pferdegespann und zu Fuß weiter nach Florenz, Siena, Orvieto und Spoleto. An seine schwangere Frau Mia sendet Hesse ein liebevolles Kärtchen, das, vielleicht wegen des schlechten Gewissens über die erneute Abwesenheit, eine gemeinsame Reise in Aussicht stellt: »Liebste, Spoleto ist die schönste Entdeckung, die ich je in Italien gemacht habe, und ich habe mir ausgedacht: wenn wir beide, eventuell sogar mit Kindern, einmal hier in der schönen Stadt und fabelhaften Landschaft ein bis zwei Monate leben würden, so könnten wir es uns mit einer Reihe schöner Aufnahmen und einigen Feuilletons vermutlich gut verdienen. Überleg Dir's! Es ist ein Reichtum von kaum bekannten Schönheiten, Berge, Täler, Brücken, Eichenwälder, Klöster, Wasserfälle usw.! Dir und den Kindern Küsse von Deinem Hermann.«[262]

Doch schon kurz nach seinem Geburtstag, am 9. Juli, kündigt Hesse gegenüber Conrad Haußmann eine noch viel größere Reise an, die nach Südostasien führen soll: »Meine Frau erwartet etwa Ende Monats ein Kleines, und wenn das alles gut abläuft, werde ich bald nachher für einige Zeit aus der Gegend verschwinden und unerreichbar sein. Ich habe ein Billet nach Singapore bestellt, ein Freund reist mit, wir wollen Sumatra bereisen, und dann will ich noch im Urwald bei Kwala Lumpur, einer Chinesenstadt von 160 000 Einwohnern, eine Zeitlang Schmetterlinge fangen, ein dort einsam hausender Schweizer Techniker hat mich eingeladen. Im Rückweg kommt ein Besuch auf Ceylon und bei günstigen Umständen etwa auch noch ein Stückchen von Vorderindien dran.«[263] Bei dem erwähnten Freund handelt es sich um den Schweizer Maler Hans Sturzenegger, dessen Bruder Robert in Singapur die väterliche Firma übernommen hat. Hesse bereitet sich auf die Asienfahrt sorgfältig vor, lernt bei seiner Schwester Adele Englisch, liest Reiseführer und besorgt sich eine tropentaugliche Ausrüstung. Zur Übung teilt er seinem Vater am 28. Juli die Geburt seines dritten Sohnes Martin auf Englisch mit: »As I have written on a postcard, we have got a little boy the day bevor yesterday. The little fellow is in good health and likewise is his mother.«[264]

Vor der Abreise spielt sich im Hause Hesse noch eine Eifersuchtszene ab, denn Mia hat das Gefühl, ihr Mann behandle das Hausmädchen Anna besser als sie selbst. Anna, von Mia abschätzig »das Frau«[265] genannt, muss bald darauf Gaienhofen verlassen. Hesse wird die Eifersucht einige Jahre später als eines der Hauptprobleme bezeichnen, die seine Ehe mit Mia belastet hätten.

Am 7. September 1911 besteigen Hesse und sein Reisegefährte Sturzenegger in Genua den Dampfer »Prinz Eitel-Friedrich«, und um zwölf Uhr mittags legt das Schiff unter den Klängen der Bordmusik ab. Mit Liguriens Küste entschwinden für Hesse auch »all meine Sorgen«[266], wie er erleichtert in sein Tagebuch notiert. Dass Samuel Fischer einen Reisezuschuss von stolzen 4000 Mark gewährt, dürfte zu Hesses Entspannung wesentlich beigetragen haben. Seinem Freund Reinhold Geheeb, dem Herausgeber des *Simplicissimus*, schickt er am Abfahrtstag einen entsprechenden Gruß:

> »*Still verlaß ich dieses Hafens Becken*
> *Nun kann Europa mich am ...*«[267]

Von der Reise erwartet Hesse viel. Er will endlich jene morgenländisch-indische Welt mit eigenen Augen sehen, die ihm seine Eltern mit ihren Erzählungen und Büchern nahegebracht haben und die er durch seine Lektüre der heiligen Schriften Altindiens bereits gut zu kennen meint. 1907 hatte er mit der »Legende vom indischen König« versucht, die Geschichte eines jungen Herrschers zu erzählen, der sich von der Macht zurückzieht, um Weisheit zu finden. Schon in dieser Erzählung klangen Zweifel an, ob das durch die Brahmanen vermittelte Wissen wirklich zur Wahrheit führt. Der Weg des jungen Königs durch »die Schlacht der Gedanken und Worte«[268] endet in der Selbstversenkung. Zum Weisen geworden, verschwindet er als Asket in den Wäldern. Nicht fremdes Wissen, sondern die eigene Erfahrung ist der Königsweg zur Erkenntnis. Mit diesem Anspruch und der Bereitschaft, sich von Land und Leuten inspirieren zu lassen, bricht Hesse zu seiner Morgendlandfahrt auf. Alle diese Erwartungen fallen in sich zusammen, als das Dampfschiff den Golf von Aden erreicht. Hesse leidet unter der Hitze, den Moskitos, an Durchfall und Seekrankheit. Schlafen kann er in seiner schwülen Kabine, in der ein lärmender Ventilator kreist, nur mithilfe von Veronal. Gegen die aufkommende Depression helfen eisgekühlter Whiskey und das Schachspiel. Das einzig Bemerkenswerte auf der Passage nach Ceylon sind die fliegenden Fische und ein wunderbares Meeresleuchten – doch dann lässt sich Hesse bei der Ankunft in der Hafenstadt Colombo doch überwältigen vom Zauber der fremden Welt: »Von allen Seiten einstürmend bunter greller Orient, köstlich und märchenhaft, schöne dunkelbraune Menschen, die Frauen mit Goldplatten in den Nasenflügeln, bettelnde Kinder, die meine Hand mit kühlen Händen berühren, überall hohe Würde und Groteskerie nah beisammen.«[269]

Vier Tage später erreicht der Dampfer die tropischen Archipele von Niederländisch-Indien (das heutige Indonesien) und legt in Penang an, wo die beiden Reisenden von Robert Sturzenegger abgeholt werden. Man wohnt in einer Suite des im typischen Kolonialstil erbauten »Eastern and Oriental Hotel« mit Blick aufs Meer. Wie »brutal europäisiert«[270] die malayische Inselwelt ist, das zeigt schon die erste Fahrt in der Rikscha durch die Stadt. Neorenaissancefassaden bestimmen Straßen und Plätze, in den Läden werden Stoffe, Teller, Tassen, Schuhe, Spielkarten, Schmuck und Alkohol als westliche Importware angeboten, und das einheimische Theater bringt eine »varietéhafte« Mischung aus europäischer Musik mit malayischen Kostümen und chinesischen Kulissen auf die Bühne. Die Verpflanzung europäischer Urbanität in die Lebenswelt eines andersartigen Kulturvolks ist für Hesse ein Akt der Barbarei: »Alles andere, was die Weißen hier gebaut haben und bauen, wäre durchaus würdig, in einer deutschen Bahnhofstraße aus den achtziger Jahren zu stehen … Und nun wütet falscher Marmor, Wellblech und Gewerbeschulrenaissance weiter und verseucht auch die Modernen und Wohlhabenden unter den einheimischen Bauherren. Japanische Ärzte und chinesische Wucherer bauen sich Häuser, die in die geschmacklosesten Straßen deutscher Mittelstädte passen würden. Entsprechend sind Brücken, Brunnen und Denkmäler. Das Übelste aber sind die Kirchen. Von einem stillen Palmenwalde, von einer weitern hübschen Malayendorfgasse oder von einer tiefblauen, diskret uniformen Chinesenstrasse aus auf eine Kirche zu blicken, die auf ödem Platz in entwurzelter und entgleister englischer Gotik das kulturelle Unvermögen des Westens predigt, das gehört weit mehr als Schmutz und Fieber zu den Peinlichkeiten einer indischen Reise; denn hier fühlt man sich im Innersten mitverantwortlich.«[271]

Verantwortlich sind aber auch die Ureinwohner selbst. Hesse sieht in den Malaien »liebe, schwache Kinder«, die den Verlockungen der westlichen Zivilisation erlegen sind: »Das Volk hat hier jene furchtsam kriechende Unterwürfigkeit, die der europäische Beamte und Kaufmann schätzt, die unsereinem aber gelegentlich störend auffällt. Indessen ist der geknechtete Malaye äußerst flink im Übernehmen europäischer Bequemlichkeiten, Genüsse und Herrenmanieren.«[272] So komme zur Ausbeutung durch die Kolonialherren noch die viel schlimmere kulturelle Selbstenteignung. Ganz anders die gelassenen Chinesen, die ihrer jahrtausendealten Kultur treu geblieben sind. Sie hielten, notiert Hesse im Tagebuch seiner Indonesienreise, an ihrem Theater und an ihrer Musik fest, kleideten sich traditionell und bauten ihre Häuser nach alter Art: »Bei den Chinesen sah ich zum ersten Mal die Einheit eines Volkswesens so absolut herrschen, daß alle Einzelerscheinungen darin ganz und gar untergehen.«[273] Sie sind für ihn die heimlichen Herrscher des Ostens.

Über Penang und Kuala Lumpur geht die Reise mit dem deutschen Dampfer bis Singapur, von wo Hesse und Sturzenegger am 4. Oktober mit einem kleinen holländischen Schiff nach Süd-Sumatra aufbrechen. Sie reisen auf dem Batan-Hari-Fluss und erreichen schließlich am 16. Oktober Palembang. Unterwegs beteiligt sich Hesse eher widerwillig an der Jagd auf Krokodile und versucht zur Erheiterung der Einheimischen mit seinem Schmetterlingsnetz die riesigen Tropenfalter zu fangen. Geradezu überwältigt ist Hesse vom Urwald in Sumatra, dessen explosive Fruchtbarkeit der kolonialistischen Inbesitznahme zäh entgegenarbeitet. Hier, »inmitten des erstickenden Zeugungstaumels«, ist »die Welt nicht anders als vor hunderttausend Jahren. Man könnte Drahtseile an den Gaurisankar [den Mount Everest, HSch] nageln und den Eskimos ihre Fischjagd mit Motorbooten verderben, aber gegen den Urwald würden wir noch eine Weile nicht aufkommen. Da fraß die Malaria unsere Leute, der Rost unsere Nägel und Flinten, da verwesten und vergingen Völker, und aus dem Aashaufen trieb eilends und immerzu neues Völkergemisch empor, geil und nicht umzubringen.«[274] In der wuchernden Vielfalt der Natur, unter den tausend Masken der Erscheinungen wird die Einheit allen Lebens spürbar, und es scheint sich doch zu bewahrheiten, was die altindischen Weisheitsbücher lehren. Wie stark der Wunsch nach solch einer Ganzheitserfahrung ist, in der sich alle Gegensätze und Widersprüche aufheben, verdeutlicht ein Traum, den Hesse in Singapur während einer Kinovorstellung träumt. Er befindet sich auf dem Deck eines Schiffs, es ist Nacht und neben ihm liegt sein Vater:

»›Wohin fahren wir?‹ fragte ich schläfrig.

Er putzte, ohne aufzublicken, an seiner Brille weiter und sagte ruhig: ›Wir fahren nach Asien.‹

Wir redeten Malayisch, mit Englisch vermischt, und dieses Englisch erinnerte mich daran, daß meine Kindheit lang vorüber sei, denn damals besprachen meine Eltern ihre Geheimnisse alle englisch, und ich verstand nichts davon.

›Wir fahren nach Asien‹, wiederholte mein Vater, und plötzlich wußte ich alles wieder. Jawohl, wir fuhren nach Asien, und

Asien war nicht nur ein Weltteil, sondern irgendwo zwischen Indien und China. Von dort waren die Völker und ihre Lehren und Religionen ausgegangen, dort waren die Wurzeln alles Menschenwesens und die dunkle Quelle alles Lebens, dort standen die Bilder der Götter und die Tafeln der Gesetze. Oh, wie hatte ich das nur einen Augenblick vergessen können! Ich war ja schon so lange Zeit unterwegs nach jenem Asien, ich und viele Männer und Frauen, Freunde und Fremde.

Leise sang ich unser Reiselied vor mich hin: ›Wir fahren nach Asien!‹ und ich gedachte des goldenen Drachens, des ehrwürdigen Bobsaumes und der heiligen Schlange.

Freundlich sah mich mein Vater an und sagte: ›Ich lehre dich nicht, ich erinnere dich nur.‹ Und indem er es sagte, war er nicht mein Vater mehr, sein Gesicht lächelte eine Sekunde lang genau so wie das Gesicht, mit welchem in den Träumen unser Führer, der Guru, zu lächeln pflegt, und im selben Augenblick erlosch das Lächeln, und das Gesicht war rund und still wie die Lotusblüte und glich genau dem Bildnis Buddhas, des Vollendeten, und wieder lächelte es, und es war das reife, schmerzliche Lächeln des Heilands.«[275]

Dann schlägt Hesse mit der Stirn hart auf die Kante der Kinobrüstung und erwacht. Der Film ist zu Ende, aber der Weg, so scheint es ihm, zu einer Versöhnung der Kulturen, von Ost und West, von seinem und seines Vaters Glauben hat gerade erst begonnen. Unter diesem Eindruck fällt der Entschluss, doch nicht wie geplant zu den Orten zu reisen, wo seine Eltern und Großeltern als Missionare gewirkt haben, auch nicht nach Talatscheri, wo seine Mutter geboren wurde. Hesse hat sein inneres Indien gefunden und beginnt, es enttäuschungsfest gegen so profane Erfahrungen wie Schmutz, Krankheit, Bettelei, Kommerz, Prostitution, Glücksspiel und Korruption zu machen. Beim Aufstieg auf den höchsten Berg Ceylons, den Pidurutalagala, überfällt ihn angesichts der unter ihm ausgebreiteten Urlandschaft die Erkenntnis, dass es für ihn als Europäer keine Ausflucht in den Exotismus geben darf, sondern nur den Rückweg ins Eigene, der alles Fremde in sich einschließt: »Erst hier oben in der kalten

Luft und dem Wolkengebräu der rauhen Höhe wurde mir völlig klar, wie unser ganzes Wesen und unsre nördliche Kultur in raueren und ärmeren Ländern wurzeln. Wir kommen voll Sehnsucht nach dem Süden und Osten, von dunkler, dankbarer Heimatahnung getrieben, und wir finden hier das Paradies, die Fülle und reiche Üppigkeit aller natürlichen Gaben, wir finden die schlichten, einfachen, kindlichen Menschen des Paradieses. Aber wir selbst sind anders, wir sind hier fremd und ohne Bürgerrecht, wir haben längst das Paradies verloren, und das neue, das wir haben und bauen wollen, ist nicht am Äquator und an den warmen Meeren des Ostens zu finden, das liegt in unsrer eigenen nordländischen Zukunft.«[276] Was dem europäischen Menschen fehlt, so Hesse, ist »natürliche Spiritualität« als Gegengewicht zu den zivilisatorischen Errungenschaften und der durch sie bewirkten seelischen Verarmung: »Ob Religion etwas sei, was überwunden und ersetzt werden könne, mag Frage bleiben. Daß Religion oder deren Ersatz das ist, was uns zutiefst fehlt, das ist mir nie so unerbittlich klargeworden wie unter den Völkern Asiens.«[277]

In Kandy endet die zwei Monate lange Indienreise, die eigentlich eine Indonesienreise war, mit dem Besuch des ältesten Heiligtums von Ceylon, eines Felsentempels. Der Priester führt Hesse ins Allerheiligste, zur Felshöhle, und der dünne Schein der Kerze erfasst das riesige Haupt eines liegenden Buddhas, dessen Leib die ganze Höhlenwand ausfüllt. »Auf seiner linken Schulter ruht der Fels, und wenn er aufstünde, fiele der Berg über uns zusammen«[278], schreibt Hesse über die numinose Begegnung mit dem Göttlichen, die ihn an die Lehre Buddhas erinnert: Im Zentrum alles Seins ist die Ruhe, und wenn sie endet, zerbricht der Kosmos. Am 24. November 1911 legt der britische Dampfer »York« in Kandy ab, und ein von dauernder Diarrhoe gezeichneter Hesse, der sich nur noch durch Opiate und Rotwein aufrecht halten kann, tritt die Rückreise nach Europa an.

In Neapel dann der erste Brief von Mia, die im Telegrammstil mitteilt, wie es ihr und den Kindern geht. Das lässt nichts Gutes ahnen, es wird wohl eine Aussprache geben. Denn so kann es nicht weitergehen mit einer Familie, in der einer immer unterwegs ist, ohne je sein Ziel zu erreichen, und der andere zurückbleibt, um allein das Heim und die drei Kinder zu hüten. Zurück in Gaienhofen, schreibt Hesse am 25. Dezember an seinen Arzt Albert Fraenkel, dass er am liebsten sofort nach Badenweiler kommen würde: »Ich bin also wieder da und büße die unverzeihliche Dummheit, daß ich aus der schönen Sonne in unsre unwirtliche Wüste zurückkam, durch Schnupfen und Halsweh. Am liebsten besuchte ich Sie gleich jetzt, aber die Frau säh das nicht gern und die Jahreszeit ist gar zu scheußlich, so wollen wir ein wenig warten … Jetzt schreibe ich meine Reisenotizen mit der Maschine ins reine, daß es nur so spritzt, und habe nebenher eine Menge Post usw. zu besorgen. Außerdem will ich mein Haus verkaufen – wissen Sie niemand? Haus und Garten und Wiese, alles zusammen Maximum 30 000 Mark. Wenn der Verkauf gelingt, brauche ich meinem Schwiegervater nichts mehr schuldig zu bleiben und kann wieder in die Welt ziehen, etwa nach München oder Zürich.«[279] Nach den spirituellen Klärungen, die Hermann Hesse auf seiner Südostasienreise erfahren hat, will er nun auch eine Lösung der Beziehungsprobleme herbeiführen. Der Umzug vom Land in die Stadt soll den Neuanfang einleiten.

ACHTES KAPITEL

Umzug nach Bern ins Welti-Haus. Der Eheroman Roßhalde. *Martin erkrankt lebensgefährlich. Wiedersehen mit Maulbronn. »Wir alle sind natürlich ganz deutsch gesinnt«: Kriegsausbruch August 1914. Meldung als Freiwilliger. Die »Ideen von 1914«. Kriegsgedichte. »O Freunde, nicht diese Töne«. Pressekampagne gegen den »Vaterlandsverräter«. Arbeit für die Kriegsgefangenenfürsorge.* Knulp. *Der Vater stirbt. Aufnahme ins »Kurhaus Sonnmatt« in Luzern*

Erst einmal geht alles seinen alten Gang. Im März 1912 ist Hesse auf Vortragsreise, die ihn nach Wien, Prag und Dresden führt. Hauptzweck der Reise nach Dresden ist die Besichtigung der nach modernsten Maßstäben gestalteten Gartenstadt Hellerau, die als neuer Wohnort infrage kommt, aber auch Zürich, Bern, Stuttgart und München sind in Erwägung. Dann kommt am 30. Mai die Nachricht, dass der Maler Albert Welti sein Haus am Stadtrand von Bern wegen des Todes seiner Frau Emilie und einer ernsten Erkrankung aufgeben will. Dem Zürcher Freund Walter Schädelin schreibt Hesse am selben Tag, Bern sei die einzige Stadt, »zu der ich instinktiv einiges Vertrauen habe, und auf alle Fälle könnte meine Frau, die es mit den Kindern und mir nicht immer leicht hat, sich dort wohl fühlen«[280]. Den Schweizer Maler und Radierer Albert Welti hatte Hesse 1905 in München kennengelernt, woraus sich eine freundschaftliche Beziehung entwickelte. Hesse bewundert Weltis altmeisterliche Malweise in der Nachfolge Arnold Böcklins, schätzt aber vor allem auch seine Gastfreundschaft und Großzügigkeit.

Als die Familie am 10. September 1912 tatsächlich von Gaienhofen nach Bern zieht, ist dies ein glücklicher Augenblick. Für Mia erfüllt sich der Wunsch, näher bei ihrer Familie zu sein, und Bruno, der Älteste, kann eine Schweizer Schule besuchen. Doch der Grund für diesen raschen Wechsel ist eher traurig: Am 7. Juni ist auch Albert Welti überraschend gestorben, und damit wurde sein Haus am Melchenbühl 26 frei. Obwohl Hermann und Mia Hesse bei den Weltis häufig zu Gast waren und das stilvolle Patrizierhaus schätzen, hat das Gebäude, dessen Bewohner so schnell hintereinander verstorben sind, doch auch etwas Bedrückendes. Es »roch ... zu sehr nach Tod«[281], wird Hesse im Rückblick schreiben. Etwas vergleichbar Großzügiges ist in Bern jedoch nicht so rasch zu finden und der Abschied von Gaienhofen innerlich längst vollzogen. So übernimmt die Familie auch noch Weltis Wolfshündin und richtet sich in dem etwas heruntergekommenen Landsitz ein, der weder über elektrisches Licht noch über einen richtigen Herd verfügt.

Die Lage des Welti-Hauses könnte idealer nicht sein. Es steht in Bern-Ostermundingen vor den Toren der Stadt und ist mit der Trambahn in wenigen Minuten erreichbar. Zum Anwesen gehört eine Landwirtschaft, was den Vorteil hat, dass der Pächter die Familie mit Gemüse und Milch versorgt. Das im Berner Stil erbaute Haus mit seiner auf schlanken weißen Säulen ruhenden Veranda und dem schmucken Rundgiebel ist von alten Bäumen umstanden, dahinter erstreckt sich der große Garten mit vielen Obstbäumen und einem sprudelnden Brunnen. Von der Terrasse geht der freie Blick nach Süden bis aufs Wetterhorn und die hohen Berge der Jungfrau-Gruppe. Das Innere des Gebäudes ist verwinkelt, an manchen Stellen dunkel, ja düster, die holzgetäfelten Stuben erreicht man über eine steinerne Wendeltreppe. Porträts der Besitzer und alte Stiche schmücken die Wände, Kachelöfen und antike Möbel, hohe Spiegel, französische Pendülen und ein marmorner Kamin schaffen eine herrschaftliche Atmosphäre, die in Verbindung mit dem verwilderten Garten und dem bäuerlichen Umfeld genau jene aristokratisch-ländliche Mischung ergibt, die sich Mia von dem neuen Domizil erhofft hat. An den Sinologen Richard Wilhelm schreibt sie nach dem Einzug: »Das Häuschen liegt weit draußen vor der Stadt – wir sehen grad noch ein paar Lichter heraufschimmern –, aber die Entfernung ist doch nicht so groß, daß man nicht mitgenießen könnte, was die Stadt bietet: Konzerte, Theater etc. Aber was uns eigentlich noch mehr gefehlt hat in Gaienhofen, das war der Verkehr mit Freunden – und das können wir hier ausgiebig haben, ohne gleich eine Reise tun zu müssen, um jemand zu erreichen.«[282]

Dass der Neuanfang dennoch nicht glücken will, hat mit der verfahrenen Ehe zu tun, die sich grundsätzlich nicht heilen lässt. Die häusliche Situation – drei lärmende Kinder und eine abweisend-depressive Gefährtin, die ihrem unablässig mit sich selbst und seinen Schreibprojekten beschäftigten Mann kein Verständnis mehr entgegenzubringen bereit ist – hat die Beziehung vollkommen zerrüttet. Den ersten Hinweis, dass Hesse seiner Ehe keine Zukunft mehr gibt und im Inneren nach einer grundsätzlich anderen Lebensform zu suchen begonnen hat, gibt ein Brief, den er vor dem Umzug an Conrad Haußmann schreibt: »Ich selber werde wohl immer viel reisen und wandern, und das Verhältnis zu meiner Familie beschränkt sich seit Jahren mehr und mehr darauf, daß ich mich plage, das Geld für ihren Unterhalt zusammenzubringen, was durch den Umzug in das teure Bern noch gesteigert wird … Von einem persönlichen Wirken über das mit der Feder hinaus habe ich seit langem nimmer geträumt, habe auch nach dieser Seite wenig zu geben.«[283]

Wie immer in solchen Krisen versucht Hesse die Klärung seiner Lebenssituation durch das Schreiben voranzutreiben. Einen ersten Schritt dazu hatte er bereits mit dem Roman *Gertrud* getan. Darin verweigerte er seinem Alter Ego, dem Komponisten Kuhn, eine Liebesbeziehung, um ihn damit ganz in seiner Berufung für die Kunst aufgehen zu lassen. In dem schon in Gaienhofen begonnenen Roman *Roßhalde* wird der Konflikt zwischen Liebe und Berufung, Bindung und Freiheit aufs Äußerste zugespitzt: Dieses Mal heißt Hesses literarischer Doppelgänger Johann Veraguth und ist ein verheirateter Maler. Bis ins Detail ist diese unglückliche Künstlerexistenz der Lebenssituation Hesses nachgebildet: Schon der Name des Landsitzes »Roßhalde«, wo Johann Veraguth zusammen mit seiner Frau Adele und seinem kleinen

Sohn Pierre wohnt, ist ein Anklang an das Flurstück »Schoß-
halde«, zu der das Welti-Anwesen in Bern gehört. Auch das
»Herrenhaus«, in dem die Frau des Malers getrennt von ihrem in
seinem Atelier allein hausenden Mann lebt, erinnert stark an das
neue Domizil am Melchenbühlweg. Johann und Adele Veraguth
haben sich auseinandergelebt, die kühle, in ihrer Zurückgezogenheit unnahbar und lieblos gewordene Adele weigert sich, für
das Künstlertum ihres Ehemannes Opfer zu bringen. So leben
die beiden hinter den hohen Mauern des Anwesens in einer nach
außen hin intakt scheinenden Gemeinschaft, innerlich aber
längst entfremdet. Die einzige Verbindung ist der gemeinsame
Sohn Pierre, den Veraguth abgöttisch liebt, der aber von seiner
Frau nicht freigegeben wird. Mit Pierre zusammen hätte er Ehefrau und Haus längst verlassen.

Als der Jugendfreund Otto Burckhardt überraschend zu Besuch auf »Roßhalde« kommt, erkennt der Maler, wie unhaltbar
seine private Lage geworden ist und wie sehr ihn der Ekel vor
seinen ständigen Kompromissen aufzufressen beginnt. Auch die
liebevolle Beziehung zu Pierre steht ganz im Schatten der künstlerischen Arbeit, die alles dominiert. Der Freund rät, die Verbindung zu Adele aufzugeben, da sie zur bloßen Konvention geworden sei: »Du mußt alles, was du hast, wegwerfen und mußt dich
von allem Vergangenen reinbaden, sonst wirst Du nie mehr ganz
heil und frei in die Welt blicken können.«[284] Als ersten Schritt in
ein neues Leben bietet er ihm eine gemeinsame Reise nach Indien
an – eine Wendung, die unmittelbar an Hesses eigene Erfahrung
anknüpft. Nach seinem Entschluss, sich von Adele zu trennen
und ihr den Sohn und das Haus zu überlassen, fühlt sich Veraguth »zum erstenmal seiner Frau überlegen. Er hatte abgeschlossen. Er hatte im Herzen das Opfer gebracht, er hatte auf Pierre
verzichtet.«[285] Vorher muss er aber noch eine letzte Prüfung
überstehen: Pierre stirbt an einer nicht erkannten Hirnhautent-
zündung, über deren grässliche Symptome sich Hesse von einem
Badenweiler Facharzt genaue Auskünfte eingeholt hatte, um sie
im Roman darstellen zu können. Im ergreifend geschilderten
Tod des Sohnes symbolisiert sich das Ende einer Ehe, die zuletzt

nur noch durch das gemeinsame Kind aufrechterhalten worden war.

Roßhalde ist von erstaunlicher Offenheit, was Hesses eigene Liebes(un)fähigkeit betrifft. Angesichts des großen Verlusts zieht Veraguth Bilanz: »Unbeirrt suchte er … die Fäden seines Lebens zurückzuverfolgen, deren einfaches Gewebe er nie so klar und befriedigt überschaut hatte. Und er stellte ohne Erbitterung fest, daß er all diese Wege in Blindheit gegangen sei. Er war, das sah er genau, trotz allen Versuchen und trotz aller nie ganz erloschenen Sehnsucht am Garten des Lebens vorübergegangen. Er hatte niemals in seinem Leben eine Liebe bis zum letzten Grunde erlebt und gekostet, nie bis in diese letzten Tage. Da hatte er am Bett seines sterbenden Kindes, allzu spät, seine einzige, wahre Liebe erlebt, da hatte er zum erstenmal sich selbst vergessen, sich selbst überwunden. Das würde nun für immer sein Erlebnis und sein armer kleiner Schatz bleiben.«[286]

Falls Hesse seinen Eheroman als letzten selbsttherapeutischen Versuch verstanden hat, sich aus dem Sumpf seiner familiären Dauerkrise zu ziehen, so ist er dabei grandios gescheitert. Denn die geschilderten Verhältnisse sind zu realistisch, die ausgebreitete Seelennot ist zu groß, der Konflikt für Hesse zu tief greifend und nicht lösbar – er kann nicht einfach weitermachen, wie er nach dem Erscheinen des Buches im März 1914 gegenüber seinem Vater ankündigt: »Denn die unglückliche Ehe, von der das Buch handelt, beruht gar nicht nur auf einer falschen Wahl, sondern tiefer auf dem Problem der ›Künstlerehe‹ überhaupt, auf der Frage, ob überhaupt ein Künstler oder Denker, ein Mann, der das Leben nicht nur instinktiv leben, sondern vor allem möglichst objektiv betrachten und darstellen will – ob so einer überhaupt zur Ehe fähig sei. Eine Antwort weiß ich da nicht; aber mein Verhältnis dazu ist in dem Buch möglichst präzisiert; es ist darin eine Sache zu Ende geführt, mit der ich im Leben anders fertig zu werden hoffe, und die mir doch überaus wichtig ist.«[287]

Der Roman wirkt auf kundige Hesse-Leser wie ein Appell des Autors an sich selbst, nun ebenfalls Konsequenzen für das eigene

Leben zu ziehen. Denn das Bild, das Hesse in *Roßhalde* von Adele und damit von seiner Frau Mia zeichnet, zeigt wenig Spielraum für Veränderung, zumal er die eigenen Schwächen keineswegs verschweigt: »Schwung hatte sie nie gehabt; sie war ernsthaft und schwerlebig, ich hätte das vorher wissen können. Sie konnte niemals fünf gerade sein lassen und sich mit Humor oder Leichtsinn über etwas Schweres weghelfen. Sie hatte meinen Ansprüchen und Launen, meiner ungestümen Sehnsucht und meiner schließlichen Enttäuschung nichts entgegenzusetzen als Schweigen und Geduld, eine rührende, stille, heldenhafte Geduld, die mich oft bewegte und mit der mir und ihr doch nicht geholfen war. War ich ärgerlich und unzufrieden, so schwieg sie und litt, und kam ich bald darauf mit dem Willen zu einem besseren Verständnis, bat ich sie um Verzeihung oder suchte ich sie in einer Stunde froher Laune mitzureißen, so ging es nicht, sie schwieg auch da und beharrte immer verschlossener in ihrem treuen, schwerfälligen Wesen. War ich bei ihr, so schwieg sie nachgiebig und ängstlich, sie nahm Zornesausbrüche und lustige Stimmungen mit gleicher Gelassenheit hin, und war ich fort, so spielte sie für sich allein Klavier und dachte an ihre Mädchenzeit. So kam ich immer tiefer ins Unrecht und hatte schließlich eben auch nichts mehr zu geben und mitzuteilen. Ich fing an fleißig zu werden und habe so allmählich gelernt, mich in die Arbeit wie in eine Burg zu verschanzen.«[288]

Das grausame Opfer, das Johann Veraguth aufgebürdet wird, um sich aus seiner Ehe lösen zu können, bleibt Hesse erspart. Im März 1914 erkrankt auch sein jüngster Sohn Martin lebensgefährlich, die Hausärztin diagnostiziert eine Nervenkrankheit und ordnet eine strenge Isolation von den Geschwistern an. Der fünfjährige Heiner wird von Freunden in Zürich aufgenommen, Bruno, inzwischen Schüler der dritten Klasse, darf seinen kleinen Bruder eine Zeit lang nicht sehen. Die geradezu hellsichtige Antizipation des Romans erschüttert auch Mia, die sich um die Pflege Martins kümmert. So treibt sie die Krankheit noch tiefer in die Isolation. Tag und Nacht kämpft sie um das Leben ihres Jüngsten, als könne sie damit auch die Familie retten. Als Martin das

Schlimmste überstanden hat, bringt man ihn zur Erholung aufs Land. Mia ist so erschöpft, dass sie selbst wochenlang das Bett hüten muss.

Nachdem sein Sohn wieder gesund ist, reist Hesse Anfang April für drei Wochen nach Italien, in die Gegend um Florenz. Von Bergamo aus sendet er Mia eines seiner liebevollen Kärtchen und hofft, mit ihr und den Kindern bald eine Bergtour unternehmen zu können. Sein Notizbuch enthält für das Jahr 1914 nur eine einzige Eintragung, die Hesses wahre Empfindung gegenüber seiner Frau in ganzer Schärfe zum Ausdruck bringt, sein Unverstandensein und das damit verbundene Leiden: »Das Merkwürdigste an den Frauen ist mir das: es kann vor ihren Augen jemand in langsamen Qualen zu Grund gehen, und sie haben nicht bloß kein Mitleid – sie merken es gar nicht!«[289] Die resignativen Gedichte, die Hesse im selben Jahr unter dem Titel *Musik des Einsamen* herausbringt, spiegeln diese melancholische, von Selbstmitleid und Weltschmerz bestimmte Befindlichkeit. Die Klage über das Ende seiner Liebe zu Mia könnte deutlicher nicht ausfallen:

Wie sind die Tage schwer!
An keinem Feuer kann ich erwarmen,
Keine Sonne lacht mir mehr,
Ist alles leer,
Ist alles kalt und ohne Erbarmen,
Und auch die lieben klaren
Sterne schauen mich trostlos an,
Seit ich im Herzen erfahren,
Daß Liebe sterben kann.[290]

So verfahren das Verhältnis zu Mia ist, so positiv entwickelt sich Hesses Situation als Autor. Sein Buch *Aus Indien* ist ein Erfolg. Die *Neue Rundschau*, die im S. Fischer Verlag erscheint, hatte zwar im März 1912 den Abdruck eines Manuskripts mit Reisenotizen abgelehnt. Hesse hatte erst einmal beleidigt reagiert und Samuel Fischer die viertausend Mark zurückgesandt, die der ihm als Reisekostenzuschuss gewährt hatte. Daraufhin zahlte der Verleger die Summe mit der Begründung, er habe gar keine Gegenleistung erwartet, umgehend wieder auf Hesses Konto ein – wohl in der Erwartung, sein Autor werde über kurz oder lang ein richtiges Buchmanuskript einreichen, was denn auch geschah. Die Indienaufzeichnungen wurden um die Erzählung »Robert Aghion«, die Geschichte eines Missionars, ergänzt und kamen im Herbst 1913 bei S. Fischer heraus. In kurzer Zeit erreichte *Aus Indien* sechs Auflagen und wurde durchweg freundlich besprochen. Der Kritiker Wilhelm Schäfer traf das Anliegen Hesses genau, wenn er in der Zeitschrift *Die Rheinlande* schrieb, Hesse sei »nicht Indiens, sondern seinetwegen in diese Welt gefahren, und was er heimbringt, sind deshalb seine Sachen: kluge, gebildete Einsichten, stille Beobachtungen und besonnene Gefühle«[291].

Auch das positive Echo auf *Roßhalde* bedeutet für Hesse eine Wiedergutmachung für die hämischen Kritiken, die er für seinen Künstlerroman *Gertrud* erhalten hatte. Der Schriftsteller Kurt Tucholsky meint sogar, in *Roßhalde* einen literarischen Neuanfang zu erkennen: »Nun hat er sich gewandelt: er ist älter geworden, und es bereitet sich da irgend etwas vor. Wenn nicht vorn auf dem Titelblatt der Name Hesse stünde, so wüßten wir nicht, daß er es geschrieben hat. Das ist nicht unser lieber, guter, alter Hesse: das ist jemand anders ... Und Hesse ist wieder dieser Veraguth: er hat die heimatlichen Zelte abgebrochen und geht – wohin?«[292] Und für Theodor Heuss muss Hermann Hesse auch den Vergleich mit Gerhart Hauptmann und Thomas Mann nicht scheuen: »Er hat jetzt seine Sprache in fester Hand; zum Glück hielt er sich frei von jenem ›Altersgoetheln‹, das Hauptmann und Thomas Mann an die Grenze ihrer unmittelbaren Sprachgestaltung führte. Da sind Tempo, Farbe, Anschaulichkeit, von einem weisen, aber freien Kunstverstand geleitet.«[293] Tatsächlich hat Hesse in der erzählerischen Organisation und der inneren Dramaturgie seit *Peter Camenzind* viel dazugelernt. Er schweift nicht mehr ab, verliert sich nicht in rhapsodischen Beschreibungen der Natur oder seelischer Abgründe, sondern entwickelt lebensnahe, die Konflikte präzise herausarbeitende Dialoge und hält dabei zum Geschehen emotional Distanz. Jahre später, nachdem er *Roßhalde* wiedergelesen hat, wird Hesse urteilen: »Das Buch hat mir gefallen und hat sich bewährt, es sind nur ganz wenige Sätze darin, die ich heute streichen oder ändern würde, und umgekehrt steht eine Menge Sachen darin, die ich heute nicht mehr vermöchte. Damals, mit diesem Buch, hatte ich die mir mögliche Höhe an Handwerk und Technik erreicht und bin nie weiter darin gekommen.«[294]

Im März 1914 kündigt Hesse seiner Schwester Adele an, bald einmal nach Maulbronn reisen zu wollen, zumal dort sein ehemaliger Mitseminarist Wilhelm Häcker als Professor unterrichtet. Nach zweiundzwanzig Jahren wäre dies das erste Wiedersehen mit jenem Ort, der ihn wie kein anderer geprägt hat. Er würde gern, schreibt er seiner Schwester, Kloster und Umgebung sehen »und den jetzigen Seminarbuben von Indien«[295] erzählen. Am 1. Juli ist es so weit, und Hesse fährt mit der kleinen Regionalbahn durch die Waldhügel der Maulbronner Gegend, steigt an der verschlafenen Haltestelle aus und wandert durch die Wälder nach Maulbronn hinüber, wie er in seinem Bericht »Der Brunnen im Maulbronner Kreuzgang«[296] schreibt. Der gescheiterte Seminarist kehrt als berühmter Dichter ins Kloster zurück, und als hinter den Baumwipfeln der spitze Kirchturm erscheint, überwältigt ihn die Erinnerung, die Trauer über das Verlorene und vielleicht auch das Gefühl des Verrats – denn hatte er in seiner Schülergeschichte *Unterm Rad* das Klosterseminar nicht zu einem Ort der Unterdrückung gemacht, um der literarischen Sensation, des kulturpolitischen Effekts willen? Nun empfindet er »tiefe Liebe« und atmet »befreit die süße Seltsamkeit – Heimatluft, dem Heimatlosen und Wanderer so selten, so ganz und gar neu! Als wäre eine längst zerbrochene und beiseit gestellte Kostbarkeit über Nacht wieder ganz und schön und mir zu eigen geworden. Als stünden liebe Tote neben mir und sähen mir in die Augen, lächelnd, daß ich sie tot geglaubt. Als wäre nun alles wieder vorhanden, was die fern und fabelhaft gewordene Jugend einst so vertrauensvoll und tröstlich und reich gemacht: ein Vaterhaus, eine Mutter, Kameraden, phantastisch lockende Zukunft.«[297]

Zum eigentlichen Erlebnis aber wird die Begegnung mit dem dreischaligen Brunnen im Maulbronner Kreuzgang, sein »Zaubergesang« ist Musik gewordene Architektur. Mit klingenden Wortkaskaden löscht Hesse die Erinnerung an die frühen Gemütsverwirrungen, den Behauptungskampf des Schülers und die Ungeduld, doch endlich Dichter sein zu dürfen, endgültig aus: »Du Lied meiner Jugendzeit! Kein Ton der Welt, kein heimatliches Kirchengeläut und keine Menschenstimme von denen, die noch leben, spricht so zu mir wie du, Lied meiner Jugend, und dich hatte ich vergessen können! Verwirrt und beschämt trat ich dem Wunder näher, stand am Eingang der Brunnenkapelle und sah im klaren Schatten des gewölbten Raumes die drei Brunnenschalen übereinander schweben und das singende Wasser fiel in acht feinen Strahlen von der ersten in die zweite Schale, und in acht feinen klingenden Strahlen von der zweiten in die riesige dritte, und das Gewölbe spielte in einem ewig holden Spiel mit den lebendigen Tönen, heut wie gestern, heut wie damals, und stand herrlich in sich begnügt und vollkommen als ein Bild von der Zeitlosigkeit des Schönen.«[298]

Das immer wiederkehrende Gefühl des Verlusts, das Hängen am längst Vergangenen, in dem sich erneut die tief verwurzelte Sehnsucht Hermann Hesses nach Zugehörigkeit, Bindung und Heimat ausdrückt, die ihm auch die Befreiung aus der unhaltbar gewordenen Ehe mit Mia so schwer macht, diese existenzielle Rückwärtsgewandtheit wird im Sommer 1914 weggefegt durch ein brutal ins Gegenwärtige hineinstürzendes Ereignis, das Hesse bisher nur aus den Geschichtsbüchern kennt: den Krieg. Wie viele Millionen anderer Deutscher unterschätzt auch er die Tragweite der Ermordung des österreichisch-ungarischen Thronfolgers Franz Ferdinand durch serbische Nationalisten am 28. Juni 1914 in Sarajevo. Die fatale Kettenreaktion der Mobilmachungen, die am 1. August zum Ausbruch des Ersten Weltkrieges führt, überrascht ihn vollkommen. Kriegsgerüchten, die es auch in der

Schweiz gab, hatte der mit sich selbst beschäftigte Autor keine Beachtung geschenkt. Doch wie eine unheimliche Vorahnung liest sich das Märchen »Der Traum von den Göttern«, das Hesse wenige Wochen vor Kriegsausbruch zu Papier bringt. Der Träumer befindet sich im »Tempel der Wissenschaft«, einer Art moderner Turmbau zu Babel, als der Kriegsgott mit Gefolge erscheint, dem die jubelnden Massen zufliegen. Der Turm stürzt ein, und eine als apokalyptisch geschilderte Weltenwende beginnt.

Der 1. August ist der Nationalfeiertag der Schweiz und soll wie jedes Jahr mit einem Feuerwerk begangen werden. Wegen der Krise wird es dieses Mal aber abgesagt. Hesse hat seinem Sohn Bruno, der sich zur Erholung am Thuner See befindet, versprochen, ihn zu besuchen und aus Bern Feuerwerk mitzubringen. An dem Tag, da Deutschland Russland den Krieg erklärt, lässt Hesse zusammen mit »Buzi« auf dem Zelgg, einer Alp über dem Thuner See, die Kracher knallen. Doch schon bald ist Hesse von der allgemeinen Aufregung angewidert, unberechenbare Volksmassen sind ihm ein Graus. Er arbeitet im Garten und meidet die Stadt. Doch wie Tausende anderer deutscher Intellektueller empfindet sich auch Hermann Hesse als Patriot und meldet sich im deutschen Konsulat in Bern umgehend zum freiwilligen Kriegsdienst. Am 5. August schreibt er: »Wir alle sind natürlich ganz deutsch gesinnt. Nachmittags ging ich aufs Konsulat, um zu fragen, ob ich mich stellen soll, der Landsturm im Ausland wird aber noch nicht eingezogen.«[299] Als die Meldung kommt, dass die deutsche Armee – Deutschland hat inzwischen auch Frankreich den Krieg erklärt – in das neutrale Belgien einrückt, um die französischen Grenzbefestigungen in einem gewaltigen Umfassungsangriff zu umgehen, bekennt er am 7. August: »Ich merke, wie einseitig patriotisch ich geworden bin; Bemerkungen kritischer Art über Deutschlands Benehmen gegen Belgien (das ich selbst nicht loben kann!) ärgern und erregen mich. Wenn es nur dort rasch und nicht allzu blutig vorwärts geht!«[300]

Die neutralen Schweizer befürchten, selbst in den Krieg verwi-

ckelt zu werden, denn der Riss geht durch das ganze Land, da die
»welschen«, also Französisch sprechenden Schweizer mit Frankreich und die Deutschsprachigen mit Deutschland sympathisie-
ren. Im italienischen Tessin wartet man ab, wofür sich das zau-
dernde Italien entscheiden wird. Überall werden erregte Debatten
geführt, und vor den Bauernhäusern hängen die Schweizer Uniformen zum Lüften. Am 9. August erreicht Hesse die Nachricht,
dass sich auch sein Malerfreund Otto Blümel als Freiwilliger
gemeldet hat. Hesse selbst ist als Reservist dem Landsturm zugeteilt, der angesichts der Massen von Freiwilligen vorerst nicht
zum Einsatz kommt.

Hesses Gefühle sind, was die Folgen des Krieges für ihn selbst betrifft, zwiespältig, am 8. August notiert er: »Ich hoffe, selber bald
einberufen zu werden, und doch graust mir davor«, um sich
einen Tag später zu dem Satz hinreißen zu lassen: »So leid mir
die Franzosen tun, ich muß wünschen, sie möchten gründlich
geschlagen werden.«[301] Besonders England erregt seinen Zorn,
wie aus einem Brief vom 9. September an seinen Vater hervorgeht. Durch die komplizierte Bündnispolitik richteten sich die in
den Krieg verwickelten europäischen Staaten zugrunde, klagt
Hesse, nur England warte eigensüchtig »auf den Profit«. »Da es
jetzt doch einmal auf Tod und Leben geht, kann man nur wünschen, es möchte in Indien Aufruhr geben oder es möchte der
englischen Flotte ein großes Malheur passieren. Wenn das ge-
schähe, und wenn Österreich halbwegs aushält, dann könnte
Deutschland beim Friedenschließen die erste Stimme haben,
und es wäre für Leben und Kultur der nächsten Zukunft etwas
zu hoffen. Andernfalls käme England obenauf, und dann wäre
Europa in den Händen dieser Geldsäcke und der analphabeten
Russen. Dann könnten wir alles, was uns lieb und heilig ist, nur
noch als eine Art von Geheimkult weiterpflegen. Ich persönlich
habe zu Deutschland freilich ein sehr großes Vertrauen, und
selbst wenn andre Träume unerfüllt bleiben, muß ja diese riesige
moralische Aufrüttelung uns am Ende irgendwie nützen und gut
tun, trotz der Opfer. Aber sowohl die Stärkung Rußlands wie die

tiefe Schwächung Frankreichs ist für die Gesamtheit verhängnisvoll, und das Furchtbare an diesem großen Krieg, daß vermutlich dabei die am besten wegkommen, denen es am wenigsten zu gönnen und zu wünschen ist. Menschlich sind mir ja Russen wie Engländer lieb und nahe, aber politisch und kulturell ist beiden eine Stärkung nicht zu wünschen.«[302]

Hermann Hesse ist wie viele andere Dichter seiner Generation ein Verfechter der sogenannten »Ideen von 1914«, wie sie bei Kriegsausbruch von einer Reihe deutscher Publizisten vertreten werden. Besonders die Thesen Werner Sombarts, der der »Krämerseele« der angelsächsischen »Händler« den »Opfermut« deutscher »Helden« entgegensetzt, leuchten Hesse ein, aber auch Max Schelers Buch *Der Genius des Krieges und der deutsche Krieg*, in dem der Göttinger Phänomenologe den Krieg enthusiastisch begrüßt und das »geistige Deutschland« aufruft, sich gegenüber englischem »Materialismus« und »Imperialismus« zu behaupten, findet seine Zustimmung, wie eine positive Rezension Hesses in der Kulturzeitschrift *März* belegt.[303] Auch der von ihm geschätzte protestantische Theologe Ernst Troeltsch sieht in der Kriegseuphorie des August 1914 die Geburtsstunde eines »Glaubens an den Geist«, der über die Dekadenz der materialistischen Epoche triumphiere. All diese lebensphilosophisch inspirierten Autoren stellen die »Ideen von 1914« bewusst gegen die »Ideen von 1789«, also gegen die seit der Französischen Revolution für gültig erachteten Werte wie individuelle Freiheit, rechtliche Gleichheit und Solidarität der Völker. Diese Prinzipien verschleierten nur die wahren Interessen imperialistischer Mächte wie England und Frankreich, die sich unter dem Deckmantel universaler Werte die Welt und ihre Ressourcen aufgeteilt hätten.

Zu den »Ideen von 1914« gehört die Vorstellung des Krieges als einer seelischen Bewährungsprobe, ja einer grundlegenden Erneuerung. Hatte Hesse die Regeneration sieben Jahre zuvor als Pilger zum Monte Verità noch von der Askese erhofft, so sollen jetzt die Völker durch Kampf und Schmerz aus ihrem satten Frieden herausgerissen werden. So schreibt Hesse im Brief an seinen Vater auch von der »moralischen Aufrüttelung«[304], die die Opfer bewirkten. Darin bewegt er sich ganz auf der Linie Thomas Manns, der während des Ersten Weltkriegs geschrieben hatte, im Krieg erfülle Deutschland eine historische Mission, es stehe für den Sieg der »Kultur« über die »Zivilisation«, für »Gemeinschaft« statt »Gesellschaft«, für Gefühl, Haltung und Stil gegenüber Vernunft, Skepsis und Auflösung. Thomas Mann, wie Hesse aus gesundheitlichen Gründen vom Kriegsdienst befreit, malt ein frivoles Zerrbild, was eine deutsche Niederlage bedeuten würde: »Das Ergebnis wäre ein Europa, nun, ein wenig drollig, ein wenig platt-human, trivial-verderbt, feminin-elegant, ein Europa, schon etwas allzu ›menschlich‹, etwas preßbanditenhaft und großmäulig-demokratisch, ein Europa der Tango- und Two-Step-Gesittung, ein Geschäfts- und Lusteuropa à la Edward the Seventh, ein Monte-Carlo-Europa, literarisch wie eine Pariser Kokotte.«[305]

Wie Thomas Mann in seinen *Betrachtungen eines Unpolitischen* erwartet Hesse vom Krieg die große Läuterung, eine innere Umkehr, die der wilhelminischen Saturiertheit und vor allem dem verhassten, eigentlich ganz »undeutschen« Kapitalismus ein Ende setzen soll. An einen Zürcher Bekannten schreibt er im Dezember 1914: »Die moralischen Werte des Krieges schätze ich im ganzen sehr hoch ein. Aus dem blöden Kapitalistenfrieden herausgerissen zu werden, tat vielen gut, grade auch in Deutschland, und für einen Künstler, scheint mir, wird ein Volk von Männern wertvoller, das dem Tod gegenübergestanden hat und die Unmittelbarkeit und Frische des Lagerlebens kennt … Wenn auch nur bei einem Teil der mitkämpfenden Jugend wirklich das Lebensgefühl vertieft wird, der Sinn fürs Unzerstörbare gestärkt wird, die Freude am Läppischen abnimmt, so ist damit mehr gewonnen als mit einigen Städten und Domen verloren gehen kann.« Es folgen einige Anmerkungen, die den Kampf als inneres Erlebnis preisen und dabei keinen Gedanken an Kriegsziele oder -zwecke verschwenden: »Das gefällt mir eigentlich an diesem phantastischen Krieg, dass er gar keinen ›Sinn‹ zu haben scheint, dass es nicht um irgendeine Wurst geht, sondern dass er die Erschütterung ist, von der ein Wechsel der Atmosphäre begleitet wird. Da unsre Atmosphäre einigermaßen faul war, kann der Wechsel immerhin Gutes bringen. Ob es teuer und etwas allzu teuer erkauft sei, dürfen nicht wir entscheiden. Die Natur verschwendet immer, ihr ist das einzelne Leben nichts wert.«[306]

In einigen seiner Gedichte der Vorkriegszeit hatte Hesse die lebensphilosophisch aufgeladene Stimmung der Augusttage von 1914 bereits vorweggenommen. Darin beschwört er Schmerz, Leidenschaft und Begeisterung, der Mensch solle brennen, um nicht dumpf und »in des Tages Plage« dahinzuvegetieren. So ist es von dem expressiven Gedicht »Die Flamme« des Jahres 1910 nicht weit zum ersten Kriegsgedicht, das Hesse im September 1914 veröffentlicht. Jetzt ist es das Gemeinschaftserlebnis, das neue und tiefere Erfahrungen eröffnen soll, zu denen auch Sterben und Tod gehören:

Aber ob auch jeder Tag
Hunderte verschlinge
Ungeheurer Wellenschlag
Hebt uns aus der Welt der Dinge.

Hebt uns alle zu der Welt
Männlichster Gedanken.
Diese soll, ob alles fällt,
Nimmer ins uns wanken![307]

Hesse ist sich auch nicht zu schade, für die deutsche Kolonie in Bern ein Huldigungsgedicht mit dem Titel »An den Kaiser« zu verfassen, in dem er Kaiser Wilhelms bekannten Satz bei Kriegsausbruch, er kenne keine Parteien mehr, sondern nur noch Deutsche, lyrisch besingt:

Rings stehen deine tapfern Heere
Ums deutsche Reich auf treuer Wacht
Und tragen unsre deutsche Ehre
Auf blankem Schild von Schlacht zu Schlacht.

Und alle Schranken sind gefallen,
Es gilt nicht Name noch Partei,
Daß ein erneutes Reich uns allen
Als edles Gut gemeinsam sei.

Auf solchen Boden laßt uns bauen
Die Burg der Zukunft hoch und zier,
Ihr fester Grund sei das Vertrauen
Von dir zu uns, von uns zu dir.

Dann wird der deutsche Geist aufs neue
Durch die verklärte Heimat wehn
Und wieder in bescheidner Treue
An stille Friedenswerke gehen.

Und aus der Schlachten wildem Wüten
Sei jeder willig und bereit
Die Frucht zu retten und zu hüten:
Des deutschen Volkes Einigkeit![308]

Dennoch ist in den zwei Dutzend Kriegsgedichten, die Hesse in den Jahren 1914 und 1915 schreibt, fast durchweg spürbar, wie sehr sein Bedürfnis, das historische Ereignis in ein Sinnganzes einzuordnen, im Streit liegt mit seinem Abscheu vor dem realen Krieg. Schon die Vorstellung, vielleicht als journalistischer Beobachter an die Westfront zu fahren, jagt Hesse einen so großen Schrecken ein, dass er fast einen Nervenzusammenbruch erleidet. Ernüchtert schreibt er am 15. Oktober 1914 ins Tagebuch: »Nein, wir müssen diesen Krieg in Gottes Namen auskämpfen, aber doch wahrlich nicht wie ein Fest, sondern lediglich als eine scheußliche Notwendigkeit.«[309] Und wenig später gesteht er sich seine innere Zerrissenheit ein: »Ich prüfe mich. Freude am Krieg? Nein, nie einen Augenblick! Vermeiden des Krieges aus Feigheit, aus Bequemlichkeit, aus Egoismus des mit anderen Zielen beschäftigten? Ja, ja, ich bekenne.«[310]

Eindeutiger wird Hesse in Texten, die für die Öffentlichkeit geschrieben sind. So in dem kriegspädagogischen Gedicht »Den Kindern«, das zur selben Zeit entsteht wie die selbstkritische Tagebuchnotiz. Das kindliche Kriegsspiel wird nicht nur als paramilitärische Übung gutgeheißen, sondern als seelische Mobilmachung begrüßt, um die Freiheit der Nation bewahren zu können. So heißt es in der vierten und letzten Strophe:

Und wissen sollt ihr, daß der Edle
In seiner Seele immer Krieger ist,
Auch der nie Waffen trug,
Daß jeden Tag ein Feind,
Daß jeden Tag ein Kampf und Schicksal wartet.
Vergeßt es nicht!
Gedenkt des Bluts, der Schlachten, der Zerstörung,
Auf denen eure Zukunft ruht,
Und wie auf Tod und Opfer vieler
Das kleinste Glück sich baut.

Dann werdet ihr das Leben lodernder
Und werdet inniger einst den Tod umarmen.[311]

In solch religiös überhöhtem Vitalismus ist viel Zeitstimmung, viel expressionistische Selbstübersteigerung, die sich an Ausnahmesituationen und den großen, einmaligen Gefühlen berauscht. Wer den Krieg überlebt habe, schreibt Thomas Mann in seinen *Betrachtungen eines Unpolitischen*, der kehre geläutert, ja »veredelt«[312] aus dem Feld zurück. Auch Hesse kann sich solch eine Läuterung vorstellen, ohne dabei zu verschweigen, dass er persönlich keine Waffe in die Hand zu nehmen bereit ist. In dem Gedicht »Der Künstler an die Krieger« ist nicht der Soldat der eigentliche Held, sondern der mitfühlende, mitleidende, alle Abgründe des Menschlichen in seinem Werk auskostende und darstellende Dichter. Der kämpfende Soldat reiht sich in die Reihe der wahren Helden ein, zu denen auch Hermann Hesse gehören möchte:

Wunden trug ich, die kein Speer gerissen,
Und geopfert lag ich tausendmal,
Rang um Gott mit blutendem Gewissen,
Lag gefesselt in des Jammers Tal.

Heute nun, da die Geschütze krachen,
Fast vergeßnen Kriegsgotts Fahne glüht,
Seh ich Brüder, die mich sonst verlachen,
Froh zum Heldensinne aufgeblüht.
Die in finstrer Fron am Karren zogen,
Denen trüb ein feistes Wohlsein rann,
Alle sind dem Alltag jetzt entflogen,
Jeder ward ein Künstler, Held und Mann.

Manchem, dem vor kleinstem Abgrund graute,
Blicken jetzt die Augen schicksalshell;
Weil er hundertmal den Tod erschaute,
Fließt ihm tiefer nun des Lebens Quell.

Wem das Leben hoch wie euch gebrandet,
Dem ist heilig, was der Gott uns gibt –
Die Ihr draußen in den Schlachten standet,
Seid mir Brüder nun und neu geliebt![313]

Man kann diese Dichterapotheose als Koketterie verstehen, mit der sich Hesse mit Autoren wie Walt Whitman, George, Baudelaire oder Rimbaud in Verbindung bringt, die den Dichter als Erlöser feiern. Doch das Gedicht »Der Künstler an die Krieger« ist auch als subtile Verteidigung gegen eine Pressekampagne gedacht, die im November 1914 in deutschen Blättern losgetreten wird. Anlass ist der Artikel »O Freunde, nicht diese Töne«, der am 3. November in der *Neuen Zürcher Zeitung* erscheint und Hermann Hesse in Deutschland gleichsam über Nacht zur Persona non grata macht. Er zieht darin einen scharfen Trennstrich zwischen der patriotischen Parteinahme für Deutschland und seiner Liebe zur europäischen Kultur, also auch zu der der Kriegsgegner, der er nicht abzuschwören bereit ist. Wer am Schreibtisch »blutige Schlachtgesänge«[314] verfasse oder Artikel publiziere, in denen der Hass zwischen den Völkern genährt und die kulturellen Leistungen des Gegners heruntergemacht würden, verrate den Geist, schreibt Hesse und zielt damit auf Journalisten und Literaten beider Seiten. Europa gewinne nichts, wenn Deutsche und Franzosen sich weigerten, die Bücher des jeweils anderen zu lesen, es dürfe nicht so weit kommen, dass Mut dazu gehöre, ein gutes englisches Buch besser zu finden als ein schlechtes deutsches.

Das Echo auf diesen couragierten Aufruf ist gewaltig. Hesse wird in zwei Dutzend Blättern als Vaterlandsverräter diffamiert. Alte Freunde sagen sich von ihm los, aus Deutschland wird er mit Hassbriefen überschüttet, deutschnationale Buchhändler boykottieren ihn, der Verkauf seiner Bücher stürzt dramatisch ab. Dafür gewinnt Hesse in dem französischen Schriftsteller Romain Rolland, der 1915 den Literaturnobelpreis erhält, einen Freund, der ihn bald darauf in Bern besucht und seine versöhnliche Haltung überschwänglich lobt. Dem Konstanzer Komponisten Alfred Schlenker gegenüber räumt Hesse seine verfahrene Situation ein, die ihn zwischen Patriotismus und Internationalismus schwanken lässt: »Dem Kriege gegenüber bin ich in einer fast peinlichen Lage. Ich fühle ganz für Deutschland und begreife den dort jetzt herrschenden, alles andere überwältigenden Geist von Nationalismus durchaus, kann ihn aber nicht so völlig teilen, wie es für ein vollkommenes Mitleben sein müßte. Ich lebe im Ausland, stehe ferner von dem Herd der großen Psychose, kann das gegen Belgien Geschehene nicht ganz verwinden und bin durch Herkunft wie durch Gewohnheit so stark international eingestellt, daß ich jetzt in den Augen eines reinen Patrioten gar nicht ganz einwandfrei wäre. Mein Vater war Deutschrusse, Balte, meine Großmutter aus Neuchâtel, mir selber ist von Kind auf die Schweiz die zweite Heimat, freilich nur die deutsche. Dazu kommt mein Bedürfnis am Reisen und am Mitleben mit fremden Literaturen.«[315]

Da Hesse wegen seines Alters und seiner Kurzsichtigkeit als Kriegsfreiwilliger zweimal abgewiesen worden ist, stellt er sich der deutschen Botschaft in Bern für den Zivildienst zur Verfügung. Mitte 1915 wird er der Kriegsgefangenenfürsorge zugeteilt und organisiert unter dem Dach des Roten Kreuzes eine Bücherzentrale für deutsche Kriegsgefangene. Zusammen mit dem pazifistisch engagierten Zoologen Professor Richard Woltereck ruft Hesse eine Interniertenzeitung ins Leben und gibt Buchreihen heraus, in die Werke der Brüder Mann, Gottfried Keller, Theodor Storm, Emil Strauß und auch eigene Erzählungen aufgenommen werden. Hesse steuert Bände aus seiner eigenen Bibliothek bei, bittet bei Freunden, Bibliotheken und Verlagen um Buchspenden, verfasst zahlreiche Aufrufe und veranstaltet Lesungen, um Geld für die Bücherzentrale einzutreiben. Auf dem Höhepunkt der Aktion erreichen die Bücherpakete 100 000 deutsche Gefangene in 300 französischen Lagern. Gegenüber dem Schriftsteller Felix Braun klagt der völlig überlastete Hesse, sein Arbeitspensum betrage zwölf Stunden am Tag, er habe »zwei Schreibmaschinen laufen, zwei Bureaus stehen unter meiner Leitung, und ich, der ich jeden ›Betrieb‹ haßte, bin gehetzt von früh bis spät«[316].

Hermann Hesses Haltung zum Krieg bleibt zwiespältig. Seine Kriegsgedichte werden noch immer in Anthologien aufgenommen, er gehört also keineswegs der Antikriegsbewegung an wie Leonhard Frank, Hugo Ball oder Stefan Zweig, die als Exilanten von der Schweiz aus tätig sind. In einem Vorwort zur Broschüre *Zum Sieg*[317], die den Soldaten an der Front den geistigen Überbau für ihren Dienst an der Waffe liefern soll, bekräftigt Hesse noch einmal, dass es in diesem Krieg um nichts weniger als die »Weltherrschaft« gehe, die Deutschland zufallen müsse. Der Soldat habe eine schwere, aber eindeutige Aufgabe: Er habe zu gehorchen und zu siegen. Doch auch diese nationalistischen Auslassungen machen Hesse nicht unangreifbar, denn im Oktober 1915 nutzen seine Gegner wiederum einen seiner Zeitungsartikel für neue Attacken. Hesse hatte in der Neuen *Zürcher Zeitung* über seine Eindrücke während einer Reise durch Deutschland geschrieben. Er zeigte sich tief beindruckt von der Moral der Deutschen, Deutschland sei durch den Krieg »stiller, würdiger, ernster«, ja »schön und edel« geworden, heißt es in dem einfühlsamen Reisebericht.[318] Doch erneut ergießt sich eine Flut von Beschimpfungen über Hesse. Weil er in einigen kurzen Bemerkungen die Vorrangigkeit des Friedens vor dem Krieg behauptet hat und seine Erleichterung darüber ausdrückte, nicht einberufen worden zu sein, schmäht man ihn als »vaterlandslosen Gesellen«, »grinsenden Drückeberger« und »schlauen Feigling«[319]. Es finden sich nur wenige, die ihn verteidigen, darunter Theodor Heuss und sein Anwalt, der Reichstagsabgeordnete Conrad Haußmann, der Hesses Haltung mit der Goethes vergleicht. Goethe war während des Krieges 1813 gegen Napoleon ebenfalls als vaterlandsloser Geselle beschimpft worden.

Trotz dieser bösen Erfahrungen mit den Patrioten seiner Heimat legt sich Hesse auch mit den Pazifisten an, die glauben, der in Deutschland Verfemte müsse notwendigerweise nun ihre Partei ergreifen. Hesse weist im November 1915 das Angebot, in pazifistischen Blättern und Organisationen mitzuarbeiten, zurück und provoziert mit der Aussage, der Krieg gehöre zum Leben und könne nicht einfach per Dekret abgeschafft werden. Die Pazifisten seien von der Verwirklichung des Friedens genauso weit entfernt wie ein Wissenschaftlerkongress von der Entdeckung des Steins der Weisen. Damit hat Hesse sich zwischen alle Stühle gesetzt, eine Position, die ganz gut zu seinem Außenseitertum passt. In diesen politisch turbulenten Zeiten hat dies aber gravierende Folgen für ihn als Schriftsteller, da seine Werke ja noch immer in Deutschland erscheinen.

Das Engagement für die Kriegsgefangenenfürsorge belastet auch Hesses Finanzen, denn die Arbeit in der Bücherzentrale ist ehrenamtlich. Als »Unterbeamter« erhält er nur einen kleinen Unkostenausgleich. Von seinen Honorarkonten in Deutschland zahlt man ihm aufgrund einer amtlichen Verfügung monatlich nur 200 Mark aus, und für das regelmäßige Schreiben von Artikeln für Schweizer Blätter bleibt wenig Zeit. Auch das Erscheinen der Vagabunden-Erzählung *Knulp,* die im Juni 1915 in der Reihe *S. Fischers Bibliothek zeitgenössischer Romane* herauskommt, bedeutet für Hesse keine finanzielle Entlastung, denn es handelt sich um eine Billigausgabe, und das kleine Honorar bleibt in Deutschland. *Knulp* ist in den Jahren 1907 bis 1914 entstanden und in Teilen bereits in Zeitschriften vorabgedruckt worden. Dass das Buch in einer Phase von Hesses Leben erscheint, die durch äußerste Abhängigkeit von dienstlichen Verpflichtungen gekennzeichnet ist – dieser Widerspruch gehört zu den ironischen Pointen von Hesses Publikationsgeschichte. Denn Knulp ist die Inkarnation des Unabhängigen, ein romantischer Landfahrer in der Tradition des »Taugenichts«, ein Außenseiter, der hinter die Fassaden bürgerlicher Wohlanständigkeit blickt und die erloschenen Träume der Menschen besichtigt, die sich mit dem Leben arrangiert haben. Wohin Knulp auch kommt, mit seiner gepflegten Erscheinung, seiner Heiterkeit und unaufdringlichen geistigen Überlegenheit verzaubert er die Menschen, vor allem die Frauen. In ihm erkennen sie ihre Mädchenträume, den liebevollen und fürsorglichen Mann, der nicht auf ein schnelles Abenteuer aus ist. Aber Hesse hat seinen Helden auch mit einer magischen, aufreizenden Kraft ausgestattet, mit der er die Menschen verunsichert, sie für Augenblicke aus ihrem Rollenspiel herausreißt. Dass sie sich am Ende von einem vagabundierenden »Hungerleider« dann doch nicht von ihrem schnurgeraden Weg abbringen lassen, ist Knulp gar nicht so unrecht. Denn insgeheim hat er großen Respekt vor dem Philister, der es sich in seiner kleinen Welt eingerichtet und für Frau und Kinder ein Zuhause, eine Heimat geschaffen hat. Knulps Rastlosigkeit ist nämlich die Folge einer unglücklichen Beziehung zu einem Mädchen, für das er seine Berufung opferte, die ihn dann aber doch für einen anderen verließ. Seit dieser Enttäuschung kann er an Liebe und bürgerliches Glück nicht mehr glauben. Die Wahrheit seines Lebens ist, dass jeder Mensch im Grunde einsam bleibt. Einsamkeit ist jedoch auch ein Gewinn: Knulp nimmt die Welt mit allen Sinnen auf, er wird zum genauen, lustvollen Beobachter, der an keinem Ort Wurzeln schlägt, dem nichts von Dauer, aber alles von Interesse ist, der überall etwas für sich selbst mitnimmt und so im Wortsinn zum Lebenskünstler wird, der spielerisch alle Möglichkeiten und den ganzen Reichtum des Lebens realisiert.

Im letzten Teil der in drei Kapitel aufgeteilten Erzählung (»Das Ende«) kehrt Knulp alt und krank in seine Heimatstadt Gerbersau zurück, wo ihm ein früherer Schulkamerad einen Platz im Altersheim verschafft. Diese Niederlage will der vom Tod Gezeichnete aber nicht akzeptieren und flüchtet sich in die winterlichen Berge über der Stadt, um dort einsam zu sterben. Als Knulp im Schneetreiben durch die Wälder irrt, im Hader mit sich selbst und seinem verpfuschten Leben, erscheint ihm Gott und mahnt ihn, nicht undankbar zu sein für all das Schöne, das er habe erleben dürfen. Er müsse sein Schicksal annehmen: »Siehst du denn immer noch nicht, du Kindskopf, was der Sinn von dem allen war? Siehst du nicht, daß du deswegen ein Leichtfuß und ein Vagabund sein mußtest, damit du überall ein Stück Kindertorheit und Kinderlachen hintragen konntest? Damit überall die Menschen dich ein wenig lieben und dich ein wenig hänseln und dir ein wenig dankbar sein mußten … ich habe dich nicht anders brauchen können, als wie du bist. In meinem Namen bist du gewandert und hast den seßhaften Leuten immer wieder ein wenig Heimweh nach Freiheit mitbringen müssen. In meinem Namen hast du Dummheiten gemacht und dich verspotten lassen; ich selber bin in dir verspottet und in dir geliebt worden. Du bist ja mein Kind und mein Bruder und ein Stück von mir, und du hast nichts gekostet und nichts gelitten, was ich nicht mit dir erlebt habe.«[320]

In all dem Kriegsgetöse ist ein so stilles Buch wie *Knulp* ein eher unauffälliges Ereignis. Immerhin rühmen zwei Schriftsteller, Otto Flake und Stefan Zweig, unabhängig voneinander das eigentümlich Deutsch-Romantische der Taugenichts-Geschichte. Jahre später wird André Gide die »ausgesuchte, geschmeidige und einfache Sprache« loben, die ihn ermutigt habe, deutsch zu lesen.[321]

Zu Jahresbeginn 1916 ist Hesse durch die dauernden Auseinandersetzungen mit seinen publizistischen Widersachern in Deutschland und die aufreibende Arbeit im Berner Büro so geschwächt, dass er sich wegen Magen- und Darmbeschwerden in ärztliche Behandlung begeben muss. Auch die ständige Überprüfung seiner Tauglichkeit durch die deutsche Wehrbehörde belastet ihn. Auf keinen Fall will er als Soldat an die Front, wo die deutschen Soldaten im dritten Kriegsjahr sinnlos gegen die französischen Stellungen anrennen und verlustreiche Materialschlachten toben. Erleichtert berichtet er Fritz Brun am 14. Januar, der Arzt habe ihn »nicht felddienstfähig« geschrieben und ein »Lungenemphysem«[322] diagnostiziert; doch die Zurückstellung gilt nur für sechs Wochen. Im Februar wird die Bücherzentrale dem Kriegsministerium unterstellt, sodass Hesse sich nun auch mit den Bürokraten des Krieges in Berlin auseinanderzusetzen hat. Mitten in diese schwierige Zeit platzt am 8. März 1916 die Nachricht, dass Johannes Hesse im Alter von neunundsechzig Jahren in Korntal bei Stuttgart gestorben ist. Bis zuletzt hatte ihn seine Tochter Marulla in einem Heim der pietistischen Brüdergemeinde gepflegt.

Hesse hatte seinen fast erblindeten Vater im September des Vorjahrs zum letzten Mal besucht und ihn geistig so wach vorgefunden, dass sich beide einen Wettkampf im Aufsagen lateinischer Sprichwörter lieferten, den Johannes Hesse überlegen gewann. In den vergangenen Jahren waren sich die beiden immer näher gekommen, weil immer deutlicher wurde, wie ähnlich sie sich doch sind. Der dauernde Kopfschmerz, das chronische Augenleiden und die Schlaflosigkeit sind genauso ein Erbteil wie die wache Intelligenz und Neugier, die Johannes Hesse auszeichneten. Bis kurz vor seinem Tod hatte er an einem Buch mit dem Titel *Die Bibel als Kriegsbuch* gearbeitet, doch zu einem Austausch darüber war es nicht mehr gekommen. Die letzte Nachricht an den Vater war ein flüchtiger Kartengruß. Dabei hätten die verschiedenen Auffassungen von Religiosität, aber auch das Problem der richtigen Erziehung und Hesses unglückliche Ehe reichlich Stoff für ein offenes Gespräch geboten. Auch zu einer letzten Aussprache über die schwierige Zeit der Pubertät, die Jahre der Entfremdung und Missachtung ist es nie gekommen, sodass nun Hesse ein Gefühl des Ungenügens, ja der Schuld verspürt.

Die Todesnachricht erreicht Hesse auf dem Bahnsteig in Zürich, als er eben in den Zug einsteigen will, um nach Winterthur zu einer Lesung zu fahren. Es ist der Freund Othmar Schoeck, der ihm mitteilt, Mia habe ihm aus Bern ein Telegramm mit der Bitte geschickt, ihn abzufangen. Auf der Fahrt zurück nach Bern, wo Hesse sich einen neuen Pass besorgen muss, um nach Württemberg einreisen zu können, wird in ihm das Bild seines Vaters lebendig. Im Vergleich mit dessen »zarte[r] Frömmigkeit« kommt er sich jetzt als »roher Weltmensch«[323] vor. Was er früher als Herausforderung empfunden hatte, den standhaften Glauben und die Beharrlichkeit, mit der er ihn vertrat, die christliche Demut, mit der sein Vater seine kränkliche Konstitution ein Leben lang hinnahm, um den Pflichten für Verlag und Familie nachzukommen, dieses Stigma wird ihm nun angesichts des Verlusts zum Erkennungszeichen einer tiefen inneren Verbundenheit: »Dann fielen mir Zeiten ein, in denen ich meinen Vater krank gekannt hatte, krank und von endlosen Schmerzen gepeinigt, und plötzlich sah ich sein Bild deutlich und überscharf, mit seiner lieben, ergreifend schmerzvollen Gebärde, wie er tief atmend mit flachen Händen das lange Haar von den Schläfen zurückstrich, während sein Blick still und traurig wie aus einer fremden Ferne her auf mir ruhte. Und jetzt empfand ich, endlich wieder, sein Wesen rein und deutlich in mir und sagte zu mir: ›Sie haben ihn nie verstanden, niemand, auch alle seine Freunde nicht. Nur ich verstehe ihn ganz, weil ich bin wie er, allein und von keinem verstanden.‹«[324]

In Korntal wird er von seinen Geschwistern Adele, Marulla und Hans empfangen, man trinkt Kaffee und erinnert sich an die gemeinsame Kindheit. Auf der Todesanzeige ist eine von Johannes Hesse selbst gewählte Psalmstelle vermerkt, die auf seinem Grab stehen soll: »Der Strick ist zerrissen, der Vogel ist frei.«[325] Vor vierzehn Jahren, als Hesse sich geweigert hatte, zur Beerdigung seiner Mutter zu kommen, obwohl die Reisebedingungen damals viel günstiger waren, da hatte er sich noch zu sehr in die Auseinandersetzung mit dem Elternhaus verstrickt gefühlt, um wirklich Abschied nehmen zu können. Nun erkennt er die Chance, etwas hinter sich lassen zu können, seinen Frieden mit dem Vater zu machen. Er verbringt Stunden in der Stube, wo Johannes Hesse aufgebahrt liegt, küsst seine Hände und legt die Hand auf die Stirn des Toten, wie er oft als Kind seine kühlen Hände auf diese Stirn gelegt hatte, um die Kopfschmerzen des Vaters zu lindern. Am Abend erhält er von seiner Schwester Adele den goldenen Trauring, den Marie Hesse ursprünglich ihrem ersten Mann, Charles Isenberg, geschenkt und zehn Jahre später dann an Johannes Hesse weitergegeben hatte. Hesse versteht den Ring als »Vermächtnis einer Zucht und eines Glaubens … dem unser Vater und unsere Mutter gedient hatten und dem sich keines von uns Kindern zu entziehen dachte, der auch mich nach dem Zerschneiden aller Wort- und Gemeindefesseln immer noch innig mit umfaßt hatte. Diesen Glauben fühlten wir jetzt alle, den Glauben an eine Bestimmung, den Glauben an eine Berufung und Verpflichtung.«[326]

Dass er seine Berufung gegen das Elternhaus erstritten, der Schatten des allzu vorbildlichen Vaters ihn jahrelang verfolgt und manchmal auch gepeinigt und gedemütigt hatte, weiß Hesse zu genau, um die Traumata der Vergangenheit nun nicht vollständig mit dem Leichentuch einer versöhnlichen Pietät zuzudecken. Seiner Schwester Adele schreibt er, es liege ihm nicht daran, »das Vergangene festzuhalten oder zu kopieren, sondern wandlungsfähig das Neue zu erleben und mit unseren Kräften dabei zu sein«[327]. Deshalb sei Trauer als ein Hängenbleiben am Verlust nicht hilfreich. »Der Strick ist zerrissen, der Vogel ist frei« – der

Spruch auf dem Grabstein seines Vaters in Korntal wird für den Sohn zur Aufforderung, sich endlich von dem Zwang zu befreien, allen alles sein zu wollen: guter Ehemann und braver Sohn, Patriot und Internationalist, Deutscher und Schweizer, Dichter und Bürger. Erst der Tod des Vaters löst dieses Knäuel aus Unvereinbarem und stürzt ihn in eine tiefe Krise. Um zur Ruhe zu kommen, fährt er dorthin, wo er schon einmal Umkehr und innere Reinigung gefunden hatte: ins Tessin. Vom Lago Maggiore schreibt er am 31. März 1916 an den Zürcher Freund Walter Schädelin, dass er in den Bergen über Brissago wandere und wie erholsam es sei, allein von einem Felsen aus auf das Treiben am See herabzuschauen. Aber er deutet auch an, dass es dieses Mal mit der Flucht nicht getan ist: »Sonst gelingt es mir auch hier bei faulem vegetativem Leben nur selten und für Augenblicke, das Zeitliche zu vergessen, das Gefühl des Mobilisiertseins, der zwangsweisen Einordnung in eine mir fremde, mir verdächtige, mir im Grund verhaßte und feindliche Weltordnung, die nach Macht strebt und von Friede, Geist, Schönheit keine Ahnung hat.«[328]

Nachdem Hesse aus dem sonnigen Tessin ins düstere Haus nach Bern heimgekehrt ist, fällt er sofort in die alte Depression zurück. Der andauernde Konflikt mit Mia und der inzwischen als Zwang empfundene Dienst für die Kriegsgefangenenfürsorge rufen nach einer radikaleren Lösung. Ende April 1916 lässt sich der achtunddreißigjährige Hesse in das Privatsanatorium »Kurhaus Sonnmatt« in Luzern einweisen, um sich an Körper und Seele behandeln zu lassen. Dort trifft er auf einen jungen Psychiater, der verspricht, seine Blockaden und Versteinerungen zu lösen und ihn aus seiner Ausweglosigkeit herauszuführen.

NEUNTES KAPITEL

Therapie bei dem Jung-Schüler Josef Bernhard Lang. »Flötentraum«.
C. G. Jungs Lehre vom kollektiven Unbewussten. Märchen. »Die dunkle
und wilde Seite der Seele«: Hesses Traumtagebuch. Eine Erzählung
im Geist von C. G. Jung: Demian. Kampf gegen den Militarismus.
Therapie in Ascona. Mia wird in die Heilanstalt in Küsnacht eingelie-
fert. Zarathustras Wiederkehr oder der Krieg als Chance. Flucht aus
der Ehe und Rückzug ins Tessin

Im »Kurhaus Sonnmatt« wird Hesse mit leichten Elektroschocks
behandelt, »massiert, gebürstet und an die Sonne gelegt«, wie er
am 18. Mai 1916 einer Bekannten mit einem Anflug von Sarkasmus berichtet. Seit Längerem habe er endlich einmal wieder die
Nacht durchgeschlafen, doch die Behandlung seiner körperlichen Leiden sei gar nicht das Wesentliche. Das seien »nur Symptome einer innern Verstimmung und Zersetzung«[329]. Wie groß
Hesses Erwartungen an den Aufenthalt in dem Luzerner Sanatorium sind, macht eine schonungslose Selbstanalyse gegenüber
seinem Vertrauten Walter Schädelin deutlich: »Meine Bücher
mögen sein wie sie wollen, es ist jetzt nicht wichtig. Aber wenn
sie auch alle guten Erkenntnisse der Welt enthielten, so bliebe
doch das bestehen, daß Schreiben nicht Leben ist und daß man
edle Psalmen dichten, dabei aber ein höchst ungerechter Kamm-
macher sein kann. Ich habe als Dichter Kelche geleert und Pillen
gefressen, um die ich mich als Herr Hesse gedrückt habe. Daraus
den Weg zu finden, der Krämpfe löst und weiterführt, das ist's.
Die Askese, die mir vor 10 Jahren einige Dienste tat, ist nicht
mehr was mir dient, es muß schon synthetischer und erlösender
zugehen.«[330]

Diese erlösende Synthese erhofft er sich von dem fünf Jahre
jüngeren Psychiater Josef Bernhard Lang, einem Schüler des be-

rühmten Schweizer Tiefenpsychologen Carl Gustav Jung. Hesse ist beeindruckt von der Fähigkeit seines Luzerner Therapeuten, aus seinen Träumen und Büchern die Symptome seiner seelischen Störungen herauszulesen und im Gespräch einfühlsam zu analysieren. Die sofortige Sympathie, die sich zwischen den beiden schon äußerlich so gegensätzlichen Männern – Hesse ist mittelgroß, hager und in der Körpersprache eher zurückhaltend, Lang dagegen ein Hüne mit lebhaften, energischen Bewegungen – einstellt, hat auch mit ähnlichen Erfahrungen in der Pubertät zu tun. Josef Bernhard Lang entstammt einer katholischen Bauernfamilie aus dem Örtchen Ligschwil bei Luzern. Wie Hermann Hesse verließ er im Alter von fünfzehn Jahren das Elternhaus, um in einem katholischen Internat auf eine kirchliche Laufbahn vorbereitet zu werden. Und wie Hesse verweigerte er sich dem Priesterberuf, brachte aber sein medizinisches Staatsexamen mit glänzenden Noten zum Abschluss. Nach der Anstellung in psychiatrischen Kliniken in München, Bern, St. Urban und in Zürich machte er in der Fachwelt durch eine Reihe von Arbeiten auf sich aufmerksam, vor allem mit seiner Dissertation über die Schizophrenie. Lang gehörte dem Zürcher Kreis von C. G. Jung an, pflegte aber auch engen Kontakt mit anderen bedeutenden Schweizer Psychiatern wie Alphons Maeder und Franz Riklin.

Das Zusammentreffen in Luzern hat etwas Schicksalhaftes. Für Lang eröffnet die Begegnung mit dem berühmten Schriftsteller die Chance, Einblicke in die Arbeit eines Künstlers zu erhalten. Hesse erhofft sich von der Psychotherapie die Auseinandersetzung mit dem, was ihn seit Jahren quält: Ehe und Sexualität, das ungeklärte Verhältnis zu seinen Eltern, seine Depressionen und Angstzustände. Während des stationären Aufenthalts von Ende April bis Anfang Juni 1916 absolviert er zwölf meist dreistündige therapeutische Sitzungen. »Schande ist, unglücklich zu sein, sein Leben niemandem zeigen zu dürfen, etwas verbergen und bemänteln zu müssen«[331], sagt Johann Veraguth im Roman *Roßhalde* zu seinem Freund Gottfried Burkhardt. Endlich kann Hesse das Verborgene ans Licht bringen, alle Masken ablegen, um sich dem Verdrängten zu stellen, er möchte jetzt »die Mauern einrennen, die mich von mir selber trennen«[332], wie er als Fünfzehnjähriger in einem Brief an seine Eltern geschrieben hatte.

Seit seinem Badenweiler Kuraufenthalt bei Dr. Fraenkel ist er sich jedoch auch bewusst, dass die seelische Gesundung nicht auf Kosten der künstlerischen Kreativität gehen darf, seine innere Zwiespältigkeit der Motor für seine Sensibilität als Autor ist. So schreibt er am 5. August 1916 an die Freundin Hildegard Neugeboren, die er häufig in ihrem Haus am Lago Maggiore besucht, unter Heilung verstehe er nicht die Änderung der Natur, »sondern eine innere Bereitschaft, seine Natur zu tragen und das Positive darin hervorzuheben«[333]. Als kleine Demonstration, dass es gerade der Dichter ist, der intuitiv die seelischen Vorgänge erfasst und sie in seinem Werk darzustellen vermag, versteht Hesse sein Märchen »Flötentraum«, das er Lang vor der ersten Sitzung zum Lesen gibt. Am Ende der Zusammenarbeit, im Juli 1918, wird er zum Thema »Künstler und Psychoanalyse«[334] einen aufschlussreichen Essay veröffentlichen. Vieles, was die Psychoanalyse lehre, schreibt er darin selbstbewusst, kenne er bereits durch seine Beschäftigung mit der Kunst und der Literatur. Dichter wie Dostojewski, Novalis oder Jean Paul wüssten nicht weniger über die Seele als die Psychologen.

Das im Jahr 1912 entstandene Märchen »Flötentraum« liest sich wie ein Beleg für diese These. Die in der Tradition des romantischen Kunstmärchens geschriebene Traumgeschichte schildert geradezu idealtypisch die Reise in die Tiefe der eigenen Psyche. Der Ich-Erzähler verlässt sein Elternhaus, um die Welt zu erkunden. Sein Vater gibt ihm eine Flöte mit auf den Weg, mit deren Hilfe er schon bald das Mädchen Brigitte für sich gewinnt, das er mit seiner Musik verzaubert. In der Mythologie gelten Flötentöne als überirdisch schön, aber auch als verführerisch und aufreizend, sie sind die Musik des Dionysos, des Eros und des Pan. Der Dichter Hesse weiß, dass die Flöte in allen Kulturen das Symbol von Sehnsucht und Hingabe, aber auch der Verwandlung ist. Im Märchen erreicht der Träumer schließlich einen Fluss und lässt sich von einem Schiffer, der unschwer als Seelenführer zu erkennen ist, bis aufs Meer hinausfahren. Das Lied, das der geheimnisvolle Steuermann dabei singt, klingt nicht hell wie Flötenmusik, sondern erzählt von den dunklen Seiten des Lebens, das Wasser ist reißend und zerstörerisch, seine Liebe »finster und bang«[335]. Je tiefer der Träumer in seine Seele hinabsteigt, desto dunkler wird es. Als es völlige Nacht ist, verschwindet der Führer, und er muss selbst das Steuer übernehmen. Der Weg zur Selbsterkenntnis führt ins Dunkel des Unbewussten, erst dort ist Selbsterkenntnis möglich.

Der Weg, von dem Hesse seinen Träumer erzählen lässt, entspricht ziemlich genau C. G. Jungs Konzept des Individuationsprozesses, der »Selbstverwirklichung«[336], durch die der Mensch der eigenen »Dunkelseiten« gewahr wird, um zum eigenen »Selbst« zu werden, in dem Ich-Bewusstsein und Unbewusstes sich zur »Ganzheit« der Persönlichkeit verbinden. Dass dieses Selbst meist nur im Traum erlebbar wird, weil dort die Grenzen zwischen dem Bewussten und dem Unbewussten durchlässig sind, ist seit Sigmund Freuds 1900 erschienenem Werk *Die Traumdeutung* allgemeine Erkenntnis. Besonders bei Künstlern ist Freud seit der Jahrhundertwende geradezu in Mode gekommen. Josef Bernhard Lang, der Jungs Konzeption des Unbewussten seiner eigenen Therapie zugrunde legt, macht Hesse auf die Unterschiede zwischen Freud und Jung aufmerksam. Dass es sich bei den Träumen um verdrängte libidinöse Wunschvorstellungen handelt, die vom »Über-Ich«, einer von den Normen der Gesellschaft gesetzten Gewissensinstanz, unterdrückt und ins Unbewusste, ins »Es«, verschoben werden, diese Deutung Freuds ist Jung zu eindimensional. Er unterscheidet zwischen dem persönlichen und dem kollektiven Unbewussten. Jung erkennt in den Träumen archetypische Bilder und mythologische Motive, wiederkehrende Muster, die sich nicht allein auf unbewältigte Alltagserfahrungen oder Triebunterdrückungen reduzieren lassen. Was sein Lehrer Freud »archaische Überreste«[337] nennt, weil er es in seiner Libido-Theorie nicht unterbringen kann, identifiziert

Jung als das, was den Menschen gleichsam unterirdisch mit »den urtümlichen, angeborenen und ererbten Formen des Geistes«[338] verbindet. So wie der menschliche Körper Organe enthält, die aus einer langen Evolutionsgeschichte hervorgegangen sind, so trägt auch der Geist seine prähistorischen, urmenschlichen Prägungen mit sich, die der Traum an die Oberfläche bringt. Der Traum, so Jung, habe einen »Saurierschwanz«[339], die im menschlichen Erbgut verankerten Traumbilder, die »Archetypen«, erinnerten an eine Vorzeit, in der Leib und Geist noch eine Einheit bildeten. Dieses archaische »Fühldenken«[340] zurückzuerlangen sei das eigentliche Ziel der heilenden Therapie. Nicht Psycho-Analyse, sondern Psycho-Synthese, nicht restlose Befreiung der Triebe, sondern ihre seelische Integration ist nach Jung die Aufgabe der Therapie. Vorbild ist ihm dabei die indische Kultur, in der das »Fühldenken« zur religiösen Praxis gehört. Anders als Freud, der die Religion für eine »Kindheitsneurose« hält, will Jung, der wie Hesse aus einem reformierten, tiefgläubigen Elternhaus stammt, eine allgemeine, religiös fundierte Versittlichung erreichen. Selbsterfahrung ist für Jung immer auch Gotteserfahrung.

Schon nach wenigen Gesprächen mit Dr. Lang erkennt Hesse, dass Jungs Psychologie ihm die Chance bietet, das religiöse Fundament seines Lebens auf eine neue, zeitgemäße und erregende Weise zu deuten und für seine dichterische Arbeit fruchtbar zu machen. Lang weist ihn auf eine zentrale Schrift seines Lehrers hin, die *Septem Sermones ad mortuos*[341]. C. G. Jung setzt sich in dem 1916 entstandenen, aber noch nicht veröffentlichten Werk mit der gnostischen Lehre des antiken Philosophen Basilides auseinander. Basilides galt im dritten Jahrhundert nach Christus als Ketzer, wie die Gnosis überhaupt, weil sie die Frage nach dem Bösen radikalisierte und damit den christlichen Gottesbegriff grundsätzlich infrage stellte. Wenn Gott wirklich allmächtig und gut ist, so die Kritik der Gnostiker, warum hat er dann Schmerz und Leid geschaffen? Als Lösung präsentierten sie einen doppelten Gott, einen, der für den Geist, das Licht, und einen zweiten, den satanischen Demiurgen, der für das Dunkle und Böse steht.

Der Mensch gehört mit seiner Leiblichkeit und seinem Geist beiden Welten an, der Leib ist böse, Geist und Seele sind ein Teil des Lichts, das dem äonenweit entfernten guten Gott entstammt. Nicht der ganze Mensch, wie das Christentum lehrt, ist der Sünde verfallen, sondern nur der Leib, in dem die Seele wie in einem Gefängnis eingesperrt ist. Erlösung ist Befreiung aus dem Kerker der Materie und Rückkehr der Seele ins göttliche Licht, durch Meditation, Askese, Bußübung – oder den Tod.

Der leibfeindliche Manichäismus der gnostischen Lehre fasziniert Hesse, der darin seine eigene Neigung zur asketischen Selbstkasteiung philosophisch bestätigt findet. Noch mehr aber überzeugt ihn die Lichtmetaphorik der Gnosis, die Vorstellung von einem Nous, einem reinen Geist, der in das Irdische hineinstrahlt und im Menschen immer neu die Sehnsucht nach seiner paradiesischen Urheimat auslöst. Das erinnert ihn an die verlorenen Paradiese seiner Kindheit, die er in seinen Gedichten so oft beschworen hat, an die unschuldigen Gefühle des Kindes, das Nichtwissen um Gut und Böse, das er mit ihr verbindet. Noch erregender aber wirkt auf ihn die Vorstellung des Demiurgen, eines Schöpfergottes, der Gut und Böse in sich vereint. Jung beschreibt ihn, Basilides zitierend, als Schimäre aus Hahn, Mensch und Schlange, in dem Satan und Gott verschmelzen:»Der Abraxas ist Sonne und zugleich der ewig saugende schlund des Leeren, des verkleinerers und zerstücklers, des Teufels.«[342] Abraxas als Symbol des Ausgleichs innerer Spaltung steht jenseits der Gegensätze, er kennt weder Tag noch Nacht, nicht Gut noch Böse, er ist Nichts und Alles, und als Vogelwesen verkörpert er Neuanfang und Auferstehung, den ewigen Wandel. Da für Jung das Göttliche und das Selbst identisch sind, sind auch Gut und Böse nicht mehr wirklich zu unterscheiden; im kollektiven Unbewussten der »Weltseele« vermischen und verkehren sich die »guten« und die »bösen« Antriebe zu einer Vielheit von seelischen Energien, die sich nicht mehr moralisch deuten lässt.

Die expressive und bildhaft-poetische Sprache seines Therapeuten macht Hesse den Einstieg in die Symbolwelt C. G. Jungs leicht. In dessen Archetypenlehre findet er seine eigenen Einsichten ergänzt, systematisiert und bestätigt. Vor allem der Anima-Archetypus, das weibliche Seelenbild, das sich nach Jung in der Auseinandersetzung des Mannes mit der Mutter herausbildet, ist ihm als dem Schöpfer von Figuren wie Gertrud und Elisabeth längst vertraut. Überhaupt sind die Helden in Hesses Werk ja eher Typen als reale Charaktere, eher Verkörperungen grundlegender Möglichkeiten menschlichen Seins. »Ich sah ausgesprochen und formuliert«, wird Hesse 1918 im Rückblick auf seine Luzerner Therapie resümieren, »was mir als Ahnung und flüchtiger Einfall, als unbewusstes Wissen zum Teil schon angehörte.«[343]

Als Hesse das »Kurhaus Sonnmatt« im Juni 1916 verlässt, fühlt er sich keineswegs geheilt, sondern erst am Anfang eines Weges, der ihn zu einer größeren »Wahrhaftigkeit gegen sich selbst«[344] führen soll. Er vereinbart mit Dr. Lang eine ambulante Fortsetzung der Behandlung, zu der er einmal die Woche von seinem Wohnsitz Bern aus nach Luzern fahren muss, was ihn jeweils sechs Stunden seiner kostbaren Zeit kostet. Die Therapie wird begleitet von einem regelmäßigen Briefwechsel, in dem die beiden Lektürehinweise austauschen oder Terminvereinbarungen treffen. Nebenbei schreibt Hesse eine Reihe von Märchen, die eine direkte Verarbeitung seiner während der Therapie neu erworbenen Kenntnisse darstellen. Einen Eindruck von dem erlebten therapeutischen Prozess gibt das während des Aufenthalts im Sanatorium entstandene Märchen »Der schwere Weg«. Ein geduldiger Bergführer – der Therapeut – versucht seinen widerwilligen Begleiter davon zu überzeugen, dass er den mühsamen Weg aus dem Tal hinauf zum Gipfel, zur Erkenntnis, freiwillig und ohne Zwang gehen muss, nur dann kann er seine innere Freiheit gewinnen. In Jungs Lehre steht der Berg für eine zu gewinnende höhere Stufe des Ichs, für das Selbst. Als der Aufstieg gelingt und die Wanderer aus einem dunklen Spalt ins gleißende Licht treten, in die Erleuchtung, singt ihnen ein einsamer Vogel auf dem Gipfel das Lied von der Ewigkeit. Vogel und Führer fliegen davon, der Geheilte stürzt »durchs Unendliche hinabwärts, an die Brust der Mutter«[345]. Auch wenn das Märchen über weite Strecken wie eine etwas platte Symbolisierung des vom Autor erlebten therapeutischen Geschehens erscheint, teilt sich dem Leser doch das Befreiende dieser Erfahrung mit. So emphatisch hat Hesse den Anima-Mythos, das Bild der »großen Mutter«, in seinem bisherigen Werk noch nie dargestellt.

Ebenso autobiografisch, aber literarisch anspruchsvoller ist das Märchen »Iris«, der prekäre Versuch, sich dem eigenen Eheproblem mit dem Instrumentarium der Psychoanalyse zu nähern. Hesse hat es seiner Frau Mia gewidmet, und die Beschreibung, die er im Märchen von dem Mädchen Iris gibt, ähnelt sehr dem Bild, das er in *Roßhalde* von Adele, der Frau des Malers Veraguth, gezeichnet hatte: »Sie war älter, als er sich seine Frau gewünscht hätte. Sie war sehr eigen, und es würde schwierig sein, neben ihr zu leben und seinem gelehrten Ehrgeiz zu folgen, denn von dem mochte sie nichts hören … Manchmal war sie so zart und empfindlich, daß alles Fremde ihr weh tat und sie leicht zum Weinen brachte. Dann wieder strahlte sie still und fein in einem einsamen Glück, und wer es sah, der fühlte, wie schwer es sei, dieser schönen seltsamen Frau etwas zu geben und etwas für sie zu bedeuten. Oft glaubte Anselm, daß sie ihn liebhabe, oft schien ihm, sie habe niemanden lieb, sei nur mit allen zart und freundlich, und begehre von der Welt nichts, als in Ruhe gelassen zu werden. Er aber wollte anderes vom Leben, und wenn er eine Frau haben würde, so müßte Leben und Klang und Gastlichkeit im Hause sein.«[346]

Anselm wirbt um Iris, die ihm die Aufgabe stellt, erst seine kindliche Unbefangenheit zurückzugewinnen, bevor sie ihm ihre Liebe schenkt. Der Weg zum wahren Selbst ist lang, und Iris stirbt, bevor Anselm seine Aufgabe gelöst hat. Doch als singender Vogel, als seine innere Stimme führt sie ihn bis an jene geheimnisvolle Pforte, hinter der die neu-alte Unschuld auf ihn wartet. Nun beginnt die Traum-Reise ins Innere der blauen Blume, die Rückkehr in die Welt der Mütter: »Es war Iris, in deren Herz er drang, und es war die Schwertlilie im Garten der Mutter, in deren

Kelch er schwebend trat, und als er still der goldenen Dämmerung entgegenging, da war alle Erinnerung und alles Wissen mit einem Mal bei ihm, er fühlte seine Hand, und sie war klein und weich, Stimmen der Liebe klangen nah und vertraut in sein Ohr, und sie klangen so, und die goldenen Säulen glänzten so, wie damals in den Frühlingen der Kindheit alles ihm getönt und geleuchtet hatte.«[347] Doch die Versöhnung ist nur eine scheinbare, denn Iris' Tod ist die Bedingung, ohne deren Erfüllung Anselms Selbstwerdung nicht gelingen kann. Diese Wendung erscheint umso bedenklicher, als Hesse das Märchen ganz bewusst seiner Frau gewidmet hat, die in der Figur der Iris fast unverhüllt porträtiert ist. Soll Iris' Tod das Ende seiner Ehe mit Mia vorwegnehmen, die Hesse inzwischen als so unerträglich empfindet, dass er sich kaum noch zu Hause aufhält und die Kinder wegen der Depressionen seiner Frau zu Freunden weggibt?

Josef Bernhard Lang ist ein zu guter Therapeut, um nicht das Kompensatorische an Hesses Traum-Märchen zu erkennen. Das symbolisch dargestellte Eheproblem ist ja unschwer als die Folge einer ungeklärten Mutterbindung zu deuten. Um über noch mehr empirisches Material zu verfügen, regt Lang seinen Patienten an, seine Träume zu zeichnen und sie auch in einem extra Tagebuch zu protokollieren. Erst nach längerem Zögern erkennt Hesse die befreiende Wirkung des Zeichnens und Malens. Am 25. Dezember 1916 berichtet er dem Maler Hans Sturzenegger, dass er sich nun selbst in dessen Metier versuche: »Kommen Sie einmal nach Bern! Und wenn es einmal Friede gibt, dann komme ich und erschrecke Sie durch Vorzeigen meiner eigenhändigen Pastell-Gemälde; da ich zum Dichten und Denken keine Zeit mehr habe, habe ich in freien Minuten das Malen angefangen und seit 40 Jahren zum erstenmal Kohle und Farbe in die Finger genommen. Konkurrenz mache ich nicht, denn ich male keine Natur, nur Geträumtes.«[348] Doch schon ein paar Monate später ist Hesse zum Landschaftsmaler geworden, wie er Walter Schädelin aus dem Tessin schreibt: »Malen ist wundervoll. Ich glaubte früher, Augen zu haben und ein aufmerksamer Spaziergänger auf Erden zu sein. Aber das fängt ja jetzt erst an. In einem Tal zwischen Felsen sitzen und gar, gar nichts denken, nur in die zauberhafte Erscheinungswelt versunken sein, das befreit von der verfluchten Willenswelt. Malen kann man das ja alles nicht, aber dieses Leben der holden Oberfläche Tag um Tag intensiv mitzuleben, Lichter fliehen und Schatten spielen zu sehen, das ist etwas!«[349]

Hesses naturalistische Bilder sind für seinen Therapeuten nicht sehr aufschlussreich. Das Malen von Träumen und Kindheitserinnerungen liegt ihm nicht, viel lieber schmückt er seine Briefe und Gedichte mit kleinen Zeichnungen und Aquarellen von Haus und Garten, mit Stillleben und Selbstporträts. Nebenbei führt er regelmäßig und mit Akribie sein *Traumtagebuch der Psychoanalyse*, das am Ende 111 eng beschriebene Seiten umfassen wird. Das im Juli 1917 begonnene Tagebuch ist von einer geradezu bestürzenden Ehrlichkeit, Hesse wehrt jede Versuchung zur Beschönigung ab, er werde, schreibt er am 9. Juli 1917, »vorurteilslos nur die Erlebnisse der Seele, Phantasien etc.«[350] notieren. Auf Wunsch von Dr. Lang fügt er den Träumen als »Einfälle« betitelte Assoziationen an, um seinem Therapeuten die Deutung zu erleichtern. Hesse ist sich im Klaren, dass die Wiedergabe von Geträumtem immer nur bruchstückhaft sein kann, da es sich ja meist nur um Traumreste handelt. So notiert er am 24. Juli, es seien ihm beim Erwachen »nur äußerst dünne, zerfließende Reste von Bildern«[351] geblieben. Überhaupt bestünden die Träume aus »flüchtigen Bilderreihen«[352], die »gleichsam übereinander photographiert sind«, was die Erinnerung erschwere.

Trotz dieser Einschränkungen ist das Traummaterial, das Hesse im Tagebuch ausbreitet, für seinen Therapeuten überaus wertvoll. Der Träumer gerät in Zwangssituationen, verliert auf der Bahnreise seinen Koffer, die Schuhe oder das Geld, rast mit dem Auto an Abgründen entlang. Oft vermischen sich Angst- und Ekelträume zu bizarren Szenen der Selbstentblößung: Von seinen Freunden ausgelacht, muss er seine durch Kot beschmutzten Unterhosen säubern, wird in üble Aborte gedrängt oder zum Aufsammeln von Fäkalien gezwungen. Häufig suchen ihn Schulträume heim, in denen er als Erwachsener Prüfungen abzulegen hat, die ihn noch immer ängstigen. Eine wiederkehrende Traumgestalt ist ein früherer Lehrer, dem er beichten soll, ob und wie oft er onaniere. Im Traum nimmt Hesse dieselbe Haltung der Abwehr und Scham ein, die auch sein Verhalten gegenüber seinen Eltern bei diesem heiklen Thema bestimmt hatte. Im Tagebuch dagegen gibt er seinem Therapeuten freimütig zu Protokoll, dass er sich als Schüler täglich selbst befriedigt und »als junger Mensch beim Onanieren manchmal Kollektivvorstellungen mehrerer oder vieler Mädchen beim Onanieren« gehabt habe, »gleichsam die Phantasie einer ganzen Liebesgalerie, die mir gleichzeitig angehörte«[353]. Auch pädophile, ja inzestuöse Neigungen klingen an. Was im *Traumtagebuch* nicht näher ausgeführt ist, kommt in der Korrespondenz mit Dr. Lang zur Sprache. In einem Brief vom 26. November 1917 bedauert Hesse, fast keine Träume mehr zu haben, außer einem aufschlussreichen »Bruchstück«, »ein Coitus mit meinem zweiten, achtjährigen Buben, wobei fast ohne Erektion eine reichliche Samenabgabe erfolgte. Auch im Traum schon war dabei die Auffassung dieses Coitus als Spiel oder Ersatz vorhanden, so als diene der kleine Kinderkörper lediglich als schwacher Ersatz, oder als Basis für onanistische Vorstellungen«[354]. Im Tagebuch notiert er, die häufige Selbstbefriedigung habe ihn als junger Mensch ebenso stark in die Vereinsamung getrieben wie seine Versuche, sich eine geistige Eigenwelt aufzubauen. Frauen wage er aus Schüchternheit nicht anzusprechen und bewundere immer noch jenen Typ von Mann, der eine Frau plump und derb anfassen könne.

Die Träume spiegeln Hesses Ängste und Minderwertigkeitskomplexe. Im Traum befinde er sich, notiert Hesse am 20. August 1918, »in unsicherer, zweifelhafter, sozial undefinierbarer Stellung … im Charakter schwankend, haltlos, bald stolz oder frech, bald kriecherisch, im Ganzen recht gemein!«[355] Aufgrund seines »unfreien Verhältnisses zum Geld, das ich verachte und doch mit Geiz spare«[356], habe er häufig gestohlen. Diese »Kleptomanie«[357] und sein übersteigertes sexuelles Bedürfnis hätten ihn früh in quälende Selbstzweifel gestürzt: »Daß man stiehlt und onaniert und daß das nicht paßt zu den edlen Stimmungen, mit denen man Nietzsche liest und selber dichtet, das empfand ich als Jüngling von 21 Jahren oft stark.«[358] Selbstunsicherheit, so Hesse, sei auch die Ursache seiner Scheu vor der Öffentlichkeit. Er fühle sich ständig beobachtet, was seine Unsicherheit noch verstärke, beobachte aber auch zwanghaft sich selbst, um ja kein Ärgernis zu erregen. So erinnert er sich im Anschluss an die Wiedergabe eines Ski-Traums an eine Abfahrt in St. Moritz, bei der er sich Mühe gegeben habe, gut zu fahren und den Menschen an der Piste zu imponieren: »Diese einfache Lust, beachtet zu werden, und die Bemühung, sich in dieser Beachtung zu bewähren und ja kein Lachen zu erregen, fühle ich (der ich doch im Ganzen sehr außerhalb der bürgerlichen Welt lebe) je und je sehr stark. Als Knabe hatte ich stets das Bedürfnis, zu glänzen, einerlei wie, und wenn ich es nicht als Dichter konnte, so wollte ich wenigstens glänzen als Springer oder Läufer, sehr oft auch als Hanswurst oder Mime. Heute spüre ich dieses Gelüst weniger, dafür aber spüre ich den Menschen gegenüber eine Scheu und das Gefühl, von ihnen als lächerlich und auffallend empfunden zu werden. Es scheint mir, mein Mangel an Angepaßtheit müsse allen auffallen und mich dem Spott ausliefern.«[359]

Das ängstliche Hin und Her zwischen Selbst- und Fremdbeobachtung ist eine Erblast der pietistischen Erziehung, zu deren zentralen Begriffen die Selbstprüfung gehört. Der fromme Christ fühlt sich beobachtet von Gott, und wer sich beobachtet fühlt, der beobachtet auch sich selbst – um zu spüren, ob dieser Gott zufrieden sein kann mit seinem Geschöpf. Der Selbstbeobachter macht seine als unrein empfundene Seele zum Kampfplatz im Ringen um den rechten Weg. Er tritt gewissermaßen neben sie, um sie besser ausleuchten und auf Gott ausrichten zu können – eine Ich-Spaltung, wie sie Hesse in den Doppelfiguren der Romane *Unterm Rad* und *Gertrud* literarisch gestaltet hat. An die Stelle des gnädigen Gottes, der sein Geschöpf annimmt, weil es aufrichtig um seine Erlösung ringt, tritt in Hesses Träumen das Bild des Vaters. Am 24. August 1917 träumt er vom Besuch seines Vaters in Bern. Während dieser im Nebenraum darauf wartet, empfangen zu werden, gerät Hesse in einen heftigen Streit mit

Mia, der so lautstark ist, dass der Gast alles mithört. Hesse stürzt zur Tür hinaus und läuft weg, wie so oft bei seinen Ehekonflikten. »Zank und Weglaufen«, notiert Hesse im Tagebuch, »waren gleich wie oft in der Realität, der Grund war nichtig, schuld war meine Laune, vielmehr mein inneres Nicht-in-die-Situation-passen und meine Reizbarkeit, wessen ich mir auch bewusst war.«[360] Ins Unerträgliche gesteigert wird die Konfrontation durch die Anwesenheit des Vaters, der auf keinen Fall einen Einblick in die zerrüttete Ehe seines Sohnes erhalten soll. Hesse läuft »barfuß« davon, sein Vater verfolgt ihn und holt ihn mühelos ein. Johannes Hesse hält seinem Sohn vor, sich im Leben anders zu verhalten als in seiner Dichtung, vor der er nun die Achtung verloren habe: »Wenigstens sprach er vorwurfsvoll und höhnisch von den ›Schmerzen‹, für welche ich als Dichter Beachtung und Würdigung verlange, während ich doch in Ehe und allem ein geringer Kerl sei. ›Charakterlos‹ war das Hauptwort.«[361]

Lange Jahre habe er sein Leben der »Autorität und Kontrolle« seines Vaters entziehen können, kommentiert Hesse, »desto zarter«[362] sei man miteinander verkehrt, um Auseinandersetzungen zu vermeiden. Im Traum empfindet Hesse die Vorwürfe seines Vaters zwar als berechtigt, wehrt sich jedoch so heftig, dass er sich zu schweren Beleidigungen hinreißen lässt. Am Ende des Traums ist der Vater schwach und blind, und der Sohn bleibt mit schlechtem Gewissen zurück. Hesse deutet den Vater-Traum als Ausdruck seines Über-Ichs, als »eine kollektive, autoritative Einstellung … Mein Vater repräsentiert mir vor allem den Begriff der Reinlichkeit, oder jene Art von Verdrängung, die das Gemeine, vor allem das Sexuelle, nur in einer gewissen Idealisierung verträgt und gelten lassen kann.«[363]

Es ist kein Zufall, dass Hesses problematische Beziehung zu Mia der Auslöser des Vater-Traums ist. Die unglückliche Ehe ist der sichtbarste Ausdruck all seiner Verdrängungen. Dass er schon so lange an ihr festhält, hat mit dem väterlichen Vorbild zu tun, das er heimlich bekämpft, dem er aber ausgeliefert bleibt. Das Bedürfnis, eine ähnlich harmonische Beziehung zu leben wie seine

Hermann Hesse mit Botanisierbüchse im Alter von drei Jahren.

Das Geburtshaus Hermann Hesses in Calw am Marktplatz Nr. 46.

Die Eltern: Marie Hesse, geborene Gundert, und Johannes Hesse.

Die Großväter Hermann Gundert (links) und Carl Hermann Hesse.

Die Familie Hesse im Jahre 1889. Von links nach rechts: Hermann Hesse,
der Vater Johannes Hesse, die Schwester Marulla, die Mutter Marie Hesse,
die Schwester Adele und der Bruder Hans.

Der 21-jährige Hermann Hesse in Tübingen.

Hermann Hesse um 1902.

Der Tübinger Freundeskreis »Petit cénacle« mit den Studenten (von links nach rechts): O. E. Faber, O. Rupp, L. Finckh, C. Hammelehle und Hermann Hesse, zu der Zeit Buchhändlerlehrling.

Hermann Hesse mit Anfang Dreißig.

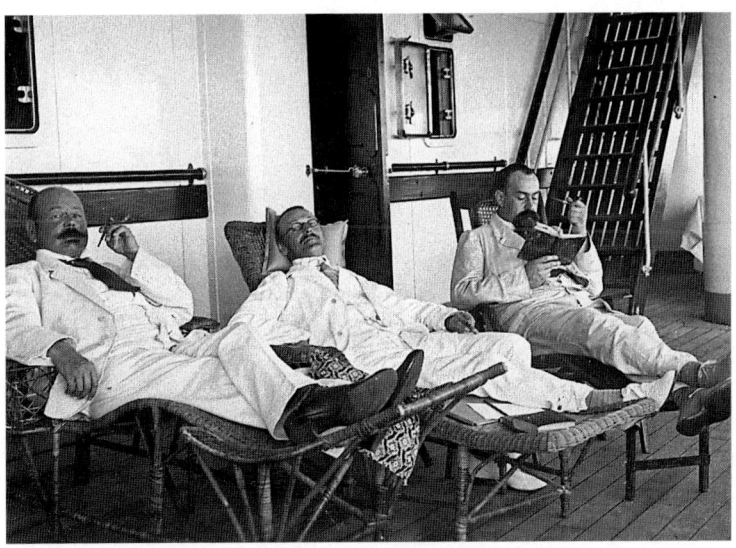

Auf Indienreise mit Hans Sturzenegger (rechts), und einem unbekannten Passagier, 1911.

*Das von Hesse erbaute und im Jahr 1907
bezogene Haus in Gaienhofen.*

Hesse im Garten des Berner Hauses mit seiner Frau Mia und Sohn Heiner.

Nacktklettern in Amden oberhalb des Walensees, 1910.

Mit Ruth Wenger, um 1921.

Beim Gärtnern, 1935.

Am Kaffeetisch mit Ninon und deren Schwester Lilly (rechts), ca. 1936.

Im Tessin, 1937.

Die »Villa Camuzzi« in Montagnola.

Hesse an seinem 60. Geburtstag mit seinen Söhnen (von links nach rechts)
Heiner, Bruno und Martin.

Im Gespräch mit Bundespräsident Theodor Heuss, 1957.

Mit Thomas Mann im Februar 1932 vor der Chantarella bei St. Moritz.

Beim Aquarellieren, 1937.

Mit Enkelin Sibylle, 1951.

Hesse und Ninon im August 1931 vor dem neuen Haus oberhalb von Montagnola.

Hesse in seiner Bibliothek, um 1955.

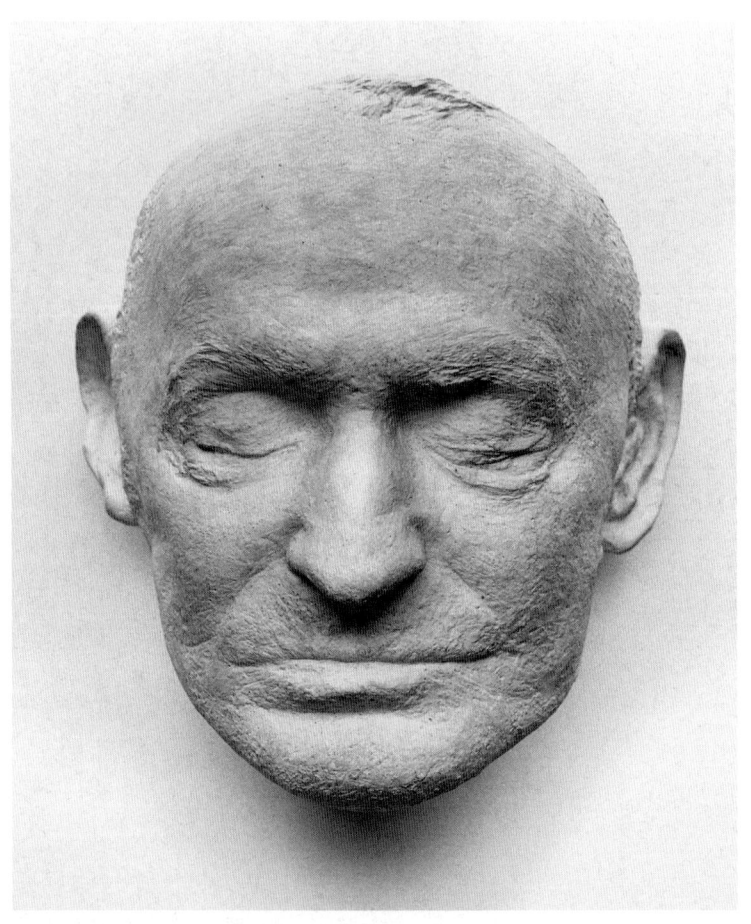

Die Totenmaske.

Eltern, denen ihre christliche Ethik half, ihre Dissonanzen zu überwinden, zwingt Hesse in einen Teufelskreis aus gutem Vorsatz und demütigender Einsicht in die Unmöglichkeit, die Gegensätze zu überbrücken. Sein Harmonie- und Versöhnungsbedürfnis trifft bei Mia regelmäßig auf verbitterte Abwehr, auf eine aggressive Trotzhaltung, die den anderen zur Selbstpreisgabe zwingen will. Die Enttäuschung führt zu andauernder Gereiztheit, die sich immer wieder in zerstörerischen Wutausbrüchen entlädt, wie Hesse im Tagebuch vermerkt. Dann wieder sucht er das Gespräch mit Mia, gemeinsam analysieren sie ihre Träume, sprechen auch offen über Sexualität. Mia unterzieht sich im Juli 1918 ebenfalls einer Psychotherapie, die anfangs auf die Beziehung befreiend wirkt, dann aber plötzlich in neue Aggressivität umschlägt. Mia straft ihren Mann mit Nichtbeachtung und kümmert sich fortan nur noch um einen behinderten Arbeitslosen, den sie ins Haus aufnimmt. Sie spielt für ihn Klavier und bespricht mit ihm ihre Probleme. Hesse fühlt sich von seiner Frau verstoßen, steigert sich, isoliert in seinem Arbeitszimmer hockend, in eine Eifersuchtspsychose hinein, denkt sogar an Selbstmord und will sich zur Front melden. Ein Tagebucheintrag vom 29. Juli 1918 gibt ein niederschmetterndes Bild vom Zustand der Beziehung: »Seit Mias Erregtheit sich gelegt hat, bin ich zwar die momentane Sorge los, dafür aber ist auch zwischen ihr und mir der alte Zustand wieder da, ein stilles, lebloses Nebeneinander, Schweigsamkeit, Schonung, aber kein Leben, keine Offenheit, kein Fortgang der Analyse. Es ist die alte Hölle, ohne wilde Flammen, ein Kaputtgehen in Gleichgültigkeit, Alltag und Spinnweben. Dazu sexuelles Unbefriedigtsein.«[364] Trotz einer kurzen, auch körperlichen Annäherung bleibt die tiefe Entfremdung bestehen, ja wird noch gesteigert durch Hesses Geständnis, Mia in Gaienhofen mit einer anderen Frau betrogen zu haben. Zwar glaubt Hesse, seiner Frau durch die offenen Gespräche näher gekommen zu sein, »doch fühle ich mich immer noch in einer Welt von vereinsamter Verlogenheit (Phantasieleben für mich allein, Leben in Büchern und Kunst statt im Realen, Kleptomanie), die ich erst mit Hilfe weiterer Analyse hoffen kann zu überwinden.

Vor der Wiederaufnahme der Analyse habe ich ebenso Scheu und Angst wie Begierde danach.«[365]

Die Gespräche mit seinem Therapeuten führen Hesse drastisch vor Augen, dass er sich ein falsches Selbst aufgebaut hat, »eine schöne und harmonische, aber im Grunde verlogene Welt«[366]. Die Schlussfolgerungen, die er aus dieser Einsicht zieht, haben zunächst keine Auswirkungen auf seine Ehe mit Mia, sondern verändern vor allem sein Selbstverständnis als Autor. Ein Gespräch mit Carl Gustav Jung wirkt dabei wie ein Türöffner. Durch Vermittlung von Dr. Lang begegnet Hesse dem Psychoanalytiker erstmals am 8. September 1917 in einem Berner Hotel. Der Eindruck, den er dabei von Jung erhält, ist so stark, dass er in der darauffolgenden Nacht von ihm träumt. Thema der abendlichen Unterhaltung ist unter anderem auch die Gnosis, die ihm durch die Gespräche mit Dr. Lang bereits vertraut ist. Die eigentliche Frucht dieser Begegnung ist ein Albtraum, den er am 12. September festhält, die Begegnung mit einem Mann namens Demian, einer als unheimlich beschriebenen »Nachtfigur«, die ihn zweimal in zähem Kampf niederringt und nicht mehr von ihm weicht. Wie durch einen Bann fühlt Hesse sich an diesen Demian gefesselt. Der Mann hat an der Nasenwurzel eine hässliche Wunde voller Eiter, »wie verfault«[367]. Der Bann ist so stark, dass Hesse am 21. September erneut von Demian träumt, dieses Mal schaut er in die leuchtend blauen Augen eines Kindes, und sie scheinen ihm zu versprechen, ebenso kindlich-heiter werden zu können, »wenn man in vollem Besitz seiner Kräfte ist, wenn man sich selber kennt«[368]. Für Hesse, der noch immer unter dem Eindruck seiner Begegnung mit C. G. Jung steht, ist sofort klar, dass es sich in der Gestalt des Demian um einen »Dämon« handelt, um einen zwiegestaltigen Demiurgen, in dem sich das Verfaulte und Verdrängte wie das Selbstbewusst-Geistige zu einer bezwingenden Kraft verbunden haben.

Der Demian-Traum inspiriert Hesse zu einer Seelenbiografie, die er in wenigen Wochen niederschreibt. Es ist die Geschichte von

Emil Sinclair, der unter inneren Kämpfen aus seiner Kindheit herauswächst, um am Ende zu seinem Selbst zu finden. *Demian* schildert im Grunde Hesses eigene Befreiung aus der pietistischen Welt des Calwer Elternhauses und seinen mühevollen Weg zu seinem neuen Selbst-Bewusstsein, das er durch die Kenntnis der Tiefenpsychologie gewonnen hat. Allerdings macht das Geleitwort der Erzählung deutlich, dass sie viel mehr sein will als nur die Geschichte einer schwierigen Adoleszenz: »Um meine Geschichte zu erzählen, muß ich weit vorn anfangen. Ich müßte, wäre es mir möglich, noch viel weiter zurückgehen, bis in die allerersten Jahre meiner Kindheit und noch über sie hinaus in die Ferne meiner Herkunft zurück.«[369] Hesse will mit der eigenen Geschichte zugleich den Mythos von der Menschwerdung erzählen – in einer Zeit, in der sich die Menschen gegenseitig totschießen, ohne zu wissen, daß jeder Mensch nicht nur er selber ist, sondern auch »der einmalige ganz besondere, in jedem Fall wichtige und merkwürdige Punkt, wo die Erscheinungen der Welt sich kreuzen, nur einmal so und nie wieder. Darum ist jedes Menschen Geschichte wichtig, ewig, göttlich, darum ist jeder Mensch, solange er irgend lebt und den Willen der Natur erfüllt, wunderbar und jeder Aufmerksamkeit würdig. In jedem ist der Geist Gestalt geworden, in jedem leidet die Kreatur, in jedem wird ein Erlöser gekreuzigt.«[370]

Der zehnjährige Emil Sinclair lebt wie einst Hesse in Calw in der heilen Welt des »Vaterhauses«, die von liebevoller Strenge bestimmt ist, aber auch Pflicht und Schuld kennt, »schlechtes Gewissen und Beichte, Verzeihung und gute Vorsätze«[371]. Dieser »hellen« Welt des Elternhauses gegenüber steht die »dunkle Welt« der Gassen mit ihren Abenteuern, Gewalttätigkeiten und Versuchungen. Emil lebt in beiden Welten, aber er spürt, dass das Dunkle verlockender ist als die Aussicht, irgendwann endgültig zu den Guten und Angepassten zu gehören. Im Streit mit seinen braven Schwestern, wenn sein Jähzorn ihn zu Gemeinheiten hinreißt, ist dieses Böse plötzlich mit aller Macht da, um gleich wieder von Reue und dem Bedürfnis nach Verzeihung abgelöst zu werden, die ihm immer wieder gewährt wird. In diese behütete

Kinderwelt hinein bricht der Gassenjunge Franz Kromer, ein brutaler Bursche, der Emil erpresst und tyrannisiert. Er muss ihm Geld beschaffen und verschiedene Dienste leisten, alles Inszenierungen der Macht, um den Jüngeren und Schwächeren zu demütigen. Emil plündert heimlich seine Sparbüchse und gerät in einen Strudel aus Lügen und Vertuschungen, der ihn immer weiter in die Arme seines Peinigers treibt. Kromer ist ein Verführer, Emils »Schatten«, der all das Verleugnete und heimlich Ersehnte verkörpert, den Trieb zur Gesetzesübertretung und zum Bösen. Den Vater um Verzeihung zu bitten gelingt Emil nicht, er genießt stattdessen den Reiz des Verbotenen, eine sündenstolze Überlegenheit: »Es war ein erster Riß in die Heiligkeit des Vaters, es war ein erster Schnitt in die Pfeiler, auf denen mein Kinderleben geruht hatte, und die jeder Mensch, ehe er selbst werden kann, zerstört haben muß.« Dennoch fühlt Emil Sinclair sich schuldig: »Warum war ich mitgegangen? Warum hatte ich dem Kromer gehorcht, besser als je meinem Vater?«[372]

Die Antwort gibt ihm Max Demian, Sohn einer Witwe und Emils neuer Mitschüler an der Lateinschule. Seine Überlegenheit kommt aus einer geistigen Selbstständigkeit, die sich keinerlei Denkverbote auferlegt. Demian liest die biblischen Geschichten gegen den Strich, für ihn ist Kain kein verwerflicher Brudermörder, sondern ein Revolutionär, der gegen die unsinnige Schöpfungsordnung aufbegehrt, das Kainsmal ein Erkennungszeichen für die Mutigen und Überlegenen, die sich dem Herdentrieb der Schwachen verweigern. Und der Schächer am Kreuz, der seine Tat bereut, nur ein elender Feigling. Demian lehnt wie die Gnostiker das überlieferte Gottesbild ab und will sich ein neues schaffen: »Es handelt sich darum, daß dieser ganze Gott, alten und neuen Bundes, zwar eine ausgezeichnete Figur ist, aber nicht das, was er doch eigentlich vorstellen soll. Er ist das Gute, Edle, das Väterliche, das Schöne und auch Hohe, das Sentimentale – ganz recht! Aber die Welt besteht auch aus anderem. Und das wird einfach dem Teufel zugeschrieben, und dieser ganze Teil der Welt, diese Hälfte wird unterschlagen und totgeschwiegen. Gerade wie sie Gott als Vater alles Lebens rühmen, aber das ganze Geschlechtsleben, auf dem das Leben doch beruht, einfach tot-schweigen und womöglich für Teufelszeug und sündlich erklä-ren! Ich habe nichts dagegen, daß man diesen Gott Jehova ver-ehrt, nicht das mindeste. Aber ich meine, wir sollen alles verehren und heilig halten, die ganze Welt, nicht bloß diese künstlich ab-getrennte, offizielle Hälfte! Also müssen wir dann neben dem Gottesdienst auch einen Teufelsdienst haben. Das fände ich rich-tig. Oder aber, man müsste sich einen Gott schaffen, der auch den Teufel in sich einschließt, und vor dem man nicht die Augen zudrücken muß, wenn die natürlichsten Dinge von der Welt ge-schehen.«[373]

Mit solch kühnen Deutungen bringt Demian Emils fest gefüg-tes Weltbild ins Wanken, jetzt fühlt auch er sich als ein Kain, im Traum gibt Kromer ihm ein Messer, damit er seinen Vater ermor-det. Schließlich ist es Demian, der ihn von seinem Quälgeist er-löst, aber seit der Versuchung zum Vatermord weiß Emil, dass Kromer tief in ihm steckt, er sich früher oder später diesem »Schatten« stellen muss. In sich fühlt er jetzt aber auch die starke Präsenz Demians: »Wie im Traum unterlag ich seiner Stimme, seinem Einfluss. Ich nickte nur. Sprach da nicht eine Stimme, die nur aus mir selber kommen konnte? Die alles wußte? Die alles besser, klarer wußte als ich selber?«[374]

In der Darstellung von Emil Sinclairs Reifungsprozess hält sich Hesse an seine eigenen Erfahrungen. Wie er selbst als Gymnasiast in Göppingen gerät sein Held in der Stadt »St«[375] – mit dem Kür-zel ist wohl Stuttgart gemeint – in einen nihilistischen Sog, in »eine Wonne voll Melancholie, Weltverachtung und Selbstver-achtung«[376]. Als »Kneipenheld und Spötter«[377] will er in der Welt des Rausches und der erwachenden Sinnlichkeit sich selbst fin-den, schwankt aber noch immer zwischen der Faszination, die das Laster für ihn hat, und der Sehnsucht nach der heilen Welt der Familie, ohne die hellen und dunklen Seiten der Welt als Möglichkeiten seiner selbst zu begreifen. Emil gibt sich als Frei-geist und Genüssling, ist aber nie dabei, wenn seine Kumpane zu den Mädchen gehen: »Niemand war verletzlicher, niemand war schamhafter als ich. Und wenn ich je und je die jungen Bürgermädchen vor mir gehen sah, hübsch und sauber, licht und anmutig, waren sie mir wunderbare, reine Träume, tausendmal zu gut und rein für mich.«[378] Dann tritt Beatrice in sein Leben, eine zufällige Begegnung in einem Park. Emil wagt es nicht, die schöne junge Frau anzusprechen, er verehrt sie aus der Ferne wie einst der fünfzehnjährige Hermann die viel ältere Eugenie Kolb: »Dieser Kult der Beatrice änderte mein Leben ganz und gar. Gestern noch frühreifer Zyniker, war ich jetzt ein Tempeldiener, mit dem Ziel, ein Heiliger zu werden.«[379] Die unterdrückte Sexualität wird in ein Idealbild sublimiert und macht Emil zum Künstler. Plötzlich ist aus dem jungen Emil Sinclair der reife Hermann Hesse geworden, der sich an Stillleben übt, Landschaften malt und sich schließlich an einem (Selbst-)Porträt von Beatrice versucht. Natürlich sind es Seelenbilder, die Emil/Hermann aus dem Unbewussten ans Licht hebt, die Züge des Mädchens nehmen die von Demian an und verwandeln sich in das Abbild der eigenen Anima, den weiblichen Teil des Selbst: »Und allmählich kam mir ein Gefühl, daß das nicht Beatrice und nicht Demian sei, sondern – ich selbst. Das Bild glich mir nicht … aber es war das, was mein Leben ausmachte, es war mein Inneres, mein Schicksal oder mein Dämon.«[380]

Die Erzählung *Demian* reflektiert in erstaunlich direkter Form Hermann Hesses persönliche Auseinandersetzung mit der Lehre Carl Gustav Jungs. Neben Begriffen wie »Schatten« oder »das Selbst« übernimmt er auch den gnostischen Abraxas-Mythos, den Jung in seinem Traktat *Septem Sermones* dargestellt hatte. Es ist ein glücklicher Einfall, dass Hesse das Symbol für den Gott-Teufel Abraxas, einen Sperberkopf, aus Emil Sinclairs unmittelbarer Lebenswelt heraus entwickelt und nicht als abstrakte Idee. Demian entdeckt den Vogel auf einem alten Wappen über dem Eingangstor zu Emils Haus, zeichnet ihn ab und hebt ihn so ins Bewusstsein seines Freundes. Lange nach diesem Vorfall träumt Emil von Demian und dem Wappen. Der Freund zwingt ihn, das Wappen zu verschlucken, und als der Wappenvogel zu wachsen und ihn von innen her aufzufressen beginnt, erwacht Emil aus seinem Albtraum. Am nächsten Tag malt er das Wappentier aus der Erinnerung: einen Raubvogel, der zur Hälfte in einer Weltkugel steckt, aus der er sich wie aus einem riesigen Ei herausarbeitet. Seinen Traumvogel steckt Emil in einen Umschlag und schickt ihn an Demian. Eines Tages findet er als Antwort einen Zettel seines Freundes, der auf unerklärliche Weise zu ihm gelangt ist: »Der Vogel kämpft sich aus dem Ei. Das Ei ist die Welt. Wer geboren werden will, muß eine Welt zerstören. Der Vogel fliegt zu Gott. Der Gott heißt Abraxas.«[381] Die Deutung des Rätsels besorgt jedoch nicht Demian selbst, sondern ein junger Hilfslehrer. In einer Griechischstunde erwähnt er den Namen Abraxas und erklärt, die Abraxas-Lehre sei von antiken Sekten verbreitet worden: »Wir können uns den Namen etwa denken als den einer Gottheit, welche die symbolische Aufgabe hatte, das Göttliche und das Teuflische zu vereinigen.«[382]

Die Überwindung des quälenden Dualismus befreit Emil Sinclair – und damit auch seinen Schöpfer, den Dichter Hermann Hesse – zu einem offeneren Umgang mit seinen unterdrückten Wünschen und Trieben. Den entscheidenden Anstoß dazu gibt ein Traum, in dem das übermächtige Vater-Bild von dem der Mutter, der Anima, abgelöst wird. Der verlorene Sohn kehrt ins Vaterhaus zurück, doch im Haus kommt ihm nicht der Vater, sondern seine Mutter entgegen, »aber als ich eintrat und sie umarmen wollte, war es nicht sie, sondern eine nie gesehene Gestalt, groß und mächtig, dem Max Demian und meinem gemalten Blatte ähnlich, doch anders, und trotz der Mächtigkeit ganz und gar weiblich. Diese Gestalt zog mich an sich und nahm mich in eine tiefe, schauernde Liebesumarmung auf. Wonne und Grausen waren vermischt, die Umarmung war Gottesdienst und war ebenso Verbrechen. Zuviel Erinnerung an meine Mutter, zuviel Erinnerung an meinen Freund Demian geistete in der Gestalt, die mich umfing. Ihre Umarmung verstieß gegen jede Ehrfurcht und war doch Seligkeit. Oft erwachte ich aus diesem Traum mit tiefem Glücksgefühl, oft mit Todesangst und gequältem Gewissen wie aus furchtbarer Sünde.«[383]

So tabubrecherisch die Traumschilderung ist, zu der Hesse sich durch sein Traumtagebuch anregen ließ, weil in ihr inzestuöse und homosexuelle Wünsche anklingen, so schulbuchmäßig erweist sie sich in der symbolischen Darstellung des Anima-Archetypus, wie C. G. Jung ihn entwickelt hat. Das innere Bild der Frau im Mann, so Jung, sei »ein vererbtes psychisches Anpassungssystem«[384], Männer erlebten diese unbewusste Weiblichkeit in ihren Projektionen auf verschiedene Frauentypen: auf die Mutter, die Geliebte, die Ehefrau, die Schwester, die Hure. Das Bild, das Hesse von Emil Sinclairs »Traumgeliebten« zeichnet, ist diesem Jungschen Archetypus nachgebildet: »Ich nannte es Mutter und kniete vor ihm in Tränen, ich nannte es Geliebte und ahnte seinen reifen, alles erfüllenden Kuß, ich nannte es Teufel und Hure, Vampyr und Mörder. Es verlockte mich zu zartesten Liebesträumen und zu wüsten Schamlosigkeiten, nichts war ihm zu gut und köstlich, nichts zu schlecht und niedrig.«[385]

In dieser Abraxas-Welt sind Onanie und Poesie keine Gegensätze mehr. Mit seiner Erzählung *Demian* gelingt es Hermann Hesse, sich eine tragfähige religiös-philosophische Selbstentlastung zu verschaffen. Das amoralische Weltbild, das er sich mithilfe der Jungschen Psychologie erarbeitet, versöhnt ihn mit seinen eigenen Triebregungen. Nun sind sie keine moralische Herausforderung mehr, sondern werden als integraler Bestandteil des »kollektiven Unbewussten« erkannt, in dem die Seele jedes einzelnen Menschen mit der gesamten Natur- und Menschheitsgeschichte, mit allem, was je existierte, in einem mystischen Zusammenhang steht. Den letzten, entscheidenden Schritt in diese überpersonale Welt vollzieht Emil Sinclair im siebten Kapitel. Die Sieben ist eine heilige Zahl, und so ist das vorletzte Kapitel der mythisch-magischen Welt der Urmutter Eva gewidmet.[386] Hatte Demian bereits bei der ersten Begegnung mit Emil erklärt, er habe ihn längst erwartet, so sagt auch seine Mutter, sie habe den Freund ihres Sohnes sofort erkannt, obwohl sie ihn noch nie gesehen hatte: »Wir haben auf Sie gewartet, und als das Bild kam [Vogel und Ei, H. S.], da wußten wir, daß Sie auf dem Weg zu uns waren. Als Sie ein kleiner Knabe waren, Sinclair, da kam eines

Tages mein Sohn aus der Schule und sagte: Es ist ein Junge da, der hat das Zeichen auf der Stirn, der muß mein Freund werden. Das waren Sie.«[387] Aber auch Emil Sinclair hat Eva, seine Anima, immer schon gekannt, von ihr geträumt und sie gemalt. In der äußeren Erscheinung der schönen Witwe begegnet er seinem inneren Traumbild: »Das war sie, die große, fast männliche Frauenfigur, ihrem Sohne ähnlich, mit Zügen von Mütterlichkeit, Zügen von Strenge, Zügen von tiefer Leidenschaft, schön und verlockend, schön und unnahbar, Dämon und Mutter, Schicksal und Geliebte. Das war sie!«[388]

Am Schluss der Erzählung wird Emil Sinclair eingezogen und kämpft als Soldat an der Westfront in Flandern. Auch im Krieg fühlt er sich von seinen inneren Bildern geführt. Bei einer Nachtwache erscheint ihm am Himmel eine »mächtige Göttergestalt, funkelnde Sterne im Haar, groß wie ein Gebirge, mit den Zügen der Frau Eva. In sie hinein verschwanden die Züge der Menschen, wie in eine riesige Höhle, und waren weg. Die Göttin kauerte sich am Boden nieder, hell schimmerte das Mal auf ihrer Stirn. Ein Traum schien Gewalt über sie zu haben, sie schloß die Augen, und ihr großes Antlitz verzog sich in Weh. Plötzlich schrie sie hell auf, und aus ihrer Stirn sprangen Sterne … Einer von den Sternen brauste mit hellem Klang gerade zu mir her, schien mich zu suchen. – Da krachte er brüllend in tausend Funken auseinander, es riß mich empor und warf mich wieder zu Boden, donnernd brach die Welt über mir zusammen.«[389] Der Granattreffer, der ihn verwundet und ins Lazarett bringt, wo er wunderbarerweise auf den sterbenden Demian trifft, kommt aus seinem Inneren, es ist der Blitz der Erleuchtung, die Erkenntnis, dass Innen und Außen, Traum und Welt identisch sind. In Gestalt von Demians Mutter »Eva« steigert Hesse den Anima-Archetypus in die Dimension des Göttlichen, zur Gott-Mutter. Sie löst als Erdmacht endgültig den Vater-Gott ab, der als Deus absconditus, als verborgener Gott, der Schöpfung nicht angehört. Sein Licht, das wie in der Maulbronner Klosterkirche auf die Dornenkrone des Gekreuzigten fällt, ist nicht von dieser Welt.

Unter dem Einfluss der Psychoanalyse erscheint es Hesse immer dringlicher, Leben und Schreiben aufeinander zu beziehen, die seelischen Erkenntnisse nicht nur dichterisch, sondern auch für den politischen Alltag wirksam werden zu lassen. Unter dem Pseudonym »Emil Sinclair« veröffentlicht er eine Reihe von Artikeln, die kritisch zum Krieg Stellung nehmen, der sich 1917 noch einmal radikalisiert hat. Beide Seiten setzen Giftgas und Tanks ein, versuchen mit Offensiven, die Hunderttausende Opfer kosten, dem Krieg eine entscheidende Wendung zu geben. Je länger der Krieg dauert, desto nachhaltiger werden Hesses publizistische Appelle, sich für den Frieden einzusetzen. Der Friede sei aber nicht allein auf Kongressen zu erzielen, schreibt Hesse in der *Neuen Zürcher Zeitung*, sondern müsse von jedem einzelnen gewonnen werden. »Es ist die Erkenntnis des Lebendigen in uns von uns, in jedem von uns, in mir und dir, des geheimen Zaubers, der geheimen Göttlichkeit, die jeder von uns in sich trägt. Es ist die Erkenntnis von der Möglichkeit, von diesem innersten Punkte aus alle Gegensatzpaare zu jeder Stunde aufzuheben, alles Weiß in Schwarz, alles Böse in Gut, alle Nacht in Tag zu verwandeln. Der Inder sagt ›Atman‹, der Chinese sagt ›Tao‹, der Christ sagt ›Gnade‹. Wo jene höchste Erkenntnis da ist (bei Jesus, bei Buddha, bei Plato, bei Laotse), da wird eine Schwelle überschritten, hinter der die Wunder beginnen. Da hört Krieg und Feindschaft auf.«[390] Hesse setzt sich jetzt auch für Kriegsdienstverweigerer ein, weil er sie für »das allerwertvollste Symptom der Zeit« hält: »Jetzt ist man schon so weit, daß eine ernsthafte Motion im Gange ist, man solle denen, die aus sittlichen Gründen den Dienst verweigern, Gelegenheit schaffen, ihren Dienst in ziviler Arbeit abzuleisten. Vielleicht wird das nicht durchgehen, heut noch nicht, aber kommen wird es absolut sicher, und vielleicht kommt dann auch eine Zeit, wo auf drei Soldaten zehn Zivildiensttuende kommen werden, wo man ganz natürlich das Kriegshandwerk, soweit es noch existiert, den geborenen Raufbolden und Sauhunden überläßt.«[391]

Längst schreibt Hesse keine Kriegsgedichte mehr. Aus dem Patrioten des August 1914 ist im Sommer 1917 ein scharfer Kritiker des Militarismus geworden. Am 13. September klagt Hesse gegenüber dem Schweizer Journalisten Carl Seelig: »Dieser scheußliche Krieg, der für Euch Junge ein glänzendes Phänomen ist, ist für uns Vierzigjährige etwas anderes. Uns frißt er nicht ein paar Jugendjahre weg, die man ohnehin auf Abenteuer und dergleichen verwendet hätte; uns stiehlt er die Jahre der Lebenshöhe, und jeder von uns, der den Krieg loben und rühmen hilft, ist ein Verbrecher. Nicht weil es grade uns schlechtgeht – das wäre einerlei –, aber weil gerade wir das Zerstörende, Wertlose, Satanische des Krieges tiefer fühlen müssen.«[392] Die Ablehnung des Krieges verdichtet sich in einem ödipalen Angsttraum. Am 25. Januar 1918 träumt Hesse von einer Musterung: »Zwei Unteroffiziere … standen bei mir, und machten sich noch irgend etwas an mir zu schaffen … Der andere aber nahm plötzlich meine Hoden in die Hand, ich erschrak sehr. Und nun sprachen die beiden flüsternd miteinander über mich, und ich verstand, daß mir die Hoden (oder wenigstens einer) sollten abgenommen werden.«[393] Kastrationsängste, das weiß der Freud-Leser Hesse, können als die Folge eines unbewussten, inzestuösen Wunsches des Sohnes nach der Vereinigung mit der Mutter gedeutet werden – eine Vorstellung, die Hesse in Gestalt der Eva im *Demian* thematisiert hatte. Nun schlage »Vater« Staat mit aller Gewalt zurück, kommentiert Hesse im Tagebuch: »Das Wegschneiden eines Hodens passt gut zu den übrigen Grausamkeiten und Vergewaltigungen durch Staat und Militär.«[394]

Vom Kriegsdienst bleibt Hesse weiterhin verschont. Als ihn das Bezirkskommando Calw am 17. März 1917 einberuft, interveniert sein Kollege Richard Woltereck in Berlin für ihn. Woltereck kann das Kriegsministerium davon überzeugen, dass Hesse für die Kriegsfürsorge unentbehrlich ist. Dafür wird der »landsturmpflichtige Schriftsteller Hermann Hesse widerruflich für die Dauer des Krieges zum Beamtenstellvertreter ohne Feldwebelrang« ernannt und erhält nach der »Kriegsbesoldungsvorschrift«[395] ein bescheidenes Gehalt. Trotz dieser Anerkennung ist Hesse der aufreibenden Tätigkeit müde und möchte sich am liebsten ins sonnige Tessin zurückziehen. Nach der Rückkehr aus einem Urlaub in Locarno schreibt er ein Gedicht, das seine Antikriegs-Stimmung wiedergibt:

Den alten Wanderstecken
Werf ich ins feuchte Gras,
Es ist doch zum Verrecken,
Die Augen sind mir naß.
Muß wieder mich bequemen,
Muß wieder Abschied nehmen,
Tun, was mir nicht gefällt –
Und ringsum blaue Lüfte,
Bach, Wiese und Geklüfte
Und aller Klang und Glanz der Welt!

Muß wieder mich bescheiden,
Muß wieder Sehnsucht leiden
Und fremde Dinge tun,
Indes im Herzen innen
Die dunklen Schmerzen spinnen
Und goldne Träume halbverschüttet ruhn,
Ich spucke still in ein Gesträuch:
Ihr, denen ich muß dienen, allzumal,
Minister, Exzellenzen, General,
Der Teufel hole euch.[396]

Immer wieder fährt Hesse ins Tessin, das für ihn zum Zufluchts-ort geworden ist. In Ascona unterzieht er sich im Frühjahr 1918 bei dem Therapeuten Johannes Nohl, wie Lang ein Kenner der Mystik und Gnostik, einer weiteren Analyse. Die Nachwirkungen dieser intensiven Gespräche sind positiv, im Sommer entspannt sich die Beziehung zu Mia, und Hesse findet endlich auch wieder Zeit für seine Kinder. Jetzt ist auch ein baldiges Ende des Krieges in Sicht, denn Deutschland ist nach den letzten großen Offen-siven so geschwächt, dass es im Westen nur noch hinhaltenden Widerstand leisten kann. Am 4. Oktober muss das Deutsche

Reich ein von dem amerikanischen Präsidenten Wilson diktiertes Waffenstillstandsangebot akzeptieren. In diesen dramatischen Tagen endet nicht nur die europäische Vorkriegsepoche, sondern endgültig auch Hesses Ehe. »Mir persönlich«, schreibt er an den Unternehmer Emil Molt, den späteren Mitbegründer der Waldorfschule, »fällt ja diese Welt-Erschütterung mit dem Erdbeben meines Privatlebens zusammen.«[397] Mia hat auf der Rückfahrt aus dem Tessin, wo sie mit dem jüngsten, siebenjährigen Sohn Martin einen Urlaub verbracht hatte, einen Nervenzusammenbruch erlitten und ist in eine Heilanstalt bei Küsnacht eingeliefert worden. Hesse reist sofort nach Luzern, um sich seines völlig verstörten Sohnes anzunehmen. Der kleine Martin ist während der zweitägigen Reise von seiner Mutter beschimpft und geschlagen worden. Dann fährt Hesse nach Bellinzona, um das Gepäck aufzusammeln, das Mia dort auf dem Bahnhof hat stehen lassen oder während der Fahrt aus dem Zugfenster geworfen hat. In einem Brief an seine Schwester Adele schreibt er erstmals ganz offen über seine verfahrene Ehesituation: »Ich habe, seit den 14 Jahren meiner Ehe, manches gelitten, wovon niemand weiß. Die letzten Monate waren die schwersten, für Mia und für mich selber, und eine Zeitlang meinte ich, ich wüßte jetzt, was Leid sei, und hätte den Kelch geleert. Aber es ist noch nicht so weit.«[398] Hesse sieht durchaus auch die eigene Schuld an Mias Zustand, hat er doch viel zu lange an der Ehe festgehalten. Mitte November besucht er sie in Küsnacht und findet sie in viel besserer Gemütsverfassung vor. Doch er weiß, dass es bald eine Lösung geben muss, denn ohne die Kinder würde seine Frau zugrunde gehen. Hesse lebt nun zusammen mit einer Haushälterin und den Kindern in dem »kalten, leeren Haus« am Melchenbühl. Die Novemberrevolution und der Zusammenbruch des Kaiserreichs treffen auch ihn hart, denn von Deutschland kommt kein Geld mehr, und seine Ersparnisse sind in wertlos gewordenen Staatspapieren angelegt. Hesse entschließt sich, seine Kinder vorerst bei Freunden und Bekannten unterzubringen. Bruno und Heiner werden von einem befreundeten Pfarrer in Langnau aufgenommen, Martin kommt wieder nach Kirchdorf zu den Schwestern Johanna und Alice Ringier. In den einsamen Tagen nach der Jahreswende 1918/19 bringt Hesse die Novelle *Kinderseele* zu Papier, in der er das traumatischste Erlebnis seiner Kindheit, den Feigendiebstahl im Arbeitszimmer seines Vaters und die damit verbundenen Gewissensnöte, in beklemmender Eindringlichkeit beschreibt.

Unter dem Eindruck des Zusammenbruchs in Deutschland schreibt Hesse Ende Januar 1919 »Zarathustras Wiederkehr«, einen in der rhapsodischen Sprache Nietzsches verfassten Appell an die deutsche Jugend. Er fordert sie auf, die Niederlage als Chance zur Selbstwerdung zu nutzen und nicht nach Schuldigen zu suchen. Die anonyme Flugschrift, die im März 1919 im Verlag Wilhelm Stämpfli in Bern herauskommt, endet mit dem Appell, nicht mehr auf politische Führer, sondern nur noch auf die innere Stimme zu hören. Das gilt natürlich auch für ihn selbst. Das Angebot, in der bayerischen Räteregierung mitzuwirken, lehnt Hesse ab. Er möchte nicht noch einmal, wie im Sommer 1914, einer Massenpsychose erliegen. Zum Volkstribun fühlt er sich nicht berufen. Schon im November 1918 hatte Hesse eine Einladung, im neu formierten Württembergischen Landtag tätig zu sein, mit den Worten abgelehnt, sein »göttlicher Beruf« sei die Menschlichkeit. Politik und Menschlichkeit aber schlössen sich aus.[399]

Anfang April endet auch sein Dienst bei der Gefangenenfürsorge. Hesse löst seinen Berner Haushalt auf. Mia versucht mit allen Mitteln die Kinder zurückzubekommen. Hesses Stimmung ist auf dem Tiefpunkt. Am 1. März hatte er gegenüber Josef Bernhard Lang Selbstmordgedanken geäußert, aber auch eine Lösung angedeutet: »Ich brate in der Hölle meiner Zustände weiter, sehe Stück um Stück meiner frühern Existenz in die Brüche gehen, und keine Zukunft. Ich lebe seit Monaten wieder allein, ohne Frau und Kinder, und halte mich wieder an die drei Tröstungen meiner Jugendjahre: literarische Arbeit, Alkohol und im Hintergrund der tröstliche Gedanke an den Selbstmord. Aufs Frühjahr hoffte ich ins Tessin zu gehen und mir dann dort eine kleine

Junggesellenwohnung zu suchen.«[400] Da die Rückkehr Mias kurz bevorsteht, muss Hesse eine Entscheidung treffen. Er ist fest entschlossen, künftig allein zu leben. Mitte April fährt er zu Bekannten nach Lugano. Kurz vor seiner Abreise schreibt er seinem alten Freund Ludwig Finckh: »Dieser Tage verlasse ich Bern und will mir im Tessin für einige Zeit eine Arbeitsstätte suchen. Ich hoffe den Tiefstand, auf den meine ganze Existenz gekommen ist, noch einmal zu überwinden und noch ein Stück zu leben und zu arbeiten.«[401] Erst jetzt, sechs Jahre nach der Niederschrift seines Romans *Roßhalde*, hat Hermann Hesse die Kraft, sich aus seiner unglücklichen Ehe zu lösen und nur noch Dichter zu sein.

ZEHNTES KAPITEL

Umzug in die »Villa Camuzzi« in Montagnola. Wer schrieb den Demian? *Ein Psychodrama:* Klein und Wagner. *Selbstporträt als Maler:* Klingsors letzter Sommer. *Mia erneut in der Heilanstalt, Hesse schluckt Opium.* »Punkt für Punkt wie ein Steckbrief«: das Horoskop. Ruth, die Königin des Gebirges. Kampf um die Kinder. Suizidgedanken. Siddhartha, *erster Teil*

Nie zuvor hatte Hesse die Fahrt in den Süden als so befreiend empfunden wie im Frühjahr 1919. Dieses Mal ist es keine Reise mit Rückfahrkarte, sondern der endgültige Abschied von seiner bisherigen Existenz. Wie ein Sinnbild für das erhoffte Tauwetter seiner Seele empfindet er das Wegschmelzen des Schnees, als der Zug ins milde Tessin hinabrollt. Vor dem Fenster ziehen blühende Wiesen, Weinterrassen, steinerne Glockentürme und bald auch die ersten Palmen vorbei. Was Hesse in seiner Kurzprosa-Sammlung *Wanderung* wenige Monate zuvor geschrieben hatte, spürt er nun unmittelbar: »Wenn ich diese gesegnete Gegend am Südfuß der Alpen wieder sehe, dann ist mir immer zumute, als kehre ich aus einer Verbannung heim, als sei ich endlich wieder auf der richtigen Seite der Berge. Hier scheint die Sonne inniger, und die Berge sind röter, hier wächst Kastanie und Wein, Mandel und Feige, und die Menschen sind gut, gesittet und freundlich, obwohl sie arm sind. Und alles, was sie machen, sieht so gut, so richtig und freundlich aus, als sei es von Natur so gewachsen. Die Häuser, Mauern, Weinbergtreppen, Wege, Pflanzungen und Terrassen, alles ist weder neu noch alt, alles ist, als sei es nicht erarbeitet, erklügelt und der Natur abgelistet, sondern entstanden wie Fels, Baum und Moos.«[402]

In Lugano endet die Reise; Hesse sucht ein vorläufiges Quartier und findet es schließlich in einer Pension im Örtchen Sorengo, das an einem Berghang über dem See liegt. Von hier aus will er die Gegend erkunden, um eine dauerhafte Bleibe zu finden. Die ersten Wochen verfliegen wie im Rausch, die »Kraft und Glut«[403] eines so noch nie erlebten südlichen Sommers setzt neue Kräfte frei. Hesse wandert, malt und arbeitet fieberhaft an einer neuen Erzählung. »Es ist nicht mehr Frühling in meinem Herzen«, schreibt er in sein Wanderbuch, »es ist Sommer … Die Welt ist schöner geworden. Ich bin allein, und leide nicht unter dem Alleinsein. Ich wünsche nichts anderes. Ich bin bereit, mich von der Sonne fertig kochen zu lassen. Ich bin begierig, reif zu werden. Ich bin bereit zu sterben, bereit wiedergeboren zu werden.«[404] Mit seinen Malutensilien, dem Notizbuch und einer Flasche Wein im Rucksack streift er am See entlang und entdeckt schließlich auf der Collina d'oro, dem goldenen Hügel über Lugano, die »Villa Camuzzi«. Etwas versteckt oberhalb des Dorfes Montagnola gelegen, erscheint ihm das Mitte des neunzehnten Jahrhunderts im Stil des Neobarock erbaute, ockerfarbene Schlösschen mit seinen verspielten Treppengiebeln und Türmchen wie aus den romantischen Träumen seines Hermann Lauscher geboren. Hesse verliebt sich sofort in den »drolligen Palazzo«[405] und mietet von der Eigentümerin Rosetta Camuzzi eine leer stehende Wohnung. Die vier möblierten Zimmerchen befinden sich wie das ganze Gebäude in einem desolaten Zustand, die Tapeten blättern ab, und der Putz bröckelt. Es gibt kein warmes Wasser und keine Heizung. Dafür ist die Miete niedrig, und der kleine Steinbalkon des Kaminzimmers bietet einen grandiosen Blick auf den See und den Hauptberg von Lugano, den Monte San Salvatore. Unter dem Balkon fällt ein Zaubergarten steil den von Terrassen gehaltenen Hang hinab, ein von blauen Glyzinien und Clematis überkletterter Urwald aus Kastanien, Zedern, Palmen, Judasbäumen, Blutbuchen, Magnolien, Eukalyptus, Rhododendren, Mimosen und Kamelien, der ein tropisches Aroma verströmt.

Hesse lässt aus Bern seinen Schreibtisch und eine Auswahl an Büchern kommen, die er auf die wenigen Regale seiner neuen Wohnung verteilt. Da er für sich und seine Familie im Jahr nur über einige Tausend Mark verfügt, die zudem zu einem schlechten Kurs gegen Franken eingetauscht werden müssen, lebt er in Montagnola von der Hand in den Mund. Milch, Reis und Makkaroni sind die karge Kost, im Herbst ergänzt um Maronen aus den umliegenden Kastanienwäldern. Aber Hesse bleibt nicht allein, bald lernt er eine Reihe von Künstlern kennen, die ebenfalls am Luganer See wohnen. Mit ihnen feiert er Feste, mit ihnen zieht er durch die Grotti, die Tessiner Weinschänken. Er verlebe »verzauberte Tage«, schwärmt er am 24. Juli 1919 in einem Brief an den Maler Louis Moilliet, »nachts rannte der Mond wie irrsinnig über den Himmel, gleich war es wieder Morgen, und man kroch heim und hatte das Gilet voll Rotwein. Auch in Carona waren wir, sahen die Kanonenkugeln und den violetten Generoso wieder, und das feine Mädchen Ruth lief in einem feuerroten Kleidchen herum, begleitet von einer Tante, zwei Hunden und einem leider wahnsinnigen Klavierstimmer, es war eine herrliche Menagerie. Das Ganze endete in einem finsteren Grotto, der irgendwo steil in der Luft hing, unten sausten beleuchtete Eisenbahnen vorbei, man küßte Weiber und Baumstämme, es war grauenhaft schön.« Trotz dieser berauschenden Tage und Nächte entsteht in wenigen Wochen die Novelle *Klein und Wagner*, die nun auch literarisch einen Neuanfang setzen soll. Es sei das Beste, was er bislang gemacht habe, schreibt er im selben Brief, »ein Bruch mit meiner früheren Art und der Beginn von ganz Neuem. Schön und holdselig ist diese Dichtung nicht, mehr wie Cyankali, aber sie ist gut und war notwendig.«[406] Auch der Freund Walter Schädelin wird vorgewarnt: »Was ich jetzt schreibe, wird die wenigsten meiner Freunde freuen, und es wird nochmals eine Einschränkung und Isolierung für mich geben, wie ich sie politisch und menschlich im Krieg erlebte.«[407]

Nach dem *Demian*, der eben bei S. Fischer unter dem Pseudonym »Emil Sinclair« erschienen ist, soll *Klein und Wagner* ein weiterer Schritt hin zu einer neuen, wahrhaftigeren, expressiveren Erzählweise sein. Schon kurz vor Ende des Weltkriegs, im Juni 1918, hatte Hesse in einem Aufsatz in der *Neuen Rundschau* ein persönliches Bekenntnis zum Expressionismus abgelegt. Der Expressionist, schrieb er dort, habe ein »zeitloses Weltgefühl«, und seine Kunst sei ein »Sichselbstbekennen und sich Selbsterleben in beliebigem Gleichnis«[408]. In diesem Sinne ist auch *Klingsors letzter Sommer* ein zum Gleichnis überhöhtes Selbstporträt. Die Novelle erzählt die Geschichte einer Flucht. Der Bankbeamte Friedrich Klein rast im Schnellzug einem unbekannten Ziel entgegen, gehetzt von einem dämonischen Impuls, einem Schuldgefühl, das nicht allein damit zu tun hat, dass er Geld unterschlagen hat. Warum er zum Verbrecher wurde, weiß Klein nicht, er ahnt es nur. Sein bestimmendes Gefühl ist das einer verfehlten Existenz. Angekommen in einer südlichen Stadt, quält er sich in schlaflosen Nächten durch seine Erinnerungen, zurück bis zu jenem entscheidenden Tag, an dem er zum ersten Mal daran gedacht hatte, seine Frau und seine Kinder umzubringen. Getrieben von dieser Zwangsvorstellung, hat er von einem Tag auf den anderen seine bürgerliche Existenz aufgegeben, Urkunden gefälscht und ist mit einer neuen Identität und einem Revolver in der Tasche über die Berge in den Süden geflüchtet. Klein gibt sich das Inkognito »Wagner«. Der Name steht für das Dionysische, den Zauber von Richard Wagners Musik, die Klein in seiner Jugend »rasend geliebt«[409] und später vergessen und verraten hat – als Beamter, der seine Seele zähmte, um eine bürgerliche Existenz leben zu können. Der Name erinnert ihn aber auch an die Schreckenstat des schwäbischen Schullehrers Ernst Wagner. Der Amokläufer aus Winnenden hatte seine Frau und seine vier Kinder abgeschlachtet, neun Menschen erschossen und sich dann selbst umgebracht. Damals, als die Morde bekannt wurden, hatte Klein die härtesten Strafen für den Mörder gefordert, jetzt muss er sich eingestehen, dass er selbst zu einer solchen Tat fähig wäre. In Wagner, dieser Doppelfigur aus Genie und Wahnsinn, Sinnes- und Zerstörungslust erkennt Klein das jahrelang in ihm selbst Unterdrückte und zu kurz Gekommene, seinen Schatten: »Es waren immer zwei Friedrich Klein gewesen, ein sichtbarer und ein heimlicher, ein Beamter und ein Verbrecher, ein Familienvater und ein Mörder.«[410]

Ein gnadenloseres Selbstporträt hat Hesse noch nie von sich entworfen. Hinter der Veruntreuung von Klein verbirgt sich nicht nur Hesses Kleptomanie, die im Traumtagebuch eingestandenen Diebstähle, aus den Mordgelüsten von Wagner spricht auch fast unverhüllt der Hass auf seine Frau Mia. Unmittelbar nach der Ankunft im Tessin entstanden, spiegelt die Novelle Hesses Gier nach absoluter Freiheit, aber auch das Schuldgefühl, die Familie verlassen zu haben. Hesses Alter Ego Klein ist entschlossen, all das Versäumte nachzuholen, sich in der fremden Stadt, die unschwer als Lugano zu erkennen ist, seinen sexuellen Phantasien hinzugeben. Als er sich beim Tango in die schöne Tänzerin Teresina verliebt, kommt ihm die Welt wie verwandelt vor. Weil er sich öffnet, öffnete sich auch die Welt: »Die Welle ging durch ihn hin wie Schmerz und wie Wollust, er zuckte vor Gefühl, Leben klang in ihm auf wie eine Brandung, unbegreiflich war alles. Er riß die Augen auf und sah: Bäume an einer Straße, Silberflocken im See, ein rennender Hund, Radfahrer – und alles war sonderbar, märchenhaft und beinahe allzu schön, alles wie nagelneu aus Gottes Spielzeugschachtel genommen, alles nur für ihn da, für Friedrich Klein, und er selbst nur dazu da, diesen Strom von Wunder und Schmerz und Freude durch sich hinzucken zu fühlen. Überall war Schönheit, in jedem Dreckhaufen am Weg, überall war tiefes Leiden, überall war Gott.«[411]

Doch schon bald stürzt dieses Hochgefühl wieder in sich zusammen und macht neuem Selbsthass Platz, Selbstmordgedanken überwältigen ihn. Jetzt ist Klein wieder der unerlöste Beamte, der an seiner kleinbürgerlichen Moral krankt, der in den Frauen eine Bedrohung und in der Sexualität ein Laster sieht. Weil er die Frauen immer in den Himmel gehoben hat, muss er sie jetzt in den Schmutz treten. Klein träumt davon, seine Frau zu erstechen, und nach einer Liebesnacht mit Teresina flieht er aus ihrem Zimmer, weil ihn erneut Mordgedanken heimsuchen. Aus Angst vor Wagner, seinem Schatten, rudert er auf den See hinaus und lässt sich ins Wasser fallen, »in den Schoß der Mutter, in den Arm Gottes«[412].

In ekstatischer Sprache beschreibt Hesse die Erleuchtung des Versinkenden, den Augenblick der Gnade, jene von den Mystikern immer wieder beschworene, eigentlich unsagbare Vereinigung der Seele mit Gott, die Unio mystica: »Wasser floß ihm in den Mund, und er trank. Von allen Seiten, durch alle Sinne floß Wasser herein, alles löste sich auf. Er wurde angesogen, er wurde eingeatmet. Neben ihm, an ihn gedrängt, so eng beisammen wie die Tropfen im Wasser, schwammen andere Menschen, schwamm Teresina, schwamm der alte Sänger, schwamm seine einstige Frau, sein Vater, seine Mutter und Schwester ... und diesem ungeheuern, rasenden Riesenstrom der Gestaltungen kam ein anderer Strom entgegen, ungeheuer, rasend, ein Strom von Gesichtern, Beinen, Bäuchen, von Tieren, Blumen, Gedanken, Morden, Selbstmorden, geschriebenen Büchern, geweinten Tränen, dicht, dicht, voll, voll, Kinderaugen und schwarze Locken und Fischköpfe, ein Weib mit langem starrem Messer im blutigen Bauch, ein junger Mensch, ihm selbst ähnlich, das Gesicht voll heiliger Leidenschaft, das war er selbst, zwanzigjährig, jener verschollene Klein von damals ... Klein sah Wesen, die sich dem Strom widersetzten, die sich unter furchtbaren Krämpfen aufbäumten und sich grauenhafte Qualen schufen: Helden, Verbrecher, Wahnsinnige, Denker, Liebende, Religiöse. Andre sah er, gleich ihm selbst, rasch und leicht in inniger Wollust der Hingabe, des Einverstandenseins dahingetrieben, Selige wie er. Aus dem Gesang der Seligen und aus den endlosen Qualschrei der Unseligen baute sich über den beiden Weltströmen eine durchsichtige Kugel oder Kuppel aus Tönen, ein Dom von Musik, in dessen Mitte saß Gott, saß ein heller, vor Helle unsichtbarer Glanzstern, ein Inbegriff von Licht, umbraust von der Musik der Weltchöre, in ewiger Brandung ... Jetzt vernahm Klein seine eigene Stimme. Er sang. Mit einer neuen, gewaltigen, hellen, hallenden Stimme sang er laut, sang er laut und hallend Gottes Lob, Gottes Preis. Er sang im rasenden Dahinschwimmen, inmitten der Millionen Geschöpfe, ein Prophet und Verkünder. Laut schallte sein Lied, hoch stieg das Gewölbe der Töne auf, strahlend saß Gott im Innern. Ungeheuer brausten die Ströme dahin.«[413]

Hesse hat die Selbstmordszene auf dem nächtlichen Luganer See bewusst zweideutig gehalten. Der *Demian*-Leser kann sie als wortgewaltige Apotheose der amoralischen Abraxas-Welt verstehen, in der sich alle Polaritäten im Weltganzen harmonisch auflösen, zum Lob eines Gottes, der alles in sich vereint – oder als raffinierte Symbolisierung des psychotherapeutischen Prozesses. Auch der Patient soll sich ja fallen lassen und sich ganz seinem Unbewussten öffnen: »Hatte man das einmal getan, hatte man einmal sich dahingegeben, sich anheimgestellt, sich ergeben, hatte man einmal auf alle Stützen und jeden festen Boden unter sich verzichtet, hörte man ganz und gar nur noch auf den Führer im eigenen Herzen, dann war alles gewonnen, dann war alles gut, keine Angst mehr, keine Gefahr mehr.« Vor dem Selbstmord, legt der Erzähler nahe, hätte eine Psychotherapie bewahren können: »Daß er sich ins Wasser und in den Tod fallen ließ, wäre nicht notwendig gewesen, ebenso gut hätte er sich ins Leben fallen lassen können.«[414]

Dass der Abschluss von *Klein und Wagner* im Juni 1919 mit dem Erscheinen des *Demian* zusammenfällt, ist eine sinnfällige Koinzidenz. Der Roman liest sich wie die Blaupause zu der zwei Jahre später entstandenen Novelle, mit der Hesse den mythischen Symbolismus des *Demian* in ein realistisches Psychodrama verwandelte. Zunächst erscheint die Geschichte von der Selbstwerdung Emil Sinclairs unter Pseudonym, weil Hesse seinen Neuanfang als Dichter nicht mit dem eigenen Namen verbinden möchte, »um nicht die Jugend durch den bekannten Namen eines alten Onkels abzuschrecken«[415]. Gegenüber seinem Verleger behauptet er, dieser Emil Sinclair sei ein junger, todkranker, in der Schweiz lebender Autor. Den Decknamen hatte Hesse bereits für seine politischen Artikel benutzt, die sich kritisch mit dem Krieg auseinandersetzten. Nur sein Therapeut Dr. Lang ist in die wahre Autorschaft eingeweiht. Die Wirkung des Buches ist trotz des unbekannten Verfassers erstaunlich. Thomas Mann notiert am 31. Mai 1919 in sein Tagebuch: »Beendete mittags im Park Sinclairs ›Demian‹, der, wie der Zauberberg, in den Krieg mündet u. auch sonst die merkwürdigsten Ähnlichkeiten aufweist. Mein Eindruck, trotz mancher Kritik, tief.«[416] In einem Brief an Samuel Fischer erkundigt Mann sich nach dem Autor und bekennt, seit Langem nichts Vergleichbares gelesen zu haben: »Das ist eine schöne, kluge, ernste und bedeutende Arbeit!«[417] Der Schriftsteller Alfred Döblin schreibt unmittelbar nach Erscheinen des Buchs in der Münchner Zeitschrift *Der neue Merkur* über den Autor: »Mit einer Sicherheit, die ohnegleichen ist, rührt er an das Wesentliche; er hebt an das Licht die urgeborene Amoralität; real sehe ich, fühle ich, erlebe ich die übermoralischen Seelenbewegungen, oh, wie grenzenlos schwer ist es, das zu sehen, dahin vorzudringen.«[418]

Das Amoralische und Suchende macht das Buch bald nach Erscheinen zur Bibel der deutschen Jugend, und der vermeintliche Jung-Dichter Emil Sinclair erhält für sein Erstlingswerk den Theodor-Fontane-Preis für Literatur. Hesse hat erreicht, was er wollte: einen Neuanfang zu setzen, der nicht mit seinem Namen verbunden ist.

Während die Kritik den *Demian* feiert, sitzt Hesse bereits über einer neuen Erzählung. *Klingsors letzter Sommer* fängt dort an, wo das unglückliche Leben des Beamten Friedrich Klein endet, am Luganer See. Der Schauplatz des Künstler-Selbstporträts ähnelt sehr der Landschaft um Montagnola: »Den letzten Sommer seines Lebens brachte der Maler Klingsor, im Alter von zweiundvierzig Jahren, in jenen südlichen Gegenden in der Nähe von Pampambio, Kareno und Laguno hin, die er schon in frühen Jahren geliebt und oft besucht hatte. Dort entstanden seine letzten Bilder, jene freien Paraphrasen zu den Formen der Erscheinungswelt, jene seltsamen, leuchtenden und doch stillen, traumstillen Bilder mit den gebogenen Bäumen und pflanzenhaften Häusern, welche von den Kennern denen seiner ›klassischen‹ Zeit vorgezogen werden. Seine Palette zeigte damals nur noch wenige, sehr leuchtende Farben: Kadmium gelb und rot, Veronesergrün, Emerald, Kobalt, Kobaltviolett, französischen Zinnober und Geraniumlack.«[419] Die Geografie der Novelle entspricht exakt Hesses neuer Lebenswelt, aus Lugano wird »Laguno«, aus der Collina d'oro der »Monte d'oro«, und aus den Dörfern Sorengo und Carona macht Hesse »Barengo« und »Karuno«.

Wichtiger aber als alle äußeren Ähnlichkeiten sind die Gemeinsamkeiten, die den Autor mit dem porträtierten Maler verbinden. Den Vorschlag des Schweizer Journalisten Carl Seelig, für die von ihm herausgegebene Reihe »Die Zwölf Bücher« eine Monografie über Vincent van Gogh zu schreiben, hatte Hesse im Mai 1919 zwar abgelehnt, er inspirierte ihn jedoch, sich an einer Art Selbstporträt als Maler zu versuchen. Hesse fühlt sich dem holländischen Autodidakten und seiner »heiligen Besessenheit«[420] zutiefst verwandt. Was für van Gogh die Provence war, das ist für Hesse das Tessin: eine bukolische, farbenfrohe, von südlichem Licht durchflutete Landschaft, die nach einer ebenso farbigen, das Wesenhafte herausarbeitenden Darstellung verlangt. Nach seinen ungelenken, naturalistischen Anfängen in Bern hat Hesse unter dem Einfluss seines Malerfreundes Moilliet, der dem Umkreis des »Blauen Reiter« angehört, nicht nur die Expressivität der Farbe, sondern auch die Abstraktion für sich entdeckt. Hesse beginnt, die Tessiner Landschaft in kubistische Formen, in kleine und große Dreiecke, Kegel, Quadrate und Rechtecke aufzulösen. Im Aquarellieren findet er die ihm angemessene Ausdrucksform, und was sein Alter Ego Klingsor über seinen Malstil sagt, gibt auch Hesses Selbstverständnis als Künstler wieder: »Die Formen der Natur, ihr Oben und Unten, ihr Dick und Dünn konnte verschoben werden, man konnte auf all die biederen Mittel verzichten, mit denen die Natur nachgeahmt wird. Auch die Farben konnte man fälschen, gewiß, man konnte sie steigern, dämpfen, übersetzen, auf hundert Arten. Aber wenn man mit Farbe ein Stück Natur umdichten wollte, so kam es darauf an, daß die paar Farben genau, haargenau im gleichen Verhältnis, in der gleichen Spannung zueinander standen wie in der Natur. Hier blieb man abhängig, hier blieb man Naturalist, einstweilen, auch wenn man statt Grau Orange und statt Schwarz Krapplack nahm.«[421]

Klingsors letzter Sommer wird aus dem Rückblick, gleichsam wie eine Legende erzählt. Die Nachricht vom Tod des genialischen Malers sei für seine Freunde und Verehrer überraschend gekommen, heißt es in der »Vorbemerkung«[422] des Erzählers, manche hätten geglaubt, Klingsor habe sich das Leben genommen oder sei an seiner Trunksucht zugrunde gegangen. So wird der Leser eingestimmt auf eine Vita, die hart am Abgrund des Wahnsinns und der Selbstzerstörung entlangführt. Hesse setzt damit konsequent fort, was er mit seinen Künstler-Romanen *Gertrud* und *Roßhalde* begonnen und mit *Klein und Wagner* zum Psychodrama zugespitzt hat: die Auseinandersetzung mit dem Künstlertypus, der unfähig ist, mit seinen widerstreitenden Anlagen fertig zu werden. Was Klein nicht gelungen ist, das Hineinfallenlassen ins Leben, das versucht nun der von seiner Kunst besessene Klingsor. Mit seiner Lebensgier zielt er weit über Johann Veraguth hinaus, der am Schluss von *Roßhalde* eingestehen muss, dass es ihm nicht gegeben sei, »das Leben selber an sich zu reißen und auszutrinken«. Dem Realisten Veraguth bleiben nur Einsamkeit und »die kalte Lust des Darstellens«[423]. Der heißblütige Expressionist Klingsor dagegen will Leben und Kunst zur Deckung bringen. Jedes Mädchen, das ihm begegnet, will er besitzen, alles, was er sieht, wird ihm zur Kunst. Doch hinter seiner unersättlichen Gier nach Lust und Schönheit steht der Tod, eine Angst, die ihn als Künstler unablässig antreibt: »Voll tiefer Verzweiflung setzte er Zinnober in einen ausgesparten Fleck, vertilgte das fordernde Weiß, kämpfte blutend um Fortdauer, schrie hellgrün und neapelgelb zum unerbittlichen Gott. Stöhnend warf er mehr Blau in das fade Staubgrün, flehend zündete er innigere Lichter im Abendhimmel an. Die kleine Palette voll reiner, unvermischter Farben von hellster Leuchtkraft, sie war sein Trost, sein Turm, sein Arsenal, sein Gebetbuch, seine Kanone, aus der er nach dem bösen Tode schoß.«[424]

Dieser Todestrieb kann dauerhaft nicht verdrängt werden. Auch der glücklichste Moment, das gelungenste Kunstwerk ist vergänglich. Rauschhafte Schaffensphasen werden von tiefen Melancholien abgelöst, bei denen Klingsor alles schal und sinnlos erscheint, was er geschaffen hat. Dann sucht der Maler das Gespräch mit seinem Freund, dem Maler Louis, genannt »der

Grausame«[425], in dem Hesse seinen Freund, den Expressionisten Louis Moilliet, porträtiert hat. Louis, der sorglose Genießer und Spötter, aber will nichts hören von den Selbstzweifeln seines Freundes und reist so plötzlich ab, wie er in Castagnetta aufgetaucht ist. Trost erhält Klingsor von dem Dichter Hermann, den seine Freunde »Thu Fu« nennen. Wie der chinesische Lyriker der Tang-Dynastie schreibt auch Hermann traurige Verse über die verlorene Jugend, über Alter, Sterben und Tod. Hermann ist eine weitere Selbstprojektion von Hermann Hesse, und das Vanitas-Gedicht, das Thu Fu seinem Freund Klingsor zum Lesen gibt, hat Hesse bereits in der *Wanderung* veröffentlicht; jetzt fügt er es in *Klingsors letzter Sommer* ein:

Vom Baum des Lebens fällt
Mir Blatt um Blatt
O taumelbunte Welt,
Wie machst du satt,
Wie machst du satt und müd,
Wie machst du trunken!
Was heut noch glüht,
Ist bald versunken.
Bald klirrt der Wind,
Über mein braunes Grab,
Über das kleine Kind
Beugt sich die Mutter herab.
Ihre Augen will ich wiedersehn,
Ihr Blick ist mein Stern,
Alles andre mag gehen und verwehn,
Alles stirbt, alles stirbt gern.
Nur die ewige Mutter bleibt,
Von der wir kamen,
Ihr spielender Finger schreibt
In die flüchtige Luft unsre Namen.[426]

Als der Sommer zu Ende geht, wird Klingsor von einer Untergangsstimmung überwältigt, die weit über seine kreatürliche

Angst vor dem eigenen Tod hinausreicht. Für den Maler – wie für Hesse – sind Krieg und Zusammenbruch des alten Europa Vorzeichen der großen Wandlung, einer kulturellen und religiösen Neuorientierung, der sich niemand entziehen kann. Von den Freunden widerspricht nur der »Magier«, ein armenischer Astrologe, dem Kulturpessimismus des Malers. Begriffe wie Aufgang und Untergang, sagt der Sterndeuter amüsiert, seien nur Täuschungen wie alle Gegensätze, die sich die Gehirne der Menschen ausdächten. Gegen den Wahn vom Untergang helfe nur Magie, das Bewusstsein von der Zeitlosigkeit aller Dinge, nur sie helfe über die Todesangst hinweg. Erst wenn Klingsor Leben und Tod als Scheingegensätze erkenne, sei er mit sich selbst und seiner Kunst im Einklang.

Dieser magische Augenblick der Erleuchtung, den Friedrich Klein erst im Tod erleben durfte, wird Klingsor zuteil, als es ihm in einer einzigen Nacht gelingt, ein Selbstporträt zu malen, das den Höhepunkt seines ganzen künstlerischen Schaffens darstellt. »Freude durchzuckte ihn und tiefe Schöpfungswonne wie ein feuchtes frohlockendes Gewitter … Er betete vor seinem Bild, und er spie es an. Er war irrsinnig, wie jeder Schöpfer irrsinnig ist. Aber er tat im Irrsinn unfehlbar klug wie ein Nachtwandler alles, was sein Werk förderte … Er fühlte, nun stand er wieder vor einer Aufgabe, vor einem Schicksal, und alle vorhergegangene Angst und Flucht und aller Rausch und Taumel waren nur Angst und Flucht vor dieser seiner Aufgabe gewesen.«[427] Die Aufgabe, die Klingsor zu lösen hat, ist die Versöhnung mit dem Tod, der als Schein entlarvt wird. So malt er sein Gesicht wie eine Landschaft, die Haare als Laub und Baumrinde, Augenhöhlen wie Felsspalten, Moos auf dem Schädel. Der Mensch ist Natur, die Natur ist Mensch, innen ist außen, außen ist innen, alles Seelische spiegelt sich im Wirklichen. In seinem Selbstbildnis überlagern sich Klingsors Gefühle, Gedanken und Taten, aber auch die aller Menschen, die jemals existiert haben; Vergangenheit, Gegenwart und Zukunft verschmelzen ebenso ununterscheidbar wie Schmerz, Leiden, Lust und Tod. Aus der Gleichzeitigkeit des Ungleichzeitigen, aus allen Erscheinungen blickt das Antlitz des

Ecce-Homo, der dekadente »Europamensch« ebenso wie der in ihm verpuppte, ihn ins Chaos zurückreißende Urmensch. Im Kunstwerk ist die Angst machende Zeit aufgehoben, es herrscht der ewige Augenblick.

Klingsor erlebt als Künstler, was dem Verbrecher Klein erst im Sterben zuteil wird, die Versöhnung aller Gegensätze: Gnade, Tao, Atman. Doch die Vollendung des Selbstbildnisses symbolisiert nicht nur den Abschluss seiner Selbstwerdung, sondern bedeutet auch das Ende seiner Kunst. Mit der Todesangst erlischt auch sein kreativer Impuls. Die Schlusssätze deuten an, dass Klingsor nicht wirklich stirbt, wie es das Vorwort des Erzählers nahelegt, sondern dass nur sein altes Ich untergeht: »Das fertige Bild stellte er, am Ende dieser gepeitschten Tage, in die unbenützte Küche und schloß ab. Er hat es nie gezeigt. Dann nahm er Veronal und schlief einen Tag und eine Nacht hindurch. Dann wusch er sich, rasierte sich, legte neue Wäsche und Kleider an, fuhr zur Stadt und kaufte Obst und Zigaretten, um sie Gina zu schenken.«[428]

Wie Klingsor feiert auch Hesse Feste und verliebt sich in die Frauen, aber er verstummt dabei weder als Dichter, noch überwindet er durch das neue Gottesbild sein Schuldgefühl, aus der Familie ausgebrochen zu sein. Der göttergleiche Blick auf die Welt, die Coincidentia oppositorum, ist nur in der Ekstase möglich. Wenn sie endet, herrschen wieder Spaltung und Ich-Zerfall. Hesse begreift, dass er gar keine Macht hat, über sein Leben zu verfügen, sondern dass er als Dichter einer Notwendigkeit folgen muss, die ihm auferlegt ist. Am 16. August 1919 schreibt er an Walter Schädelin: »Wenn ich meine geistige und dichterische Arbeit, oder Aufgabe oder wie man das nennen will, nun ganz und ausschließlich zum Mittelpunkt meines Lebens zu machen suche, so tue ich's, weil ich ohne das nicht leben könnte. Das Schicksal preßt mich, und meine Aufgabe ist dabei lediglich, meinen Wein herzugeben … Ich habe kein andres Lebensziel als Du und jeder Mensch, nur bin ich in tiefern Zwiespalt mit mir selbst gekommen, und bin durch Temperament und Fügung dazu getrieben, Kunst zu machen, d. h. immerzu mein inneres Leben irgendwie zu gestalten und auszudrücken.«[429] Anders als sein Held Klingsor muss Hesse weiter mit den »Kanonen« schießen, immer weiter schreiben und malen, um das Leben ertragen zu können.

Wie gefährdet er sich trotz des rauschenden Neuanfangs im Tessin immer noch fühlt, geht aus einem Brief hervor, den er am 27. August 1919 an Samuel Fischer richtet. Hesse legt dem Verleger gewissermaßen sein editorisches Testament vor: »Ich habe zuweilen das Gefühl, es könnte mir etwas zustoßen. Für diesen Fall bitte ich Sie zu notieren, daß unbedingt folgende Bücher von mir noch erscheinen müssen: Ein Buch mit drei Novellen, den neuesten revolutionären Arbeiten. Inhalt: ›Kinderseele‹ die zur Zeit bei der Deutschen Rundschau (Paetel) liegt. Zweitens: eine Novelle ›Klein und Wagner‹ und eine etwas phantastische Dichtung ›Klingsors letzter Sommer‹. Diese beiden Manuskripte liegen hier bei mir, das zweite ist noch nicht ganz fertig, ich werde es dann der Rundschau anbieten. Das Buch mit diesen drei Novellen wird mein wichtigstes sein, dies und der Demian. Ferner wünsche ich, falls ich selbst nicht mehr dazu kommen sollte, daß als Andenken an mich keine Gesamtausgaben und andre entbehrliche Dinge unternommen werden, dafür aber eine kleine, schöne, billige Auswahl meiner Gedichte. Vorarbeiten zur Auswahl liegen schon hier bei mir. Diese beiden Wünsche bitte ich sie gut aufzubewahren.«[430]

Die Sorge, es könnte ihm etwas zustoßen, kommt nicht von ungefähr. Hesse lebt seit seinem Umzug nach Montagnola in ständiger Angst vor einem erneuten Zusammenbruch seiner Frau. Das würde auch ihn hart treffen. Als Mia am 8. September tatsächlich in die Klinik in Kilchberg eingeliefert wird, schluckt Hesse eine große Menge Opium, wie er seinem Therapeuten Lang am 22. September in einem dramatischen Brief berichtet. Mia habe ihn am Telefon »in ihrer bösen, hysterischen Art fanatisch behandelt«, er wolle sie nie wiedersehen. Unter keinen Umständen werde er es zulassen, dass seine Frau zusammen mit den Kindern in einem Haus in Ascona lebe, das sie sich vom Erbe ihres Vaters gekauft hat. Um das zu verhindern, müsse sie notfalls

»interniert«[431] werden. In diesem Fall sollten die Söhne in einem Heim oder bei Freunden untergebracht werden. Josef Bernhard Lang kümmert sich um die Gemütskranke und diagnostiziert »Wahnideen gegen den Mann im Allgemeinen«. Er halte, schreibt Dr. Lang am 23. September, Hesses Ehekonflikt für einen Zeitkonflikt. Die Ehe als Institution sei überholt: »Es ist doch merkwürdig, dass die meisten Religionsstifter gegen die Einehe eingestellt waren: Sie ist, wie alle Monopole eine wissenschaftliche Einrichtung für die Ordnung und Konservation da, für den lebenden Staat, der alle Progression hasst und hassen muss.«[432] Für Hesse, den der ebenfalls in einer unglücklichen Ehe lebende Lang bedrängt, mit ihm eine klösterliche Bruderschaft zu gründen, sind solche Männerbündeleien wenig hilfreich. Er bittet in seiner Not C. G. Jung um Hilfe. Als Mia im November von Kilchberg in die Nervenheilanstalt Hohenegg bei Zürich verlegt wird, erstellt Jung eine eigene Diagnose. Der Psychoanalytiker sieht Heilungschancen, aber in seinem Bericht ist von »erheblichen affektiven Störungen«, von »starker Apathie«, »spontanen Einbrüchen des Unterbewussten« und einem »primitiven Erotismus«[433] die Rede. Es handle sich um eine typische Psychose, doch von einer Analyse sei vorerst abzuraten.

Ablenkung von seinen familiären Problemen findet Hesse in dem Freundeskreis, der sich seit seinem Eintreffen in Montagnola herausgebildet hat. Dazu gehören der Arzt Hermann Bodmer und seine Frau Anny, eine Malerin, die in Locarno am Lago Maggiore wohnen, die Kinderbuchautorin Lisa Tetzner, der Maler Louis Moilliet sowie der Bauingenieur Josef Englert aus Cassarate, den Hesse in der Figur des Magiers in seiner *Klingsor*-Novelle porträtiert hat. Englert ist leidenschaftlicher Astrologe und erstellt ein auf den exakten Geburts- und Ortsdaten (»2. Juli abends 6 1/2 h Ortszeit Calw i. Württemberg« = +48° 45' geogr. Breite 8° 44' östl. von Greenwich«[434]) beruhendes Horoskop. Darin wird Hesse ein reizbarer Charakter bescheinigt, die Neigung zu »Exhibition« und »Selbstzerfleischung«, aber auch ein »Streben nach höchster Geisteskultur«[435]. Seine Launenhaftigkeit könne jederzeit »von Güte in Rohheit übergehen«[436]. Die Planetenkonstellation deute auf die Wahrscheinlichkeit von »Ehebruch, Ehezwist und Scheidung«[437]. Hesse ist verblüfft von der Stimmigkeit des Horoskops und schreibt an Dr. Lang, es stimme »Punkt für Punkt wie ein Steckbrief«[438].

Ein ganzes Kapitel von *Klingsors letzter Sommer* ist einer gemeinsamen Wanderung der Tessiner Freunde gewidmet, an der neben dem genannten Personenkreis auch der Bildhauer Paolo Osswald und seine Frau, die Malerin Margherita Osswald-Toppi teilnehmen. Der »Kareno-Tag«[439], wie diese Episode in der Novelle genannt wird, findet am 22. Juli 1919 statt und führt zur schicksalhaften Begegnung Hesses mit der zwanzig Jahre alten Gesangsschülerin Ruth Wenger, die fünf Jahre später seine zweite Frau werden wird. Ziel der Wanderung, die in Montagnola ihren Ausgang nimmt, ist die hübsche alte »Villa Costanza« in Carona. Das wegen seiner prachtvollen Kirchen weithin bekannte Örtchen thront malerisch auf einem Hügel unterhalb des Monte San Salvatore. Die gelbe, mit Fresken verzierte Villa gehört Ruths Vater, dem Stahlfabrikanten Theo Wenger, und seiner Frau, der populären Schweizer Schriftstellerin Lisa Wenger. Die Familie stammt aus dem Städtchen Delsberg im Berner Jura und hat sich mit dem Haus in Carona einen Sommersitz erworben. Auch in Delsberg residiert man standesgemäß in der »Villa Solitude«, einem herrschaftlichen Anwesen über der Stadt. Die Wengers verfügen über zwei Autos mit Chauffeur, es gibt Dienstboten, Zimmermädchen, Gärtner und Köchin. Als junges Mädchen ist die musisch begabte Ruth von einem Hauslehrer unterrichtet worden, jetzt lässt sie sich in Zürich zur Sängerin ausbilden.

Die erste Begegnung mit Ruth Wenger hat Hesse stark dramatisiert, um sie der expressionistischen Diktion seiner *Klingsor*-Erzählung anzupassen. Aus der schüchternen jungen Frau im roten Kleidchen wird eine rassige Amazone, das Inbild besitzergreifender Sinnlichkeit: »Plötzlich stand die Königin der Gebirge da, schlanke, elastische Blüte, straff und federnd, ganz in Rot, brennende Flamme, Bildnis der Jugend. Vor Klingsors Auge stoben hundert geliebte Bilder hinweg, und das neue sprang strahlend auf. Er wußte sofort, daß er sie malen würde, nicht nach der Natur, sondern den Strahl in ihr, den er empfangen hatte, das Gedicht, den holden, herben Klang: Jugend, Rot, Blond, Amazone.«[440] In Wirklichkeit hat Ruth den berühmten Schriftsteller schon Tage vorher in der »Villa Camuzzi« besucht, aus Neugier, weil sie seine Gedichte im Bücherschrank stehen hat und einige sogar auswendig kann. Und sich sofort in den schlanken, ernsthaften Mann im goldfarbenen Samtanzug verliebt.

Für Hesse, der eben aus seiner zerrütteten Ehe in die Einsamkeit eines kleinen Tessiner Dörfchens geflohen ist, kommt eine Beziehung zu der in jeder Hinsicht attraktiven Frau nicht infrage. Die Zwanzigjährige ist viel zu jung, zudem kann er sich von Mia schon aus finanziellen Gründen nicht scheiden lassen. Doch für die über beide Ohren verliebte Ruth sind das keine Hindernisse. Am 22. Dezember 1919 sendet sie Hesse aus Delsberg einen werbenden, kecken Brief, in dem sie sich für ein Aquarell bedankt, das er ihr geschenkt hatte: »Aber warum haben Sie kein Wort dazugeschrieben? Und überhaupt nie? So muss ich annehmen, daß Ihre ganze Freundschaft nur Freude an meinem hübschen Gesicht war. Da wollt' ich, ich bekäme die Pocken und einen Buckel. Oder was ist sonst?«[441] Hesse antwortet vorsichtig, um keine falschen Hoffnungen zu wecken, aber der Hinweis, dass er von ihr geträumt habe, muss auf die junge Frau anspornend wirken: »Daß meine Gespräche mit Ihnen nicht bloß Ihrem hübschen Gesicht galten, wissen Sie ja ganz gut, nicht wahr? Daß ich nicht schrieb, liegt an anderem. Ich lebe allein, und wenn dies Alleinsein freundlich vom Leben durchbrochen wird, habe ich das gern. Aber von mir aus tue ich nichts, es zu durchbrechen, und oft brauche ich völliges Alleinsein für lange Zeit. Das Sprechen lernt man nachher schon wieder. Gedacht habe ich oft an Sie, einmal auch von Ihnen geträumt.«[442] Im Januar 1920 verfasst er ein Liebesgedicht für Ruth, das eindeutiger nicht sein könnte. Nun weiß sie, dass der spröde Eremit Feuer gefangen hat:

Ich bin der Hirsch und du das Reh,
Der Vogel du und ich der Baum,
Die Wolke du und ich der Schnee,
Du bist der Traum.

Nachts aus meinem schlafenden Mund
Fliegt ein Goldvogel zu dir,
Hell ist seine Stimme, sein Flügel bunt,
Der singt dir das Lied von der Liebe,
Der singt dir das Lied von mir.[443]

Hesse weiß nicht, dass sich sein Freund Lang ebenfalls in Ruth Wenger verliebt hat und sogar bereit ist, seine Ehe für die junge Frau aufzugeben. Bei einem Besuch Langs in Carona kommt es zu einem peinlichen Eifersuchtsdrama, für das sich der Psychoanalytiker entschuldigen muss. Auf Ruths Drängen, die Verbindung ernsthafter anzugehen, antwortet Hesse im Sommer 1920, Klingsors letzter Sommer sei für ihn endgültig vorbei. »Sie sagten mir neulich mit einem Ton von Bedauern: Sie seien für mich ja doch nicht mehr als jedes andere Mädchen. Soweit es sich um das Erotische handelt, ist das wahr. Als Klingsor sehe ich in Ihnen nur ein hübsches Mädchen. Als Sinclair aber sehe ich in Ihnen einen Menschen, dessen Schicksal mir nahe steht und der mich zuweilen braucht.«[444] Für Ruth sei die Liebe noch Zukunft und »ein schöner Traumgarten«, für ihn ein »Becher, aus dem man oft getrunken hat«, und längst kein »Sakrament« mehr. »Sie suchen in mir mehr als einen Liebhaber und verlören alles, sobald ich Ihr Liebhaber wäre.«[445]

Noch ahnt Ruth nicht, wie realistisch der von ihr Umworbene die Schwierigkeit einer solchen Beziehung einzuschätzen weiß. Ihr Bild des musischen Menschen ist durch ihre Mutter geprägt, die als erfolgreiche Autorin gar nichts Problematisches an sich hat und auch nicht unter der Doppelexistenz als Ehefrau und Schriftstellerin leidet. Trotz der Warnung ihrer Eltern, Hesse sei ein zutiefst unglücklicher Mensch, wird aus der freundschaftlichen Beziehung im Spätsommer 1920 doch ein Liebesverhältnis. Für Ruth ist klar, dass sie ihren Dichter so bald wie möglich heiraten wird, auch wenn ihre Eltern, besonders ihr Vater, diese Verbindung ablehnen. »Ich bin so erfüllt von dir, alles bist nur du, alles singt und spricht nur von dir«, jubelt sie in einem Brief an Hesse, »Du mein Altar, meine Kirche. Du bist die Sehnsucht nach meiner eigenen Seele, nach Gott, nach der Ewigkeit. So lange ich denken kann, habe ich dich ersehnt, immer dich geahnt, in allen, die ich liebte, suchte ich nur dich.«[446] Die Antwort vom 11. September zeigt einen tief berührten Hesse: »Deine Gedanken helfen mir leben, und deine Sehnsucht ist meine. Was jetzt Entbehren und Schmerz ist, wird dann Wein für Fest und Glück des Wiedersehens sein … du bist in mir drinnen, oft höre ich da dein Lied.«[447]

Doch die neue Liebe steht von Anfang an im Zeichen des Scheiterns, zu übermächtig ist das Vergangene. Der Dauerstreit mit Mia und das traurige Schicksal der drei Söhne, die zwischen ihren Eltern hin und her geschoben werden, bleiben auch Ruth nicht verborgen. Einmal erscheint Mia, die aus der Heilanstalt entflohen ist, überraschend in Montagnola und fleht ihren Mann an, ihr die Kinder, die sie unberechtigt aus einem Heim im Schwarzwald geholt hat, zu überlassen. Dann wieder streitet sie verbissen mithilfe eines Anwalts um Unterhalt und Sorgerecht. Hesse will die Kinder aber um jeden Preis dem Einfluss ihrer Mutter entziehen, weil täglich mit einem Rückfall zu rechnen ist. Noch ist nicht vergessen, dass Mia ihren Jüngsten schwer misshandelt hatte. In dieser Auseinandersetzung ist Dr. Lang ein verlässlicher Helfer, obwohl der Psychologe selbst in eine Lebenskrise geraten ist. Wie Hesse will Lang aus seiner Ehe ausbrechen und erwägt, ebenfalls ins Tessin umzusiedeln. Zeitweilig scheint sich die Beziehung der beiden Männer sogar zu verkehren, und der Patient Hesse wird zum Berater seines Freundes, der sich immer deutlicher als Erotomane zu erkennen gibt. Einmal bittet er Hesse sogar, ihm ein »Tigerweib« zu vermitteln, mit dem er »spielen und kratzen könnte«[448]. Unablässig gehen Briefe zwischen Montagnola und Luzern hin und her, man telefoniert und telegrafiert, Dr. Lang kümmert sich um die Unterbringung der Kinder, besucht Mia in der psychiatrischen Klinik und verhandelt mit Hesses Schwager Fritz Bernoulli über die Scheidung. Wie schon als Schüler nutzt Hesse geschickt seine Selbstmordgefährdung, um seinen Therapeuten als »Freund und Doktor« für sich einzusetzen.

Auch im Tagebuch spielt Hesse mit dem Suizidgedanken, der ihn seit Jahren zuverlässig am Leben hält. »Gerade heute«, notiert er im Juli 1920, »wo ich mir das Leben nehmen will, ist es Sommer, auf dem Fensterladen sitzt Polly, der Papagei, und singt, in den Bäumen unterm Fenster glänzen blank und schwarz die reifen Kirschen.«[449] Statt sich umzubringen, packt er Pinsel und Farben in den Rucksack, greift sich sein Klappstühlchen und spaziert hinüber zu einem Hang über der »Villa Camuzzi«, von wo aus sich ein weiter Blick auf den See und die blau schimmernden Bergzüge Italiens eröffnet. Seit dem explosiven Sommer von 1919 versteht Hermann Hesse sich als Dichter, der malt, und als Maler, der dichtet. Doch während er als Maler ungemein produktiv ist, ist er in diesem zweiten Tessiner Sommer als Dichter verstummt. Die ersten Kapitel seines Indien-Buchs *Siddhartha* hat er in den letzten Monaten noch rasch zu Papier gebracht, nun kommt er nicht mehr weiter.

Dabei soll das neue Buch ein großer Wurf werden, die Synthese aus westlicher und östlicher Weisheit, dargestellt am Lebensweg des Brahmanensohnes Siddhartha. »Ich bin seit vielen Jahren davon überzeugt, daß der europäische Geist im Niedergang steht und der Heimkehr zu seinen asiatischen Quellen bedarf«[450], hatte Hesse am 26. Juli 1919 an die Freundin Alice Leuthold geschrieben. Seit Kriegsende beschäftigt er sich intensiv mit Dostojewski. Im Werk des russischen Romanciers sieht Hesse eine Brücke zwischen Ost und West. Mit den Essays *Die Brüder Karamasoff oder der Untergang Europas* und *Gedanken zu Dostojewskis Idiot*, die er Ende 1919 unter dem Titel *Blick ins Chaos* zusammen veröffentlicht hat, lässt er erneut die Abraxas-Welt des *Demian* aufleben. Dostojewskis Helden sind für Hesse Verbrecher und Heilige, in denen Gut und Böse, Gott und Satan ununterscheidbar vermischt sind. Die Frömmigkeit dieser leidenschaftlichen Gott-sucher ist nicht durch Selbstverleugnung erkauft. Hesse be-schreibt den russischen Menschen als »ungestaltetes Seelenmate-rial«[451], und im revolutionären Russland sieht er das Chaos, aus dem eine neue Kultur geboren wird. Doch noch ist das Neue nicht sichtbar, noch ist Europa dabei, sich umzuschaffen – aber es ist auf dem Weg zurück »zur asiatischen Mutter«[452].

Was Hesse in seinen 1919 entstandenen Essays über Dostojew-ski theoretisch ausführte, nimmt nun in *Siddhartha* Gestalt an. Der Weg des Sinnsuchers – die legendenhafte Erzählung spielt in Indien zur Zeit des historischen Buddhas – soll durch das Chaos hindurch und auch wieder aus ihm herausführen. War Emil Sin-clair die Verkörperung einer verfallenden, so Max Demian der Verkünder einer neuen Kultur. Wie Demian lehnt auch Siddhar-tha jeden Dogmatismus und jede Lehre ab. Er ist der Zweifler und Skeptiker, der das Vaterhaus verlässt, um seinen eigenen Weg zu gehen. Zusammen mit seinem Freund Govinda schließt er sich den Samanas, den wandernden Bettelmönchen, an, um durch die Abtötung des Leibes »Atman«, inneren Frieden, zu er-langen. Bald erkennt er, dass man Erleuchtung nicht durch Wil-lensanstrengung erreichen kann. Enttäuscht ziehen die Freunde weiter und suchen den erleuchteten Gotama Buddha auf. Wäh-rend Govinda sich den Jüngern Buddhas anschließt, beharrt Sid-dhartha in einem Gespräch mit dem bewunderten Meister da-rauf, seinen eigenen Weg zum Heil finden zu wollen: »Du hast die Erlösung vom Tode gefunden. Sie ist dir geworden aus dei-nem eigenen Suchen, auf deinem eigenen Wege, durch Gedan-ken, durch Versenkung, durch Erkenntnis, durch Erleuchtung. Nicht ist sie dir geworden durch Lehre!«[453]

Der erste Teil des *Siddhartha* schöpft ganz aus eigenem Er-leben. Siddharthas Zusammenstoß mit seinem Vater, der ver-langt, dass ihm sein Sohn als Priester nachfolgt, hat sein Vorbild in den Behauptungskämpfen des jungen Hermann Hesse, und bei der Schilderung der asketischen Praktiken der Samanas kann der Autor auf seine Erfahrungen als »Sonnenbruder« in Ascona zurückgreifen. Auch die Weigerung Siddharthas, sich der buddhistischen Sekte unterzuordnen und ihrem Führer zu dienen, entspricht Hesses Distanz zu den Pietistenzirkeln seiner Heimat. Doch was geschieht, wenn Siddhartha eines Tages über sein Rebellentum hinauswächst? Was kommt am Ende des erkämpften eigenen Weges? Ratlos, aber dennoch entschlossen, die Erzählung irgendwann zu vollenden, schreibt Hesse in sein Tagebuch: »In meiner indischen Dichtung war es glänzend gegangen, solange ich dichtete, was ich erlebt hatte … Als ich mit Siddhartha dem Dulder und Asketen zu Ende war und Siddharta den Sieger, den Jasager, den Bezwinger dichten wollte, da ging es nicht mehr. – Ich werde ihn dennoch weiter dichten, einmal, am Tag der Tage, und er wird doch ein Sieger werden.«[454]

ELFTES KAPITEL

Ein Pseudonym wird gelüftet. Hesse gründet die Zeitschrift Vivos voco. *Politische Angriffe aus Deutschland. Auseinandersetzung mit Theo Wenger. Hesse vollendet den* Siddhartha. *Das Liebesmärchen* Piktors Verwandlungen *als Geschenk für Ruth. Die Mäzene. Freundschaft mit Hugo Ball und Emmy Ball-Hennings. Scheidung von Mia Bernoulli. Kuraufenthalte in Baden. Konfession eines Neurotikers:* Psychologia Balnearia. *Hochzeit mit Ruth Wenger in Basel. Selbstmordversuch. Zurück nach Montagnola*

Auch wenn die Arbeit am *Siddhartha* stockt, einen literarischen Nachkriegserfolg hat Hesse mit dem *Demian* längst erreicht. Aber noch immer gilt ein völlig unbekannter junger Schweizer Schriftsteller namens Emil Sinclair als Autor des Buches, das bereits 16 Auflagen erreicht hat. »Es mehren sich brenzlige Anzeichen dafür«, schreibt Hesse am 26. Januar 1920 an Josef Bernhard Lang, »daß man allmählich den Autor errät … Am liebsten gäbe ich jedes neue Werk unter einem neuen Pseudonym heraus. Ich bin ja nicht Hesse, sondern war Sinclair, war Klingsor, war Klein etc. und werde noch manches sein.«[455] Doch im Frühjahr 1920 wird das Geheimnis überraschend gelüftet. Der Schriftsteller Otto Flake nennt in seiner Zeitschrift *Die fünf Hefte* Hermann Hesse als Verfasser. Daraufhin fordert der bekannte Schweizer Kritiker Eduard Korrodi mit seinem am 24. Juni in der *Neuen Zürcher Zeitung* publizierten Artikel »Wer ist der Dichter des ›Demian‹?«[456] den Autor zu einer Stellungnahme auf. Hesse ist verärgert, bekennt aber in einem offenen Brief, das Buch geschrieben zu haben. Im Juli gibt er den mit 800 Reichsmark dotierten Fontane-Preis zurück, da der nur für Erstveröffentlichungen verliehen wird. Er hatte ihn für den angeblich todkranken Autor stellvertretend entgegengenommen.

Die Preisgabe des Pseudonyms bedeutet auch die Enttarnung des politischen Kommentators Hesse, denn unter dem Decknamen »Emil Sinclair« hatte er ja seit 1917 Antikriegs-Artikel in verschiedenen Zeitungen veröffentlicht. In der von ihm und Richard Woltereck gegründeten Monatsschrift *Vivos voco* (Ich rufe die Lebenden) bekennt sich Hesse nun auch zur Autorschaft von »Zarathustras Wiederkehr«. In dem Anfang 1919 in der *Neuen Zürcher Zeitung* veröffentlichen Beitrag hatte er die jungen Deutschen aufgefordert, die Schuld nicht bei den anderen, sondern bei sich selbst zu suchen. Jetzt, ein Jahr später, macht Hesse seinen Lesern klar, dass er mit seinem damaligen Appell durchaus auch sich selbst gemeint hatte. In einer autobiografischen Skizze, dem *Kurzgefaßten Lebenslauf*, schreibt er: »Ich fand allen Krieg und alle Mordlust der Welt, all ihren Leichtsinn, all ihre rohe Genußsucht, all ihre Feigheit in mir selber wieder, hatte erst die Achtung vor mir selbst, dann die Verachtung meiner selbst zu verlieren, hatte nichts andres zu tun als den Blick ins Chaos zu Ende zu tun, mit der oft aufglühenden, oft erlöschenden Hoffnung, jenseits des Chaos wieder Natur, wieder Unschuld zu finden.«[457]

Das Bekenntnis, den damals heftig umstrittenen Beitrag geschrieben zu haben, trägt dem Autor in der aufgeheizten Debatte um den Versailler Friedensvertrag noch heftigere Anfeindungen ein. Obwohl auch er das Friedensdiktat der Siegermächte ablehnt, weil die junge deutsche Demokratie durch die auferlegten Reparationsleistungen schwer belastet würde, verwirft er jeden Gedanken an Revanchismus. Die Zeitschrift *Vivos voco* ist ja als ein Friedens- und Versöhnungsprojekt gedacht, mit dem die Überlebenden ermutigt werden sollen, eine humanere Nachkriegskultur zu schaffen. Doch der »neue Hesse« findet nur bei einem Teil der deutschen Jugend Anklang. Sein Pazifismus und Internationalismus ist vielen suspekt. Nicht wenige haben den *Demian* als Manifest für Führertum und nationalen Aufbruch missverstanden, als Abrechnung mit der wilhelminischen Vätergeneration. Nun sind sie enttäuscht und schicken empörte Briefe nach Montagnola. Hesse ist von den Angriffen der jungen Leserbriefschreiber getroffen. Im Januar 1921 notiert er gereizt: »Inzwischen schreiben mir unentwegt reichsdeutsche Couleurstudenten ihre mannhaften Haßbriefe, voll Mark und edler Entrüstung, und ich brauche nur einen dieser Briefe zu lesen, einen dieser zwanghaften, krampfigen, bösen Briefe von Hampelmännern, so sehe ich, wie gesund ich trotz allem bin, wie ich ihnen auf die Nerven gehe, wie ich sie aufrege und in Not bringe, wie viel Verführung zu Gefahr, zu Denken, zu Geist, zu Einsicht, zu Spott, zu Phantasie doch aus meinen Worten spürbar sein muß.«[458]

Einen dieser »Haßbriefe«, das Schreiben eines Medizinstudenten aus Halle, veröffentlicht Hesse in *Vivos voco*, um zu demonstrieren, welchen Schmähungen er inzwischen ausgesetzt ist: »Ihre Kunst ist ein neurasthenisch-wollüstiges Wühlen in Schönheit, ist lockende Sirene über dampfenden deutschen Gräbern, die sich noch nicht geschlossen haben. Wir hassen diese Dichter, und mögen sie zehnmal reife Kunst bieten, die aus Männern Weiber machen wollen, die uns verflachen und internationalisieren und pazifizieren wollen. Wir sind Deutsche und wollen es ewig bleiben! Wir sind Jünger eines Schiller und Fichte und Kant und Beethoven und Richard Wagner, dessen schmetternde Inbrunst wir in alle Ewigkeit lieben werden. Wir haben ein Recht zu fordern, daß unsre deutschen Dichter (sind sie verwelscht, dann mögen sie uns gestohlen bleiben!) unser schlummerndes Volk aufrütteln, daß sie es wieder führen zu den heiligen Gärten des deutschen Idealismus, des deutschen Glaubens und der deutschen Treue.«[459]

In einer öffentlichen Replik hält Hesse dem Studenten vor, dass die von ihm reklamierte »deutsche« Gesinnung zu den Kriegen von 1870 und 1914 geführt habe. Sie verkörpere jene Art von Autoritätsgläubigkeit, gegen die Goethe gekämpft habe, an der Hölderlin zerbrochen und die von Nietzsche angeprangert worden sei. Er erkenne darin einen Geist, der Angst vor sich selber habe und »diese innere Feigheit hinter lärmendem Säbelrasseln verbirgt«[460]. In seinem Zorn lässt Hesse sich zu Äußerungen hinreißen, die selbst etwas Eiferndes haben. So belehrt er den Studenten, die von ihm genannten deutschen Geister gehörten eher »zu den dekorativen Größen«. »Ich gebe für zwei Gedichte von Hölderlin den ganzen Schiller und den Fichte dazu, und Kant hat, trotz seiner riesigen Leistung, auf den deutschen Geist einen keineswegs reinen und nur wohltätigen Einfluss gehabt.«[461] Der polemische Schlagabtausch zeigt eine starke innere Anspannung, die vor allem auch mit Hesses Schreibhemmung zu tun hat. »Das vergangene Jahr«, klagt er im Tagebuch, »ist wohl das unproduktivste in meinem Leben gewesen, und damit das traurigste, obwohl es nicht das Jahr der schwersten Erschütterungen war. Jetzt, in diesem Jahr 1921, geht es im selben Stil weiter.«[462]

Hesse sucht Hilfe bei Carl Gustav Jung, der eine Psychoanalyse durchführen soll. Jung hatte ihm nach der Lektüre des *Demian* einen bewundernden Brief geschrieben, Hesse wiederum ist beeindruckt von Jungs neuem Buch *Psychologische Typen*. Die Sitzungen finden zwischen Februar und Mai 1921 in Küsnacht bei Zürich statt, sodass Hesse in dieser Zeit auch Ruth besuchen kann. Das Verhältnis zwischen den beiden ist schwieriger geworden. Hesse fühlt sich durch Ruth, die bereits Heiratspläne schmiedet, bedrängt und an das Verhalten Mias erinnert. Hesse empfindet seine Geliebte, wie er ihrer Mutter Lisa Wenger schreibt, als »launisch und kindlich«[463], ist aber selbst wenig bemüht, ein guter Liebhaber zu sein. Wenn seine junge Freundin von Carona herübergewandert kommt, um ihn zu besuchen, setzt er sich erst einmal in seinen Sessel und zündet sich eine Brissago an. Wenn die Zigarre nach einer langen Stunde zu Ende geraucht ist, zieht er sich langsam aus, faltet sorgfältig seine Kleider zusammen und legt sie auf dem Sessel ab. Dann schlüpft er zu Ruth ins Bett. Manchmal bleibt er bei ihrem Erscheinen auch einfach im Bett liegen und findet »alles zum Kotzen«[464]. Der Optimismus und die Heiterkeit der jungen Frau wirken provozierend auf ihn, er hält das für Oberflächlichkeit. Seine Geliebte, die er »Pünktchen« oder »Rehlein« nennt, soll immer verfügbar, aber nie lästig sein: »Ich möchte dich ganz winzig klein in einem Kästchen bei mir haben und dich herausnehmen können, wann ich wollte«[465], sagt er, wenn sie sich über seine Distanziertheit beklagt.

Ruth macht ihrer wachsenden Enttäuschung in einem Brief Luft. Aus Delsberg schreibt sie: »Ich weiß auch, daß du mich nicht brauchst, und bin wie ein Kind, das jemandem sein geliebtestes Spielzeug nehmen [müsste heißen: geben, HSch] wollte, und nun, da der andre es ihm zurückgibt, erst merkt, daß seine Puppe oder sein Pferdchen für jenen etwas ganz Unbrauchbares ist.«[466] Hesse selbst sieht in den »Leiden« von Ruth »nichts anderes als die Beschwerden eines Zustandes, den wir sensible Menschen leider kennen und der eine neurotische Übertreibung der Introversion ist«[467]. Damit ist für ihn das Beziehungsproblem vorerst auf eine Formel gebracht – nicht aber für Ruths Eltern, die der Gemütszustand ihrer Tochter beunruhigt und die deren Beziehung zu dem viel älteren und weitgehend mittellosen Familienvater nicht gerade mit Wohlwollen betrachten. Am 22. August 1921 schreibt Theo Wenger Hesse einen unmissverständlichen Brief, in dem er seine Kritik an dem eben in der Zeitschrift *Neue Rundschau* erschienenen ersten Teil des *Siddhartha* mit einem Angriff auf Hesse selbst verbindet: »Ihr Siddhartha muss vom Buddhismus hinweg, weil er keine Güte in sich hat, weil dieses Hauptmotiv buddhistischer Lehre ihm fehlt. Denn nur der kann Gotamas Jünger sein, der seinen Weg der allumfassenden Güte zu gehen vermag ... So hat auch Ihr Weg schon aufgehört, und wird keine Fortsetzung finden. Sie haben keine Güte in sich und keine Achtung vor der menschlichen Seele. Sie tragen auch jetzt noch meines Kindes Seele in Ihren egoistischen Händen und wissen das.«[468]

Der Schlag sitzt, aber Hesse kontert die Vorwürfe des wütenden Vaters mit dem Hinweis, dass er sein neues Glück nicht auf dem Unglück seiner Familie aufbauen könne. Eine »egoistisch und brutal durchgeführte Scheidung«[469] sei nicht der richtige Weg. Sein Antwortschreiben schließt mit einem Versuch der Versöhnung: »Ihr Brief hat meine Meinung über Sie in nichts geändert, das Stärkste, was ich aus ihm lese, ist Ihre Liebe zu Ruth.«[470] Theo Wenger ist beeindruckt und nimmt das Versöhnungsangebot an, ja der selbstbewusste Unternehmer versichert Hesse sogar seiner Sympathie und Freundschaft. Er hoffe, schreibt er allerdings am 24. August, daß Ruths »große Liebe … mit der Zeit in Freundschaft übergehen wird«[471].

Von der kurzen, aber nachhaltigen Auseinandersetzung mit Ruths Vater bleibt bei Hesse vor allem der Hinweis auf die Güte Gotamas haften, die seinem Siddhartha fehle. Das ist ein wunder Punkt, den er 1920 im Tagebuch lange vor dem Austausch mit Theo Wenger reflektiert hatte. Wird derjenige, der ohne Moral lebt und »sich auf die Urtriebe einlässt«, am Ende wirklich eine wahrere, höhere Moral finden? Hesse bezweifelt das jetzt: »Er kann ebenso gut, sogar weit wahrscheinlicher, den Grundtrieben ohne Hemmung verfallen und sich völlig gehen lassen, er kann wahnsinnig und Verbrecher werden.« Das sich Einlassen auf das Unbewusste sei zwar besser als das bloße Wegschauen, aber es erscheine ihm ganz unklar, »ob das Unbewußte den Pilger nicht einschlucken und verschlingen werde«[472]. Hesse muss sich fragen, ob er selbst über ethische Maßstäbe verfügt, nach denen er sein Verhalten als Familienvater, Liebhaber und Dichter ausrichtet. Für einen kurzen Moment gerät er in Versuchung, seinem Künstlertum abzuschwören, um in der »Imitatio Jesu«[473] den Weg der Güte und Liebe zu gehen, den einzigen, »der zum Heiligen führt«. Künftig nur noch als fürsorglicher Familienvater zu leben und den in die Vereinsamung führenden Künstlerehrgeiz aufzugeben – könnte das nicht eine befreiende, humane Lösung sein? Wäre er Katholik, rechtfertigt sich Hesse, dann hätte er diesen Weg längst gewählt, aber als Protestant sei er ihm verschlossen: »Es war mir nicht bestimmt, es lag nicht in meinem Plan, die Bequemlichkeiten und Genüsse einer haltbaren, einer guten und schönen und gesunden Religion zu den Stützen meines Lebens zählen zu dürfen; es war mir notwendig, in einer aufrührerischen, überhitzten, in einer unglücklichen, kurzfristigen, sich selber zerstörenden Religion aufzuwachsen, die ich mir mit dem ersten Erwachen des Denkens selbst zerstören mußte.«[474] Der Verweis auf die Zwänge der religiösen Sozialisation ist nur die halbe Wahrheit, denn gegenüber dem Unternehmer Georg Reinhart nennt er dann am 30. April 1921 die eigentlichen Gründe, warum ihm ein Verzicht auf die Dichterexistenz nicht möglich ist: »Mir steht die Gestaltungslust, der Spieltrieb und die Eitelkeit des Künstlers im Wege – ich habe das nach sehr sehr langer Beschäftigung mit dem Problem gefunden, daß für mich der Weg zum Heiligen über das Opfer des Künstlertums und der Produktion führen müßte.«[475]

Inspiriert durch die psychoanalytischen Sitzungen bei C. G. Jung im Frühjahr 1921 und bestärkt durch lange Gespräche mit seinem gelehrten Vetter, dem Japanologen Wilhelm Gundert, der ihn im September in Montagnola besuchte, ist bei Hesse der Knoten geplatzt. In wenigen Wochen schreibt er den zweiten Teil des *Siddhartha* nieder. Sein Tagebuch hält fest, wie leidenschaftlich er in den Monaten vor der Niederschrift um die erlösende Idee, die Gestaltwerdung des Heiligen in Siddhartha gerungen hat. Wie kann man das westliche Individualitätsverständnis mit der östlichen Auffassung von der Nichtigkeit der irdischen Existenz verbinden? Warum ist man als Einzelwesen in die Welt hineingeworfen, wenn man nach buddhistischer Lehre doch rasch wieder zur Allseele, ins Nirwana zurückkehren soll? Ist es Gottes Wille, dass ich mich, so wie in *Klein und Wagner* beschrieben, vorbehaltlos in die Welt hineinfallen lasse? Muss der Weg ins Nirwana, zu Gott, über die innerweltliche Selbstverwirklichung führen? Und ist das christliche Gebot, Jesus nachzufolgen, die tätige Verwirklichung seines Liebesgebotes nicht doch der bessere Weg, herausfordernder und menschlicher als die völlige Abwendung vom Weltgetriebe?

Hesse entscheidet sich, seinen Sinnsucher in der Welt untergehen zu lassen, damit Siddhartha versöhnt aus ihr wieder auftauchen kann. Nicht indem er dem erleuchteten Buddha nachstrebt, seine heiligmäßige Existenz nachäfft, kommt Siddhartha ans Ziel, sondern durch die Heiligung der Welt. Erst wenn er ihre Möglichkeiten, alle ihre Geheimnisse ausgeschöpft hat, kann er sie am Ende in sich aufgehen, in sich erlöschen lassen. Hesse stellt sich einen dionysischen Buddhismus vor, der die Gegensätze, die er philosophisch verneint, in der Wirklichkeit gelten lässt, um sie produktiv überwinden zu können. Bevor er im März

1922 an der Erzählung weiterschreibt, liest er noch einmal die indischen *Upanishaden* und die *Bhagavad-Gita,* um sich dann aber erneut mit dem chinesischen Denken zu beschäftigen, das ihm lebensnäher, weniger »protestantisch«, weniger asketisch und lebensfeindlich erscheint. Vor allem schöpft er aus dem *Tao-te-king* des Laotse, den Gesprächen des Konfuzius sowie den Parabeln und Dialogen des Dichterphilosophen Dschuang Dsi. Bei den chinesischen Denkern fasziniert ihn die wechselseitige Durchdringung von Sinnlichem und Geistigem, eine Weisheit, die auf praktischer Erfahrung beruht und auf metaphysische Spitzfindigkeiten verzichtet. Welche Art von »Güte« soll Siddhartha praktizieren, wie tief darf er sich in die sinnliche Welt verstricken? Auch Laotse und Dschuang Dsi würdigen die Liebe, aber nicht in ihrer personalen, leidenschaftlichen Spielart, sondern als demütige Anerkennung der Gleichrangigkeit alles Seienden. In jeder Erscheinung, ob Mensch, Tier, Pflanze oder Stein, so Laotse, ist Tao, also Gott. Alles hat Anteil an der Dauer und an der Wandlung, alles ist göttlich.

Die Entdeckung der Welt und der eigenen Sinne ist das Thema des zweiten Teils von *Siddhartha.* »Sinn und Wesen waren nicht irgendwo hinter den Dingen, sie waren in ihnen, in allem«[476], lautete die Erkenntnis Siddharthas am Schluss des ersten Teils. Als Samana hatte er die Welt zu verachten gelernt, weil sie »Maya« ist, ein Schleier, der das Eigentliche verbirgt. Dieses Eigentliche, diesen Sinn, den er als Asket nicht finden konnte, will er nun im Leben aufspüren. So beginnt der zweite Teil der Erzählung mit dem programmatischen Satz: »Siddhartha lernte Neues auf jedem Schritt seines Weges, denn die Welt war verwandelt, und sein Herz war bezaubert.«[477] Das Neue, das er in der Stadt kennenlernt, ist die körperliche Liebe. Siddhartha wird der Geliebte der schönen und klugen Kurtisane Kamala. Um ihre Ansprüche befriedigen zu können, tritt er in die Dienste des erfolgreichen Kaufmanns Kamaswami. Bald ist Siddhartha selbst wohlhabend, die Reichtümer fliegen ihm zu. Gern wäre er so, wie alle sind, er bewundert die »Kindermenschen«[478] für die Selbstverständlichkeit, mit der sie ihre Leidenschaften ausleben, ohne hinter die Dinge blicken zu wollen. Die beobachtende Distanz, die ihm bei seinen Geschäften den Erfolg sichert, macht ihn rasch zum Außenseiter. Siddhartha spürt, dass das eigentliche Leben an ihm vorbeifließt. Nach einer Liebesnacht sagt Kamala, die ihn durchschaut, weil sie als Kurtisane selbst Distanz zu ihren Freiern wahren muss: »Du bist der beste Liebende ... den ich gesehen habe. Du bist stärker als andre, biegsamer, williger. Gut hast du meine Kunst gelernt, Siddhartha. Einst, wenn ich älter bin, will ich von dir ein Kind haben. Und dennoch, Lieber, bist du ein Samana geblieben, dennoch liebst du mich nicht, du liebst keinen Menschen. Ist es nicht so?«[479]

Siddhartha glaubt, seine Lieblosigkeit überwinden zu können, indem er selbst zum Kindermenschen wird. Er stürzt sich ins Leben, säuft, hurt und verfällt dem Glücksspiel. Bald aber ist er von sich und seiner Habgier angeekelt. Als sich das Rad des »Sansara«, des blinden Lebenstriebs, immer schneller dreht, erwacht Siddhartha aus dem Albtraum der Selbstentfremdung und flieht aus der Stadt. Zurück bleibt Kamala, die ein Kind von ihm erwartet. Nach langem Umherirren gelangt Siddhartha an einen Fluss, in den er sich aus Verzweiflung hineinstürzen will. Fast schon im Fallen erlebt er die Vision seiner Wiedergeburt. Freudig begreift er, dass alles, was geschah, zu seinem Weg gehört, sinnvoll war: »Ich habe Verzweiflung erleben müssen, ich habe hinabsinken müssen bis zum törichtsten aller Gedanken, zum Gedanken des Selbstmords, um Gnade erleben zu können, um wieder Om zu vernehmen, um wieder richtig schlafen und wieder richtig erwachen zu können.«[480] Siddhartha tritt in den Dienst des greisen Fährmanns Vasudeva, der ihn lehrt, auf die Stimme des Wassers zu hören. Der Fluss wird für ihn zum Sinnbild für den Wandel und die Zeitlosigkeit, denn er ist überall zugleich: an der Quelle und an der Mündung, am Wasserfall und an der Stromschnelle, im Meer und im Gebirge. Im Fluss gibt es nur Gegenwart, keine Zukunft. Siddhartha überträgt das Bild vom Fluss auf sein eigenes Leben und begreift, dass seine eigenen Wandlungen und Wiedergeburten ebenfalls nur Täuschungen waren, Ausfaltungen des *einen* Wesens, das immer war und immer sein wird.«In dieser Stunde hörte Siddhartha auf, mit dem Schicksal zu kämpfen, hörte auf zu leiden. Auf seinem Gesicht blühte die Heiterkeit des Wissens, dem kein Wille mehr entgegensteht, das die Vollendung kennt, das einverstanden ist mit dem Fluß des Geschehens, mit dem Strom des Lebens, voll Mitleid, voll Mitlust, dem Strömen hingegeben, der Einheit zugehörig.«[481]

Es ist bezeichnend für den Weg, den Hesse seit der Trennung von seiner Familie zurückgelegt hat, dass er sich mit der philosophischen Einsicht in die Nichtigkeit der Zeit keineswegs begnügen will. Die entscheidende Erfahrung, die Siddhartha machen muss, ist die Liebe – und der mit ihr verbundene Schmerz. Erst als sein Sohn, der ihm als Knabe von Kamala übergeben worden ist, sich als junger Mann von ihm lossagt, Siddhartha also selbst erleiden muss, was schon sein eigener Vater zu ertragen hatte – erst in diesem schmerzlichen Augenblick erfährt er, was es bedeutet, ganz Mensch, liebender Mensch zu sein:»Anders sah er jetzt die Menschen an als früher, weniger klug, weniger stolz, dafür wärmer, dafür neugieriger, beteiligter. Wenn er Reisende der gewöhnlichen Art übersetzte, Kindermenschen, Geschäftsleute, Krieger, Weibervolk, so erschienen diese Leute ihm nicht fremd wie einst: er verstand sie, er verstand und teilte ihr nicht von Gedanken und Einsichten, sondern einzig von Trieben und Wünschen geleitetes Leben, er fühlte sich wie sie.«[482] Im Gespräch mit seinem alten Freund Govinda, dem buddhistischen Mönch, gibt Siddhartha sein Geheimnis preis:»Die Liebe, o Govinda, scheint mir von allem die Hauptsache zu sein. Die Welt zu durchschauen, sie zu erklären, sie zu verachten, mag großer Denker Sache sein. Mir aber liegt einzig daran, die Welt lieben zu können, sie nicht zu verachten, sie und mich nicht zu hassen, sie und mich und alle Wesen mit Liebe und Bewunderung und Ehrfurcht betrachten zu können.«[483] Es bedurfte der singulären, einzigartigen Vaterliebe, um Siddhartha zu dieser umfassenden Liebesvorstellung vordringen zu lassen. Erst in der personalen Zuwendung erschließt sich ihm die Einsicht, dass die Welt auf Liebe gebaut ist.

Vieles von dem, was Hesses Vater in seinen Traktaten über den Gegensatz zwischen dem persönlichen Christentum und dem unpersönlichen Orient geschrieben hatte, seine kenntnisreiche Auseinandersetzung mit der Gedankenwelt Laotses, ist in den *Siddhartha* eingegangen, in ein Buch, das damit auch ein Dokument der nachgetragenen Liebe, der Versöhnung des Sohnes mit dem Vater geworden ist – und vielleicht auch der Integration von Anima und Animus, der weiblichen und männlichen Seelenbilder, die seit jeher in ihm miteinander im Kampf liegen. Der Strom ist die Mutter, der ewige Kreislauf, aus dem alles hervorgeht und in den alles wieder einmündet, Siddhartha aber ist der Weise, dessen Geist es vermag, die zahllosen Stimmen und Gesichter des Flusses, alle Metamorphosen des Zeitlichen ins Zeitlose, zur Einheit zu erhöhen.

Buddhas Güte und die Liebe Jesu, taoistischer Einheitsgedanke und abendländische Selbstverwirklichung verschmelzen in der Gestalt des Siddhartha zu einem west-östlichen Idealbild. Govinda erkennt im Lächeln Siddharthas »das gleiche, stille, feine, undurchdringliche, vielleicht gütige, vielleicht spöttische, weise, tausendfältige Lächeln Gotamas, des Buddha, wie er selbst es hundertmal mit Ehrfurcht gesehen hatte«[484]. Wie Buddha hat auch Siddhartha die Vollendung erreicht – doch nicht durch Abkehr vom Ich, sondern durch seine radikale Verwirklichung. So führt Siddharthas Weg vom Geist über die Natur zur Seele, die alles in sich vereint. Dass dieser Weg auch für ihn selbst ein Ideal darstellt, das anzustreben, aber kaum zu erreichen ist, räumt Hesse in einem Brief an Bruno Randssus unmittelbar nach Abschluss des zweiten Teils von *Siddhartha* ein: »Ich bin nicht Siddhartha, ich bin immer nur wieder auf dem Weg zu ihm … Man darf sich nie auf eine gefundene Wahrheit versteifen, auch nicht auf die eines Buches, denn das Suchen kann wohl gelernt werden, das Finden nicht.«[485]

Für Hesse ist die Gestalt des Siddhartha nicht nur ein »indischmeditatives Lebensideal«[486], sondern vor allem auch die Verherrlichung der Liebe. So ist es kein Zufall, dass sich die Beziehung zu Ruth Wenger in der Zeit der Niederschrift entspannt hat, wie

Hesse am 17. April 1922 an seinen Therapeuten schreibt: »Mit Ruth bin ich zu einer Kameradschaft und einem Verständnis gekommen, wie ich es nimmer für mich geglaubt hätte.«[487] Zwei Monate zuvor hatte sie ihm noch einen fordernden Brief geschrieben: »Ich bin zu jung, oder nicht einfach genug, um mich selbst immer hintanzusetzen. Ich möchte auch einmal deine Sorge um mich fühlen und hören, dass meine Liebe ein Glück ist, das du brauchst … Warum, da du mich doch liebst, denn das glaube ich, warum hast du diese tödliche Angst, dich in irgend etwas zu binden?«[488] Hesse schenkt Ruth das Liebesmärchen *Piktors Verwandlungen*, das in symbolischer Form die Liebesgeschichte vom alternden Dichter und seiner jungen Frau erzählt. Im Märchen gelangt der Maler Piktor in einen Paradiesgarten und lässt sich mithilfe eines Kristalls in einen Baum verzaubern. Dadurch verliert er die Fähigkeit, sich immer weiter zu verwandeln. Sein Wunsch – er lässt sich unschwer als Hesses eigene, unterdrückte Sehnsucht nach Bindung deuten –, an einem bestimmten Ort zu wachsen und zu reifen, ist Piktor zum Verhängnis geworden. Erst die Liebe eines unbeschwerten Mädchens zu dem einsamen Baum löst die Erstarrung. Die Schöne spürt seine Sehnsucht nach Verjüngung und Verwandlung. Ein bunter Zaubervogel, Symbol der Metamorphose, bringt den Zauberkristall zurück, der sie eins mit dem Baum werden lässt. Von nun an wächst sie als starker Ast am Baum des Lebens. Auch Piktor ist verwandelt, aus dem Halben wird ein Ganzes, die Gegensätze alles Lebendigen, Yin und Yang, Männliches und Weibliches verschmelzen in ihm. Nun ist er wirklich Teil der ewig sich wandelnden Schöpfung: »Er wurde Reh, er wurde Fisch, er wurde Mensch und Schlange, Wolke und Vogel. In jeder Gestalt aber war er ganz, war ein Paar, hatte Mond und Sonne, hatte Mann und Weib in sich, floß als Zwillingsfluß durch die Länder, stand als Doppelstern am Himmel.«[489] Das fröhliche, von Hesse selbst mit kindlich-bunten Aquarellen geschmückte Märchen ist deutlich dem *Siddhartha* entwachsen, eine kleine anmutige Arabeske zu der dort entfalteten Mystik der Verwandlung, eine »west-östliche Phantasie«[490], wie Hesse im Oktober 1922 an Anny Bodmer schreibt.

Noch bevor der *Siddharta* im November 1922 erscheint, erhält er höchste Anerkennung von einem indischen Gelehrten, den Hesse bei einer Tagung der internationalen Frauenliga in Lugano kennenlernt. Darüber berichtet er am 29. August stolz seinem Freund Lang: »Ich las den Schluß meines Siddhartha vor, ohne auf Verständnis zu hoffen, das denn auch ausblieb. Aber unter den drei Menschen, die es doch kapierten, war ein schöner dunkler Hindu, der Professor Kalidas Nag aus Calcutta, der ließ sich alles übersetzen, und am folgenden Tag erschien er mit einer Dolmetscherin in Montagnola und sagte mir, er habe bisher nicht geglaubt, daß ein Europäer wirklich ins Centrum des östlichen Denkens kommen könne, aber im Siddhartha sei dies erreicht, und er grüße mich von Indien und glaube nun mehr als je an die freundschaftliche Eroberung von Ost und West.«[491] Den ersten Teil hatte Hesse dem Freund Romain Rolland gewidmet, den zweiten widmet er nun seinem Vetter Wilhelm Gundert. Hesse ist überzeugt, mit dem *Siddhartha* eine Erkenntnishöhe erreicht zu haben, die ihm ohne die Erfahrungen des Krieges und der schmerzhaften Trennung von seiner Familie nicht zuteil geworden wäre. An Johannes Kleinpaul schreibt er am 4. Juli 1923: »Für mein wertvollstes Buch halte ich den ›Siddhartha‹. Am liebsten aber sind mir ›Knulp‹ und die kleine Dichtung ›Klingsors letzter Sommer‹.«[492]

Vom besonderen Rang des Buches sind auch die Kritiker überzeugt, die das Buch kurz nach seinem Erscheinen loben. So urteilt die *Frankfurter Zeitung*, der *Siddhartha* sei »ein ungemein weises Buch«. Und die italienische Germanistin und Übersetzerin Lavinia Mazzucchetti erkennt, dass Hesse nicht die Vita des historischen Buddha nachgezeichnet, sondern eine synkretistische Privatmythologie, den »Versuch einer durchaus versöhnlichen Überwindung des Buddhismus und des Christentums« geschaffen habe. Das Werk sei für die heutige, politisierte Zeit erstaunlich, jedenfalls innerhalb der deutschen Literatur. »Wie ein liturgischer Cantus firmus, erfüllt von Liebe und bar jeder Leidenschaft, so hebt es sich hervor aus den Mißklängen der Erbitterung.«[493] Doch im Vergleich mit dem *Demian* ist der *Sid-*

dhartha anfangs kein Erfolg und bleibt weithin unbeachtet, auch wenn das Buch Hermann Hesse den Titel des »Weisen von Montagnola« einträgt.

Das wenige Honorar, das *Siddhartha* einbringt, wird von der Inflation aufgefressen. Überhaupt hat Hesse als deutscher Autor in der Schweiz große Geldsorgen. Gegenüber Ruth klagt er: »In Mark ist mein Einkommen ganz hoch gewesen, in Franken aber macht es knapp die Hälfte vom Gehalt eines Straßenkehrers in der Schweiz.«[494] Als er für den Verkauf des Hauses in Gaienhofen eine letzte Rate erhält, 15 000 Reichsmark, sind diese nur noch 37 Franken wert. Er muss sich mit Buchbesprechungen in Schweizer Blättern und mit Vorträgen und Lesungen über Wasser halten. Die Vortragsreisen führen ihn nach Basel, Bern, Olten, St. Gallen und immer wieder nach Zürich, wo er oft bei Alice und Fritz Leuthold zu Gast ist. Das von Hesse scherzhaft »Siamesen« genannte Ehepaar, das er 1911 auf seiner Indien-Reise kennengelernt hatte, unterstützt ihn finanziell. Fritz Leuthold ist Direktor des Zürcher Kaufhauses Jelmoli und stellt Hesse zeitweilig sogar eine kleine Wohnung in Zürich zur Verfügung. Zum Kreis der Mäzene gehören auch Georg Reinhart, Chef der Baumwollfabrik Volkart & Co. in Winterthur, der Zementfabrikant und Eigentümer von Schloss Bremgarten bei Bern, Max Wassmer, der Arzt Hans C. Bodmer aus Zürich und Friedrich E. Welti, Rechtsanwalt aus Kehrsatz bei Bern. Ohne die Unterstützung seiner Gönner wäre Hesse kaum in der Lage, seinen Verpflichtungen gegenüber Mia und den Kindern nachzukommen. Trotz dieser Hilfen ist er in Montagnola zu einer äußerst kärglichen Lebensführung gezwungen. Das hat auch Konsequenzen für seine Gesundheit. Im Winter kann er in seiner »noblen Ruine« kaum heizen und leidet unter Rheuma. So sind die Aufenthalte bei den Freunden in Bern und Zürich auch Fluchten vor dem ungemütlichen Tessiner Winter. Immer wieder fährt Hesse nach Schloss Bremgarten zu Max Wassmer oder besucht die Leutholds in Zürich. Auch die Kuraufenthalte werden von seinen wohlhabenden Freunden finanziert. Von der vierwöchigen Bäderkur im Sanatorium Degersheim bei St. Gallen im November 1922 kehrt Hesse allerdings geschwächt und mit nur noch 54 Kilo Körpergewicht zurück.

Das rastlose Unterwegssein ist auch Ausdruck seiner inneren Unruhe. Die Gelassenheit Siddharthas wird Hesse selbst nicht zuteil. Nach drei Wochen Abwesenheit von Montagnola schreibt er an den befreundeten Schriftsteller Hugo Ball: »Bin ich auf Reisen, so ermüdet mich der Betrieb und das ewige Gastsein in fremden Häusern, bin ich hier, so spucke ich einsam ins Kaminfeuer, lese viel und lebe in einer gespenstischen Stille wie hinter einem trüben alten Spiegelglas, märchenhaft und nobel, aber ohne Kontakt mit dem Lebendigen.«[495] Das ist eine Übertreibung, denn es kommen viele Besucher nach Montagnola, darunter auch bekannte Autoren wie der englische Schriftsteller T.S. Eliot, der Hesses Aufsätze über Dostojewski und die kulturelle Erneuerung Europas mit großer Zustimmung gelesen hat. Aus Deutschland reisen Annette Kolb, René Schickele und der Dada-Mitbegründer Richard Huelsenbeck an, aus Frankreich kommt Romain Rolland an den Luganer See. Vor allem aber hat Hermann Hesse mit Hugo Ball einen engen Freund in unmittelbarer Nachbarschaft. Seit September 1920 wohnt der ehemalige Dadaist zusammen mit seiner Frau Emmy im Nachbarort Agnuzzo. Hesse lernte das Ehepaar 1920 im Haus des gemeinsamen Freundes Josef Englert kennen. Die beiden kommen aus der Welt des Theaters; vor dem Weltkrieg war Hugo Ball dramaturgischer Leiter der Münchner Kammerspiele, Emmy Hennings Sängerin im Kabarett *Simplicissimus*. Im *Café Voltaire* hatte Ball zusammen mit Hans Arp und Richard Huelsenbeck gegen die bürgerliche Kultur mobil gemacht, die den Krieg nicht hatte verhindern können, ja ihn mit ihrem pervertierten Idealismus erst ermöglicht hatte. Die Dada-Künstler zerschlugen die missbrauchte Sprache und setzten sie durch Collagen und Montagen wieder neu zusammen. Als Kriegsgegner mussten Hugo Ball und Emmy Ball-Hennings 1915 vor der Verhaftung in die Schweiz nach Zürich flüchten, wo sie zusammen in Varietés auftraten. 1916 gründeten sie in Zürich das legendäre *Café Voltaire*, das rasch zum Treffpunkt für Pazifisten und dadaistische Künstler wurde. Emmy Hennings wurde 1918 mit der Veröffentlichung des autobiografischen Romans *Das Gefängnis* auch als Schriftstellerin bekannt.

Hugo Ball, aus einer sehr gläubigen katholischen Familie stammend, ist durch seine große Kenntnis der Theologie und der deutschen Literatur der ideale Gesprächspartner. Sein Katholizismus ist eine Reaktion auf den Nihilismus der Dada-Bewegung, die inzwischen selbst zur Konvention geworden ist. Hugo Ball beschäftigt sich seit geraumer Zeit intensiv mit mittelalterlichen Heiligen-Legenden. Hesse ist außerordentlich beeindruckt von Balls Buch *Byzantinisches Christentum* und würdigt es in der *Neuen Rundschau* enthusiastisch.[496] Aber Hugo Ball ist völlig mittellos und gezwungen, irgendwelchen Brotarbeiten nachzugehen, die ihn von seiner schriftstellerischen Arbeit abhalten. So bittet Hesse seinen Gönner Hans C. Bodmer um Unterstützung für seinen Freund, den er als »einen der wertvollsten und wichtigsten Köpfe des heutigen Deutschland« vorstellt. »Ball, mir persönlich auf das Genaueste bekannt, ist ein vorbildlich reiner, klarer, edler Geist. Seine Frau, die Schriftstellerin Emmy Hennings, zur Zeit bekannter als er, ist ebenfalls als Mensch und als Dichterin eine seltene, außerordentliche Erscheinung.«[497] Bodmer gewährt Hugo Ball umstandslos 5000 Franken. Davon können die Balls zwei Jahre lang sorgenfrei leben.

Emmy Ball-Hennings wird für Ruth eine gute Freundin. Mit ihr kann sie offen über ihre problematische Beziehung zu Hesse sprechen. Hugo und Emmy Ball halten ihren Freund trotz aller Wertschätzung für einen Hypochonder und teilen sein Vertrauen in die Psychoanalyse nicht. Als Katholiken können sie auch seine ablehnende Haltung gegenüber der Ehe nicht akzeptieren. Nicht zuletzt ihrem Zuspruch ist es zu verdanken, dass Hesse seinen Widerstand langsam aufzugeben beginnt. Trotz der monatelangen Trennung wächst die Vertrautheit stetig. Erst die Distanz, die ihm seine Freiheit lässt, aber zugleich sein Bedürfnis nach Bindung befriedigt, lässt ihn die Beziehung annehmen. Hesse redet Ruth in seinen Briefen zärtlich mit »Mein liebes Herz«, »schöner Engel«, »Schatzi« und »armer Spatz« an, Ruth gibt ihm Kosenamen wie »Äfflein«, »Mauseköpfchen«, »blaue Himmelsblume« oder »mein liebes Büblein«. Es reisen Bücher, getrocknete Blumen und füreinander gemalte Bildchen zwischen Basel und Montagnola hin und her, und Hesse beeilt sich, auch Ruths Mutter von seinen guten Absichten zu überzeugen. Im Februar 1923 schreibt er an Lisa Wenger: »Es ist möglich, daß ich in Bälde auch meine Lage etwas ändern kann, und die Scheidung in Angriff nehmen, und wenn das glückt, dann kann ich auch mein Verhältnis mit Ruth legalisieren, nur muß ich dabei, nach wie vor, sehr vorsichtig sein, denn man kann ein vieljähriges Eremitentum und die geistige Einstellung eines ganzen Lebens nicht einfach ändern, und ich spüre in mir die Berufung zu einem nicht ganz leichten Wege.«[498]

Die Zweifel an der Lebbarkeit der Beziehung bestätigen sich schon zwei Monate später, als Ruth Hesse an Ostern in Montagnola besucht. Zurückgekehrt nach Basel, schreibt sie ihm einen verzweifelten Brief: »O lieber Freund, es war in deinem Benehmen mir gegenüber so gar keine Liebe mehr, auch kein Vertrauen, keine Zusammengehörigkeit, keine Freundschaft, dass ich es für unmöglich halte, *darauf* eine Gemeinschaft, ja gar eine Ehe aufzubauen … Du warst so zu mir, wie man nach einer 15jährigen, unglücklichen Ehe zueinander ist, und nicht nach einem dreijährigen Liebesverhältnis … Solche Lieblosigkeit *halte* ich nicht aus. Ich hoffe, du denkst keinen Augenblick, dass ich dabei an Sinnlichkeit denke! Hundertmal komme ich mit Liebe dir entgegen, und hundertmal stösst deine Gleichgültigkeit, ja dein schlimmes Misstrauen mich zurück, das geht nicht, das halte ich nicht aus.«[499]

Hesse schiebt die Missstimmung auf den Papierkrieg um die Scheidung und sein Rheumaleiden und bittet um Verständnis. Es sei ihm ehrlich daran gelegen, die Heirat rasch zu ermöglichen. Ruth ist vorerst versöhnt und zeichnet in ihrem Brief vom 20. April ein liebevolles und treffendes Bild von der schwierigen Persönlichkeit ihres Verlobten: »Und glaubst du denn, man könnte *dich* kennen? So wie dein Gesicht tausendmal wechselt, so bist du auch und hast tausend Seelchen in dir, und die einen fliegen und die anderen hinken, und viele lächeln, und manche halten die Hände und manche haben Hörnlein, und andere weinen, und so kommt es, dass man oft zu dem einen spricht, und ein ganz anderes Antwort gibt. Glaube nicht, dass diejenigen, die die rechten Worte über irgendein Werk von dir finden, dich besser kennen als ich, denn die finden etwas Rundes, Ganzes, das ist durch die Kunst wie aus vielen Stücken Gold ein Ring zusammengeschmiedet. Glaubst du, von denen einer würde dich an einem schlechten Tag wiedererkennen?«[500]

In der Familie Wenger wächst die Sorge, der berühmte Dichter wolle sich gar nicht entscheiden und sei nur an einer jungen Mätresse interessiert. Um den Druck zu erhöhen, bietet Ruths Vater an, die Kosten für die Scheidung von Mia zu übernehmen, mahnt seinen künftigen Schwiegersohn jedoch, unbedingt nur das abzurechnen, was an Kosten vor Gericht entsteht. Hesse ist empört, und Lisa Wenger entschuldigt sich für ihren Mann, der als Schwerkranker unter Morphiumeinfluss stehe und deshalb überreagiert habe. Der Verdacht, dass Hesse die Ehe mit Ruth nicht wirklich anstrebe, ja größte Befürchtungen für seine Existenz als Dichter mit ihr verbinde, steht aber weiterhin im Raum. Dem Freund Josef Englert gesteht Hesse, dass er eine neue Ehe »viel lieber vermeiden würde«[501]. Als seine Ehe mit Mia Bernoulli am 14. Juli 1923 tatsächlich geschieden wird, sieht Hesse den bürokratischen Prozeduren einer Heirat mit Ruth Wenger mit Schrecken entgegen. Seinem Therapeuten Lang gesteht er offen: »Nachdem ich die Scheidung hinter mir habe, kommt nun die Heirat, und meine geplante Einbürgerung in die Schweiz, also lauter Geschichten, die mit Polizei, Papieren, Kanzleien etc zu tun haben, und diese Dinge sind nächst der Kaserne für mich der Inbegriff des Verhaßten, Scheußlichen und zu Fliehenden. Pfui Teufel.«[502]

Gleichzeitig bemüht sich Hesse auch um die Schweizer Staatsbürgerschaft. In einem Schreiben an die zuständige Behörde begründet er die Wiedereinbürgerung mit der Tatsache, dass er seit elf Jahren in der Schweiz lebe und seine Söhne hier verwurzelt seien. Als »Mußdeutscher«[503] verbinde ihn nichts mehr mit Deutschland. Den Papierkrieg, der sich in der Folge zwischen seinem Geburtsort Calw und den Schweizer Behörden anspinnt, erleidet Hesse mit wachsender Ohnmacht. Die anhaltenden Spannungen dieser Zeit bleiben nicht ohne gesundheitliche Folgen. Trotz der nicht sehr ermutigenden Erfahrungen im Sanatorium Degersheim unterzieht sich Hesse bereits im Frühjahr 1923 erneut einer Bäderkur, dieses Mal im Kurort Baden im schweizerischen Aargau, wo auch sein Bruder Hans lebt. Dort gibt es heilsame Thermalquellen und ein großes Angebot an Bade- und Trinkkuren, die von Rheumatikern, Gicht- und Ischiaskranken geschätzt werden. Hesse wohnt im *Verenahof,* einem gediegenen Hotel, dessen Gäste ihm aber, wie er Ruth schreibt, bald lästig werden: »Hast du denn keine Ahnung davon, was eine Kur ist? Und *wie* ich dasitze, wie scheußlich zerschlagen, müd und kaputt?! … Wahrscheinlich ist es ja gut, daß die Kur so stark auf mich wirkt, und das Körperliche ist es ja nicht, worüber ich klage, ich habe gern Schmerzen, wenn dafür Hoffnung auf Heilung ist. Aber Seele und Nerven sind eben mit auf dem Hund gelandet, ich sitze einsam, wild und beschissen nun fast schon 3 Wochen zwischen lauter fetten, satten, feisten, dicken, blühenden Bourgeois, die mich seelisch vernichten und an die Wand drücken.«[504]

Das Resultat dieser nicht sehr angenehmen Erfahrungen ist die *Psychologia Balnearia,* entstanden aus den Aufzeichnungen beim ersten Kuraufenthalt in Baden, der Hesse später den Namen *Kurgast* geben wird. Hesse will das Buch, das er als seine bislang persönlichste Konfession betrachtet, als Privatdruck seinen Freunden schenken. Es entsteht in nur acht Tagen, unmittelbar nach der Rückkehr von einer kurzen Nachkur im Oktober 1923. Die *Glossen eines Badener Kurgastes,* so der Untertitel, sind das Selbstporträt eines griesgrämigen Neurotikers. Beobachtet der Ich-Erzähler anfangs den Kurbetrieb, die ans Lächerliche grenzenden Rollenspiele der wirklichen und der eingebildeten Kranken noch aus der Distanz, so wird er schließlich selbst Teil des Gesundheits- und Amüsierbetriebs. Frühmorgens geht es los mit Luftbaden, Turnen, heißen und kalten Bädern, Schwitzkuren, Massagen und Quarzlampenbestrahlungen. Hesse trinkt wie angeordnet das warme Schwefelwasser und ist stolz auf seine tägliche Pflichterfüllung, um dann abends wie all die anderen sich der Völlerei in den exklusiven Restaurants hinzugeben. Die schonungslose Selbstbeobachtung streift die Grenze zur Satire, erstmals erprobt Hesse das Mittel der Ironie – ein Jahr vor Thomas Manns *Zauberberg*, der in einem vergleichbaren Milieu spielt. Hesses Ressentiment gegen die »bourgeoisen« Kurgäste, das in seinem Brief an Ruth wütet, weicht im Buch einer geradezu altruistischen Empathie. So bekämpft der Erzähler seine wachsende Wut gegen einen im Nachbarzimmer logierenden Holländer, der den ruhebedürftigen Dichter mit seinem lauten Reden und seinem Lachen zur Raserei treibt, indem er ihn regelrecht zu lieben lernt. Dazu bedarf es der Anstrengung einer ganzen Nacht. Schlaflos im Bett liegend, stellt er sich vor, wie der selbstzufriedene Holländer in der Jugend ausgesehen haben mag und was aus ihm nach einem Schlaganfall werden würde. Alle Vorwürfe fallen in sich zusammen, in ihm allein, in seiner Reizbarkeit, seiner Selbstbezüglichkeit, seiner Intoleranz liegen die Gründe für den Hass. Gegen Morgen ist ihm der Fremde »brüderlich nahe«[505]. Exemplarisch beschreibt Hesse, wie sich ein Feindbild aufbaut, ohne dass der Hasser den Gehassten auch nur einmal zu Gesicht bekommt.

Die Einsichten des Kurgastes bleiben Hesse selbst versagt. Seine Feindbildproduktion läuft emsig weiter, einmal sind es die Behörden in Calw, dann die in Bern, die ihm übel wollen, dann wieder Theo Wenger, der ihm mit seinen Forderungen im Nacken sitzt. Nur Ruth gegenüber bemüht sich Hesse um Verständnis, ja er möchte, dass sie ihn als Mensch und Künstler zu verstehen lernt. Am 26. Oktober schreibt er ihr, »daß mein ganzes Badener Manuscript vielleicht bloß ein Versuch mehr ist, mich dir verständlich zu machen und aufzuschließen, denn es ist nichts als ein psychologisches Selbstporträt«[506]. Drei Tage später sendet er Ruth zum Geburtstag das Typoskript der *Psychologia Balnearia* und kennzeichnet die Stellen, an denen sie erwähnt ist. In Anspielung auf einen kurzen Besuch Ruths in Baden heißt es dort: »Der interessanteste und hübscheste Gast, den ich in diesem Saale je gesehen, ist aber heute nicht da, nur ein einzigesmal habe ich ihn hier sitzen sehen, und da saß er mir gegenüber an meinem kleinen runden Tisch, eine Abendstunde lang, mit den braunen frohen Augen, mit den schlanken klugen Händen, zwischen all den Patienten, eine einsame Blume voll Jugend und Glanz. Geliebte, komm wieder, um mit mir von den guten Speisen zu essen und den guten Wein zu kosten, und den Saal mit unsern Märchen und unsrem Gelächter zu füllen!«[507] Für seine Liebe scheint Hesse nun sogar sein Dichtertum opfern zu wollen: »Ich dachte an meine Geliebte [handschriftlich eingefügt: das bist Du, HSch], an das Stück ihrer Ohrmuschel, das zwischen ihren Haaren hervor schaut, und war von Herzen bereit, alle Altäre, welche ich jemals der Vernunft und der Idee errichtet, zu verleugnen und einzureißen, und einen neuen Altar zu bauen, jener halb sichtbaren, geheimnisvollen Ohrmuschel zu Ehren.«[508]

Im Brief an die Schwester Adele klingt das wieder ganz anders, viel nüchterner, geradezu resigniert: »Unsere Schwierigkeiten sind natürlich nicht verschwunden, doch geht es ordentlich. Nur fühle ich mich für das Heiraten zu alt und zu krank und zu sehr an Einsamkeit und stille Arbeit gewohnt. Aber das muß nun eben irgendwie gelebt und gelöst werden.«[509] Wenige Wochen vor der geplanten Hochzeit erklärt Hesse seiner künftigen Frau, dass er keineswegs gedenke, mit ihr zusammen unter einem Dach zu leben. Er habe ja das Bürgerliche nicht hinter sich zurückgelassen, um nun wieder damit zu beginnen. Ruth fügt sich in das Unvermeidliche und bemüht sich, eine praktikable Lösung zu finden. Da sie aufgrund ihrer Musikausbildung bereits mehrere Winter im Basler Hotel »Krafft« verbracht hat, mietet sie dort mit Unterstützung ihrer Mutter für Hesse ein Zimmer. In Basel nimmt sie Gesangsstunden bei der Sängerin Maria Philippi und ist glücklich, als ihr Verlobter im Dezember sein elegantes Biedermeier-Zimmer mit Blick auf den Rhein bezieht. Man frühstückt getrennt und isst mittags gemeinsam im Speisesaal des Hotels, ansonsten legt Hesse Wert darauf, ungestört seinen Interessen nachgehen zu können. Er lässt seine künftige Frau spüren, wie sehr er sich durch ihre Nähe eingeschränkt fühlt. An Anny und Hermann Bodmer schreibt Hesse zwei Tage vor Weihnachten, er fühle sich in Basel »beschissen«[510].

Um einen weiteren Aufschub der Heirat zu erzwingen, lässt Hesse Ruth wissen, dass er an einer »ansteckenden Krankheit«[511] leide, ja teilt dieses delikate Malheur sogar ihrer Mutter mit. Eigentlich würde er am liebsten sofort wieder nach Montagnola zurückreisen, klagt er gegenüber Hugo Ball, nimmt aber die Einladung seiner Schwiegereltern an, die Weihnachtstage in deren Haus in Delsberg zu verbringen. Unmittelbar nach den Festtagen bekommt Hesse hohes Fieber und muss eine Woche das Bett hüten. Als er wieder auf die Beine kommt, findet am 11. Januar 1924 die standesamtliche Trauung, eine schmucklose Zeremonie, statt. »Und jetzt bin ich verheiratet«, berichtet er der Freundin Ilona Durigo lakonisch. »Ich tat es gar nicht gern und ging zum Standesamt wie zu einer Operation, war allerdings damals auch sehr körperlich drunten.«[512] Vierzehn Tage nach der Trauung arrangiert Ruth eine kleine Hochzeitsfeier; zu dem Bankett im alten Basler Zunfthaus »Zum Schlüssel« kommen neben der Brautmutter Lisa Wenger und der Schwester Eva mit ihrem Ehemann Dr. Erich Oppenheim auch Josef Bernhard Lang, der Architekt Josef Englert, die »siamesischen« Freunde Alice und Fritz Leuthold sowie die Sängerinnen Ilona Durigo und Maria Phillipi. Theo Wenger, der Brautvater, ist krank und kann bei der Feier nicht dabei sein. Aber er übernimmt alle Kosten, auch für die Einbürgerung.

Nach den Hochzeitsfeierlichkeiten wird Hesse erneut krank. In seiner Verzweiflung über die neue Lebenssituation zertrümmert er eine Glastür des Hotels und wird später vom Direktor des Hotels bewusstlos aufgefunden. Neben ihm liegt ein leeres Röhrchen Veronal. Man bringt Hesse ins Spital »Sonnenrain«, wo ihm die Ärzte den Magen ausspülen. Seinem Freund Hugo Ball berichtet Hesse am 11. März, plötzlich sei er in einem fremden Zimmer aufgewacht und habe sich nur ungern bereitgefunden, weiterzuleben. Sein Problem sei die Ehe mit der viel jüngeren und luxusverwöhnten Ruth: »Sie haben eine Frau, die in Armut und Abenteuer verliebt ist, und ich, ein Freund der Einsamkeit und Klöster, habe noch als alter Kerl eine Frau genommen, die für ein paar schöne Schuhe und einen hübschen Hund gern einige Ideale hingibt.«[513] Das ist eine Anspielung auf Ruths kindliche Vernarrtheit in Tiere, die mit ihr zusammen in der Wohnung hausen: ein Hündchen namens Amorette, der Kater Figaro und der Papagei Coco. Und Ruth ist dabei, sich auch noch einen schwarzen Pudel anzuschaffen.

Am 27. März 1924 fährt Hesse zurück nach Montagnola. Aus der Distanz seiner südlichen Klause erscheinen die Basler Wochen in viel freundlicherem Licht und er beginnt seine Frau zu vermissen. Am 4. April gesteht er ihr: »Heute ist es wieder trüb und kalt, und das Feuerchen brennt … Ich denke an dich und weiß nicht, wo du bist. In Basel? In Delsberg? Hast du deine blauen Hosen an? Liegt der Muschi bei dir auf dem Kanapee? Singst du ein Lied? Auf alle Fälle ist mein Gedanke bei dir und meine Liebe, und wenn es dich am Kinn und an der Brust und am Knie ein wenig kitzelt, dann bin ich es. Aber wenn es im Arm weh tut, dann bins nicht ich. Leb wohl, kleines Vögelein, ich schicke dir einen Kuß auf jedes Auge, und auf den Mund, und überall hin.«[514] Trotzdem ist Hesse froh, wieder in seinem Schlösschen zu sein und von seiner Haushälterin Natalina umsorgt zu werden. Endlich kann er auch wieder mit dem Freund Hugo Ball nächtelange Gespräche führen und seinen geliebten »Nostrano«, den Tessiner Rotwein, trinken.

Als Ruth Ende April zusammen mit ihrem Schwager Erich nach Montagnola kommt, verhält sich Hesse so abweisend, dass sie erschreckt wieder abreist. Durch nichts und niemand will er sich von seinem Lebens- und Arbeitsrhythmus abbringen lassen. Diese Disziplin erwarte er auch von seiner Frau, schreibt Hesse ihr am 1. Mai in einem etwas herablassenden Brief und appelliert an Ruths Ehrgeiz als Sängerin: »Liebes Herzlein, kleines Kind, nimm deine Stunden und mach deine Übungen, und freue dich dran und betäube dich damit, wie ich es mit meiner Arbeit täglich tue … Wir haben ein höheres Ziel als gemeine Menschen, oder wenn wir das nicht wollen, war es ein Fehler, daß du dir nicht einen bequemen Mann gesucht hast, und stattdessen einen schwierigen, einen Dichter und Denker haben mußtest.«[515] Damit hat Hesse für den Fall des Scheiterns seiner Ehe vorsorglich eine klare Schuldzuweisung ausgesprochen – und sich selbst von der Mühe entlastet, auch das eigene Leben den Erfordernissen einer partnerschaftlichen Beziehung anzupassen.

Obwohl er sich nun doch in eine von ihm als Gefängnis empfundene feste Bindung hat drängen lassen, hofft Hesse fest darauf, sich ihren Verpflichtungen durch eine altbewährte Methode entziehen zu können. Im magischen Schlussbild seines *Kurzgefaßten Lebenslaufs* malt der Ich-Erzähler, der »wegen Verführung eines jungen Mädchens durch Zauberei«[516] verhaftet worden ist, ein Landschaftsbild mit einer kleinen Eisenbahn an die Gefängniswand. Als ihm die Enge unerträglich wird, steigt er in den Zug und verlässt durch einen Tunnel die »geistlose Wirklichkeit«: »Eine Weile sah man noch den flockigen Rauch aus dem runden Loch kommen, dann verzog sich der Rauch und verflüchtigte sich und mit ihm das ganze Bild und mit ihm ich. In großer Verlegenheit blieben die Wärter zurück.«[517]

ZWÖLFTES KAPITEL

»Ich möchte Dir auch sagen, daß ich Dich lieb habe«: Brief an den Sohn Heiner. Klabund, Samuel Fischer und Martin Buber zu Besuch in der »Villa Camuzzi«. Zum Überwintern nach Basel. Familientreffen in Ludwigsburg. Ruth erkrankt an Tuberkulose, Hesse fährt zur Kur nach Baden. Die Nürnberger Reise. *Winterquartier in Zürich. Als »Foxtrottel« auf dem Maskenball. Steppenwolf-Gedichte. Besuch von Ninon Dolbin. »Nur für Verrückte«: Der Steppenwolf. Scheidung von Ruth. Ninon Dolbin kommt nach Montagnola*

Die Vorstellung vom Verschwinden des Künstlers in seinem Bild geht auf eine alte chinesische Legende zurück. Sie erzählt von einem Maler, der über einem einzigen Werk alt und einsam geworden ist. Er lädt die wenigen ihm verbliebenen Freunde ein, sein Bild zu betrachten, das ein Haus auf einer Anhöhe zeigt. Als sich die Freunde wieder dem Maler zuwenden, ist dieser verschwunden. Dann bemerken sie, wie er in seinem Bild den Weg zu seinem Haus hinaufgeht, noch einmal winkt und die gemalte Tür hinter sich schließt. Diese Kongruenz von Leben und Kunst, das völlige Aufgehen der Person im Werk ist Hesses Ideal. Aber im Leben hat er eine andere Lösung gewählt. Jederzeit kann sich die Tür öffnen, dann steht seine Frau Ruth vor ihm, und die Illusion verfliegt.

Vorerst aber kommen nur seine Söhne zu Besuch, Anfang Juni 1924 Martin, der Jüngste, dann Bruno, der sich zum Maler ausbilden lässt. Mit ihm geht Hesse hinaus in die Natur, um Aquarelle zu malen. Von Heiners Lehrer im Landschulheim Kefikon erhält er einen Brief, der ihm mitteilt, dass die Leistungen des Fünfzehnjährigen immer schlechter werden. Heiner interessiere sich mehr für die Mädchen als für die Schule. Hesse findet das »sehr in Ordnung«[518] und sorgt sich nur darum, dass Heiner nach der Schule eine ihm angemessene Ausbildung macht. Auch von der Konfirmation lässt er ihn freistellen; in Glaubensdingen will er, anders als sein Vater, keinen Einfluss auf seine Kinder ausüben. Heiner aber ist auf seinen Vater, der kaum Zeit für ihn hat, schlecht zu sprechen. Oft reagiert er auf Briefe gar nicht oder heftig. Für das Geld, das ihm sein Vater schickt, bedankt er sich grundsätzlich nicht. Hesse fordert in seinen Briefen »ein wenig Artigkeit und Rücksicht«[519]. Aber trotz aller Ermahnungen ist ihm daran gelegen, die Verbindung zu seinem Sohn aufrechtzuerhalten und Heiner ein Zeichen seiner Liebe zu geben. Darin ähneln Hesses Briefe sehr jenen, die sein Vater vor dreißig Jahren an ihn selbst geschrieben hatte: »Ich möchte Dir auch sagen, daß ich Dich lieb habe und an all Deinem Leben teilhabe, und daß ich gar nicht daran zweifle, daß Du dies mit den Jahren mehr und mehr fühlen wirst. Durch die Störung und Trennung meiner Ehe, durch Muttis lange und wiederholte Krankheiten und all das ist manches zwischen Dich und mich gekommen, aber mein Sohn bist Du doch, und auch wenn ich morgen sterben würde, wärest Du stets und für immer mein Sohn und würdest in Dir selber ein Stück von meinem Wesen und von meinem Geist tragen. Daß daraus mit den Jahren ein immer besseres und uns beiden wertvolleres Verhältnis werde, ist mein herzlicher Wunsch.

Mein lieber Sohn, ich schicke Dir einen herzlichen Kuß und gebe Dir die Hand mit dem Vertrauen, daß wir einander nicht verloren gehen können. Mit vielen guten Wünschen.

Dein Vater«[520]

Obwohl Hesse nach Montagnola zurückgekehrt ist, um zur Ruhe zu kommen und zu malen, geben sich die Besucher die Klinke in die Hand. Der sich ständig erweiternde Freundes- und Bekanntenkreis fordert seinen Tribut. Diejenigen, die mit ihm Briefe wechseln und seine Werke lesen, wollen den Dichter endlich auch persönlich sprechen, mit eigenen Augen sehen, wie der »Weise vom Berge« lebt. Neben den vielen Neugierigen kommen die Sängerin Ilona Durigo und der Schriftsteller Klabund in die »Villa Camuzzi«. Klabund, der mit bürgerlichem Namen Alfred

Henschke heißt, gehört zum Freundeskreis von Hugo und Emmy Ball. Wie Hesse und Ball hatte er den Krieg 1914 anfänglich enthusiastisch begrüßt und sich freiwillig zum Kriegsdienst gemeldet, war aber aus Krankheitsgründen nicht eingezogen worden. Er schrieb patriotische *Soldatenlieder* und übersetzte chinesische Kriegslyrik. Doch im Verlauf des Krieges wandelte sich Klabund zum entschiedenen Kriegsgegner. 1917 veröffentlichte er einen offenen Brief an Kaiser Wilhelm II. mit der Forderung nach Abdankung. Daraufhin wurde ein Verfahren wegen Vaterlandsverrat und Majestätsbeleidigung gegen ihn eingeleitet. Klabund wechselte in die Schweiz und gehörte dort zum Kreis um René Schickele, für dessen pazifistische *Weiße Blätter* er schrieb. Hesse, der Klabund im Haus von Hildegard Jung-Neugeboren 1918 in Locarno erstmals getroffen hatte, schätzt vor allem in ihm den bekennenden Taoisten und kenntnisreichen Nachdichter fernöstlicher Lyrik. Seit Kriegsende leidet Klabund an Tuberkulose und muss sich, obwohl gänzlich mittellos, wiederholt im Lungensanatorium in Davos behandeln lassen. Hesse sorgt dafür, dass seine Mäzene auch ihn unterstützen und die Kuraufenthalte bezahlen.

Am 2. Juli 1924, an Hesses 47. Geburtstag, steht nun wirklich auch Ruth vor der Tür. Sie bringt nicht nur Blumen und Kuchen mit, sondern auch ihre Mutter. Lisa Wenger, die sich als Schriftstellerin und Ehefrau eines nüchternen Unternehmers durchaus in Hesses Lage hineinversetzen kann und ihrem Schwiegersohn in herzlicher Freundschaft verbunden ist, will den Anlass nutzen, auch über die Modalitäten dieser komplizierten Beziehung zu sprechen. Man beschließt, dass das frisch getraute Paar auch weiterhin eine Fern-Ehe führen wird. Allerdings soll Hesse den Winter wieder in einer eigenen Wohnung in Basel verbringen, wo Ruth sich weiter als Sängerin ausbilden lässt. Diese Aussicht beunruhigt Hesse, der keine freundlichen Erinnerungen an die selbstmörderischen Tage in seinem Hotelzimmer hat. Kaum sind die beiden verschwunden, regt sich Widerwille gegen diese Übereinkunft. Dem Verkehr mit der in Carona zum Sommerurlaub angereisten Familie Wenger entzieht Hesse sich, so gut es geht. Er schreibt seiner nur wenige Kilometer entfernt wohnenden Frau freundliche Briefchen und hofft, dass sie nicht allzu oft nach Montagnola kommt. Ruth wiederum berichtet vom Kauf eines weiteren Hundes, der partout keine Häufchen im Freien machen will, und von anderen tierischen Vorkommnissen. Hesse antwortet mit einer Mischung aus Gereiztheit und Sarkasmus: »Liebes Herz, ich sehe, daß Dir der Mut fehlt, den garstigen Windhund in den Rhein zu werfen. Dann mußt Du ihm halt ein Billet nach Baden zahlen und ihn mitbringen, ich schmeiße das Liebesgöttchen dann sehr gerne in die Aare.«[521] Ruth sei schon mehr als einmal dagewesen, beschwert er sich gegenüber seiner Schwester Adele, und einmal sei sie sogar zwei Tage ganz bei ihm geblieben, weil das Haus in Carona überfüllt gewesen sei.

Im August 1924 empfängt Hesse seinen Verleger Samuel Fischer und dessen Frau Hedwig. Fischer schlägt die Herausgabe der *Gesammelten Werke* vor, was Hesse amüsiert, aber ohne große Begeisterung zur Kenntnis nimmt. Er hat nicht das Gefühl, bereits ein abgeschlossenes Lebenswerk geschaffen zu haben. Kaum sind die Fischers abgereist, kommt am 17. Juli Martin Buber nach Montagnola. Der jüdische Religionsphilosoph lehrt an der Frankfurter Universität jüdische Religionswissenschaft und Ethik. Lange vor dieser ersten Begegnung hatte Hesse eine Reihe von Bubers Schriften in Zeitschriften und Zeitungen besprochen. Hesse fühlt sich von der Seelenwelt des ostjüdischen Chassidismus angezogen, mit der sich Buber in seinen Werken ausführlich beschäftigt. Inspiriert von der Mystik der Kabbala, sahen die Chassidim, die »Frommen«, in Gebet, Musik und Tanz Wege zur Vereinigung mit Gott und wurden deshalb von der jüdischen Orthodoxie heftig bekämpft, was Hesses rebellischen Geist anspricht. Der mystische Augenblick der Entrückung, die Unio mystica, die Hesse in *Klein und Wagner, Klingsors letzter Sommer* und zuletzt in *Siddhartha* darzustellen versuchte, ist auch Bubers großes Thema. Sein Buch *Ekstatische Konfessionen*, das Hesse bereits 1909 in der *Württemberger Zeitung* besprochen hatte[522], versammelt Zeugnisse ekstatischer Erlebnisse von religiösen Menschen aller Zeiten und Länder.

Ende September fährt Hesse nach Baden, um seine traditionelle Bäderkur zu machen. Zweimal erhält er Besuch von Ruth, die sich in dem eleganten Kurort wohlfühlt. Im Dezember berichtet Hesse seiner Freundin Alice Leuthold, er habe »auf Befehl der gnädigen Frau«, wie er Ruth nennt, in Basel »eine nette stille Mansardstube für diesen Winter«[523] gemietet. »Ich wohne in meiner Klause, Ruth in ihrer, das heißt im Hotel Krafft, und den Tag über gehen wir unsern ernsthaften Geschäften nach, ich namentlich in der Universitätsbibliothek, wo ich fast täglich sitze und arbeite, trotz ganz verfluchter Augenschmerzen. Und am Abend erscheine ich dann im Appartement der Frau Hesse, finde irgendwas zum Abendessen bereit, und dann bringen wir den Abend miteinander zu, in Gesellschaft der Katze, des Hundes und des Papageis Koko, der mein Freund ist und mich sehr ans Haus fesselt. Dann gehe ich im Nachtnebel wieder den Rhein entlang in mein Quartier.«[524] Freudloser kann man den Alltag einer jungen Ehe wohl kaum beschreiben.

Abwechslung bringt eine gemeinsame Reise in Hesses schwäbische Heimat. Bei einem Familientreffen der Hesse-Isenbergs im königlichen Schloss von Ludwigsburg, wo Hesses Halbbruder Karl Isenberg als Gymnasialprofessor eine Dienstwohnung hat, begegnet Ruth im Dezember 1924 erstmals auch Adele, die großen Gefallen an der jungen Frau des Bruders findet. An Emmy und Hugo Ball berichtet Hesse erleichtert: »Ruth war sehr begeistert, sie liebt ja nichts so wie das 18. Jahrhundert, wenigstens seine Architektur, Möbel, Kostüme, Porzellane und Musik. In unserem hohen Wohnsaal sang Ruth, zusammen mit meinem Bruder und Sohn (Isenberg, der auch schon im Tessin bei uns war) nach dem Klavierauszug die ganze Zauberflöte durch, wir besahen zweimal das ganze riesengroße Schloß und liefen in den Anlagen herum. Es waren sehr schöne Tage, und Ruth war voll Freude an allem.«[525]

Die im Brief an Alice Leuthold beklagten Augenschmerzen rühren von der gewaltigen Lesearbeit her, die Hesse sich mit der geplanten Herausgabe einer 30-bändigen Hausbibliothek klassischer deutscher Prosa aufgebürdet hat, die bei der Deutschen Verlags-Anstalt in Stuttgart herauskommen soll. Das Augenleiden ist aber auch Symptom einer neu aufgebrochenen inneren Unruhe. Nachdem er im neuen Jahr reihum Freunde besucht hat, schreibt Hesse am 27. Februar 1925 von Schloss Bremgarten aus an Ruth: »Also gestern bin ich hierher geflohen – ich bin ja seit vielen Wochen immerzu auf der Flucht. Ich bin gestern beizeiten ins Bett gegangen, und war weiß Gott müde genug, aber nach 2 Stunden Schlaf war ich wieder wach, und hinter den Augäpfeln waren die Schmerzen da, und nun ist es Tag, und die andern Leute kommen und haben ausgeschlafen und sind vergnügt und reden laut, und ich möchte gern, daß doch irgend jemand mich lieb hat. Das ist's, was ich zum Leben brauche und wünsche, einen Menschen, der mich liebt, auch zu den Zeiten des Leidens, und einen Ort, wo ich etwas Heimat habe. Ob ich diese Heimat je erreichen werde, weiß ich nicht, aber wenigstens den bisher einzigen Menschen habe ich, der bist du.«[526] Wenige Tage später antwortet Ruth in aller Deutlichkeit. Sie ist nicht bereit, irgendwelche Kompromisse einzugehen: »Liebes Herz, ich *kann* nicht mit dir im Tessin wohnen für ganz … Wäre ich eine Frau, die ihr Glück nur in der Aufopferung sieht, würde es vielleicht gehen. Du selbst aber hast dir eine ganz andere Frau gewählt. Du weißt ja doch auch selber, wie tief und rettungslos versunken und verstrickt du in eine Stimmung bist. Neben einem Menschen allein zu leben, der tagelang kein Wort spricht, ist aber nicht möglich … Du hast eben viel Liebe für mich, aber keine Sorge … Ich möchte dir so brennend gern ein Heim geben, ja ich möchte selber gern das Leben mit dir teilen, und könnte es hier auch, in der Stadt oder in der Nähe der Stadt. Aber in der Einsamkeit ist das nicht möglich, denn du kannst *mir* kein Heim machen und in kurzer Zeit wäre ein Unglück da.«[527] Ruth will nicht nach Montagnola ziehen, Hesse sein geliebtes Tessin nicht dauerhaft verlassen. So bleibt diese Ehe weiterhin in der Schwebe und lebt fast nur noch in den abwechselnd zärtlichen, ungeduldigen oder vorwurfsvollen Briefen der beiden fort.

Anfang 1925 wird Ruth krank. In diesen Wochen wachsen ihre Zweifel, ob sie für eine Laufbahn als Sängerin wirklich geeignet ist. Sie will künftig nur noch als Gesangslehrerin arbeiten. Hesse ist enttäuscht und kehrt im März von Basel nach Montagnola zurück. Bei Ruths Auftritten in Ludwigsburg, schreibt er an Lisa Wenger, habe er den Eindruck gewonnen, sie sei »aufgeblüht in ihrem ganzen Wesen, wie ich sie noch kaum gesehen hatte«[528]. Für die künstlerische Zukunft seiner Frau sei er bereit gewesen, Opfer zu bringen. Ohne diese Gemeinsamkeit sehe er keinen Sinn darin, weiter in ihrer Nähe in Basel zu wohnen. Ende April kündigt Hesse an, bald ein Haus bauen zu wollen. Dahinter steht eine klare Botschaft: Das eheliche Zusammenleben wird in Montagnola stattfinden oder gar nicht. Ruth setzt ihren Mann mit einer dunklen Andeutung ein letztes Mal moralisch unter Druck, wohl wissend, dass sie ihn bereits verloren hat: »Du hast mich nie gefragt, ob ich ein Kind bekomme, für mich aber wäre das gut gewesen, denn es gibt einem die Illusion, man sei für etwas auf der Welt.«[529] Aber, schreibt sie resignierend, sie wisse ja, dass er nur allein glücklich sein könne.

Das ist ein großes Missverständnis. Hesse sucht nicht das Glück, sondern den Schmerz. Er muss unglücklich sein, um schreiben zu können. Er brütet sein Unglück geradezu aus, nur so kann er sich selbst erfahren, als Dichter realisieren. Die andauernden Katastrophenmeldungen in seinen Briefen über Kopfschmerz, Augenleiden, Ischias, Gicht und Depression, die immer neue Ankündigung, demnächst seinem Leben ein Ende setzen zu wollen, sind Akte der Selbstkonstitution: Ich leide, also bin ich. Das existenzielle Wechselspiel von Lebensqual und schöpferischer Selbstverwirklichung entspricht der Dialektik von Suizidphantasie und Durchhaltewillen: ohne Leiden keine Dichtung, ohne Todesbereitschaft kein Überleben. Die Verherrlichung des Schmerzes, der lebenssteigernde Masochismus des Kreativen ist keine Erfindung Hesses. Vor ihm zelebrierten ihn seine Vorbilder Hölderlin und Nietzsche, nah am Wahnsinn, aber geistig äußerst vital. So ist alles, was Hesse in diesem Unglücksjahr 1925 zustoßen wird, von unheimlicher Folgerichtigkeit. Das Innere spiegelt sich im Äußeren, das Seelische in der Wirklichkeit.

Die Hiobsbotschaften lassen nicht lange auf sich warten: Im Mai 1925 diagnostizieren die Ärzte, dass Ruth an Lungentuberkulose erkrankt ist. Monatelang lag sie in Basel mit Rippenfellerkrankung und Fieber im Bett, nun soll sie des besseren Klimas wegen nach Carona verlegt werden. Hesse sieht sich in die Rolle des Pflegers gedrängt und befürchtet, alle seine Reisepläne und Vorhaben für den Sommer absagen zu müssen. Dazu kommt, dass auch der Vertrag mit der Deutschen Verlags-Anstalt geplatzt ist, die keine Chance sieht, eine so aufwendige Edition auf dem schwierigen deutschen Markt zu platzieren, zumal Hesse mit der Herausgabe der Buchreihe »Merkwürdige Geschichten und Menschen« im Berner Seldwyla Verlag der DVA-Edition auch noch selbst Konkurrenz macht. Monate der augenbelastenden Arbeit scheinen umsonst. Die Krankheit von Ruth deutet Hesse im Brief an seine Schwester als unbewussten Versuch seiner Frau, sich wieder einmal einer Entscheidung zu entziehen. Am 25. Mai schreibt er: »Aber ich muß sagen, es ist mir ganz merkwürdig, daß Ruths Passivität mir gegenüber in dem Augenblick, wo ich endgültig dagegen streiken wollte, die Gestalt dieser Krankheit annimmt, so daß Ruth nun, mindestens für ein Jahr, der Forderung enthoben ist, sich auch einmal um mich zu kümmern. Komisch!«[530]

Aber es kommt noch schlimmer: Am 8. Juni wird Hesse nach Ascona gerufen, weil sich in der Familie seiner geschiedenen Frau Mia eine Tragödie ereignet hat. Ihr älterer Bruder hat sich das Leben genommen und der jüngere ist darüber verrückt geworden. Fritz Bernoulli wird in eine Basler Nervenheilanstalt eingeliefert. Da er bislang Mias Vermögen verwaltet hat, sieht sich Hesse plötzlich selbst in der Verantwortung. Auch Mia erleidet einen Zusammenbruch und muss den ganzen Juni hindurch in ihrem Haus von einer Pflegerin betreut werden, bis sie schließlich in die nahegelegene Heilanstalt von Mendrisio eingewiesen wird. Hesse hat sich um seinen Sohn Martin zu kümmern. »Ich lebe seit langem in einer solchen Hölle, daß an kein Briefschreiben zu denken ist«, klagt Hesse am 25. Juni seinem Freund Hugo Ball. »Die Situation ist natürlich innerlich begründet und läuft auf eine zunehmende, lähmende und schwer erträgliche Freudlosigkeit und Schwermut hinaus, begleitet von fast beständigen Schmerzen, namentlich in Augen und Kopf.«[531] Dass er den inneren Zusammenhang all der schlimmen Ereignisse durchaus begriffen hat, dokumentiert sein Brief an Helene Welti: »Wenn mein Leben nicht ein gefährliches, leidvolles Experiment wäre, wenn ich nicht ständig am Abgrund entlang liefe und das Nichts unter mir fühlte, hätte mein Leben seinen Sinn nicht, und ich hätte dann alle meine Dichtungen, auch die scheinbar angenehmen und freundlichen, nicht machen können … Ich lebe nun seit sieben Jahren, seit meinem Weggang von Bern, außerhalb der Menschenwelt, ohne Familie, ohne jede Lebensgemeinschaft, beinah jeden Tag vor dem Problem des Selbstmordes stehend – da sieht man die Dinge eben auf seine Art an und frißt sich auf seine Art hindurch.«[532]

Die Dinge auf die eigene Art zu bewältigen, das bedeutet für Hesse: sie als Stoff der Imagination zu nutzen, als Szenen eines inneren Theaters, das sich leicht in ein magisches verwandeln lässt. Während das doppelte Familienleid seine körperliche Hinfälligkeit, die Augen-, Ischias- und Gichtschmerzen ins Unerträgliche steigert, rettet sich der Dichter Hesse in die Konzeption eines neuen Romans, der in die Hölle der modernen Seele hinein- und auch wieder aus ihr herausführen soll. Am 18. August 1925 kündigt er Georg Reinhart sein Vorhaben an, nachdem er erneut Selbstmordabsichten angedeutet hat: »Ob das sehr phantastische Buch vom Steppenwolf, das ich plane, noch geschrieben werden wird, weiß ich nicht. Es ist die Geschichte eines Menschen, welcher komischerweise darunter leidet, daß er nur zur Hälfte ein Mensch, zur andern Hälfte ein Wolf ist. Die eine Hälfte will fressen, saufen, morden und dergleichen Dinge, die andre will denken, Mozart hören und so weiter, dadurch entstehen Störungen, und es geht dem Manne nicht so gut, bis er entdeckt, daß es zwei Auswege aus seiner Lage gibt, entweder sich aufzuhängen oder aber sich zum Humor zu bekehren.«[533] Das Mittel des Humors hatte Hesse ja bereits im *Kurgast* erprobt, in seinem ironischen Bericht über die Bäderkur in Baden. Dorthin setzt er sich auch jetzt wieder ab, seine kranke Frau mitsamt Hund, Katze und Papagei in Carona zurücklassend. Fünf Wochen, von Ende September bis 30. Oktober, mietet er sich als Stammgast in das Kurhotel »Verenahof« ein, um anschließend eine Reise nach Süddeutschland mit Lesungen und Besuchen bei Freunden anzutreten. Der Anlass ist eine Einladung nach Ulm. Sie kommt, wie Hesse in seinem Reisebericht schreibt, zu einem Zeitpunkt, »wo das Leben mir ungewöhnlich viel Mühe machte, wo ich ringsum nur Sorgen, Last und Unlust und keinerlei frohe Aspekte sah, und wo jeder Gedanke an Veränderung, an Wechsel, an Flucht mir willkommen sein musste«[534].

Über Locarno, Zürich und Tuttlingen reist Hesse zu seinem ehemaligen Maulbronner Schulkameraden Wilhelm Häcker nach Blaubeuren bei Ulm, um Kloster und Blautopf, den Schauplatz von Mörikes Märchen »Die schöne Lau«, zu besichtigen. Vorher hat er einige Tage bei den Zürcher Freunden Alice und Fritz Leuthold, den »Siamesen«, verbracht, »empfangen vom Duft von Reis und Curry, angestrahlt vom goldnen Siamesischen Tempelschrank, angeblickt vom stillen, ehernen Buddha«[535]. In der fernöstlichen Atmosphäre ihrer Wohnung fühlt sich Hesse in die Siddhartha-Phase zurückversetzt, kann sich entspannen, um abends zusammen mit den Gastgebern zu Konzerten, ins Kino oder ins Theater auszuschwärmen. In Zürich trifft er auch seinen Freund, den Psychoanalytiker Dr. Lang, und den Schriftsteller Ernst Toller. Bei seinem Aufenthalt in Schwaben holt Hesse die Erinnerung an seine Kindheit und die Zeit als Seminarist ein. Es kommen ihm die Dichter in den Sinn, die ihn früh geprägt haben und die er noch immer liebt: Mörike und Hölderlin. Im Vergleich mit ihnen erscheint ihm die Literatur der Gegenwart oberflächlich und vergänglich. Die heutigen Autoren, räsoniert er in seinem Reisebericht, seien nicht in der Lage, eine neue Form, einen neuen Stil zu prägen. Hier helfe nur Bescheidenheit: Es genüge, sich als Autor aufrichtig zu seinen Zweifeln zu bekennen.

Hesse mag es auch nicht, wenn ihn die Zuhörer bei den Lesungen anhimmeln. Er misstraut ihren Motiven, aber er misstraut auch sich selbst, dem Wert seiner Bücher, der Allgemeingültigkeit dessen, was er in ihnen auszudrücken versucht. Andererseits: Ist nicht gerade der Schriftsteller auf Resonanz angewiesen, gehören Eitelkeit und Hoffnung auf Anerkennung nicht zu den wesentlichen Triebkräften des Künstlers? Hesse will aber nicht nur bewundert, er will auch geliebt werden. »Es ist, Gott sei Dank, auch noch etwas anderes dabei, etwas Besseres, das einzig Gute, was es gibt, nämlich Liebe ... Nämlich während ich mich durch jene Erfahrungsklugheit, jene niedere und etwas schäbige Erfahrungswurstigkeit vor dem Publikum rette, wende ich mich desto größerer Liebe, desto wärmerem Bemühen dem einzelnen Menschen zu. Sitzt dieser einzelne Mensch, den ich lieben und für den ich mich gern anstrengen kann, wirklich im Saal, etwa in Gestalt eines Freundes, dann wende ich mich überhaupt nur an ihn, richte meine ganze Vorlesung bloß an diesen einen Menschen ... An dieses Gesicht klammere ich mich, ich liebe es, ich wende ihm alle meine Wärme, alle meine Aufmerksamkeit, all mein Bemühen um Verstandenwerden zu. Und dies ist der Talisman, der mir hilft.«[536]

Die später *Nürnberger Reise* genannte Zuflucht zu den »Heiligtümern«[537] der Kindheit und Jugend zeigt noch einmal in aller Deutlichkeit Hesses Rückwärtsgewandtheit, seine Distanz zu allem, was mit Fortschritt und Technik zu tun hat, aber auch seine tief sitzenden Selbstzweifel, wie er sich in diesem rasenden Wirbel der Veränderung behaupten soll. In Blaubeuren lässt er sich zu dem Brunnen führen, in dem einst die »schöne Lau«, die geheimnisvolle Wasserfrau in Mörikes gleichnamigem Märchen, gebadet hat – und findet ein kaltes Kellerloch, verschlossen mit einem Betondeckel. Auch in Städten wie Augsburg und Nürnberg fühlt Hesse sich abgestoßen durch moderne Zweckbauten, die sich als Fremdkörper zwischen die gewachsene Architektur schieben. »Ich sah alles nur noch in die Auspuffgase dieser verfluchten Maschinen gehüllt, alles unterwühlt, alles vibrierend von einem Leben, das ich nicht als menschlich, nur als teuflisch empfinden kann, alles bereit zu sterben, bereit zu Staub zu werden, sehnsüchtig nach Einsturz und Untergang, angeekelt von dieser Welt, müde des Dastehens ohne Zweck, des Schönseins ohne Seele.«[538]

Ähnlich wie Rilke in seinem Sonett »Alles Erworbene bedroht die Maschine« malt er den Untergang einer ganzen Kultur an die Wand. Die Technik diene dem Menschen nicht mehr, sie beherrsche ihn. Diesen Eindruck sieht er überall auf seiner Reise bestätigt, mit hypochondrischer Energie nimmt er alle ungewohnten Umstände als Zumutung wahr. So heizt die Zentralheizung sein Hotelzimmer so stark auf, dass er nicht schlafen kann, und als er schließlich doch einschläft, reißt ihn das schrille Klingeln des Telefons aus seinen Träumen. Angesichts des Gefühls der totalen Entfremdung, des Zerfalls mit der ihn umgebenden Wirklichkeit flüchtet Hesse sich in den Humor, um die Kluft zwischen Ideal und Erfahrung für Augenblicke zu überbrücken: »Ja, mit Humor war es zu ertragen, sogar die Bahnhöfe, sogar die Kasernen, sogar die literarischen Vorlesungen. Mit Lachen, mit Nichternstnehmen der Wirklichkeit, mit dem beständigen Wissen um ihre Zerstörbarkeit war es zu ertragen. Die Maschinen würden einst gegeneinander Amok laufen, die Arsenale ihren Kram entladen, und irgendeinmal würde da, wo heut eine Großstadt steht, wieder Gras wachsen und Wiesel und Marder schleichen. Nein, man brauchte dieser komischen Welt nicht die Ehre anzutun, sie ernst zu nehmen.«[539] Wie im *Kurgast* setzt Hesse auf den augenzwinkernden Beobachter in sich selbst, jenes zweite, ironische Bewusstsein: »Ich kenne«, schreibt Hesse in seinem Reisebericht, »besser als irgendeiner den Zustand, in welchem das ewige Selbst in uns dem sterblichen Ich zuschaut und seine Sprünge und Grimassen begutachtet, voll Mitleid, voll Spott, voll Neutralität.«[540] Doch die stärkste Medizin gegen den nihilistischen Sog der Moderne bleiben für ihn Dichtung, Kunst und Musik, jene ideale, von den »Unsterblichen« geschaffene Welt aus Schönheit und Maß. Hatten diese Unsterblichen, also die Künstler, Dichter, Philosophen und Märtyrer aller Zeiten, nicht wie er selbst *gegen* ihre Zeit gelebt, »waren das denn nun nicht alle auch besondere, kranke, leidende, schwierige Menschen gewesen, Schöpfer aus Not, nicht aus Glück, Baumeister aus Ekel gegen die Wirklichkeit, nicht aus Übereinstimmung mit ihr?«[541] Es ist bezeichnend für Hesses fast schizoide Zerrissenheit, dass er zwischen hochfahrendem Idealismus und beißendem, weltverachtendem Spott keine wirkliche Mitte zu halten vermag, dass ihm die Balance im Zeichen des Humors nur selten gelingen will.

Nachdem Hesse am Ende seiner sechswöchigen Reise in München auch noch Thomas Mann einen Höflichkeitsbesuch abgestattet hat und kurz mit Joachim Ringelnatz zusammengekommen ist, kehrt er Anfang Dezember 1925 nach Montagnola zurück. Inzwischen haben ihm Alice und Fritz Leuthold, seine Gönner, in Zürich eine Wohnung am Schanzengraben 31 besorgt, in der er mietfrei wohnen kann. Heiligabend verbringt Hesse dieses Mal nicht in Delsberg bei den Wengers, sondern im Haus seines Badener Kurarztes Dr. Josef Markwalder, dem Bruder des »Verenahof«-Besitzers Franz Markwalder. Am 26. Dezember fährt Hesse von Baden ins nahe Zürich und bezieht sein neues Quartier. »In Zürich«, berichtet er seiner Schwester Adele, »wohne ich sehr merkwürdig in einem alten Stadtteil an einem Kanal bei zwei jüdischen Zwergen, die erwachsen sind und in Büros arbeiten, aber nicht größer sind als kleine Buben. An meiner Stubentür ist eine Thorarolle angebracht, und im Badezimmer ist für den kleineren der Zwergli, ganz tief, nah am Boden, ein Kinderbänklein angebracht, wo er sein Seifchen und Schwämmchen etc. liegen hat. Den Haushalt führt eine ebenfalls sehr kleine, doch annähernd normal gewachsene Tante. Daß die Zwerge abends 10 vierhändig Klavier spielen, ist sehr störend, aber alles in allem geht es. Essen tu ich, mit Ausnahme des Frühstücks, da und dort außer dem Haus, abends oft mit meinem Freund Dr. Lang (einst in Luzern) zusammen.«[542]

Das bizarre Umfeld passt zu der hochnervösen, morbiden Stimmung, in die sich Hesse, verstärkt durch die Gespräche mit Dr. Lang, in diesen Wintermonaten hineinsteigert. Seinem Neffen Carlo Isenberg, der an der Anthologie *Geist der Romantik* mitarbeitet, die im Rahmen der von Hesse herausgegebenen Prosa-Edition herauskommen soll, schreibt Hesse am 7. Januar 1926: »Für mich ist die romantisch-literarische Welt und die Arbeit daran zur Zeit recht fern gerückt, ich lebe, soweit ich überhaupt lebe, in aktueller, lebendiger Romantik und Magie, und schwimme wieder viel in der farbigen Tiefsee völlig außernormaler, phantastischer Träume und Vorstellungswelten. Es ist für mich der einzige Weg, das Leben unter den jetzigen Umständen ertragen zu können, und da ich hier einen Freund habe (den Pistorius des ›Demian‹), mit dem ich diesen Weg gehe, hat diese böse Zeit (ich war und bin monatelang beständig dicht am Selbstmord gewesen) doch auch ihre Größe und Schönheit. Wieweit es mir einmal gelingen wird, meine jetzigen Chaos-Blicke und inneren Erlebnisse mitteilbar und zu Dichtung zu machen, weiß ich nicht, es scheint fast unmöglich, aber auch hier handelt es sich ja bloß um den magischen Schritt von Kra Kra zum All-Einen.«[543]

Die phantastischen Träume, von denen Hesse schreibt, sind vorwiegend sexueller Natur. Hesse fühlt sich nach dem Scheitern seiner zweiten Ehe von jeder moralischen Fessel befreit. Der Steppenwolf sucht die »Wonnen der Gewöhnlichkeit« (Thomas Mann) in Bars, Bordellen und auf Maskenbällen, wo man im Schutz der Anonymität alle Hemmungen fallen lassen kann. Noch im November hatte Ruth aus ihrem Kurort Arosa ahnungsvoll geschrieben, er, der große Dichter Hermann Hesse, solle sich doch nicht von der Verneinung beherrschen lassen. Dr. Lang mit seiner »Verhimmelung des Unnormalen und Glücklichpreisung des Wahnsinns«[544] sei kein guter Ratgeber. »Leg doch die Peitsche fort, mit der du dich schlägst«, mahnt sie ihren Mann geradezu beschwörend. Sie weiß nicht, dass Hesse bereits Tanzunterricht nimmt, um sich im Zürcher Amüsierbetrieb besser bewegen zu können. Sogar sein Blick auf Ruth, die ihn an Silvester besucht, hat jetzt etwas Frivoles. »Über Neujahr war meine Frau da«, schreibt Hesse am 4. Januar 1926 an Eugen Link. »Sie kam, jung, hübsch, elegant, roch entzückend, und so hatte ich denn für einen Tag wieder eine Frau, oder wenigstens eine Geliebte, bis ich sie wieder zur Bahn brachte … Es war mir ganz komisch, den netten kleinen Schmetterling so wieder davonflattern zu sehen, ich habe zu Schmetterlingen und anderen flüchtigen und vergänglichen Schönheiten immer ein Verhältnis gehabt, während dauernde, feste und sogenannte solide Beziehungen mir nie geglückt sind.«[545] Gegenüber Otto Blümel wird Hesse noch deutlicher: »Ich habe am Fasching sämtliche Bälle Zürichs bis zum lichten Morgen mit meiner Gegenwart beehrt, mich in diverse schöne Frauen verliebt, deren kostümierte Photographien in meiner Bude hängen, und mich überhaupt sehr darum bemüht, aus dem verbissenen Einsiedler Hesse ein gutes dummes und etwas vergnügtes Vieh zu machen, und es ist gar nicht schlecht geglückt.«[546]

Den letzten Anstoß, alles nachzuholen, was er in jüngeren Jahren an sinnlicher Erfahrung versäumt hat, erhält Hesse bei einem Hesse-Abend, auf den er ganz zufällig bei der Zeitungslektüre gestoßen ist. Man trägt frühe Gedichte von ihm vor und singt vertonte Verse. Die jungen Zuhörer mögen die schwärmerischen Gedichte, Hesse dagegen kann ihre »hübsche Seichtigkeit«[547] nicht mehr ertragen. Er verlässt die Veranstaltung vorzeitig, um seinen Ekel im Alkohol zu ertränken. Auch sonst geht er gern in den »Schwarzen Adler«, eine einfache Zürcher Kneipe, um dort, allein am Tisch hockend, seinen Wein zu trinken. Oder er verbringt die Abende bei viel Cognac mit seinem alten Freund Lang, der ihn zu seinen erotischen Eskapaden ermuntert. Die sexuelle Befreiung versteht der Tiefenpsychologe als Mittel, um seelische Blockaden aufzubrechen. Langs Tochter Marli bringt Hesse den Onestep und den Foxtrott bei. Zum Maskenball im mondänen »Hotel Baur au Lac«, zu dem ihn der Schweizer Bildhauer Hermann Hubacher einlädt, kommt Hesse ohne große Erwartungen, auch wenn er durch seine Tanzübungen gut vorbereitet ist. Er trifft dort viele seiner Freunde, Max Wassmer aus Bern, den malenden Weltenbummler Louis Moilliet, den Musiker Othmar Schoeck und den Bildhauer Hans Arp, der die Dekorationen des Balls entwarf. Alle sind vergnügt, nur Hesse macht eine süßsaure Miene, bis sich eine hübsche Pierrette, eine reizvolle junge Frau mit weißer Maske, mit Schwung auf seine Knie setzt. Der Bann ist gebrochen, und Hesse verschwindet für Stunden im Konfettitrubel. Erst gegen Morgen, als das erste Licht durch die Vorhänge dringt, erscheint er plötzlich wieder bei seinen Freunden, die müde in ihren Sesseln hängen. Hesse glüht geradezu vor guter Laune, ist so aufgekratzt, dass er auf den Tisch springt und der verblüfften Runde einen »Wonne-Stepp« vortanzt, dass die Gläser klirren. Dann schreibt er Hermann Hubacher einen frivolen Vers auf die gestärkte Hemdbrust und verschwindet mit der Gruppe zu einem frühen Imbiss in der nahe gelegenen Kronenhalle.

Den Tag danach liegt Hesse mit schwerem Kopf im Bett. In einem Brief an seinen Freund Hubacher, den er jetzt »Ubaker« nennt, schwärmt er in höchsten Tönen von dem Fest und dem schönen Mädchen, das ihm den Kopf verdreht hat: »Ich war ein richtiger Foxtrottel, daß ich mich 30 Jahre mit den Problemen der Menschheit abgemüht habe, ohne zu wissen, was ein Maskenball ist. Ich glaubte, die Leute, seien alle ungefähr so wie ich. Hätte ich gewußt, wie einfach, dumm und lieb die Herren Menschen sind, so wäre mir viel erspart geblieben. Aber was habe ich auch für Freunde, daß sie mich Jahrzehnte so haben herumlaufen lassen!«[548] An die Wand über seinem Schreibtisch hat Hesse Fotos von Frauen gepinnt, mit denen er getanzt und geflirtet hat, Haarnadeln und Strumpfbänder liegen wie Trophäen in seinem Zimmer herum. Am 10. Februar 1926 kündigt Hesse gegenüber Anny Bodmer an, am nächsten Samstag gleich wieder zu einem Maskenball gehen zu wollen: »Ich sehe mir dabei zu, wie der weise Autor des ›Siddhartha‹ den Foxtrott schreitet und sein Weibchen an sich drückt. Aber es geht jeder Fortschritt auf dem Weg übers Irrationale, Dumme und Verrückte oder Kindische, ich bin ganz damit einverstanden, obwohl ich von dem mir ungewohnten Betrieb, von dem sehr vielen Trinken und dem Nichtschlafen allmählich elend kribbelig geworden bin.«[549] Mit »Fortschritt« ist die literarische Neuorientierung gemeint, die Hesse seit dem Sommer 1925 unablässig beschäftigt. In diesen turbulenten Wochen der Zerstreuung um jeden Preis verfolgt er sein Steppenwolf-Projekt mit dem Ziel, die Haltlosigkeit und Sinnkrise des modernen Menschen im Selbstversuch auszuleben, um sie darstellen zu können. Dabei kann Hesse sein persönliches Problem, die Krise des alternden Mannes, der an der Partnerschaft mit einer jüngeren Frau gescheitert ist und sich durch Ausschweifungen dafür entschädigen, vielleicht sogar rächen will, mit einer grundsätzlichen Gesellschaftsdiagnose verknüpfen.

Die Gedichte, die Hesse jetzt schreibt, sind Notschreie, das heisere Knurren des Steppenwolfs (der steppende Wolf!), des Outsiders, der unbehaust, aber nach Nähe gierend an den Rändern der Gesellschaft entlangstreift, ohne ihr je anzugehören. Der Galgenhumor seiner Verse hat nichts Befreiendes, es ist das hysterische Lachen des Verbitterten, der sich nimmt, was er kriegen kann:

Steppenwolf

Ich Steppenwolf trabe und trabe,
Die Welt liegt voll Schnee,
Vom Birkenbaum flügelt der Rabe,
Aber nirgends ein Hase, nirgends ein Reh!
In die Rehe bin ich so verliebt,
Wenn ich doch eins fände!
Ich nähm's in die Zähne, in die Hände,
das ist das Schönste, was es gibt.
Ich wäre der Holden so von Herzen gut,
Fräße mich tief in ihre zärtlichen Keulen,
Tränke mich voll an ihrem hellroten Blut,
Um nachher die ganze Nacht einsam zu heulen.
Sogar mit einem Hasen wär ich zufrieden,
Süß schmeckt sein warmes Fleisch in der Nacht –
Ist denn alles und alles von mir geschieden,
Was das Leben ein wenig heiterer macht?
An meinem Schwanz ist das Haar schon grau,
Auch kann ich gar nimmer deutlich sehen,
Schon vor Jahren starb meine geliebte Frau.

Und nun trab ich und träume von Rehen,
Trabe und träume von Hasen,
Höre den Wind in der Winternacht blasen,
Tränke mit Schnee meine brennende Kehle,
Trage dem Teufel zu meine arme Seele.[550]

Es ist den Versen anzumerken, dass sie in Katerstimmung geschrieben sind, nicht auf dem Höhepunkt der lustvollen Aus-
schweifung, sondern im Erschlaffen, wenn die Illusion verfliegt,
aus der Haut des Gichtkranken schlüpfen, den Selbstmörder an
der Garderobe des Ballsaals abgeben zu können. Und es steckt
viel Selbstmitleid und schlechtes Gewissen darin. Dabei hatte
Hesse der Freundin Anny Bodmer Anfang März ein viel freund-
licheres Bild seiner Ballnächte übermittelt, das gar nichts Step-
penwölfisches hat, sondern Freude ausdrückt über eine nicht
mehr für möglich gehaltene Erfahrung: »Ich hatte dies Erlebnis
noch nicht gekannt, auch nicht im Weinrausch, daß man sein Ich
verliert und in einer Menge einfach untergeht. Diese Lust, dieser
Rausch aus Wein, Geselligkeit, Geschlecht, Wärme, Musik war
eine schöne Sache, ich bin dankbar dafür.«[551]

Als Hesse den Zürcher Freunden aus seinen Krisen-Gedichten
vorliest, die von Isolation, Krankheit, Alkoholsucht, Mord und
Selbstmord handeln, schütteln sie den Kopf: Das ist doch nicht
unser frisch aufgeblühter Tänzer, der Charmeur der Ballnächte
und Kneipenrunden, das ist Maske und falsche Pose, ein Irrweg!
Sie spüren, wie Ruth, das Verneinende, die Selbststilisierung
zum Poète maudit, zum lasterhaften Outcast à la François Villon.
Vergleicht man den rüden, vulgären Ton von Gedichten wie
»Schlimmer Abend«, »Besoffner Dichter« oder »Schweinerei« mit
dem der bisherigen Gedichte von Hesse, so kommt das Schnodd-
rige sehr forciert, mit allzu groben Knalleffekten daher, als wolle
der Autor sagen: Seht her, ich bin nicht mehr der Traditionalist,
der romantische Idealist, ich habe den Anspruch meiner Dichtung auf Musikalität und Klassizität endgültig aufgegeben, ich
bin jetzt einer von euch – oder wäre es gern:

Schweinerei

...

Niemals hab ich dieses Glück genossen,
Während doch so viele andre Säue
Ehrenvoll und ohne Reue
Säuisch sich gewälzt in allen Gossen.
Tausend nie erlebte Schweinereien
Ahn ich sehnsuchtsvoll im Traum der Nacht,
Und mir scheint, bei Gott, sie seien
Einzig nur für mich gemacht.
Leider ist mir armem Idioten
Dieses grenzenlose Glück verboten.
Hinter mir in wesenlosem Scheine
Hör ich Schweine grunzen, Schweine, Schweine.[552]

Während Hesse krampfhaft versucht, sich ins Animalische zu verlieren, erhält er am 1. März einen Brief aus Wien, für ihn wie ein Ruf aus einer anderen Welt. Es ist die dreißigjährige Ninon Dolbin, geborene Ausländer, eine österreichische Jüdin, mit der ihn ein jahrelanger Briefwechsel verbindet. Als vierzehnjährige Schülerin hatte sie ihm nach Erscheinen des *Peter Camenzind* erstmals geschrieben, in großer Bewunderung, aber auch mit dem Mut zu kritischen Fragen, der Hesse imponiert hatte. Schon damals erkannte sie sein Lebensproblem, die Frage nach der Leidensfähigkeit des Dichters, der sich zugleich nach Liebe und Bindung sehnt. Vor vier Jahren, 1922, nach dem Freitod ihrer Schwester, für den sie sich mitverantwortlich fühlte, war Ninon nach Montagnola gekommen, um bei Hesse Rat und Trost zu finden. Bei ihrem zweiten Besuch im Frühjahr 1924 hatte Ninon, die selbst unglücklich verheiratet ist und von ihrem Mann getrennt lebt, den verehrten Dichter in einer Krisenstimmung angetroffen. Seitdem hat sie das Gefühl, dem unter seiner Ehe und seiner Rolle als Außenseiter leidenden Hesse, »ihrem fernen Gott«[553], beistehen zu müssen. »Ich habe niemals aufgehört«, schreibt sie ihm, »mit Ihnen verbunden zu sein.«[554] Als sie am 21. März 1926 anreist, um ihn in seiner Zürcher Dachgeschosswohnung zu besuchen, hat Hesse eben einen zornigen Brief an Emmy und Hugo Ball geschrieben, die ihm vorhalten, seinen Verpflichtungen gegenüber Ruth nicht nachzukommen. Er könne nicht glauben, so Hesse, dass Ruth ihn immer noch liebe, denn sie habe sich ihm ja entzogen. Ohne große Bedenken lässt er sich nun auf die junge Frau aus Wien ein, die gekommen ist, um ihm aus seiner Lebenskrise herauszuhelfen. Für Ninon ist die Beziehung zu Hermann Hesse die Erfüllung eines Traums. Die Seligkeit, tatsächlich die Geliebte des seit ihrer Kindheit bewunderten Dichters geworden zu sein, spricht aus allen Briefen, die sie ihm nach ihrer Abreise aus Wien schreibt. »Wusstest Du das«, jubelt sie am 24. März, »dass einem vor Glück das Herz weh tun kann? Es schmerzt mich so –.«[555] Hesse ist gerührt von dem Aufopferungswillen der jungen Frau, die unermüdlich beteuert, sich ganz in den Dienst seiner Berufung als Dichter stellen zu wollen. Doch er spürt auch die vereinnahmende Kraft, die sich hinter der ekstatischen Verehrung und der engelhaft sanften Erscheinung seiner Geliebten verbirgt. Er schreibt abweisende, seine Krankheiten und Launen hervorkehrende Briefe, die Ninon aber nicht abzuschrecken vermögen. »Glaube nicht«, beteuert sie, »daß ich blind bin, daß ich Schweres leicht nehme. Aber ich fürchte mich auch nicht.«[556] Im Sommer kommt sie erneut nach Montagnola, und Hesse hat alle Mühe, so Regie zu führen, dass die beiden Frauen sich nicht begegnen.

Weil er gerade dabei ist, ein völlig neues Bild von sich zu entwerfen, um seine bisherigen Leser und die literarische Öffentlichkeit zu schockieren, kommt Hesse sein näher rückender fünfzigster Geburtstag gerade recht. Bis dahin will er sein *Steppenwolf*-Projekt vollendet haben. Einen Vorgeschmack darauf, welche Elogen er 1927 zu erwarten hat, vermitteln ihm die Zeitungsartikel, die ihm zu seinem 49. Geburtstag zugesandt werden. »Jetzt ist wenigstens der Geburtstag überstanden, da war es am häßlichsten, so allein in seiner Beschissenheit (dazu mit Gichtschmerzen) dazusitzen und all den Haufen von verlogenem Papier schlucken zu müssen«[557], schreibt er am 9. Juli 1926 an seinen Freund Lang und schickt ihm ein entsprechend larmoyantes Gedicht:

»*Der Regen fällt,*
Der Wind leiert müd in den Ästen,
es stinkt in der Welt,
es stinkt nach verschüttetem Wein und verrauchten Festen,
Es stinkt nach Tod und Geburt und Lebensschweinerei,
Nach Suppe und nach Kot.
An der Ecke wartet der Tod,
er äugt, ob ich reif zum Verwesen sei.
Mich interessiert es nicht,
Ich guck ihm müd ins Gesicht.
Die Ohren fallen mir schon vom Kopf
Und die Haare gehen mir aus,
Ich bin ein armer Tropf,
Bringt mich denn niemand nachhaus?[558]

Trotz dieses zur Schau gestellten, autosuggestiven Lebensekels versteht es Hesse virtuos, weiter auf der Klaviatur der Stimmungen zu spielen. Gegenüber seiner Schwester Adele gibt Hesse nicht den lebensmüden, ausgepowerten Lebe-, sondern den enttäuschten Ehemann und klagt: »Ruth war nun zwei Jahre nicht mehr hier in Montagnola.«[559] Hesse weiß nicht, dass seine Frau inzwischen ein Verhältnis mit dem expressionistischen Maler Carl Hofer eingegangen ist, mit dem er seit 1919 befreundet ist. Der ebenfalls verheiratete Hofer findet nichts dabei, seinen Freund Hesse nach Carona zu begleiten, um Ruth einen gemeinsamen Besuch abzustatten. Hesse, der den Sommer in Montagnola verbringt, bemerkt nichts von dieser Liaison, denn er ist ja selbst vollauf damit beschäftigt, den Besuch von Ninon Dolbin geheim zu halten. Zudem ist sein Sohn Bruno, der als Rekrut der Schweizer Armee im Tessin dient, einige Tage zu Gast in der »Villa Camuzzi«. Schließlich kommt am 15. August auch noch Adele, um mit ihrem Bruder zusammen ihren Geburtstag zu feiern.

In diesen entspannten Wochen unterrichtet Samuel Fischer Hesse von seinem Plan, aus Anlass des fünfzigsten Geburtstags eine Biografie in Auftrag geben zu wollen. Hesse schlägt vor, die Arbeit Hugo Ball zu übertragen, zu dem er größtes Vertrauen hat. Die Entscheidung für seinen Freund ist jedoch nicht nur eigennützig, denn Ball erhält durch dieses Projekt eine finanzielle Unterstützung, die er dringend nötig hat. Hesse macht Ball wichtige biografische Quellen zugänglich und erklärt sich bereit, ihm selbst umfassend Auskunft zu geben. »Soweit meine Biographie einen Sinn hat«, schreibt er ihm am 13. Oktober, »ist es wohl der, daß die persönliche, unheilbare, doch notdürftig bemeisterte Neurose eines geistigen Menschen zugleich Symptom ist für die Zeitseele. Besprechen müssen wir dann, außer den Fragen, die Sie selbst stellen werden, noch allerlei Biographisches, ferner die Geschichte meines Verhältnisses zu Indien und Asien, dann auch meine Stellung während des Krieges. Meine erste Ehe steht fern genug, um, wenn nötig, kurz gezeigt werden zu können. Meine zweite dagegen ist noch nicht diskutabel … Meine letzte, erst halb vollzogene Inkarnation, als Steppenwolf, kann noch mit einbezogen werden. Denn jene Gedichte des letzten Winters mit dem Titel ›Steppenwolf‹ erscheinen noch vor Ihrem Buch.«[560]

Hesse sieht sich durch das biografische Projekt noch stärker unter Druck, den im Winter 1925/26 begonnenen Roman *Steppenwolf* vor dem runden Geburtstag abzuschließen. Er kündigt seinem Therapeuten Lang in gewohnter Theatralik an, wieder zur Kur nach Baden zu reisen, um sich aufs Schreiben vorzubereiten, das ihn vor sich selbst retten soll: »Und diesen Winter muß entweder mein Steppenwolf vollends zustande kommen, oder ich sonst zu neuer Produktion frei werden, sonst warte ich nicht meinen 50. Geburtstag mehr ab, um mich aufzuhängen.«[561] Als im Herbst 1926 die neuen Gedichte unter dem Titel »Der Steppenwolf. Ein Stück Tagebuch in Versen« in der *Neuen Rundschau* abgedruckt werden, ist die Überraschung für Hesses Leser groß. Auf die Kritik des Journalisten Heinrich Wiegand antwortet Hesse am 14. Oktober, er »habe schon seit Jahren den ästhetischen Ehrgeiz aufgegeben und schreibe keine Dichtung, sondern eben Bekenntnis, so wie ein Ertrinkender oder Vergifteter sich nicht mit seiner Frisur beschäftigt oder mit der Modulation seiner Stimme, sondern eben hinausschreit«[562].

Dass die Gedichte in der Zeitschrift des S. Fischer Verlags veröffentlicht werden, ist nicht selbstverständlich. Samuel Fischer hatte sich nämlich geweigert, die drastischen Verse in Buchform herauszubringen, und lehnt es auch ab, sie zusammen mit dem entstehenden Roman zu veröffentlichen. Er setzt darauf, dass der Erzähler Hesse seine Steppenwolf-Eruptionen in einen überpersönlichen, über das Animalische und Selbstzerstörerische hinausweisenden Zusammenhang stellen wird. Tatsächlich findet sich in dem Zyklus ein Gedicht, das unter dem Titel »Die Unsterblichen« die Gegenwelt des Geistes beschwört, das Reich der Kunst und des Glaubens, das sich über die Niederungen der »geilen Wonnen« erhebt:

Still zu eurem zuckenden Leben nickend,
Still in die sich drehenden Sterne blickend,
Atmen wir des Weltraums Winter ein,
Sind befreundet mit dem Himmelsdrachen;
Kühl und wandellos ist unser ewiges Sein,
Kühl und sternhell unser ewiges Lachen.[563]

Die edlen Empfindungen der »Unsterblichen« sind auch Harry Haller, der Hauptfigur des entstehenden Romans, nicht unbekannt. Doch wenn er, bezaubert von Mozarts Musik, sich dem zeitlos Schönen hingibt, weckt er den Steppenwolf in sich, der geifernd über das Erhabene herfällt und den Schleier der Harmonie zerreißt. Will Harry aber ganz Wolf sein und seinen animalischen Instinkten folgen, dann steht der Bürger in ihm auf und schimpft, was für eine Bestie er doch sei – und die ganze Lust am Bösen ist dahin.

Kann es nach *Roßhalde, Klein und Wagner, Klingsors letzter Sommer* und *Siddhartha* noch eine Steigerung des Autobiografischen im Werk von Hermann Hesse geben? Ohne Zweifel ist Hesse dabei, mit dem *Steppenwolf* und mit dem fünfzigjährigen Harry Haller als seinem Alter Ego das bislang authentischste, detaillierteste literarische Selbstporträt zu schaffen. Nicht nur das Alter und die Initialen des Namens, auch die Herkunft, die

Neigungen und Abneigungen Hallers, sein Verhältnis zu den Frauen, zur Musik, zur bürgerlichen Welt, zu Fortschritt, Krieg und Politik weisen zurück auf den Autor selbst. Haller hat eine streng religiöse Erziehung genossen, der es zwar nicht gelang, seinen starken Willen zu brechen, die aber äußerst negative Gefühle gegen sich selbst ausgelöst hat. Weil der junge Harry es nicht schaffte, die Erwartungen seiner christlichen Eltern zu erfüllen, entartete die aufgenötigte Nächstenliebe zu krankhaftem Selbsthass. Als Künstler steht Haller außerhalb der Gesellschaft, deren Profitgier er ablehnt, auch wenn er Wertpapiere besitzt und ohne Skrupel Zinsen einstreicht. Seine Ehe ist längst zerbrochen, und auch das Zusammensein mit seiner Geliebten Erika endet regelmäßig im Streit. So flüchtet er in die Isolation wechselnder Behausungen, in denen er den Tag verschläft oder ziellos umherstreunt, um nachts zu lesen, zu trinken oder zu schreiben. Aus Harry Hallers Sehnsucht nach Freiheit ist der Fluch der Einsamkeit geworden, Tag und Nacht quälen ihn Selbstmordphantasien.

Auch die äußere Erscheinung Hallers, beschrieben vom Neffen seiner Vermieterin, ist ein genaues Selbstbildnis Hesses: »Er war nicht sehr groß, hatte aber den Gang und die Kopfhaltung von großgewachsenen Menschen, er trug einen modernen, bequemen Wintermantel und war im übrigen anständig, aber unsorgfältig gekleidet, glatt rasiert und mit ganz kurzem Kopfhaar, das hier und dort ein wenig grau flimmerte. Sein Gang gefiel mir anfangs gar nicht, er hatte etwas Mühsames und Unentschlossenes, das nicht zu dem scharfen, heftigen Profil und auch nicht zum Ton und Temperament seiner Rede paßte. Erst später merkte und erfuhr ich, daß er krank war und daß das Gehen ihm Mühe machte.«[564]

Nicht nur sein physisches, auch sein seelisches Krankheitsbild breitet Hesse vor dem Leser aus, um den Gegensatz von pathologischem Künstlertum und bürgerlicher Normalität scharf herauszuarbeiten: »Schon beim allerersten Anblick, als er durch die Glastür der Tante hereintrat, den Kopf so vogelartig reckte und den guten Geruch des Hauses rühmte, war mir irgendwie das Besondere an diesem Manne aufgefallen, und meine erste naive

Reaktion darauf war Widerwille gewesen. Ich spürte (und meine Tante, die im Gegensatz zu mir ja ganz und gar kein intellektueller Mensch ist, spürte ziemlich genau dasselbe) – ich spürte, daß der Mann krank sei, auf irgendeine Art geistes- oder gemüts- oder charakterkrank, und wehrte mich dagegen mit dem Instinkt des Gesunden.«[565]

Als das anfängliche Misstrauen in Mitleid umschlägt, erkennt der Beobachter, dass es der innere Reichtum, die künstlerische Sensibilität und der damit verbundene Wille zur Selbstgeißelung sind, die den Sonderling an der Mittelmäßigkeit der Gesellschaft verzweifeln lassen: »Ich erkannte, daß Haller ein Genie des Leidens sei, daß er, im Sinne mancher Aussprüche Nietzsches, in sich eine geniale, eine unbegrenzte, furchtbare Leidensfähigkeit herausgebildet hatte.«[566] So wird schon in den ersten Passagen des Buches deutlich, dass Hesse auch im *Steppenwolf* sein Dauerproblem, die Dichotomie von Geist und Natur, Kunst und Leben, in neuer Variation zur Darstellung bringt.

Wie im Fall des *Hermann Lauscher* und von *Klingsors letzter Sommer* entscheidet Hesse sich für eine fingierte Herausgeberschaft, um das Autobiografische zu verschleiern und das Dargestellte zu objektivieren, ganz im Sinne seiner Absicht, die Geschichte vom Steppenwolf nicht als Pathologie eines neurotischen Individuums, sondern als »Symptom der Zeitseele« zu präsentieren. Der Roman besteht aus drei Teilen, die eine wechselnde Erzählperspektive einnehmen. Der fiktive Herausgeber der persönlichen Aufzeichnungen Hallers, der sich selbst als Vertreter bürgerlicher Wohlanständigkeit vorstellt, sozusagen als Inkarnation von Hesses ähnlich respektablen Vermietern in Basel und Zürich, schildert in seinem Vorwort mit erstaunlicher Empathie das Leben Hallers, der im Haus seiner Tante ein möbliertes Zimmer gemietet hat und nach einem Jahr plötzlich wieder verschwindet, unter Zurücklassung seiner Notizbücher. Harry Hallers Aufzeichnungen, die dem Vorwort folgen und den größten Teil des Buches ausmachen, enthalten einen längeren Texteinschub, den »Tractat vom Steppenwolf«, der den dritten Erzählstrang bildet. Dieser Traktat, hinter dem sich die innere Stimme

Hallers verbirgt, ist die (selbst-)therapeutische Achse, um die das Kaleidoskop der vielfachen Existenzspiegelungen des Romanhelden angeordnet ist.

Von Zeit zu Zeit überfällt den Einsamen »eine wilde Begierde nach starken Gefühlen, nach Sensationen, eine Wut auf dies abgetönte, flache, normierte und sterilisierte Leben und eine rasende Lust, irgend etwas kaputtzuschlagen, etwa ein Warenhaus oder eine Kathedrale ... ein kleines Mädchen zu verführen oder einigen Vertretern der bürgerlichen Weltordnung das Gesicht ins Genick zu drehen«[567]. Dann geht er in die Stadt, um sich am Ende doch wieder nur im Gasthaus »Zum Stahlhelm« zu betrinken, ein billiger Ersatz für die erhofften starken Gefühle. Bisweilen aber, vor allem wenn er bei einem Konzert der Musik alter Meister lauscht, bricht plötzlich das ganz Andere über ihn herein, »die Tür zum Jenseits«[568] öffnet sich einen Spalt, und für Minuten sieht Haller »eine goldene göttliche Spur durch sein Leben gehen«, die sich sogleich wieder im Schmutz der Straßen verliert. An solch einem Abend entdeckt er an einer Klostermauer eine Pforte, an der er schon oft achtlos vorbeigegangen sein muss. Über ihr befindet sich eine Tafel mit einer beweglichen Leuchtschrift, auf der in unregelmäßiger Folge drei Wortgruppen aufblinken:

»*Magisches Theater*
Eintritt nicht für jedermann
– nicht für jedermann«[569]

Die Pforte ist verschlossen, und im Weggehen sieht Haller, wie sich im nassen Asphalt eine letzte Schrift spiegelt: »Nur-für-Verrückte!«[570] Es scheint ihm, als leuchte aus den verschwimmenden Buchstaben die goldene Spur, die ihn so glücklich gemacht hatte. Später, auf dem Rückweg von einer Kneipe, kommt er erneut an der Mauer vorbei, dort begegnet er einem Mann, der mit einem Plakat für das »magische Theater« wirbt. Statt einer Auskunft erhält Haller ein Heftchen in die Hand gedrückt, den »Tractat vom Steppenwolf« mit der Zusatzbemerkung *Nicht für jeder-*

mann. In fast klinischer Nüchternheit ist dort seine Krankheit beschrieben, die zerreißende Doppelnatur aus Wolf und Mensch, sein Selbstmördertum, das verspricht, ihn von all seinen Spaltungen und Trennungen zu erlösen, ihn zurückkehren zu lassen »zur Mutter, zurück zu Gott, zurück ins All«[571]. Doch wie Hesse hat auch sein Geschöpf Harry Haller eine Überlebensstrategie entwickelt, die ihn seinen Todestrieb immer wieder überwinden lässt: »Schließlich kam er, im Alter von etwa siebenundvierzig Jahren, auf einen glücklichen und nicht humorlosen Einfall, der ihm oft Freude machte. Er setzte seinen fünfzigsten Geburtstag als den Tag fest, an welchem er sich den Selbstmord erlauben wolle. An diesem Tag, so vereinbarte er mit sich selber, sollte es ihm freistehen, den Notausgang zu benützen oder nicht, je nach Laune des Tages.«[572]

Dieses Aufschieben des Unbedingten, das ein Festhalten am Bedingten, an den alltäglichen kleinen Zielsetzungen erst ermöglicht, stellt sich aus der Sicht des »Tractat«-Schreibers als unbewusstes Arrangement mit der von Haller so gehassten bürgerlichen Gesellschaft dar. Im wirklichen Leben ist ihm das Extremistische nicht geheuer: »Den politischen Verbrecher, den Revolutionär oder den geistigen Verführer, den Staat und Gesellschaft ächteten, vermochte er als seinen Bruder zu lieben, aber mit einem Dieb, Einbrecher, Lustmörder hätte er nichts anzufangen gewusst, als sie auf eine ziemlich bürgerliche Art zu bedauern. Auf diese Weise anerkannte und bejahte er stets mit der einen Hälfte seines Wesens und Tuns das, was er mit der andern bekämpfte und verneinte.«[573] Diese Zerrissenheit kennt der Bürger nicht. Er hält sich in der Mitte zwischen den Extremen, immer um seine Selbsterhaltung und seine Sicherheit besorgt. Das Unbedingte, das von den großen Einzelnen, den »Unsterblichen« Geschaffene, die Musik Mozarts oder die Gedichte Hölderlins konsumiert er in kleinen, wohlverträglichen Dosen, so wie er sich von Zeit zu Zeit auch ein bisschen dem Animalischen überlässt, seine Frau betrügt oder mit gutem Gewissen Kriege führt. »Der ›Mensch‹ dieser Konvention ist, wie jedes Bürgerideal, ein Kompromiß, ein schüchterner und naivschlauer Versuch, sowohl die böse Urmutter Natur wie den lästigen Urvater Geist um ihre heftigen Forderungen zu prellen und in lauer Mitte zwischen ihnen zu wohnen. Darum erlaubt und duldet der Bürger das, was er ›Persönlichkeit‹ nennt, liefert die Persönlichkeit aber gleichzeitig jenem Moloch ›Staat‹ aus und spielt beständig die beiden gegeneinander aus. Darum verbrennt der Bürger heute den als Ketzer, hängt den als Verbrecher, dem er übermorgen Denkmäler setzt.«[574] Die bürgerliche Gesellschaft braucht den Outsider, er versorgt sie mit seelischer Energie, damit sie nicht an ihrer eigenen Engstirnigkeit zugrunde geht. Aber sie will sich vom gefährlichen Bazillus des Genialen und des Ketzers nicht anstecken lassen.

Zum Ketzer fehlt Harry Haller der Mut, den Weg zur Unsterblichkeit kann er nicht gehen, es steckt zu viel Bürgerlichkeit in ihm. Was also kann den Steppenwolf retten? Der »Tractat« erweist sich als verkappter innerer Monolog, mit dem Haller seine Lage nüchtern analysiert, um sich selbst Wege aus der Lebenskrise zu weisen. Fehlt ihm auch die Radikalität der »Unsterblichen«, die den Weg des Opfers bis zum Schluss gegangen sind, so steht ihm doch die Lösung des Humors offen: »In seiner imaginären Sphäre wird das verzwickte, vielspältige Ideal aller Steppenwölfe verwirklicht: hier ist es möglich, nicht nur gleichzeitig den Heiligen und den Wüstling zu bejahen, die Pole zueinander zu biegen, sondern auch noch den Bürger in die Bejahung einzubeziehen … Einzig der Humor, die herrliche Erfindung der in ihrer Berufung zum Größten Gehemmten, der beinahe Tragischen, der höchstbegabten Unglücklichen, einzig der Humor (vielleicht die eigenste und genialste Leistung des Menschentums) vollbringt das Unmögliche, überzieht und vereinigt alle Bezirke des Menschenwesens mit den Strahlungen seiner Prismen.«[575] Mit dem »Weltauge« der Ironie kann der Mensch nicht nur auf die äußere Wirklichkeit, sondern auch ins Chaos der eigenen Seele blicken, um all ihrer Prismen und Spiegelungen gewahr zu werden. Dann wird er erkennen, dass die Polarität von Wolf und Mensch, Trieb und Geist eine Fiktion ist, eine grobe Vereinfachung wie auch die Vorstellung vom »Ich« oder der »Persönlichkeit«. In Wirklichkeit mischen sich alle Elemente seines Wesens in unaufhörlicher Metamorphose zu einer reichen inneren Mannigfaltigkeit: »Harry besteht nicht aus zwei Wesen, sondern aus hundert, aus tausenden.«[576] Um dieser Erfahrung teilhaftig zu werden, den »Weg nach Innen«, zur Fülle und damit zur Einheit aller Gegensätze zu gehen, statt sich an Widersprüchen abzuarbeiten, bedarf es der Selbstbegegnung mit dem Unbewussten, dem magischen Ich: »Möglich, daß er eines Tages sich erkennen lernt, sei es, daß er einen unsrer kleinen Spiegel in die Hand bekomme, sei es, daß er den Unsterblichen begegne oder vielleicht in einem unsrer magischen Theater das finde, wessen er zur Befreiung seiner verwahrlosten Seele bedarf. Tausend solcher Möglichkeiten warten auf ihn, sein Schicksal zieht sie unwiderstehlich an, alle diese Außenseiter des Bürgertums leben in der Atmosphäre dieser magischen Möglichkeiten. Ein Nichts genügt, und der Blitz schlägt ein.«[577]

Der Blitz schlägt ein, als Harry Haller aus dem Haus eines spießigen Professors, mit dem er in Streit geraten ist, in den »Schwarzen Adler« flüchtet. Dort lernt er die Prostituierte Hermine kennen, die sein Leben verändert. Sie wird seine Führerin durch das Spiegelkabinett der Seele. Wie schon der Name andeutet, ist die mütterliche junge Frau seine Anima, sein weibliches Spiegelbild, das jene Lebensleichtigkeit verspricht, die dem verquälten Außenseiter Harry Haller alias Hermann Hesse fehlt. Der Geistesmensch Harry wiederum ist für die einfache junge Frau, die den heiligen Franziskus verehrt, eine ideale Projektion dessen, was ihr selbst fehlt. Beide glauben sie an die Ewigkeit, an »das Reich jenseits der Zeit und des Scheins«[578]. Die Aufforderung der schönen Hure, sie zu töten, wenn sie ihn in sich verliebt gemacht hat, diese geheimnisvolle Ankündigung nimmt Harry ohne Widerspruch hin. Er ahnt, dass sie nur flüchtiges Medium ist auf seinem Weg zu sich selbst. Hermine bringt dem schüchternen Intellektuellen das Tanzen bei und stellt ihn ihrem Freund, dem genialen mexikanischen Saxofonspieler Pablo, vor, einer zeitgemäßen Inkarnation Mozarts. Diese Frau verkörpert Hesses weibliches Wunschbild bei seinen Streifzügen durch die Halbwelt

Zürichs. Harry, der Bindungsscheue, lässt sich liebend gern von Hermine dominieren, die ihm ihre sinnliche Freundin Maria zuführt, um ihn erotisch herauszufordern. Harry beginnt, die Fesseln seiner Vorurteile und Befangenheiten abzuwerfen. Das alles aber ist nur Vorspiel für Harrys Eintritt in das magische Theater, das auf seiner inneren Bewusstseinsbühne spielt.

Schauplatz der magischen Verwandlung Harry Hallers vom finsteren Steppenwolf in einen heiteren Zeitgenossen, dem alle Möglichkeiten offenstehen, sind die »Globussäle«. Die Beschreibung des Maskenballs, die Harry Haller in seinen Aufzeichnungen gibt, ist bis ins Detail an Hesses eigenes Erlebnis im »Hotel Baur au Lac« im Februar 1926 angelehnt. Waren es damals der Alkohol und das Untergehen in der tanzenden Masse, die Hesse ein nie gekanntes Gefühl der Entgrenzung vermittelt hatten, so wird Harry Haller durch das Rauchen eines Joints auf Pablos »Magisches Theater« eingestimmt. Vorher tanzt er zusammen mit Hermine, die als junger Mann in Frack und Hosen auftritt, einen symbolischen »Hochzeitstanz«. Pablo führt die Freunde in den Korridor des magischen Theaters, von dem zahlreiche Türen abgehen. »Bruder Harry, ich lade Sie zu einer kleinen Unterhaltung ein. Eintritt nur für Verrückte, kostet den Verstand. Sind Sie bereit?«[579] Pablo verspricht, Harry dürfe in eine Welt ohne Zeit eintreten, um sich seinen Traum von der Begegnung mit den Unsterblichen zu erfüllen. Er könne ihm aber nichts geben, was nicht schon in ihm selbst existiere. Vorher muss er seine Steppenwolf-Persönlichkeit durch einen rituellen »Scheinselbstmord«, durch Auslachen seines alten Spiegelbilds, ablegen, um in die »Scheinwelt« eintreten zu können. Plötzlich ist der Spiegel voller Harrys: junge, uralte, lustige und ernste, gut gekleidete und zerlumpte ... Dann geht Harry Haller durch die Tür mit dem vielversprechenden Schild »Auf zum fröhlichen Jagen! Hochjagd auf Automobile«[580]. Er stürzt sich mit Begeisterung in den Endkampf zwischen Mensch und Maschine, den überzeugten Kriegsgegner überkommt eine unheimliche Tötungslust, seine lange aufgestaute Aggression gegen die technisierte Welt macht sich Luft. Zusammen mit seinem Schulkameraden Gustav, einem Professor für Theologie, der schwer bewaffnet wie aus dem Nichts neben ihm auftaucht, nimmt er von einem Hochstand aus vorbeifahrende Autos unter Feuer, die in einem Feuerball explodieren oder vom Kugelhagel von der Straße gefegt werden.

Dann wechselt er in einen Raum mit der Aufschrift »Alle Mädchen sind dein«[581] und trifft sämtliche weibliche Wesen, die er in seinem Leben begehrt, aber aus Gehemmtheit nie angesprochen hat. Nacheinander darf er diese versäumten Beziehungen durchleben, ungestört von moralischen Bedenken: »Wünsche, Träume und Möglichkeiten, die einst einzig in meiner Phantasie gelebt hatten, waren jetzt Wirklichkeit und wurden gelebt.«[582] Am Ende taucht das Gesicht Hermines vor ihm auf, mit der er den Hochzeitstanz getanzt, die er aber immer noch nicht geliebt hat. Bevor er durch die letzte Tür mit der Aufschrift »Wie man durch Liebe tötet« geht, steht plötzlich Mozart neben ihm, der ihn auslacht wegen seiner Sorge, ob das, was er als Autor geschrieben hat, einmal über die Irrtümer des Zeitgeistes hinausragen würde: Keine Kunst sei zeitlos, kein Mensch könne sich über seine Zeit erheben. Mozart gibt sich nicht als Genie, sondern als irrwitziger Amadeus: »He, mein Junge, beißt dich die Zunge, zwickt dich die Lunge? Denkst an deine Leser, die Äser, die armen Gefräser, und an deine Setzer, die Ketzer, die verfluchten Hetzer, die Säbelwetzer? Das ist ja zum Lachen, du Drachen, zum lauten Lachen, zum Verkrachen, zum In-die-Hosen-Machen! O du gläubiges Herze, mit deiner Druckerschwärze, mit deinem Seelenschmerze, ich stifte dir eine Kerze, nur so zum Scherze. Geschnickelt, geschnakelt, spektakelt, schabernackelt, mit dem Schwanz gewackelt, nicht lange gefackelt. Gott befohlen, der Teufel wird dich holen, verhauen und versohlen für dein Schreiben und Kohlen, hast ja alles zusammengestohlen.«[583] Harry packt Mozart wütend am Zopf und schleudert ihn hinauf in den Himmel, in die dünne Luft der Unsterblichen. Dabei erfasst ihn »eine bitterscharfe, stahlblanke, eisige Heiterkeit, eine Lust, ebenso hell, wild und außerirdisch zu lachen …«[584] Als Harry gerade dabei ist zu begreifen, dass das magische Theater eine Schule des Humors ist, erblickt er Hermine nackt im Bett mit Pablo, dem Saxofonspieler. In einem Anfall von Eifersucht ersticht er Hermines Spiegelbild mit einem gespiegelten Messer – er hat das magische Theater mit der Wirklichkeit verwechselt und wird, als notorischer Selbstmörder, verurteilt, ewig weiterzuleben. Harry Haller hat sich der magischen Welt, der freien Entfaltung seiner seelischen Bilder, dem Reichtum seines Unbewussten nicht gewachsen gezeigt. Er hat sie mit Wirklichkeit befleckt. Noch einmal erscheint Mozart, um ihn über die ewige Differenz von Ideal und Wirklichkeit aufzuklären: »Nehmen Sie endlich Vernunft an! Sie sollen leben, und Sie sollen das Lachen lernen. Sie sollen die verfluchte Radiomusik des Lebens anhören lernen, sollen den Geist hinter ihr verehren, sollen über den Klimbim in ihr lachen lernen. Fertig, mehr wird nicht von Ihnen verlangt.«[585] Während Harry noch zögert, ob er Mozart folgen soll, verwandelt dieser sich in Pablo, der die tote Hermine als winziges Spielfigürchen in die Westentasche steckt. Der Roman, der so trüb begonnen hat, endet hoffnungsvoll: Auch Harry ist bereit, »das Spiel nochmals zu beginnen, seine Qualen nochmals zu kosten, vor seinem Unsinn nochmals zu schaudern, die Hölle meines Innern nochmals und noch oft zu durchwandern. Einmal würde ich das Lachen lernen. Pablo wartete auf mich. Mozart wartete auf mich.«[586]

Die Einsicht in die irreparable Unvollkommenheit der Welt, die nur durch Humor zu ertragen ist, bedeutet Hesses Abschied von der romantischen Illusion, die Wirklichkeit von sich selbst erlösen zu können. Ideal und Humor, höchstes Menschentum und Lebenstüchtigkeit sind keine unversöhnlichen Gegensätze, die »goldene Spur« zieht sich mitten durch das Leben. So stehen die Mozartschen Erkenntnisse, denen sich Harry Haller zögernd, aber am Ende doch freudig unterwirft, in einem spannungsvollen Gegensatz zu dem negativen Bild, das Hesse von der Gegenwart zeichnet, damit an ähnlich bittere Analysen wie im *Kurgast* anknüpfend. Es ist eine von Materialismus, Militarismus und Revanchismus, von Profitgier, Geistlosigkeit, Fortschrittswahn und Vermassung geprägte Welt, eine sterbende Kultur ohne Werte und Ideale. Dennoch verbietet sich der Autor den nostalgischen Blick zurück in eine vermeintlich heile Welt: »Zurück führt überhaupt kein Weg, nicht zum Wolf, noch zum Kind. Am Anfang der Dinge ist nicht Unschuld und Einfalt; alles Erschaffene, auch das scheinbar Einfachste, ist schon schuldig, ist schon vielspältig, ist in den schmutzigen Strom des Werdens geworfen und kann nie mehr stromaufwärts schwimmen. Der Weg zur Unschuld, ins Unerschaffene, zu Gott führt nicht zurück, sondern vorwärts, nicht zum Wolf oder Kind, sondern immer weiter in die Schuld, immer tiefer in die Menschwerdung hinein.«[587] Der Weg zu einem neuen Glauben und zu neuen Werten führt mitten durch das Chaos hindurch.

Der Blick nach vorn ist für Hesse persönlich nicht sehr verlockend. Sein fünfzigster Geburtstag rückt bedrohlich näher mit allen zu erwartenden Begleitumständen: Redakteure verlangen nach Interviews, Maler und Bildhauer wollen ihn porträtieren, Komponisten seine Gedichte vertonen, der Bürgermeister von Konstanz kündigt an, eine große Hesse-Feier zu veranstalten. Und eben ist er zum Mitglied der Preußischen Akademie der Künste gewählt worden, was ihn, den notorischen Außenseiter, eher irritiert. Auch die Beziehung zu Ruth wird frostiger. Während einer Lesereise im Herbst 1926 fährt Hesse bewusst nicht nach Basel, um seine Frau zu besuchen, die sich endgültig von ihm zurückgezogen hat. Am 5. Dezember beklagt er sich über ihr Schweigen: »Es tut mir sehr leid, daß Dein Leben so unbefriedigt und leer ist, daß es Dir unmöglich ist, irgend etwas darüber mitzuteilen, und daß in so langer Zeit der Erwerb eines neuen Hundes das einzig Mitteilenswerte ist.«[588] Seiner Schwiegermutter dagegen versichert er seine Freundschaft, auch wenn die Ehe mit ihrer Tochter in seinen Augen keine Zukunft habe: »Ruth hat mich ja schon seit anderthalb Jahren vollkommen stehen lassen. Und ich glaube und hoffe sogar, daß Ruth gesund und jung genug ist, um sich beizeiten noch richtig in einen Mann zu verlieben – in einen, für den sie auch wirklich etwas zu tun und zu sein entschlossen ist. Ich werde es ihr dann nicht erschweren, frei zu werden.«[589]

Nur wenige Tage später, am 4. Januar 1927, kündigt Ruth an, sich scheiden lassen zu wollen. Obwohl er innerlich mit seiner Ehe längst abgeschlossen hat, reagiert Hesse bestürzt. »Der Regen vor dem Fenster«, schreibt er ihr, »das Papier auf meinem Tisch, das Wasserglas, der Blumenstrauß, das schwarze Ofenrohr, mein Bett und Waschtisch, meine Hand und meine Füße, alles hat sich verändert, alles hat seinen Wert verloren, alles ist von einer Auflösung, von einer Sinnlosigkeit, einem geheimen Sterben ergriffen.«[590] Die Verlustangst ist so stark, dass Hesse eine Schreibblockade erleidet, den *Steppenwolf* nicht abschließend bearbeiten kann. Doch schon am 10. Januar hat er sich von dem Schock erholt und stellt seiner Frau Bedingungen, die erfüllt sein müssen, wenn er der Scheidung zustimmen soll. So möchte er nicht durch Gerichtstermine belästigt werden, und Ruth als Klägerin hat die Kosten des Verfahrens zu übernehmen. Und es ist Hesse daran gelegen, dass die Schuld »zu gleichen Teilen« getragen wird.

Am 27. April 1926 liegt das Urteil des Kantonsgerichts von Basel-Stadt vor. Die Ehe sei »unheilbar zerrüttet«[591], denn die Parteien hätten nach der Hochzeit nur einige Wochen in einem Basler Hotel gewohnt und auch später nie zusammengelebt. Die Ursache dafür sei die völlige Verschiedenheit der Charaktere. Hesse ist einverstanden, findet es aber verwerflich, dass Ruth in ihrer Scheidungsklage aus seinem Werk zitiert hat, um zu belegen, dass er ein weltfremder Sonderling sei. Das Urteil beruft sich ausführlich auf Ruths Scheidungsklage: »Der Beklagte sei eine reife Künstlernatur, aber starken Stimmungen unterworfen; namentlich am Morgen befinde er sich meist in düsterer, gereizter Stimmung. Ferner habe er eine Neigung zum Einsiedlerleben, könne sich nicht nach andern Menschen richten, hasse Gesellschaftlichkeit und Reisen. Der Beklagte habe diese Eigenheiten selbst in seinen Büchern eingehend geschildert … er nennt sich in diesen Schriften selbst einen Eremiten und Sonderling, einen Neurotiker, Schlaflosen und Psychopathen. Die Klägerin dagegen sei jung und lebensfroh, liebe geselligen Verkehr und ein herzliches Familienleben.«[592]

Inzwischen hat Hesse auch das *Steppenwolf*-Manuskript endgültig abgeschlossen und viel Lob von seinem Verleger erhalten, wie er seiner Schwester Adele schreibt: »Gestern sagte mir Fischer, der ihn noch auf der Reise zu Ende gelesen hatte, seine Meinung darüber. Ich habe ihn seit 25 Jahren nie so erschüttert, begeistert und auch beunruhigt von einem neuen Buch sprechen hören. Das Buch wird Aufsehen machen, aber nicht nur schönes, sondern die Feinde auch von der politischen Seite her, werden sich ebenfalls rühren, vielleicht sogar der Staatsanwalt.«[593] Aus den Sätzen spricht die Lust an der Provokation, die Erwartung, bei dem bevorstehenden Geburtstagsjubiläum nicht nur gefeiert, sondern wieder einmal heftig attackiert zu werden. Ob er solche Angriffe allerdings seelisch überstehen würde, erscheint Hesse zunehmend fraglich. Die fieberhafte Schreibarbeit, die Scheidung und die nächtlichen Ausschweifungen haben deutliche Spuren hinterlassen. Hesse ist körperlich endgültig an seinen Grenzen angelangt. Ninon Dolbin, die ihn im Frühjahr 1927 in Zürich besucht, ist erschrocken über den Zustand ihres Dichters. Und verärgert darüber, dass er ihre Fürsorge ablehnt. Schon im November hatte sie ihm erklärt, das richtige Dienen bestehe aus ihrer Sicht keineswegs darin, »da zu sein, wenn einen der andere braucht, sondern vor allem darin: Nicht da zu sein, wenn einen der andere nicht braucht!« Nun weist sie ihn darauf hin, dass sie keineswegs Dankbarkeit erwarte: »Ich bin nicht ›edel‹, und ich bringe Dir keine Opfer. Und wie Du aufschreist vor Entsetzen, daß Dir Opfer gebracht werden, so schreie ich auf bei dem Gedanken: Dankbarkeit, die Du mir schulden solltest. Es ist alles Liebe. Und sobald es anders wäre, wäre es zuende … Wie wir ›möglichst parallel‹ nebeneinander leben wollen, ohne einander zu stören, haben wir ja genau besprochen.«[594]

Im Juni 1927 kommt Ninon nach Montagnola, um in Hesses Nähe zu sein. Sie hat sich endgültig von ihrem Mann, dem bekannten Wiener Maler und Karikaturisten Fred Dolbin, getrennt, der bis zuletzt um sie kämpft und ihre Leidenschaft für Hesse als »Götzendienst«[595] abtut. Aber es ist kein Abschied im Zorn;

Ninon bewundert ihren vielseitig begabten und weltläufigen Mann noch immer und weiß seine Anhänglichkeit zu schätzen, auch wenn er sie immer wieder mit anderen Frauen betrogen hat. Sie will weiter freundschaftlich mit ihm verbunden bleiben. Hesse besorgt Ninon in der »Villa Camuzzi« eine möblierte Wohnung, um das in Aussicht genommene »parallele« Zusammenleben zu ermöglichen. Ninons Räume befinden sich im linken Seitenflügel des Schlösschens, Hesses Domizil im Obergeschoss des rechten Seitenflügels. Von ihrer Terrasse kann Ninon zu Hesses Klingsor-Balkon hinaufsehen, die Verständigung erfolgt durch Zuruf. An manchen Tagen sind sie nur durch die Nachrichten der treuen Haushälterin Natalina verbunden. Tagsüber sitzt Ninon wegen der für sie ungewohnten Hitze hinter geschlossenen Fensterläden. Zum Essen geht sie in ein Restaurant, nur abends ist sie bei Hesse, um ihm vorzulesen. Nachts bleibt sie allein in ihrer großen Parterrewohnung und fürchtet sich vor Einbrechern.

Den Aufenthalt in Montagnola, auf dem sonnenwarmen goldenen Hügel hat Ninon sich ganz anders vorgestellt, sie erwartete eine freundliche kleine Dorfgemeinschaft, gemeinsame Ausflüge in die Berge oder hinunter zum See, aber erst einmal bleibt sie auf sich selbst gestellt und erlebt die herrliche Tessiner Landschaft als schöne Kulisse. Um hier heimisch zu werden, das ahnt sie, muss sie erst das Verhältnis zu ihrem Dichter klären. Auch Hesse ist skeptisch. Schon im April hatte er von Zürich aus an den Maler Ernst Morgenthaler geschrieben: »Momentan ist eine Frau aus Wien da, die plötzlich hergereist kam, weil sie mich gern hat, aber, obwohl sie mir gefällt und ganz lieb ist, kann ich nichts mit ihr anfangen und stehe der dramatischen Lage ohne allen Humor gegenüber.«[596]

DREIZEHNTES KAPITEL

Der Steppenwolf und Hugo Balls Hesse-Biografie erscheinen. Der fünfzigste Geburtstag. Ball stirbt an Krebsleiden. Krisis. »Du bist so groß und ich bin klein«: Ninon als Sekretärin, Pflegerin, Reisebegleiterin. Geschichte einer Freundschaft: Narziß und Goldmund. Hans C. Bodmer will Hesse ein Haus schenken. Die Morgenlandfahrer. Mit Thomas und Katia Mann in St. Moritz. Einzug in die »Casa Rossa«. Trauung in Montagnola. Das Märchen Vogel. Absage an die Gewalt. »Brief an einen Kommunisten«. Vorarbeiten zum Glasperlenspiel

Noch ist der *Steppenwolf* nicht erschienen, da beginnt Hesse bereits mit der Erzählung *Narziß und Goldmund*. Es ist ein abrupter Wechsel von der lärmenden Großstadtwelt des Harry Haller in die Stille eines mittelalterlichen Klosters, in der die Geschichte eines Freundespaars spielt. Mit diesem Buch will Hesse seine Leser, die sich eben erst an seinen neuen Ton zu gewöhnen beginnen, wiederum überraschen.

Als der *Steppenwolf* Ende Mai 1927 zusammen mit der Hesse-Biografie Hugo Balls erscheint, ist die Reaktion der Kritik überraschend positiv, sieht man einmal von dem Journal *Literarischer Ratgeber für die Katholiken Deutschlands* ab, das den Autor des *Steppenwolf* »in Skeptizismus und zersetzende Ironie unlösbar verstrickt« sieht. Das Buch sei »eine giftige, gefährliche Wirrnis, giftig in einer ungezügelten Sinnlichkeit, gefährlich in seiner radikalen und ätzenden Verneinung aller Lebenswerte, eine Wirrnis abstruser, schillernder und paradoxer Ideen«, schreibt der Rezensent, großes stilistisches Können sei hier »ziellos und maßlos vergeudet«[597]. Ganz anders Alfred Wolfenstein in der *Weltbühne*, der die Wirklichkeitsnähe, die neue Sachlichkeit des *Steppenwolf*-Romans gegenüber dem früheren Werk Hesses hervorhebt, das »eine wunderbare Höhe über jener einst seinen

Dichter umfangenden Sentimentalität erreicht«[598]. Der Journalist und Schriftsteller Kurt Pinthus verweist auf den Zusammenhang von Hesses Lebenskrise mit der im *Steppenwolf* konstatierten Zeitkrise. Für Pinthus ist es »ein Dokument vom Untergang des alten Menschen, der alten Zeit, die weder eine Zeit ist noch eine Zeit hat, sondern zwischen zwei Zeiten mit großem Gepolter versinkt. Einsam, feindlich und ungerecht steht Hesse gegen unsere Zeit; aber nicht haßvoll anklagend, sondern leidend als zerrissener Sonderling, die Fetzen seines Wesens in ihrem lärmenden Sturm flattern lassend. Ein echt deutsches Buch, großartig und tiefsinnig, seelenkundig und aufrichtig.« Diese Bucherscheinung sei »die grausamste Geburtstagsfeier, die je ein Dichter sich selbst zelebrierte«[599].

Die Feier wird aber keineswegs grausam, sondern eher heiter. Am 2. Juli 1927 begeht Hesse seinen fünfzigsten Geburtstag in einem Landgasthof bei Montagnola. Ninon, der Maler Louis Moilliet, Josef Bernhard Lang und seine Tochter sind da, Max und Tilly Wassmer kommen von ihrem Schloss Bremgarten. Hugo Ball ist eben wegen eines Magenleidens ins Krankenhaus eingeliefert worden und kann ebenso wenig dabei sein wie seine Frau Emmy. Hesse berichtet seiner Gönnerin Helene Welti gut gelaunt: »Wir fraßen ein Huhn, eine gute Gemüsesuppe und einen Kuchen, tranken Fendant und Chianti, und kamen im Lauf des Nachmittags wieder in meine Wohnung zurück. Dort hatten sich inzwischen viele Dutzend Telegramme und große Stöße von Briefen angehäuft, das dauerte noch mehrere Tage, zum Lesen brauchte ich drei Wochen. Wir tranken bei mir Tee, saßen in den neuen Gartenmöbeln auf der Terrasse, tanzten einen Foxtrott und die Mädchen mußten mir einen Kuß geben, was aber meine Freundin verstimmte, und dann gingen wir gegen Abend in den Wald in einen grotto, da gab es Brot, Käse und hiesigen Wein. Das war der Schluß der Feier, abends nach 10 fuhren alle im Auto wieder fort.«[600]

Nachdem die Gäste abgereist sind, gilt Hesses Sorge seinem Freund Hugo Ball, der inzwischen aus dem Krankenhaus entlassen ist. Er leidet an Magenkrebs und hat nicht mehr lange zu leben. Hesse besucht ihn fast täglich im Nachbarort Gentilino, wo Ball mit seiner Frau Emmy und deren Tochter ein kleines Haus bewohnt. Dass Balls Hesse-Biografie, die auch eine kurze Deutung des *Steppenwolf* liefert, gleichzeitig mit dem neuen Roman erscheint, kommt ihr zugute. Für Ball ist Hesse der »letzte Romantiker«, der sich die Mission auferlegt hat, »dieses Erbe bis zum letzten Blutstropfen und bis zur Psychose einer sehr anders gearteten Welt gegenüber zu verteidigen. Seine Aufgabe könnte es sein, an der Musikalität und Reinheit des Wortes, am Bilde und Urbilde, am Bunde des Dichters mit dem Bekenner, des Klingsor mit dem Siddhartha, und kurzum: einer desillusionierten Welt gegenüber an der ritterlichen Form und der Verzauberung festzuhalten. Mag es ihm mitunter sinnlos erscheinen oder sinnlos erschienen sein, in jenen Jahren besonders, wo der Zusammenbruch jeden Wert zu vernichten drohte –: heute schon ist seine Treue das Denkmal nicht nur einer großen Vergangenheit, sondern auch eines Neubeginns und einer Wiederbelebung aus keinem anderen Geiste als aus dem der Romantik.«[601]

Hesse ist mit dem Porträt seines Freundes weitgehend einverstanden und lobt in seinem Dankesbrief, bei der Lektüre etwas dazugelernt zu haben, »namentlich auch über das Verhältnis von Lauscher und Camenzind«[602]. Für Ball ist das Nebeneinander von »kleinstädtischem Pietisten-« und »weltweitem Brahmanen-Milieu« der Schlüssel zum Verständnis von Hesses Werk, »enthält es doch die Wurzel seiner geistigen Existenz und seines ästhetischen Gewissens, seiner Lebensart und seiner bedeutsamsten Konflikte«[603]. So souverän Ball den geistesgeschichtlichen und spirituellen Hintergrund von Hermann Hesses Werk ausleuchtet, so beschränkt bleiben die Einblicke, die der Leser in die private Welt des Dichters erhält. Hierbei hat der Biograf sich an den Wunsch des Dichters gehalten, keine Details über seine beiden Ehen preiszugeben. Für Ruth kommt dies einer Verleugnung gleich, denn ihr Name wird in Hugo Balls Biografie an keiner Stelle erwähnt. Lisa Wenger hat dafür Verständnis, wie sie ihrer Tochter am 25. Juni 1927 schreibt: »Dies aber Hesse anzutun, dass er zwei Mal in dem selben Buch als geschieden dastehen muss, das heißt zwei Mal bekennen, mit mir kann man nicht leben, das wäre doch auch gar zu peinlich gewesen und arg für Hesse ... Es ist keine Biographie, wie so viele sind, mit lauter Familienkleidern um den Helden gehängt, nein, alles gilt der Kunst Hesses und seinem Werk.«[604]

Am 14. September 1927 stirbt Hugo Ball. Immer hatte Hesse dem Freund gegenüber seine schlechte Gesundheit beklagt, den eigenen Tod an die Wand gemalt. Nun ist der viel Jüngere vor ihm gegangen. Über den Tod seines engsten Freundes schreibt Hesse in einem Brief an Alice Leuthold: »Ich habe mit Ball den einzigen Menschen verloren, der mir geistig nahe stand, der meine Sprache ganz und gar verstand, mit dem ich über geistige Dinge bis in die Tiefe sprechen konnte. Man findet so etwas nicht wieder. Er war der einzige meiner Freunde, der mich nicht bloß gern hatte und mich aus Sympathie gelten ließ, sondern der mich verstand und die Notwendigkeit meiner Denkart und meiner gesamten Tätigkeit im Innern begriffen hat.«[605]

Hugo Ball wird bei strömendem Regen auf dem Friedhof von Sant'Abbondio beigesetzt, die Freunde tragen brennende Kerzen vor dem Sarg her. Seine Frau Emmy und ihre Tochter Annemarie verbringen den Abend in der »Villa Camuzzi«, um nicht allein zu sein. Hesse liest ihnen den Anfang von *Narziß und Goldmund* vor. Am nächsten Tag schreibt Emmy an Hesse: »Lieber, guter Freund Hesse, es war so schön, am Freitagabend zu Ihnen zu gehen, obwohl der Weg so dunkel war wie noch nie zuvor. Es stürmte, regnete und blitzte und unser Hugo lag ja die erste Nacht allein in der Erde und nicht mehr in meinem Arm wie in der letzten Nacht seines Lebens. Wir gingen am Friedhof vorüber und die Tür war geschlossen. Man konnte nur durch die Gitter die hellen Steine ein wenig schimmern sehen und die sind so kalt und unbeweglich. Ich musste erst recht sinnen und sehnen, wo Hugo wohl eigentlich ist. Wir haben Worte und sagen Himmel und sagen vom Geist, der weiterlebt, und das kann der Trost sein, manchmal. Mir aber fehlte und fehlt etwas, das ich nicht nennen kann und ist anderes Heimweh als sonst.«[606]

Nach dem Tod Hugo Balls wird Ninon Dolbin für Hesse immer wichtiger. Sie entscheidet sich nun endgültig für Montagnola, löst im September ihre Wohnung in Wien auf und verkauft das Haus ihrer Eltern in Czernowitz. Hesse bemüht sich, seine neue Gefährtin in sein Leben mit einzubeziehen. Am 4. Januar 1928 reisen die beiden zu einem sechswöchigen Winter- und Skiurlaub nach Arosa. Von dort schreibt Ninon ihrem Mann Fred Dolbin: »Ich will nur sagen, dass er elf Jahre (!) nicht mehr im Gebirge war, weil er wusste, er könnte Packen, Reisen, Hotelleben nicht ertragen. Und siehe da – mit mir ging alles! Aber er sagt es immer wieder, ohne mich hielte er es keine Stunde hier aus!«[607] Anfang März brechen beide zu einer längeren Deutschlandreise auf, die sie nach Ulm, Blaubeuren, Maulbronn, Calw, Heilbronn, Würzburg, Darmstadt, Weimar und Berlin führt. Von dort reist Ninon allein nach Paris weiter, um ihren Kunststudien nachzugehen. Aus der französischen Hauptstadt berichtet sie Hesse am 9. April ausführlich von ihren Museumsbesuchen und lässt ihn wissen, wie sehr sie ihn vermisst: »Lieber, Lieber – bei alledem ist mir so bang nach Dir, und ich denke an Deine Augen und küsse sie in Gedanken, und wenn ich mir vorstelle, daß ich Dich wiedersehen und in Wirklichkeit küssen und Dir gehören werde – dann bin ich ganz atemlos vor Freude!«[608] Einen Tag später teilt sie Hesse eine wichtige Einsicht mit, die sie in die Lage versetzt, mit ihrem schwierigen Partner künftig noch besser zurechtzukommen: »Mein Liebster, sei mir nicht böse, daß ich Dich für einige Wochen verlassen habe, Du bist so groß und ich bin klein und in steter Gefahr, in Dir zu ertrinken. Darum ist es gut, wenn ich wieder einmal allein bin, *ganz ich*, dann kann ich nachher wieder neben Dir leben und mich bewahren und hoffentlich weiterentwickeln.«[609] Der von Ninon klug ausbalancierte Wechsel zwischen Nähe und Distanz, zwischen Zusammenleben und Trennung wird zur Überlebensgarantie dieser Beziehung.

Im April 1928 erscheint der Band *Krisis* mit den Steppenwolf-Gedichten in limitierter Auflage im S. Fischer Verlag. Hesse hat ihm ein erklärendes Vorwort beigefügt: »In meinem Leben haben stets Perioden einer hochgespannten Sublimierung, einer auf

Vergeistigung zielenden Askese abgewechselt mit Zeiten der Hingabe an das naiv Sinnliche, ans Kindliche, Törichte, auch ans Verrückte und Gefährliche. Jeder Mensch hat dies in sich. Ein großer Teil, ja der allergrößte Teil dieser dunkleren, vielleicht tieferen Lebenshälfte ist in meinen früheren Dichtungen unbewußt verschwiegen oder beschönigt worden … Mit zunehmenden Jahren nun, da das Schreiben hübscher Dinge an sich mir keine Freude mehr macht und nur eine gewisse spät erwachte, leidenschaftliche Liebe zur Selbsterkenntnis und Aufrichtigkeit mich noch zum Schreiben treibt, mußte auch diese bisher unterschlagene Lebenshälfte ins Licht des Bewußtseins und der Darstellung gerückt werden. Es fiel mir nicht leicht, denn es ist angenehmer und schmeichelhafter, der Welt seine edle, vergeistigte Seite zu zeigen als die andere, auf deren Kosten die Vergeistigung stattgefunden hat.«[610] Am Ende bittet Hesse seine Leser, auch wenn sie seine Verse nicht billigen sollten, ihm wenigstens ihre Liebe zu erhalten. Thomas Mann, dem Hesse den Gedichtzyklus bereits vor dem Erscheinen zugesandt hatte, hatte ihm bereits am 3. Januar 1928 geschrieben, die Liebenswürdigkeit seiner Hypochondrie habe ihn »aufs innigste berührt«. Und: »Der ›Steppenwolf‹ hat mich seit langem zum erstenmal wieder gelehrt, was Lesen heißt.«[611] Für den Starkritiker Eduard Korrodi dagegen, der das Bändchen in der *Neuen Zürcher Zeitung* rezensiert, ist *Krisis* allenfalls biografisch von Belang, die poetische Form eher konventionell: »Nein, die Unerschrockenheit, die Neuheit dieser Gedichte ist jedenfalls nur in ihrer inhaltlichen Gesinnung wahrnehmbar, in ihrer Sprachgestalt, in ihrer knittelversartigen Konstitution sind sie sogar saloppe Tradition, in der Bewegung unserer Lyrik werden sie keine Epoche machen.«[612]

Als die Krisengedichte erscheinen, hat Hesse seine schwerste Lebenskrise eigentlich schon überwunden – auch dank Ninon, die es versteht, seinen Depressionen auszuweichen, ohne ihm ihr Mitgefühl zu versagen. Hesse dankt es ihr mit einer Reihe von Gedichten, in denen er sie als »guten Geist« bezeichnet, der Licht in seine Lebensnacht bringt: »Liebe Ninon, heute bist Du mein Mond, / Scheinst in meine bange Finsternis herein, / Wo mein

Herz so verhängt und traurig wohnt.«[613] Dennoch wird auch sie bald an die Grenzen ihrer Duldsamkeit geführt durch die oft schroffe Art ihres Lebensgefährten, der auf Kleinigkeiten mit massiver Verstimmung reagiert und sie mit bösen Worten verletzt. Manchmal wagt sie sich gar nicht mehr in seine Nähe, scheut seinen prüfenden, misstrauischen, durchdringenden Blick und beschränkt sich darauf, ihm kleine Zettelgrüße zukommen zu lassen. Oder sie schreibt Briefe, in denen sie sich dafür entschuldigt, ihn beim Schreiben zu stören oder ihm zu nahe zu treten. »Ich will Dich weder ändern noch dein Leben erschweren«[614], beteuert sie unentwegt. Ninons Absicht, ihm mit Fürsorge und Verständnis zu einer bejahenden Lebenseinstellung zu verhelfen, erscheint Hesse, dem das Leiden Bedingung seiner literarischen Arbeit ist, als ernste Bedrohung. Jede Aufwallung von Wohlergehen und der leiseste Anschein von Glück verursachen ihm Gewissensskrupel und die Angst, zum »Kindermenschen«, also »normal« zu werden, mittelmäßig, unschöpferisch. Hesses Liebesabwehr wird für Ninon zur täglichen Herausforderung, die sie nur bestehen kann, weil in ihrer Gefühlswelt eine tiefe Ambivalenz herrscht. Im Grunde, und das ist ihre geheime Stärke, will sie gar nicht wiedergeliebt werden, wie sie ihrem Tagebuch anvertraut: »Ich liebte immer den Nichtliebenden. Sobald er mich liebte, war er verwandelt, war also nicht mehr der, den ich meinte. Ich wollte ihn kalt, aber er war hitzig geworden; *stolz* wollte ich den demütig Gewordenen, *fern* den Nahen. Denn das war es: ich liebte seine Ferne, sein Anderswo, sein Nicht-bei-mir-Sein, und war er nahe, bei mir, glühend, liebend, hatte er mich verloren.«[615] Sie sieht in Hesse nicht den Geliebten an ihrer Seite, sondern eine vaterähnliche Gestalt, zu der sie aufschauen, die sie verehren kann. In ihrer Liebe muss auch Ehrfurcht sein, wie sie sie gegenüber ihrem geliebten Vater Jakob Ausländer empfand, dem tiefgläubigen und weithin geachteten Czernowitzer Anwalt, der sie prägte wie kein anderer. Das Ertragen von Hesses hochgesteigerter Empfindsamkeit ist in ihren Augen der Preis dafür, am Leben eines schöpferischen Menschen teilhaben zu dürfen.

So bleibt die Beziehung zwischen Hermann Hesse und Ninon Dolbin von Anfang an auf das Geistige ausgerichtet. Ninons kunsthistorisches Wissen und ihre umfassende literarische Bildung machen sie zu einer anregenden Gesprächspartnerin, die Hesses Werk so gut kennt wie kaum jemand sonst. Ninon schreibt selbst Gedichte und arbeitet an einem von Marcel Proust inspirierten autobiografischen Roman, der aber nie zum Abschluss kommt. Die Begrenztheit ihrer eigenen schriftstellerischen Fähigkeiten steigert noch ihre Bewunderung für Hesse, dem die von ihr angestrebte sinnliche Vergegenwärtigung des Vergangenen, die Suche nach der verlorenen Zeit so mühelos gelingt. Ninon bringt sich nicht nur als Autorin »ihrem« Dichter zum Opfer, auf Hesses Anraten hat sie auch ihre Doktorarbeit abgebrochen und damit ihre Laufbahn als Wissenschaftlerin aufgegeben. So wächst sie von Tag zu Tag mehr in die dienende Rolle der Sekretärin, Pflegerin, Kameradin und Reisebegleiterin hinein – ein Rollenverständnis, das nicht allein aus ihrer grenzenlosen Bewunderung für Hesse erwächst, sondern auch von ihrer Herkunft aus einer jüdisch-patriarchalischen Familie geprägt ist.

Eine von Ninons wichtigsten Aufgaben ist das allabendliche Vorlesen, um Hesses Augen zu entlasten. Einmal, als sie auf Reisen ist, schreibt er ihr: »Du fehlst mir oft, das ist natürlich, und Du hast ja auch meine Augen mitgenommen, die sonst für mich so viele Briefe und Bücher lesen.«[616] Hesse weiß, was er an Ninon hat, und bemüht sich von Zeit zu Zeit, ihr seine Dankbarkeit zu zeigen. Bald beginnt er sie zu vermissen, wenn sie allein in ihre alte Heimat, nach Wien, Breslau oder Krakau fährt. Eine erstaunliche Wendung, denn mit Ruth hatte er es oft keine zwei Tage lang ausgehalten. Dann schreibt er ihr: »Ninon, liebes Herz, geh mir nicht verloren! Es ist mir nicht oft geglückt, jemanden zu finden, der mich einigermaßen versteht (mir also oft verzeiht), einer war Hugo Ball, wenigstens ein Stück weit. Und jetzt habe ich bloß Dich.«[617] Mit dem Älterwerden, der wachsenden Erschöpfung beginnen sich seine seelischen Umschwünge zu mildern, und das ausgleichende Wesen Ninons sorgt dafür, dass sie nicht wie früher ins Selbstzerstörerische entarten.

Das ganze Jahr 1928 arbeitet Hesse an *Narziß und Goldmund*, in den Wintermonaten in seiner Wohnung am Schanzengraben in Zürich, dann wieder am vertrauten Schreibtisch des »Verenahofs« in Baden und schließlich den ganzen Sommer lang in seinem Arbeitszimmer in der »Villa Camuzzi«. Ende Dezember, wieder in Zürich, ist die erste Niederschrift vollendet. Wie in jedem seiner vorangegangenen Werke nimmt Hesse den Faden auf und versucht, die eigene Entwicklung, seine neuesten Erfahrungen mit einfließen zu lassen. Die Freundschaft zu Hugo Ball, die so jäh und tragisch endete, aber auch die Verbundenheit mit Ninon schlagen sich deutlich in dem Mittelalter-Roman nieder, der den Untertitel *Roman einer Freundschaft* erhält. In einem Vorwort, das Hesse für den Roman schreibt, heißt es: »Wenn zwei Menschengestalten, zwei Urprinzipien, zwei ewige Gegenwelten einander verkörpert begegnen, dann ist ihr Schicksal unentrinnbar. Sie müssen einander anziehen, müssen einer vom andern bezaubert werden, müssen einander erobern, einander erkennen, einander zum Höchsten steigern oder vernichten. So geschieht es jedesmal, wenn Männliches und Weibliches, wenn Gewissen und Unschuld, wenn Geist und Natur einander in reinen Verkörperungen kennenlernen und in die Augen sehen. Und so geschah es auch mit Narziß und Goldmund: dies ist es, was ihre Geschichte seltsam und bedeutsam macht.«[618] Erneut hat Hesse die faustische Zweiseelenformel gewählt, um die geistige und sinnliche Seite seines Wesens darzustellen. Narziß steht für den geistigen, asketischen Typus, die Vita contemplativa, Goldmund für den Sinnen- und Weltmensch. Der junge Goldmund wird von seinem Vater ins Kloster gegeben, um mit einem geistlichen Leben die Sünden seiner angeblich haltlosen Mutter, einer Tänzerin, wiedergutzumachen. Dort freundet er sich mit dem Novizen Narziß an, der rechten Hand des Abtes Daniel. Narziß erkennt bald, dass der hübsche Goldmund zum Klosterleben nicht berufen ist. Kaum im Kloster heimisch geworden, flüchtet er hinaus in die Welt, in die Vita activa, um sich zu bewähren. Er glaubt, Gott nicht in Gebet und Gottesdienst, sondern im Leben zu finden. Narziß, der scharfsinnige Menschenkenner, Denker und Gelehrte, bleibt im Kloster zurück. Aber er ahnt, dass Goldmund einen Teil seines eigenen Wesens mit sich genommen hat.

Für den Hesse-Leser ist dieser Roman die Wiederkehr des Immergleichen, ein Déjà-vu, man begegnet in Narziß erneut dem Demian, dem Freund und Seelenführer, und in Goldmund dem Vagabunden Knulp, dem lebensfrohen Künstler, der mit seinem Charme Frauenherzen erobert. In den beiden Helden wiederholen sich die Ich-Aufspaltungen und doppelten Selbstprojektionen, wie man sie bereits von *Unterm Rad, Klein und Wagner, Klingsors letzter Sommer* und dem *Steppenwolf* her kennt. Hatte sich der Zwiespalt zwischen Natur und Geist im *Steppenwolf* innerhalb eines Menschen, in Harry Haller, abgespielt, so werden in *Narziß und Goldmund* die polaren Kräfte auf zwei Figuren verteilt. Der Hauptschauplatz des Romans, das Kloster Mariabronn, ist dem württembergischen Kloster Maulbronn nachgebildet, in dem die Schülergeschichte *Unterm Rad* spielt. Die Schilderung des Hauptportals mit seinen romanischen Doppelsäulen, des weiten Klosterhofs, der Dormitorien, der frühgotischen Refektorien, der Ober- und Unterkirche, des kunstvoll geschnitzten Chorgestühls, des Kreuzgangs mit der rauschenden Brunnenkapelle – das alles sind Erinnerungen an Hesses eigene Schülerzeit. Auch die Skulptur der lächelnden Gottesmutter, die der zum Figurenschnitzer ausgebildete Goldmund nach seiner Rückkehr ins Kloster schafft, hat Ähnlichkeit mit der »Maulbronner Madonna«, einer der besonderen Kostbarkeiten der Klosterkirche, die wie alle Zisterzienserkirchen der Himmelskönigin geweiht ist. So ist der Name Mariabronn von Hesse bewusst gewählt, als Anspielung auf die Marienverehrung der Maulbronner Mönche, die ihn schon als Klosterschüler fasziniert hatte.

Wie in der Erzählung *Demian* sorgt die Freundschaft dafür, dass die Seelenspaltung, die Narziß und Goldmund verkörpern, die Spannung zwischen dem Väterlichen und dem Mütterlichen, zwischen dem Geistigen und dem Sinnlichen, zwischen Wissen und Kunst, Glauben und Fühlen, Freiheit und Gebundenheit in diesem sich glücklich ergänzenden Paar zum Ausgleich kommt. »Wir zwei, lieber Freund«, sagt Narziß zu Goldmund, »sind Sonne und Mond, sind Meer und Land. Unser Ziel ist nicht, ineinander überzugehen, sondern einander zu erkennen und einer im andern das sehen und ehren zu lernen, was er ist: des andern Gegenstück und Ergänzung.«[619] Narziß spürt, dass Goldmund schwer unter dem Verlust seiner Mutter und der Verdrängung seiner Kindheit leidet. Hinter all den Mädchen und Frauen, die er verführt und liebt, sucht er, wie der liebeshungrige Don Juan, nur seine Mutter, die Anima-Gestalt seiner Träume. »Weiß Gott«, klagt Goldmund, nachdem Narziß ihm die Augen geöffnet hat, »wie es möglich war, dies strahlende Bild in meiner Seele zu verdunkeln und allmählich diese böse, bleiche, gestaltlose Hexe aus ihr zu machen, die sie für den Vater und für mich seit vielen Jahren war.«[620] Es ist bezeichnend, dass Hesse für sein Buch ursprünglich den Titel »Der Weg zur Mutter«[621] vorgesehen hatte. Noch einmal kehrt er symbolisch zur traumatischen Erfahrung seiner Kindheit zurück, zu der Abschiebung des Sechsjährigen ins Basler Knabenhaus. Der Versuch, den »störrischen Jungen« durch räumliche Trennung und Liebesentzug zu bändigen, seinen Eigensinn zu brechen, hatte ja zur tief sitzenden Angst vor dem Verstoßen-werden geführt, auf die Hesses Unterbewusstsein mit einer Vermeidungsstrategie, dem Schutzmechanismus des Depressiven, antwortete, mit dem lebenslangen Bemühen, hilflos und schwach zu erscheinen, um Mitleid und damit Zuwendung zu erzwingen. *Narziß und Goldmund* ist so nicht nur ein Hymnus auf die Freundschaft, wie sie Hesse ähnlich intensiv mit Hugo Ball erlebt hatte, der Roman lässt sich auch als Geschichte einer Heilung lesen, bei der Narziß zum Therapeuten seines Freundes Goldmund wird – um am Ende selbst in den Spiegel seiner Versäumnisse und Einseitigkeiten zu blicken.

Der Weg zurück zur Mutter führt über die Kunst – und den Schmerz. Während seiner Wanderungen erlebt Goldmund Entbehrung, Massensterben durch die Pest und grausame Pogrome an Juden, die als Sündenböcke für den »schwarzen Tod« bestraft werden. Goldmund wird wegen einer Liebesaffäre zum Tod am Galgen verurteilt, vor dem ihn in letzter Minute sein Freund Narziß rettet. Er tötet selbst und wird durch die Erfahrung von

Schmerz und Vergänglichkeit zum Künstler. In der Kunst erkennt er die Möglichkeit, die in ihm sitzenden Gegensätze zu versöhnen und damit auch zur Mutter, zum Mütterlichen zurückzufinden: »Er wußte, nicht mit Worten und Bewußtsein, aber mit dem tieferen Wissen des Blutes, daß sein Weg zur Mutter führte, zur Wollust und zum Tode. Die väterliche Seite des Lebens, der Geist, der Wille, war nicht seine Heimat. Dort war Narziß zu Hause … Mit irgendeinem geheimen Sinn ahnte Goldmund auch das Geheimnis seiner Künstlerschaft, seiner innigen Liebe zur Kunst, seines zeitweiligen wilden Hasses gegen sie. Ohne Gedanken, gefühlhaft ahnte er in vielerlei Gleichnissen: die Kunst war eine Vereinigung von väterlicher und mütterlicher Welt, von Geist und Blut; sie konnte im Sinnlichsten beginnen und ins Abstrakteste führen, oder konnte in einer reinen Ideenwelt ihren Anfang nehmen und im blutigsten Fleische enden. Alle jene Kunstwerke, die wahrhaft erhaben und nicht nur gute Gauklerstückchen, sondern vom ewigen Geheimnis erfüllt waren, zum Beispiel jene Mutter Gottes des Meisters, alle jene echten und unzweifelhaften Künstlerwerke hatten dies gefährliche, lächelnde Doppelgesicht, dies Mann-Weibliche, dies Beieinander von Triebhaftem und reiner Geistigkeit. Am meisten aber würde die Eva-Mutter dieses Doppelgesicht einst zeigen, wenn es ihm einst gelänge, sie zu gestalten.«[622] Mit der meisterhaften Madonna, die er im Kloster Mariabronn aus Holz schnitzt, setzt Goldmund seiner Mutter, allen Müttern ein Denkmal. Dass er ihr die Züge der einzigen Frau leiht, die er nie besitzen durfte, ist Ausdruck von Vergeistigung, von Verzicht und Sublimation, wie Hesse in einem Brief schreibt: »Wir beide, Goldmund und ich, sind das Gegenteil von vorbildlichen Menschen, und darum sind wir beide auch nur Hälften. Goldmund ist erst mit Narziß (oder doch mit seiner Beziehung zu N[arziß]) zusammen ein Ganzes. Ebenso bin ich, der Künstler Hesse, der Ergänzung bedürftig durch einen Hesse, der den Geist, das Denken, die Zucht, sogar die Moral verehrt, der pietistisch erzogen ist und der die Unschuld seines Tuns, auch seiner Kunst, immer wieder aus moralischen Verwicklungen heraus neu finden muss.«[623]

Nachdem er sein letztes Kunstwerk geschaffen hat, kann Goldmund versöhnt in den Armen seines Freundes sterben. Sein Sterben wird von ihm nicht als Vernichtung, sondern als Gnade, als Rückkehr zur Mutter erfahren: »Ich hoffe, der Tod werde ein großes Glück sein, ein Glück, so groß wie das der ersten Liebeserfüllung. Ich kann mich von dem Gedanken nicht trennen, daß statt des Todes mit der Sense es meine Mutter sein wird, die mich wieder zu sich nimmt und in das Nichtsein und in die Unschuld zurückführt.«[624] Narziß, der geistliche Führer, wird am Ende zum Geführten. Der Künstler, nicht der Denker, der Liebende, nicht der Wissende umfasst das Leben ganz. Die letzten Worte, die der sterbende Goldmund an seinen Freund Narziß richtet, treffen diesen tief: »Aber wie willst du einmal sterben, Narziß, wenn du doch keine Mutter hast? Ohne Mutter kann man nicht lieben. Ohne Mutter kann man nicht sterben.«[625]

Ende März 1929 ist das Manuskript abgeschlossen. Die monatelange Schreibarbeit hat Hesses Augen in Mitleidenschaft gezogen. Er lässt sich in Zürich erneut operieren und muss sich für Wochen in verdunkelten Räumen aufhalten. Hesse schickt das Manuskript an den S. Fischer Verlag, der sich entschließt, das Buch ab Oktober in der *Neuen Rundschau* als Vorabdruck zu bringen. Im März erscheint auch der aus Gedichten des zurückliegenden Jahrzehnts zusammengestellte Band *Trost der Nacht*, der noch einmal in die Traumwelt der Novalis-Zeit zurückführt. Im April fährt Hesse zusammen mit Ninon, die ihm in der Zeit der Krankheit treu als Vorleserin gedient hat, nach München, um Thomas Mann und den befreundeten *Simplicissimus*-Redakteur Reinhold Geheeb zu besuchen. Nach einer Behandlung bei dem bekannten Augenarzt Maximilian Graf Wiser geht es weiter nach Montagnola. Im Sommer kommt das Bändchen *Bibliothek der Weltliteratur* bei Philipp Reclam in Leipzig heraus, mit dem Hesse ein Kompendium seiner ganz persönlichen Leseerfahrungen zusammengestellt hat, vom *Gilgamesch*-Epos bis zum *Hutzelmännlein*. Im Oktober 1929 reist Hesse allein zur alljährlichen Kur nach Baden und von dort im November über Stuttgart,

Tübingen, Marbach, Blaubeuren und Ulm in sein Winterquartier nach Zürich. Ninon, erschöpft von Hesses forderndem Wesen, bleibt allein in Montagnola zurück, um den für sie lebensnotwendigen Abstand zu gewinnen. Auf Einladung von Josef Englert reisen beide am 10. Januar 1930 nach St. Moritz, um im Grandhotel »Chantarella« einen vierwöchigen Urlaub zu verbringen. Dankbar malt Hesse für Ninon in den Ferien ein Aquarell und legt es mit Blumen vor ihre Zimmertür: »Liebe Ninon, ohne Dich ist es gar nicht schön.«[626]

Jetzt ist für Ninon die Zeit gekommen, Hesse mit dem Wunsch nach Heirat zu konfrontieren. Es stört sie schon länger, dass sie auf Lesereisen als »Sekretärin« oder »Lebenskameradin« vorgestellt wird. Sie bittet Hesse in einem vorsichtigen, jedes Wort wägenden Brief, er möge sich durch die Ehe auch nach außen hin zu ihr bekennen. Aber, schreibt sie fast flehend, »ich mag nicht aus Zwang und in Qual und Auflehnung geheiratet werden! Wenn Du es nicht so sehen kannst, wie ich es sehe, als ein freudiges und – ja, stolzes Bekenntnis zu mir: Das ist meine Frau, das ist die Frau, die meinen Namen trägt, dann soll davon zwischen uns nicht mehr die Rede sein. Bitte antworte mir in drei oder vier Wochen. Ich möchte nicht, daß Du etwas Übereiltes sagst oder tust. Ich möchte nicht, daß Du etwas wie unter einer Erpressung tust.«[627] Nach einer heftigen Unterredung gibt sie ihr Vorhaben einstweilen auf, ist aber fest entschlossen, es bei Gelegenheit wieder vorzubringen. Eine überraschende Wendung im Frühjahr 1930 bringt sie ihrem Ziel einen entscheidenden Schritt näher: Hans C. Bodmer, der wohlhabende Zürcher Freund und Mäzen, schlägt bei einem Abendessen vor, Hesse und seiner künftigen Frau ein Haus zu bauen – als Geschenk, versteht sich. Hesse stimmt sofort zu, schon länger spielt er mit dem Gedanken an den Kauf eines Hauses, weil die spartanischen Wohnverhältnisse in der »Casa Camuzzi« – der »Schimmelburg«, wie Ninon die marode Villa nennt – mit zunehmendem Alter immer belastender werden. Aber er möchte, dass das Anwesen ihm nur zur Nutzung auf Lebenszeit überlassen wird. Nach seinem Tod solle es an Hans und Elsy Bodmer zurückfallen. Mit Eigentum will Hesse sich nicht mehr belasten. Schon im Juli ist ein geeignetes, 11 000 Quadratmeter großes Grundstück in Montagnola gefunden, südlich des Dorfes gelegen und mit einem weiten Blick auf Tal und See. Ninon macht sich zusammen mit dem Architekten sofort daran, einen Plan für Haus und Garten zu entwerfen.

Während Ninon über der Raumaufteilung des künftigen Hauses brütet, das, ganz auf Hesses Bedürfnisse abgestimmt, aus zwei weitgehend getrennten Wohnbereichen bestehen soll, steckt Hesse schon wieder in einer neuen Arbeit, deren Titel bereits feststeht: *Die Morgenlandfahrt.* Die Geschichte beginnt mit dem Satz: »Da es mir beschieden war, etwas Großes mitzuerleben, da ich das Glück gehabt habe, dem ›Bund‹ anzugehören und einer der Teilnehmer jener einzigartigen Reise sein zu dürfen, deren Wunder damals wie ein Meteor aufstrahlte und die nachher so wunderlich rasch in Vergessenheit, ja in Verruf geriet, habe ich mich entschlossen, den Versuch einer kurzen Beschreibung dieser unerhörten Reise zu wagen.«[628] Gleich zu Anfang gesteht der Erzähler, dass die phantastische Reise, die er schildern möchte, seine darstellerischen Möglichkeiten übersteigt. Der Leser wird darauf eingestimmt, dass es sich eigentlich um keine reale Reise handelt. Der Zug der Morgendlandfahrer findet allein im Kopf des Erzählers statt, es ist eine Pilgerfahrt in das Reich des Überwirklichen der Träumer und Poeten, denn »unser Morgenland war ja nicht nur ein Land und etwas Geographisches, sondern es war die Heimat und Jugend der Seele, es war das Überall und Nirgends, war das Einswerden aller Zeiten«[629]. Zwar wird der Zeitpunkt dieser imaginären Reise datiert, sie soll »unmittelbar nach dem Ende des großen Krieges«[630] stattgefunden haben. Der Erzähler, der später nur noch als »H. H.« und damit als Alter Ego Hermann Hesses auftritt, spielt damit auf die Umtriebe einer sich »Junge Schar« nennenden Gruppe von Wandervögeln an, die der bündischen Jugendbewegung angehörte. Im Frühjahr und Sommer 1920 zog sie unter der Führung des Sandalenheiligen Friedrich Muck-Lamberty in Thüringen singend und tanzend durchs Land und fand Tausende Anhänger. Die Umtriebe dieser Spielscharen waren so ansteckend, dass die »bacchantische(n) Tanzgemeinden«[631] ganze Städte in Aufruhr versetzten. Die zeitweilig in Carona wohnende Märchenerzählerin Lisa Tetzner, die der Spielschar in Thüringen selbst begegnet war, hatte Hesse von diesem wundersamen Phänomen berichtet. Es gibt der Phantastik seiner Erzählung einen historisch-realen, wenngleich ihre eigentliche Absicht eher verschleiernden Hintergrund.

Wie die »Junge Schar«, die wegen erotischer Eskapaden ihres Führers Lamberty bald in Verruf geriet und sich auflöste, ist auch der »Bund« der Morgenlandfahrer vom Auseinanderfallen bedroht. Denn jeder, der dieser Gemeinschaft beitritt, diesem immateriellen Reich des Geistes, das von den Kopfgeburten der Dichter, Sinnsucher, Gläubigen und Idealisten aller Zeiten und Länder bevölkert ist, wird vom Zweifel heimgesucht, muss sich der Skeptiker, Spötter und Realisten erwehren, die das Wunderbare als Einbildung und Spinnerei abtun. So ist das Märchen von den Morgenlandfahrern vor allem auch ein Gleichnis für den Glaubensabfall, die Apostasie. Bevor er durch das plötzliche Verschwinden eines Bundesbruders zum Abtrünnigen wird, ist H.H. mit einer Gruppe Gleichgesinnter unterwegs, auf einem »Kreuzzug«, der ihn durch Oberschwaben, die Schweiz bis an die Grenze Italiens führt. Man meidet moderne Reisemittel wie Eisenbahn, Dampfschiff, Auto oder Flugzeug, ist als traditioneller Pilger zu Fuß unterwegs, »um alle Stätten und Erinnerungen aufzusuchen und zu verehren, welche mit der uralten Geschichte unseres Bundes und seines Glaubens zusammenhingen«[632]. Jeder der Morgenlandfahrer hat seinen eigenen Traum, dem er folgt, »und doch flossen sie alle mit im großen Strom und gehörten alle zusammen, trugen dieselbe Ehrfurcht im Herzen, denselben Glauben, hatten alle dasselbe Gelübde abgelegt!«[633]

Nach Art des Schlüsselromans setzt Hesse mit der *Morgenlandfahrt* auch seinem Freundeskreis ein literarisches Denkmal, ja, er bezieht sogar die Gestalten seiner eigenen Werke in den Bund der Pilger mit ein. Dabei sind der Dichter Lauscher, der Musiker Pablo, der Maler Klingsor, Vasudeva, Siddhartha und Goldmund; H.H. trifft Jup den Magier, hinter dem sich sein alter Freund Josef Englert verbirgt, Josef Bernhard »Longus« Lang, den Komponisten Othmar Schoeck und »Louis den Grausamen, dessen Traum es war, im Heiligen Land einen Ölgarten zu pflanzen und Sklaven zu halten. Arm in Arm ging er mit Anselm, der die blaue Irisblume seiner Kindheit suchen ging. Ich traf und liebte Ninon, als ›die Ausländerin‹ bekannt, dunkel blickten ihre Augen unter schwarzen Haaren, sie war eifersüchtig auf Fatme, die Prinzessin meines Traumes, und war ja doch wahrscheinlich selber Fatme, ohne es zu wissen. So wie wir dahinzogen, so waren einst Pilger, Kaiser und Kreuzritter gezogen, um das Grab des Heilands zu befreien oder um arabische Magie zu studieren, spanische Ritter waren diesen Weg gepilgert und deutsche Gelehrte, irische Mönche und französische Dichter«.[634]

Höhepunkt der Pilgerfahrt durch Raum und Zeit ist die Bundesfeier im schweizerischen Bremgarten. Hesse wählt das Schloss seines Freundes Max Wassmer als Kulisse dieses illustren Festes, um das Ineinander von Realität und Dichtung, Traum und Wirklichkeit poetisch zu beschwören: »Von den Schloßherren Max und Tilli empfangen, hörten wir Othmar im hohen Saale auf dem Flügel Mozart spielen, fanden den Park von Papageien und anderen sprechenden Tieren bevölkert, hörten am Springbrunnen die Fee Armida singen, und mit wehender Locke nickte das schwere Haupt des Sterndeuters Longus neben dem lieben Antlitz Heinrichs von Ofterdingen. Im Garten schrien die Pfauen, und Louis unterhielt sich auf spanisch mit dem gestiefelten Kater, während Hans Resom, erschüttert durch seine Einblicke in das Maskenspiel des Lebens, eine Wallfahrt an das Grab Karls des Großen gelobte. Es war eine der Triumphzeiten unserer Fahrt: wir hatten die Zauberwelle mitgebracht, sie spülte alles fort, die Eingeborenen huldigten auf Knien der Schönheit, der Schloßherr trug ein Gedicht vor, das von unseren Abendtaten handelte, dicht gedrängt um die Schloßmauern lauschten die Tiere des Waldes, und im Flusse bewegten sich blinkend in feierlichen Zügen die Fische und wurden mit Backwerk und Wein bewirtet.«[635]

Die Wende kommt, als H.H. mit seinen Begleitern die gefährliche Schlucht von Morbio Inferiore an der italienischen Grenze erreicht. Leo, der treue Diener, verschwindet mitsamt dem kostbaren Bundesbrief. Dies ist der Anfang vom Ende der verschworenen Gemeinschaft, es kommt zu Streitigkeiten, die Gruppe bricht auseinander. War der Bund, zweifelt nun auch H.H., der Chronist der Reise, je Wirklichkeit? Mit der Suche nach dem originalen Bundesbrief, im Streit um die rechte Überlieferung zerbricht auch der Glaube selbst. H.H. wird zum Zweifler, beherrscht von Suizidgedanken lebt er zehn Jahre lang einsam in einer namenlosen Großstadt, bis er durch einen Hinweis den geheimnisvollen Diener Leo wiederfindet. Vor das »Hohe Gericht« des Bundes zitiert, erfährt H.H., dass dieser nie aufgehört hat zu existieren. Als er im Bundesarchiv die Millionen Schriften und Bilder sieht, von denen er nur einen Bruchteil zu entziffern versteht, wird ihm klar, wie anmaßend es war, eine Geschichte des Bundes schreiben zu wollen. Er wird von Leo, der sich überraschend als oberster Richter des Bundes entpuppt, freigesprochen, darf in ein neues Noviziat eintreten mit der Aussicht, einmal zu den Oberen zu gehören, wenn er eine letzte Probe bestanden hat. Er soll im Bundesarchiv die eigene Lebensgeschichte erforschen, tief in sich selbst hineinschauen – nicht als Strafe, sondern als Selbstprüfung.

Das mit seinem Namen versehene Archivfach enthält zu seiner Überraschung nur eine kleine Plastik, eine Doppelfigur. Sie stellt H.H. und zugleich seinen Bundesbruder Leo dar. Durch die gläserne Oberfläche kann man ins Innere der Skulptur schauen, dort vollzieht sich eine magische Verwandlung, »ein sehr langsames, sanftes, aber ununterbrochenes Fließen oder Schmelzen, und zwar schmolz oder rann es aus meinem Ebenbild in das Bild Leos hinüber, und ich erkannte, daß mein Bild im Begriff war, sich mehr und mehr an Leo hinzugeben und zu verströmen, ihn zu nähren und zu stärken. Mit der Zeit, so schien es, würde alle Substanz aus dem einen Bilde in das andre hinüberrinnen und nur ein einziges übrigbleiben: Leo. Er mußte wachsen, ich mußte abnehmen.«[636] Das Bild des Erzählers schrumpft, das seines Geschöpfes Leo wächst, Sinnbild dafür, »daß die erdachten Figuren doch ohne Ausnahme viel lebendiger, schöner, froher und gewissermaßen richtiger und wirklicher zu sein pflegen, als die Dichter und Schöpfer selbst«[637]. Leo ist das magische Zentrum des Bundes, ohne ihn löst sich der Zauber auf. Er verkörpert den Geist der Poesie, und der Erzähler H. H. muss begreifen, dass er nicht über ihn verfügen kann, sondern angewiesen bleibt auf seine Zuwendung. Das Schöpferische ist ein Geschenk.

Diese Erkenntnis von der Nachrangigkeit des Schaffenden gegenüber dem Erschaffenen ist nicht neu für Hesse, aber mit wachsendem Alter wird sie unabweisbarer. Er beginnt, sich selbst historisch zu werden, die *Morgenlandfahrt* ist ein selbstreferenzielles Spiel mit den Versatzstücken der eigenen Phantasie und ein routinierter Griff in die Requisitenkammer der von Hesse bevorzugten literarischen Stoffe und Motive, wie er sie eben in seiner *Bibliothek der Weltliteratur* vorgeführt hatte. Die tatsächliche Welt zieht sich weiter aus seinem Werk zurück, die kleine Bühne des Magischen Theaters weitet sich zur Weltkirche des Geistes, Zeitlosigkeit triumphiert endgültig über die Zeit. Dem aufmerksamen Leser kann es nicht entgehen, dass Hesse mit seinem makellosen Bund der Unsterblichen wieder zur Welt seines *Hermann Lauscher* zurückgekehrt ist, zu der pietistisch inspirierten Weltflüchtigkeit eines transzendenten Reiches der Schönheit, zur Kunstreligion seiner Jugend, zu den Idealen der jungen Romantiker des »Petit Cénacle«. Aber Hesse agiert nicht im luftleeren Raum der Geschichte, mit den Nostalgien des Alters ist nicht alles zu erklären; der stille Abschied vom auftrumpfenden Individualismus der Klingsor-Zeit und die stete Zuwendung zu Freundschaft und Gemeinschaft mit ihren Idealen des Dienens und der sozialen Verantwortung gehen Hand in Hand mit den politischen Veränderungen in Deutschland und Europa, von denen auch der Schweizer Bürger Hermann Hesse nicht unberührt bleibt.

Nachdem Hesse am 10. November 1930 aus der Preußischen Akademie der Künste ausgetreten war, weil einige der völkischen Autoren die Aufnahme jüdischer Autoren verhindern wollten, beunruhigt ihn jetzt auch der Aufstieg der nationalsozialistischen Partei, die bei der Reichstagswahl im September 1930 zur zweitstärksten Kraft geworden ist. Am 14. Mai 1931 schreibt er seinem

Freund Josef Englert, er befürchte, dass Deutschland auf einen neuen Krieg zusteuere: »Ich habe seit 1919 nichts andres gesehen und geglaubt und habe seither nicht nur im ›Steppenwolf‹, sondern in ungezählten Aufsätzen, über deren ›Pessimismus‹ sich die Redakteure oft lustig machten, davon gesprochen und davor gewarnt.«[638] Anders als Thomas Mann sieht Hesse in der NS-Bewegung keinen vorübergehenden »Spuk«, sondern eine tödliche Gefahr für den Frieden. Vor allem die deutsche Jugend, mahnt er einen jungen Leserbriefschreiber, müsse endlich selbst die Verantwortung übernehmen, um ihren Idealen zu dienen, statt auf einen »Führer« zu hoffen.

Als Hermann Hesse und Ninon Dolbin Ende Januar 1931 in St. Moritz mit Thomas Mann zum Wandern und Skifahren zusammenkommen, treffen sie auf einen Schriftsteller, der durch die Verleihung des Nobelpreises für Literatur eine Weltberühmtheit geworden ist. Für Hesse, der das zeremonielle Wesen Manns, der unablässig als geistiger Repräsentant Deutschlands in der Welt umherreist, von Anfang an belächelt hatte, verwandelt sich die eher flüchtige Bekanntschaft während der gemeinsamen Wochen im Grandhotel »Chantarella« in herzliche Freundschaft. Er hatte Thomas Manns Bücher immer freundlich besprochen, und eben hat dieser *Narziß und Goldmund* auf Anfrage einer Zeitschrift eines der besten Bücher des Jahres 1930 genannt. Zu dem Kreis, der sich im Grandhotel einfindet, gehören auch Thomas Manns Ehefrau Katia und Tochter Elisabeth, der Verleger Samuel Fischer, dessen Frau und Tochter sowie sein Schwiegersohn Gottfried Bermann Fischer. Auch der jüdische Schriftsteller Jakob Wassermann stößt mit Frau und Sohn zu dieser Runde. Für den selbstverliebten Nobelpreisträger kann Ninon sich nicht erwärmen, dafür gewinnt sie die herzliche Zuneigung von Katia Mann, mit der sie Bergwanderungen unternimmt. Die erfahrene Dichtergattin rät ihrer neuen Freundin, die eigenen Interessen nie aufzugeben, und warnt davor, unverheiratet in das neue Haus einzuziehen. Doch für eine Heirat ist die Zeit vor dem Umzug zu knapp, zumal sich Ninon erst von ihrem Mann Fred Dolbin scheiden lassen muss.

Hesses Geburtstag am 2. Juli wird ein letztes Mal in der »Villa Camuzzi« gefeiert, dann reist er ab in die Kur nach Baden, um dem Wohnungswechsel zu entgehen. Ninon, die den Umzug zusammen mit seinem Sohn Martin zu bewältigen hat, schreibt er aufmunternd:

ZUM ERSTEN TAG IM NEUEN HAUS

Wenn der Kummer an Dir frißt,
Wenn Du voller Sorgen bist,
Angst und Ärger an Dir reißt,
Wähle Heilung durch den Geist.[639]

Das stattliche Gebäude, das wegen seines roten Verputzes »Casa Rossa« genannt wird, ist eigentlich ein Doppelhaus, jeder hat einen eigenen Eingang, miteinander ist das Paar durch eine einzige Tür zwischen den beiden Schlafzimmern verbunden, die in der Mittelachse der beiden Haushälften aneinanderstoßen. In Ninons Wohnbereich, der den größeren Teil des Hauses umfasst, sind auch das Personal, die Küche, das Esszimmer und das Gästezimmer untergebracht. Im Erdgeschoss befinden sich die gemeinsamen Räume: das Atelier mit dem alten Schreibtisch in der Mitte, ein Vielzweckraum mit Terrasse, daneben die große Bibliothek, in der man Gäste empfangen, Tee trinken oder Musik hören kann. Völlig abgetrennt und weitab von den Wirtschaftsräumen liegt Hesses »Studio« im Obergeschoss, seine Schreibzelle mit weitem Blick vom Balkon auf Lugano, Montagnola und den See. Ninon schaut aus ihren Räumen nach Südwesten auf den Monte San Salvatore und den Monte Generoso.

Im Oktober entschließt sich Hesse, auch auf Zureden von Thomas und Katia Mann, seine Verbindung zu Ninon zu legalisieren. Er teilt Elsy und Hans Bodmer mit, dass die Trauung am 14. November 1931 auf dem Standesamt von Montagnola ohne große Feierlichkeit stattfinden wird: »Da Ninons erste Ehe in diesem Sommer endlich geschieden wurde und ich ihr nach dem Hausbau etc. doppelt verpflichtet bin, konnte ich trotz meiner

Abneigung gegen die Ceremonie nicht anders.«[640] Die Heirat macht Ninon das Leben nicht leichter. Ab 1932 führt sie ein *Tagebuch der Schmerzen*, in dem sie die Enttäuschung über die Lieblosigkeit ihres Ehemanns festhält. Sie fragt sich, wie lange es ihr noch gelingt, »daß man immer wieder auftauche, nachdem man doch hunderte Male tief ins Wasser gestoßen worden war. Was zog einen immer wieder hinauf?«[641] Es ist die geistige Verbindung, Ninons leidenschaftliche Bewunderung für Hesses Werk, die auch in den Stunden der größten Verzweiflung nie nachlässt. Hesse bedankt sich für diese Treue mit einer Verfügung, durch die er Ninon schon jetzt zur Verwalterin seines literarischen Nachlasses macht.

Bisweilen spürt auch er die engen Grenzen seines Liebesvermögens, weiß aber, dass er daran nichts ändern kann. Zunehmend belastet ihn die Niedergedrücktheit seiner jungen Frau, der Panzer der Unnahbarkeit, mit dem sie sich selbst schützt: »An den Tagen, wo Du das Ölgötzengesicht machst und Deinem Moloch opferst, ist es schwer, auf Dich angewiesen zu sein. Ich begreife manches, alles natürlich nicht, ich bin 56 und bin ein Mann, wie sollte ich wissen, was in einer Frau von 20 Jahren weniger vorgeht. Aber es bedrückt mich sehr, daß Du zu Zeiten den Eindruck machtest, als sei Dein Leben die reine Sklaverei und daß Du diesen Sommer sogar vor der Sammlung und Zurückgezogenheit, die ich vor der Produktion brauche, keinen Respekt hattest.«[642] Auch jetzt reagiert Ninon in der ihr gemäßen Art, bittet um Verständnis und gelobt Besserung: »Ich bin nicht aus Bosheit ein Ölgötze, Hermann. Gewiß will ich diesen Zustand nicht pflegen, es ist eine Reaktion auf innere Erlebnisse – es ist eine Eisschicht, die mich manchmal umzieht, mich isoliert, eine Art Schutz. Ich habe das zum ersten Mal nach Papas Tod an mir erfahren – das Gefühl einer Erstarrung – und ich hatte das Gefühl, sie schütze mich, sie verhindere, daß mein Herz breche. Ich will versuchen, dem entgegenzuarbeiten, wenn Du glaubst, daß es eine Art Krankheit ist. Ich will mich nicht in Krankheit flüchten, ich will nicht so feige sein.«[643]

Die Fotos aus dieser Zeit zeigen keine glücklich verheiratete

Frau, sondern eine abweisend und streng in die Kamera schauende Begleiterin, die wie festgewurzelt und ohne Körperkontakt neben ihrem Mann steht. Hesse sei »ein Großverbraucher an Kraft«, klagt Ninon ihrer Schwester[644] – und so ausgebrannt und erschöpft wirkt sie auch auf den Bildern dieser ersten Ehejahre. Dass Hesse im Innersten ihren Eigensinn schätzt und ihre Kraft bewundert, zeigt eine Erzählung, die er Ninon widmet. Zehn Jahre nach *Piktors Verwandlungen,* die er einst für die mädchenhafte Ruth schrieb, erzählt Hesse in seinem Märchen *Vogel* nicht mehr vom Glück der symbiotischen Vereinigung eines alten Mannes mit einer jungen Frau, sondern die Geschichte einer Zähmung. Hesse selbst ist »Vogel«, der Titelheld der Erzählung; den Kosenamen gab ihm Ninon in Anspielung auf seine Physiognomie. Über diesen seltenen Vogel, der in den Wäldern um das »Montagsdorf« (Montagnola!) heimisch ist und sich den Nachstellungen der Dorfbewohner listenreich entzieht, sind viele Gerüchte im Umlauf. Man sagt, dieser geheimnisvolle Vogel »sei früher ein Prinz gewesen, ein Zauberer, welcher einst ein rotes Haus am Schlangenhügel bewohnte und in der Gegend Ansehen genoß, bis das neue Flachsenfingische Landrecht in der Gegend eingeführt wurde, wonach mancher brotlos wurde, weil das Zaubern, Versemachen, Sichverwandeln und andre solche Gewerbe für verboten erklärt und mit Infamie belegt wurden«[645].

Hesse spielt damit auf die sich ankündigende Machtergreifung der Nationalsozialisten an, die der Dichtung ideologische Fesseln anlegen wollen. Bevor der Zaubervogel für »vogelfrei« erklärt wurde, so berichtet es die Legende, sei er von der »›Ausländerin‹, auch Ninon genannt«[646], eingefangen und gezähmt worden. Die geschickte »Vogelfängerin« habe den freiheitslieben den Vogel in einen Nestbewohner verwandelt, denn sie verfüge über entsprechende Praktiken, wozu die Zubereitung des »Bischofsbrots«, einer köstlichen Lockspeise, gehöre. Tatsächlich pflegt Ninon das süße Früchtebrot nach einem alten Czernowitzer Rezept zu backen, und Hesse verspeist es in der Adventszeit mit größtem Behagen. Die Titelzeichnung des Typoskripts, das er Ninon am 18. September 1933 zu ihrem achtunddreißigsten

Geburtstag schenkt, zeigt die Vogelfängerin denn auch als flötenspielende Zauberin, die »Vogel« in einem Käfig auf dem Rücken davonträgt.

Das Bild des Käfigs ist auch eine Metapher für die Zähmungsversuche, denen die Kulturschaffenden in Deutschland ausgesetzt sind. Nicht erst das Märchen *Vogel*, schon *Die Morgenlandfahrt* ist von der Kritik als Protest des Geistes gegen den sich ausbreitenden Ungeist, den sich verschärfenden Krieg der Ideologien verstanden worden. In diesem Sinne hatte auch Heinrich Wiegand im Mai 1932 Hesses Erzählung gedeutet. Der Publizist schrieb in der *Neuen Rundschau*: »Mitsamt ihren wehmütigen Scherzen, ihren kostbaren Sprachmelodien und Goldfarben ist Hesses Erzählung letztlich ein Manifest, die Demonstration eines den Tagbefangenen, Machtsuchern und unfreiwillig Ausgestoßenen verborgenen Bundes von Menschen, die, dem Geiste und dem Schönen ergeben, in ihrer Vereinsamung Zeitgenossen aus allen Zeiten wesenhaft um sich versammeln zum Protest gegen die Diskreditierung der Dichtung.«[647]

Die Morgenlandfahrt ist im Vergleich mit dem Roman *Narziß und Goldmund*, der schon im Veröffentlichungsjahr 1930 mehr als 20 000 Mal verkauft worden ist, kein wirklicher Bucherfolg. Aber die Erzählung wirkt als Appell, dem Missbrauch gemeinschaftsstiftender Ideale, wie sie im Nationalsozialismus und im Kommunismus gleichermaßen verherrlicht werden, entgegenzutreten. Auf Briefe von jungen Lesern, die ihn auffordern, Partei zu ergreifen, antwortet Hesse, es sei nicht die Aufgabe des Dichters, sich mit der Waffe in der Hand oder von der Rednertribüne herab für eine militante Weltanschauung einzusetzen. Die echten Dichter, schreibt er in seinem »Brief an einen Kommunisten«, erkenne man daran, »daß sie einen unbändigen Drang nach Unabhängigkeit haben und sofort zu arbeiten aufhören, wenn man sie zwingen will, die Arbeit anders als nach dem eigenen Gewissen zu machen«[648]. Seinem Sohn Heiner, der auf Vermittlung des Unternehmers Fritz Leuthold eine Lehre als Dekorateur im Zürcher Kaufhaus Jelmoli absolviert und sich neuerdings zum Sozialismus bekennt, gibt er zu bedenken, dass jede Revolution zum

Blutvergießen führe. Es sei ihm unmöglich, eine Idee mit Gewalt durchzusetzen: »Ich gestehe mir das Recht zur Revolution und zum Totschlag nicht zu.«[649]

Nach der Ernennung Hitlers zum Reichskanzler am 30. Januar 1933 schreibt Hesse das Gedicht *Absage*:

Lieber von den Faschisten erschlagen werden
Als selber Faschist sein!
Lieber von den Kommunisten erschlagen werden
Als selbst Kommunist sein!

Wir haben den Krieg nicht vergessen. Wir wissen,
Wie das berauscht, wenn man Trommel und Pauke rührt.
Wir sind taub, wir werden nicht mitgerissen,
Wenn ihr das Volk mit dem alten Rauschgift verführt.
Wir sind weder Soldaten noch Weltverbesserer mehr,
Wir glauben nicht, daß ›an unserem Wesen
Die Welt müsse genesen‹.[650]

Hesse ist froh, in der Schweiz vom politischen Umsturz in Deutschland weitgehend verschont zu sein. Seit dem Abschluss der *Morgenlandfahrt* arbeitet er an einem Buch, das die Summe all seiner Erfahrungen und Einsichten enthalten, das letztlich sein philosophisches, ästhetisches und moralisches Testament werden soll: *Das Glasperlenspiel*. 1932 hatte er die Exposition dazu abgeschlossen, die »Einführung in die Geschichte des Glasperlenspiels«. Seitdem stockt die Arbeit. War das Projekt anfangs nur als Fortführung der in der *Morgenlandfahrt* entwickelten Vorstellung von einer überzeitlichen Gemeinschaft des Geistes gedacht, so beginnt es sich unter dem Eindruck der politischen Verhältnisse zur Utopie zu entwickeln, zum Gegenbild einer universalen Kultur, die den geistfeindlichen Totalitarismus der Gegenwart, aber auch den autoritätslosen Individualismus des »feuilletonistischen Zeitalters« in einer fernen Zukunft überwinden soll. »Ich kann Dir über das, was mit dem ›Glasperlenspiel‹ gemeint ist«, schreibt Hesse am 28. Januar 1933 an Gottfried Bermann Fischer, »nichts sagen als was Du jetzt schon aus dem Vorwort weißt, und etwa noch dies: im Sinn habe ich einfach, die Geschichte eines Glasperlenspielmeisters zu schreiben, er heißt Knecht und lebt etwa um die Zeit, wo das Vorwort aufhört. Mehr weiß ich nicht. Die Schaffung einer gereinigten Atmosphäre war mir nötig, ich ging diesmal nicht in die Vergangenheit oder ins märchenhaft Zeitlose, sondern baute die Fiktion einer datierten Zukunft. Die weltliche Kultur jener Zeit wird die gleiche sein wie heute, dagegen wird eine geistige Kultur da sein, in der zu leben und deren Diener zu sein sich lohnt – dies ist das Wunschbild, das ich da malen möchte.«[651]

VIERZEHNTES KAPITEL

Die Emigranten kommen: Thomas Mann und Bert Brecht in Monta-
gnola. Zwischen allen Stühlen. Arbeit am Glasperlenspiel. *Tod des*
Verlegers Samuel Fischer. Hesse schreibt für die schwedische Zeitschrift
Bonniers Litterära Magasin. *Angriffe aus Deutschland. Selbstmord*
von Bruder Hans. Kritik aus dem Lager der Emigranten. Peter Suhr-
kamp übernimmt den S. Fischer Verlag. Jäten und Dichten: Stunden
im Garten. In Deutschland verschwiegen, in der Schweiz gefeiert: der
60. Geburtstag. Spannungen mit Ninon. Flüchtlingswelle. Lebensbeschreibung des Magister Ludi Knecht: *Abschluss des* Glasperlenspiels

Mit der von Hitler nach dem Reichstagsbrand vom 27. Februar
1933 durchgepeitschten Notverordnung »zum Schutz von Volk
und Staat« und verstärkt durch das am 24. März vom Reichstag
beschlossene »Ermächtigungsgesetz« setzt im nationalsozialistischen Deutschland die Verfolgung der Andersdenkenden in einer
Vehemenz und Brutalität ein, die sich auch ein Hermann Hesse
nicht hat vorstellen können. Der staatliche Terror richtet sich
gegen Sozialdemokraten und Kommunisten, Gewerkschafter,
Juden, linke Intellektuelle und rechte Abweichler. Wer sich dem
Zugriff der Geheimpolizei entziehen kann, flüchtet ins Ausland.
»Die Betten sind auch bei mir gerüstet, und ich erwarte morgen
den ersten aus Deutschland entkommenen Gast«[652], schreibt
Hesse Anfang März 1933.

Als Erster kommt der Publizist Heinrich Wiegand, der als
Herausgeber der nun verbotenen sozialistischen Zeitschrift
Kulturwille für sich keine Zukunft mehr in Deutschland sieht.
Dann reisen überraschend Thomas und Katia Mann an, die sich
während der Machtergreifung zufällig in Arosa aufhielten und
nun unschlüssig sind, ob sie ins Exil gehen oder zurück nach
München reisen sollen. Thomas Mann hat sich durch seine repu-

blikanischen Reden den Zorn der Rechten zugezogen. Der Nationalsozialismus ist für den Autor des *Zauberbergs* eine »Elendsmischung aus vermufften Seelentümern und Massenklamauk«, Hitler »das Vieh mit seinen Hysterikerpfoten«[653]. Als Thomas Mann sich im Frühjahr 1933 einige Wochen in Montagnola aufhält, steht er noch immer unter Schock. Über Nacht ist er vom Repräsentanten zum Aussätzigen geworden. »Es gab nichts Wohltuenderes, Heilsameres in jenen verworrenen Tagen als sein Gespräch«[654], wird er sich später an die Begegnung mit Hermann Hesse in Montagnola erinnern. Er weiß sich mit ihm einig, dass der Nationalsozialismus eine Ausgeburt der Dekadenz, der geistig entleerten Massengesellschaft ist. Noch immer gibt es in seinem intellektuellen Republikanismus viel Raum für die nie ganz überwundenen Ressentiments gegen die seelenlose »westliche« Zivilisation, wie er sie während des Ersten Weltkriegs und in seinen nationalkonservativen *Betrachtungen eines Unpolitischen* gegeißelt hatte. Thomas Mann fühlt sich so sehr als Aristokrat des Geistes, als Statthalter Goethes auf Erden, dass ihn die Erfahrung, plötzlich zu den Ausgestoßenen, zu den »Undeutschen« und den Emigranten zu gehören, geradezu verbittert. Seine innere Zwiespältigkeit angesichts der Vorgänge in Deutschland vertraut er seinem Tagebuch an. Während seines Tessin-Aufenthalts notiert Mann, der wie Hesse mit einer Jüdin verheiratet ist, dass die deutschen Vorgänge, »staatlich-historisch genommen«, eigentlich positiv zu werten seien. »Die Revolte gegen das Jüdische«, schreibt er am 20. April, Hitlers Geburtstag, »hätte gewissermaßen mein Verständnis.«[655]. Auf öffentliche Erklärungen gegen das Regime verzichtet er vorerst mit Rücksicht auf seinen Besitz in München und in der Hoffnung, seinen Roman *Joseph und seine Brüder* doch noch in Deutschland veröffentlichen zu können.

Auch der Dramatiker Bertolt Brecht sucht das Gespräch mit Hermann Hesse. Eben noch für sein avantgardistisch-revolutionäres Theater in Deutschland gefeiert, muss sich der Schöpfer der *Dreigroschenoper* vor den Nachstellungen der Nationalsozialisten in Sicherheit bringen. Brecht wohnt in Carona bei seinem eben erst in die Schweiz emigrierten Freund, dem kommunistischen Schriftsteller Kurt Kläber. Gemeinsam mit ihm und dessen Gefährtin, der Märchenerzählerin Lisa Tetzner, besucht Brecht Hesse in Montagnola. Man spielt Boccia und diskutiert über die im Dritten Reich kursierenden schwarzen Listen unliebsamer Autoren. Auch die Bücher Brechts stehen auf dem Index und werden wie Tausende andere im Mai 1933 öffentlich verbrannt. Hesse dagegen wird von den Nationalsozialisten nicht zu den »Asphaltliteraten« gezählt und ist vorerst keiner Diskriminierung ausgesetzt. Seine Bücher dürfen weiter veröffentlicht werden, aber ihr Absatz geht deutlich zurück. Im ersten Halbjahr 1933 beträgt Hesses Honorar gerade einmal 500 Mark. Er weiß sehr wohl, was sich in seiner alten Heimat abspielt: »In Deutschland«, schreibt er am 25. März 1933 an Hermann Hubacher, »sind etwa 30 – 40 Tsd. zur Zeit lediglich ihrer Gesinnung wegen gefangengesetzt, viele werden verfolgt, viele sind totgeschlagen, fast alle roh und zum Teil schwer mißhandelt worden. Das deutsche Pogrom gegen den Geist ist heftiger, brutaler und säuischer als alles, was im faschistischen Italien geschah. Dazu die Judenverfolgung, das Unwürdigste, was diese blutigen Tiger sich noch extra ausdenken konnten.«[656] Dennoch weigert er sich beharrlich, Manifeste zu unterzeichnen oder in deutschsprachigen Exilmedien Kritik am NS-Regime zu üben. Er hält das nicht für die Aufgabe eines Schriftstellers; stattdessen korrespondiert er mit jungen deutschen Lesern und rät ihnen, statt Uniformen zu tragen sich besser der Entwicklung der eigene Persönlichkeit zu widmen.

Die politische Zurückhaltung zu wahren fällt Hesse nicht immer leicht, ist er doch auch durch das Schicksal von Ninons Familie mit der sich ständig verschärfenden Judenverfolgung konfrontiert. Mit jeder Information, die er von den Emigranten über die Zustände in Deutschland erhält, wird ihm seine eigene Rolle als deutschstämmiger Schweizer, der seine Bücher weiter in Deutschland veröffentlicht, unbehaglicher. »Ich empfinde eine Art von Verpflichtung zur Opposition, kann diese aber nicht anders realisieren, als indem ich mich und meine Arbeit noch intensiver neutralisiere«[657], notiert Hesse im Sommer 1933 in sein Tagebuch. Wie schon beim Kriegsausbruch 1914 hat er jedoch Verständnis für den in Deutschland grassierenden Patriotismus. Über seine Schriftstellerfreunde Ludwig Finckh und Emil Strauß, die der NS-Bewegung anhängen, schreibt er: »Ich sehe vor allem in der Art, wie sie ›ihr‹ Volk und Vaterland lieben können, in der starken, blinden, bluthaften, unausrottbaren Art ihrer Liebe, die durch kein Leid, keine Macht, auch keine Vernunft zu beeinträchtigen ist, eine große Stärke und Tugend, obwohl sie zu sehr üblen Folgen führen kann.«[658] Zu dieser unbedingten Liebe sei er selbst nicht fähig, seine Hingabe habe immer etwas Überpersönliches, sie richte sich auf Gott, die Menschheit, den Geist oder die Tugend. »Kurz, ich bin theoretisch ein Heiliger, der alle Menschen liebt, und praktisch ein Egoist, der nie gestört sein mag.«[659]

Die Position zwischen den Stühlen beeinflusst zunehmend auch die Arbeit am neuen Buch. Nach der Machtergreifung tilgt er aus der ersten Fassung seiner *Einführung in die Geschichte des Glasperlenspiels* alles, was bei den neuen Machthabern Anstoß erregen könnte, so seine Kritik an dem in rechten Kreisen äußerst populären Buch *Die Kriegsschuldlüge* des völkischen Schriftstellers Ernst Graf zu Reventlow. Auch seine Persiflage des rassenkundlichen Machwerks *Das grüne Blut* fällt der Selbstzensur zum Opfer. Eine Skizze des Schlusskapitels, in der der Spielmeister Josef Knecht sich weigert, seinen Orden in den Dienst der Diktatur zu stellen, wird ebenfalls verworfen. Hesse entschließt sich, künftig noch stärker zum Mittel der Camouflage zu greifen, denn das Vorwort, notiert er im Tagebuch, könne in dieser Form in Deutschland nicht gedruckt werden, »weil es noch viel zu sehr zeitbestimmt und zeitbeeinflußt ist«[660]. Es müsse neu geschrieben werden.

Wie kann man die NS-Diktatur kritisieren und dabei selbst unangreifbar bleiben? Die Konzeption, die Hesse nun zu entwickeln beginnt, ist so einfach wie verblüffend: Die Geschichte des »Magister Ludi«, des im 22. Jahrhundert lebenden Glasperlenspielmeisters Josef Knecht, soll vom Jahr 2400 aus im Rückblick erzählt werden. Hesse überspringt gewissermaßen das Dritte Reich, das nach dem Willen der Nationalsozialisten tausend Jahre währen soll, und kennzeichnet es damit als vorübergehendes Phänomen. Die Utopie einer Idealschule, die unabhängig von staatlicher Reglementierung sich nur dem freien Geist verpflichtet weiß, soll angesichts der totalen Ideologisierung des deutschen Bildungswesens wie ein Fanal des geistigen Widerstands wirken. Über die Entstehung des Buchs wird Hesse später schreiben: »Um den Raum zu schaffen, in dem ich Zuflucht, Stärkung und Lebensmut finden könnte, genügte es nicht, irgend eine Vergangenheit zu beschwören und liebevoll auszumalen, wie es etwa meinem früheren Plan entsprochen hätte. Ich mußte, der grinsenden Gegenwart zum Trotz, das Reich des Geistes und der Seele als existent und unüberwindlich sichtbar machen, so wurde meine Dichtung zur Utopie, das Bild wurde in die Zukunft projiziert, die üble Gegenwart in eine überstandene Vergangenheit gebannt. Und zu meiner eigenen Überraschung entstand die kastalische Welt wie von selbst. Sie brauchte nicht erdacht und konstruiert zu werden. Sie war, ohne daß ich davon gewußt hätte, längst in mir präformiert.«[661]

Die kastalische Welt ist eine Anspielung auf die heilige Quelle »Kastalia« bei Delphi, mit deren Wasser sich jeder benetzen musste, bevor er den Tempel des Apollon betrat, des Gottes der Weissagung, der Heilung und der Musik. Von der Welt gereinigt, sollen auch Hesses »Kastalier« nur dem Geist und den Musen dienen. Die Idee, die streng hierarchische, ganz auf Gehorsam, Dienst und Opfer gründende Welt eines weltlichen Ordens als Gegenbild zum Führerstaat Hitlers erscheinen zu lassen, ist nur auf den ersten Blick paradox, denn es geht im Orden der Glasperlenspieler nicht um die Aufrechterhaltung von realer Macht, sondern um die spielerische Pflege von Kultur. Andererseits hat die in hohem Maße esoterische *Einführung in die Geschichte des Glasperlenspiels* für den zeitgenössischen Leser auch etwas Zweideutiges. Das darin entwickelte Persönlichkeitsideal hätte auch von einem Anhänger des Nationalsozialismus, von einem Mitglied der SS-Elite, formuliert werden können: »Ist doch gerade das Auslöschen des Individuellen, das möglichst vollkommene Einordnen der Einzelperson in die Hierarchie der Erziehungsbehörde und der Wissenschaften eines der obersten Prinzipien unsres geistigen Lebens.«[662] Nicht das Individuum, sondern der »Typus« sei das Vorbild des kastalischen Ordens, und allenfalls »die Römische Kirche in ihren mächtigsten Epochen«[663] dürfe zum Vergleich herangezogen werden. Der Chronist versichert, sein Lebensbild von Josef Knecht fröne nicht dem »Personenkult«[664], mit dem die individuelle, einmalige Persönlichkeit eines Menschen beschrieben würde: »Wir erstaunen, wenn wir in den Biographien jener Zeiten etwa weitläufig erzählt finden, wie viele Geschwister der Held gehabt oder welche seelischen Narben und Kerben ihm die Loslösung von der Kindheit, die Pubertät, der Kampf um die Anerkennung, das Werben um Liebe hinterlassen haben. Uns Heutige interessiert nicht die Pathologie noch die Familiengeschichte, nicht das Triebleben, die Verdauung und der Schlaf eines Helden; nicht einmal seine geistige Vorgeschichte, seine Erziehung durch Lieblingsstudien, Lieblingslektüre und so weiter ist uns sonderlich wichtig. Uns ist nur jener Held und eines besonderen Interesses würdig, der von Natur und durch Erziehung in den Stand gesetzt wurde, seine Person nahezu vollkommen in ihrer hierarchischen Funktion aufgehen zu lassen.«[665]

Mit seiner Kritik des bürgerlichen Persönlichkeitsideals charakterisiert Hesse nicht nur eine überwundene Epoche der Geschichte, in der das Individuum zum obersten Wert erklärt wurde, sondern auch frühere Phasen seiner eigenen Autorschaft. Diese Selbstrevision muss im Dezember 1934, als die *Einführung* in der *Neuen Rundschau* veröffentlicht wird, bei den Hesse-Lesern Missverständnisse, zumindest Irritationen auslösen. Hesses Fundamentalkritik der Moderne, sein abschätziges, fast höhnisches Porträt des sogenannten »feuilletonistischen Zeitalters«[666] hat durchaus Ähnlichkeit mit dem Zerrbild, das ein NS-Agitator wie Joseph Goebbels von der Weimarer Republik und ihrem »Kulturbolschewismus« zeichnet, auch wenn Hesse mit seinem Verdikt nicht nur auf die Zwanzigerjahre, sondern vor allem auf die Kultur des spätbürgerlichen Fin de Siècle zielt. An Fritz Marti schreibt er im Januar 1934: »Inmitten der heutigen Zeit vollends, inmitten dieses tristen Ramsch-Ausverkaufs aller Kulturwerte, sehe ich in allen den bolschewikischen Zertrümmerungen der sprachlichen und dichterischen Tradition beinahe lediglich etwas Negatives.«[667] Von der Warte des Jahres 2400 aus gesehen, schrumpft die Gegenwart zu einer Ära der Dekadenz, in welcher »der Geist eine unerhörte und ihm selbst nicht mehr erträgliche Freiheit genoß«[668] und alles Geistige der Scharlatanerie intellektueller Hochstapler ausgeliefert war. Nicht das Bedürfnis nach Wahrheit, sondern die Lust an der zersetzenden Ironie, ein hämischer Pessimismus bestimmt die Haltung der Kulturschaffenden. Geschwätzige Feuilletons ergießen sich wie eine »Sintflut von vereinzelten, ihres Sinnes beraubten Bildungswerten und Wissensbruchstücken«[669] über die orientierungslosen Kulturkonsumenten. Beliebigkeit, Relativismus und Nihilismus sind die Folge: »Sie lernten mit Ausdauer das Lenken von Automobilen, das Spielen schwieriger Kartenspiele und widmeten sich träumerisch dem Auflösen von Kreuzworträtseln – denn sie standen dem Tode, der Angst, dem Schmerz, dem Hunger beinahe schutzlos gegenüber, von den Kirchen nicht mehr tröstbar, vom Geist unberaten. Sie, die so viele Aufsätze lasen und Vorträge hörten, sie gönnten sich die Zeit und Mühe nicht, sich gegen die Furcht stark zu machen, die Angst vor dem Tod in sich zu bekämpfen, sie lebten zuckend dahin und glaubten an kein Morgen.«[670] Mit dem Niedergang des Geistes und der Moral ist auch der Fortbestand der Zivilisation in Gefahr: »Man weiß oder ahnt: wenn das Denken nicht rein und wach und die Verehrung des Geistes nicht mehr gültig ist, dann gehen bald auch die Schiffe und Automobile nicht mehr richtig, dann wackelt für den Rechenschieber des Ingenieurs wie für die Mathematik der Bank und Börse alle Gültigkeit und Autorität, dann kommt das Chaos.«[671]

Doch die Zeit des kulturellen Zerfalls ist auch eine Zeit des Neubeginns. Gegen die Entwertung aller Werte wendet sich eine

»winzig kleine, tapfere, halb verhungerte aber unbeugsam gebliebene Schar von wahrhaft Geistigen«, deren Keimzelle der Bund der Morgenlandfahrer ist, um »in asketisch-heroischer Selbstzucht sich eine Ordnung und eine Konstitution zu geben«[672]. Hesse möchte dem Leser in seinem Vorwort »eine kleine volkstümliche Einführung in den Sinn und die Geschichte des Glasperlenspieles«[673] geben. Diese Einführung, die auch den Exkurs über das feuilletonistische Zeitalter enthält, ist jedoch weder klein noch volkstümlich. Sie erstreckt sich über dreißig Buchseiten und ist von hoher Abstraktion. Ihr Autor beruft sich auf die Forschungsergebnisse eines Historikers namens Plinius Ziehenhalß, der angeblich alle verfügbaren Dokumente über das Phänomen des Glasperlenspiels zusammengetragen habe. Das Spiel, so der Chronist, sei eine Art Geheimsprache, mit der sich die Ordensleute der kastalischen Provinz verständigten, um die Inhalte fast aller Wissenschaften und Künste in interdisziplinärer Kombinatorik zueinander in Beziehung zu setzen: »Was die Menschheit an Erkenntnissen, hohen Gedanken und Kunstwerken in ihren schöpferischen Zeitaltern hervorgebracht hat, was die nachfolgenden Perioden gelehrter Betrachtung auf Begriffe gebracht und zum intellektuellen Besitz gemacht haben, dieses ganze ungeheure Material von geistigen Werten wird vom Glasperlenspieler so gespielt wie eine Orgel vom Organisten, und diese Orgel ist von einer kaum auszudenkenden Vollkommenheit, ihre Manuale und Pedale tasten den ganzen geistigen Kosmos ab, ihre Register sind beinahe unzählig, theoretisch ließe mit diesem Instrument der ganze geistige Weltinhalt sich im Spiel reproduzieren.«[674]

Zu den Vorläufern der Glasperlenspieler zählt der Chronist Pythagoras, die Gnostiker, die Scholastiker, die Humanisten, die »Mathematiker-Akademien des siebzehnten und achtzehnten Jahrhunderts«[675] und die romantischen Philosophen. Sie alle hätten »das ideale Ziel einer Universitas Litterarum«, die Versöhnung zwischen »Wissenschaft und Kunst oder Wissenschaft und Religion« angestrebt. Das Spiel sei an der Musikhochschule von Köln von »Bastian Perrot aus Calw«[676] erfunden worden.

Perrot – Hesse spielt hier auf den Calwer Turmuhrfabrikanten Heinrich Perrot an, bei dem er 1894 eine Lehre absolviert hatte – habe Buchstaben, Zahlen und Musiknoten durch Glasperlen ersetzt und, »nach dem Vorbild naiver Kugelzählapparate für Kinder, einen Rahmen mit einigen Dutzend Drähten darin« konstruiert, »auf welchen er Glasperlen von verschiedener Größe, Form und Farben aneinanderreihen konnte. Die Drähte entsprachen den Notenlinien, die Perlen den Notenwerten und so weiter, und so baute er aus Glasperlen musikalische Zitate oder erfundene Themata, veränderte, transponierte, entwickelte sie, wandelte sie ab und stellte ihnen andere gegenüber.«[677] Dann seien diese »Spielübungen« von den Mathematikern zu einem mathematisch-astronomischen Formelspiel weiterentwickelt worden, danach von den Logikern und Philologen. Das Spiel habe Nachahmer in der bildenden Kunst und der Architektur gefunden, und die Glasperlenspieler hätten zwischen den so gewonnenen Formeln immer neue Beziehungen und Analogien entdeckt.

Dass sich das Glasperlenspiel im Laufe von 300 Jahren schließlich zu einer »Weltsprache« entwickeln konnte, die alle nationalen, kulturellen und religiösen Grenzen überwindet – für diese Universalität sorgt die Musik. Sie ist ideales Gleichnis und höchste Disziplin des Spiels. Die Musik der »alten Meister«, zu denen der Chronist vor allem Johann Sebastian Bach zählt, wird sogar über die Dichtung und Philosophie der Klassik, über Goethe, Schiller und den deutschen Idealismus gestellt: »Wir sehen seit Generationen nicht mehr, wie es noch fast das ganze zwanzigste Jahrhundert tat, die Philosophie oder auch die Dichtung, sondern die Mathematik und die Musik als die große bleibende Leistung jener Kulturperiode an, welche zwischen dem Ende des Mittelalters und unsern Zeiten liegt.«[678] Der Orden der Glasperlenspieler verbreitet sich mithilfe der Musik über die ganze Welt, und in jedem Land wacht ein oberster »Spielleiter« über die Weiterentwicklung des Spiels, das »in erster Linie ein Musizieren«[679] ist. Das Glasperlenspiel wird gleichsam zur Apotheose der Musik, in der sich alle Gegensätze zu einer geistig-sensuellen Einheit vereinigen lassen.

Wesentliche Anregungen zu seiner Spieltheorie empfängt Hesse im August 1934 von seinem Neffen, dem Musikwissenschaftler Carlo Isenberg, der ihm mithilfe eines gemieteten Klaviers zwei Wochen lang die alte Musik der Zeit zwischen 1600 und Bach erläutert und ihn auch über Formgesetze und Kontrapunktik unterrichtet. Ihm dürfte er die Hinweise zur theoretischen und praktischen Ausübung der Fugenkunst verdanken, die später in der *Lebensbeschreibung des Magister Ludi Knecht* eine wichtige Rolle spielen wird. Denn die Einführung Josef Knechts in das Fugenspiel (»Knecht spielte, und der Meister spielte die zweite und eine dritte Stimme dazu. ... Und der Meister spielte drei Stimmen hinzu.«[680]) erinnert deutlich an eine ähnliche Formulierung in der 1802 erschienenen Bach-Biografie von Johann Nikolaus Forkel. Auch die mehrfache Erwähnung des Klavichords, eines Tasten-Saiten-Instruments, deutet darauf hin, dass sich Hesse auf Hinweis von Carlo Isenberg von der Bach-Biografie Forkels inspirieren ließ. In der vierten und letzten Fassung seiner *Einführung zum Glasperlenspiel*, die Hesse unmittelbar nach dem Besuch Carlo Isenbergs am 9. September 1934 abschließt, sind es also nicht zufällig die Musikhistoriker, die mit einer aufsehenerregenden Entdeckung eine entscheidende Wende in der Entwicklung des Glasperlenspiels einleiten: Die »Wiederauffindung der elf Manuskripte von Johann Sebastian Bach aus dem einstigen Besitz seines Sohnes Friedemann«[681], so der Chronist, habe zu einer Rückbesinnung auf die Tradition geführt, und die Morgenlandfahrer hätten begonnen, die Musik früherer Epochen »in der vollkommenen alten Reinheit auszuführen«[682], gemäß der chinesischen Weisheit, dass dem Verfall der Musik immer auch der Niedergang des Staates und der Moral folge: »Die Musik beruht auf der Harmonie zwischen Himmel und Erde, auf der Übereinstimmung des Trüben und des Lichten.«[683] Und an anderer Stelle heißt es: »Vom ältesten China bis zu den Sagen der Griechen spielt der Gedanke von einem idealen, himmlischen Leben der Menschen unter der Hegemonie der Musik ihre Rolle. Mit diesem Kultus der Musik ... hängt denn auch das Glasperlenspiel aufs innigste zusammen.«[684]

Der Zusammenhang von Musik, Mathematik und Astronomie, die Vorstellung von einer »Sphärenharmonie«, die auf den griechischen Philosophen Pythagoras zurückgeht und Denker wie Platon, Boethius, Kepler und Leibniz inspirierte, ist Hesse länger schon bekannt. 1925 hatte er über die *Kosmische Harmonie* des Astronomen Johannes Kepler eine Rezension verfasst. Darin sind schon alle Gedanken versammelt, die nun Eingang in seine musikalische Spieltheorie finden: »Das Ganze gilt nicht der menschlichen Musik, sondern der Musik des Weltalls, dem Schöpfungskonzert, und hat zur Grundlage den freudigen Glauben an die Einheitlichkeit und Harmonie des Weltplanes, ein Glaube, in dem Nachklänge von Pythagoras und starke platonische Einflüsse mit einem naiven Christenglauben sich aufs beste vertragen.«[685] Die von Pythagoras entwickelte Vorstellung, dass die Planetenbewegungen Klänge erzeugen, wird zur Grundlage eines programmatischen Gedichts, das Hesse nach Abschluss seiner Einführung im September 1934 zu Papier bringt. Das Bild von der »Musik des Weltalls« ist direkt von Boethius (»Musica mundana«)[686] entlehnt:

DAS GLASPERLENSPIEL

Musik des Weltalls und Musik der Meister
Sind wir bereit in Ehrfurcht anzuhören,
Zu reiner Feier die verehrten Geister
Begnadeter Zeiten zu beschwören.

Wir lassen vom Geheimnis uns erheben
Der magischen Formelschrift, in deren Bann
Das Uferlose, Stürmende, das Leben
Zu klaren Gleichnissen gerann.

Sternbildern gleich ertönen sie kristallen,
In ihrem Dienst ward unserm Leben Sinn,
Und keiner kann aus ihren Kreisen fallen
Als nach der heiligen Mitte hin.[687]

Der eigentliche Dienst der Glasperlenspieler ist Gottesdienst. Das Spiel hat seinen Zweck nicht in sich selbst, es ist musikalisches Opfer. Wie der wahre Künstler die Gesetze des Himmels, die Harmonie der Sphären nachzuahmen sucht, um die Ordnung des Universums in seinem Werk zu spiegeln, so zelebrieren die Glasperlenspieler ihre musikalischen Übungen als Unio mystica mit dem Göttlichen. Auch ihr Spiel, die kunstvolle Kombination von Tönen, das Fortschreiten in der kontrapunktischen Verknüpfung eigenständiger Stimmen führt zu höherer Einheit, zur Harmonie. Hier kehrt wieder, was der Selbstmörder Klein im Tod, Klingsor in der schöpferischen Ekstase, Siddhartha in der Meditation und Harry Haller im magischen Theater erfahren durften. Aber anders als in seinen früheren, lebensgesättigteren Werken treibt Hesse die Entwirklichung, die Reduktion auf das rein Geistige immer weiter voran. Die Hinwendung zur paternalistischen Welt des Ordens und der Klöster bedeutet auch den Abschied von der fast zur Obsession gewordenen Beschäftigung mit dem Mythos der Mutter, die ihm mit der Mütterlichkeit Ninons im Alter glücklich zuteil geworden ist und nun nicht mehr imaginiert werden muss. Durch sie wurde er, fast zwei Jahrzehnte nach dem Tod des Calwer Patriarchen, den er in seinem Nachruf – damals pietätvoll – einen »Heiligen« genannt hatte, frei für die Vaterwelt. Das Pendel schwingt von der Mutter zum Vater, der Anspruch auf Unbedingtheit und Individualität tritt zurück zugunsten von Askese und Gemeinschaft – eine frappierende Parallelaktion mit Thomas Mann, der eben dabei ist, in seinem biblischen Joseph-Roman den mythischen Kampf zwischen Vater und Mutter zu erzählen, von Josephs »keuscher« Abwehr des dunklen Mutterrechts mit seinen inzestuösen und homosexuellen Verwirrungen zugunsten der hellen, heilen Gesetzeswelt seines Vaters Jaakob, vom Sieg des Geistes über den Leib und seine Zwiespältigkeiten. In der Auseinandersetzung mit C.G. Jungs Kritik an Sigmund Freuds Theorie der Sublimation unterstreicht Hesse im Frühjahr 1934 diese Wandlung: »Daß der Mensch unter Umständen dazu fähig ist, seine Triebe in den Dienst überegoistischer, geistiger, religiöser, kultureller Ziele zu stellen, daß es Hingabe an den Geist, daß es Heilige und Märtyrer gibt, das ist für uns das einzige Tröstliche und Positive in der Weltgeschichte.«[688]

In diesen Monaten versenkt er sich in den deutschen Pietismus des 18. Jahrhunderts, in die geistige Welt seines Vaters, liest die Schriften von Johann Albrecht Bengel, Friedrich Oetinger und Nikolaus Ludwig Graf von Zinzendorf, beschäftigt sich ausführlich mit der Liturgie und der Kirchenregierung dieser Zeit. Die Studien sollen ihm helfen, das Porträt eines Theologen des 18. Jahrhunderts zu schreiben, das Teil einer geplanten Mehrfachbiografie werden soll. Sie hat die Beschreibung eines individuellen, aber zugleich überzeitlichen und archetypischen Lebenslaufs zum Ziel. Hesse will die Geschichte eines Menschen erzählen, der in mehreren Wiedergeburten die großen Epochen der Menschheitsgeschichte erlebt. Am Ende wird sich Hesse für die ins 22. Jahrhundert verlegte Biografie des Josef Knecht entscheiden. Die fiktiven Lebensläufe eines heidnischen »Regenmachers«, eines christlichen »Beichtvaters« sowie eines hinduistischen »Yogins« werden später an das Hauptstück des Buches, die mehrere Hundert Seiten umfassende *Lebensbeschreibung des Magister Ludi Josef Knecht*, angeschlossen. Das Porträt des pietistischen Theologen, Hesses späte Annäherung an den Vater, bleibt Fragment.

Die Jahre 1933/34 sind eine Zeit der Besuche und Begegnungen. Nach Heinrich Wiegand, Thomas Mann und Bertolt Brecht kommen auch der französische Schriftsteller und Nobelpreisträger Romain Rolland, Hesses Verleger Samuel Fischer, die Schriftstellerin Annette Kolb und der Religionsphilosoph Martin Buber nach Montagnola. Der im Frühjahr 1933 aus Dresden in die Schweiz emigrierte Maler und Illustrator Gunter Böhmer wird von Hesse in der »Casa Camuzzi« einquartiert. Aus der augenblicklichen Sympathie der beiden Männer füreinander entwickelt sich eine lebenslange Zusammenarbeit. Bereits im September 1933 erscheint die Neuausgabe des *Hermann Lauscher* mit Illustrationen des jungen Künstlers. Im Januar 1934 wird Hesse

Mitglied des Schweizerischen Schriftstellervereins, um sich noch besser für emigrierte Kollegen einsetzen zu können. Mit einer Petition versucht er im August 1934 die Ausweisung des österreichisch-jüdischen Schriftstellers Arthur Holitscher zu verhindern – ohne Erfolg. Die restriktiven Schweizer Aufenthaltsbestimmungen halten die Zahl der anerkannten Emigranten klein. Die Schweiz versteht sich als Transitland, die Flüchtlinge sollen nur so lange dableiben, bis sie ein anderes Exilland gefunden haben. »Rassische Verfolgung« gilt nicht als Asylgrund, womit jüdischen Flüchtlingen die Anerkennung in den meisten Fällen versagt bleibt, Kommunisten werden ebenfalls als »nicht asylwürdig« eingestuft.

Im Oktober 1934 reist Hesse wie jedes Jahr nach Baden und trifft erneut Katia und Thomas Mann; doch kaum angekommen, erfährt er, dass sein Verleger am 15. Oktober in Berlin gestorben ist. Sofort setzt er sich hin und schreibt einen freundlichen, die Zuverlässigkeit des fairen Geschäftsmanns lobenden Nachruf, lässt aber auch leise Kritik an Fischers Kühle gegenüber den eigenen, oft spontanen Buchideen anklingen. Von den letzten Begegnungen bleibe ihm das »etwas schutzbedürftige Lächeln«[689] des Verlegers in Erinnerung. Diese Anspielung hat gute Gründe, denn längst ist der deutsch-jüdische Verlag ins Visier der NS-Kulturfunktionäre geraten. Als eine Schweizer Zeitung dem S. Fischer Verlag wegen einer gestrichenen Fußnote in Annette Kolbs Roman *Die Schaukel* Opportunismus gegenüber den Machthabern vorwirft, verteidigt Hesse seinen Verlag in einem geharnischten Brief an die Redaktion. »Nichtjüdische« Verlage wie der Reclam-Verlag würden sich viel stärker anpassen und hätten ihn jüngst aufgefordert, aus seiner *Bibliothek der Weltliteratur* fast alle jüdischen Titel zu streichen. Fischers *Neue Rundschau* sei im Übrigen die einzige Zeitschrift im Reich, in der er seine Beiträge über Juden und oppositionelle Katholiken und Protestanten veröffentlichen könne.

Hesse ist angesichts der schwachen Honorareinkünfte in Deutschland gezwungen, sich als Autor neue Einnahmequellen zu erschließen. Zwar erscheinen Gedichte, Erinnerungen und

Prosastücke von ihm weiter in der *Neuen Rundschau,* und auch Schweizer Blätter wie die *Neue Zürcher Zeitung* und die *Basler National-Zeitung* bringen seine Buchbesprechungen, doch die *Münchener Zeitung,* für die Hesse dreißig Jahre lang geschrieben hatte, will ihn jetzt nicht mehr drucken. So nimmt Hesse das Angebot der schwedischen Zeitschrift *Bonniers Litterära Magasin* an, über neue deutsche Literatur zu berichten. Das eröffnet ihm die Möglichkeit, weiter Bücher unliebsamer Autoren zu rezensieren. Der Vertrag wird im Januar 1935 unterschrieben, und schon im März erscheint in Stockholm Hesses erster Buchbericht. Nachdem er in seiner zweiten Sammelbesprechung Thomas Manns Essayband *Leiden und Größe der Meister* und Werke von Autoren wie Kafka, Gertrud von Le Fort, Ernst Bloch, Stefan Zweig, Sigmund Freud und in seinem im November erscheinenden dritten Bericht auch einen Briefband des jüdischen Philosophen Franz Rosenzweig besprochen hat, zieht er den Hass des nationalsozialistischen Schriftstellers und Literaturkritikers Will Vesper auf sich. In seiner Leipziger Literaturzeitschrift *Die Neue Literatur* hetzt Vesper gegen Autoren und Verlage, die nicht in das völkische Weltbild passen, und setzt sie mit regelrechten Diffamierungskampagnen unter Druck. Eine Mitarbeiterin Vespers wirft Hesse vor, in erster Linie jüdische Autoren zu loben, seine Bücher von einem jüdischen Verlag verlegen zu lassen und die deutsche Literatur in einer jüdischen Auslandszeitung als wertlos abzutun: »Er verrät die deutsche Dichtung der Gegenwart an die Feinde Deutschlands und an das Judentum. Hier sieht man, wohin einer sinkt, wenn er sich daran gewöhnt hat, an den Tischen der Juden zu sitzen und ihr Brot zu essen. Der deutsche Dichter Hermann Hesse übernimmt die volksverräterische Rolle der jüdischen Kritik von gestern. Den Juden und Kulturbolschewiken zuliebe hilft er im Auslande falsche, sein Vaterland schädigende Vorstellungen verbreiten.«[690]

Hesses Replik ist halbherzig. Statt sich in der Sache zu verteidigen und die rassistisch-völkische Argumentation Vespers zurückzuweisen, versteift er sich darauf, kein »Reichsdeutscher«, sondern Schweizer zu sein. Er könne also gar kein »Volksverräter« sein. Das macht es der Redaktion der *Neuen Literatur* leicht, ihre Angriffe zu verstärken. Sie wirft Hesse vor, »sein Volk in seinem schweren Ringen verlassen« zu haben, »um sich hinter seinem gekauften Schweizer Bürgertum«[691] zu verschanzen. Die Polemik trifft Hesse in einem Augenblick der Schwäche. Denn am 27. November 1935, während seines Kuraufenthalts in Baden, nimmt sich sein Bruder Hans, der in einer Badener Firma als Buchhalter gearbeitet hatte, das Leben. Er war all die Jahre unglücklich in seinem Beruf gewesen und hatte zuletzt eine Angstpsychose entwickelt, entlassen zu werden. Hans war von der Polizei auf freiem Feld gefunden worden, er hatte das Haus am Morgen verlassen und war nie im Büro angekommen. Irgendwann musste er sich in seiner Verzweiflung mit dem Messer die Pulsadern aufgeschnitten haben.

Der Tod des Bruders, um den er sich kaum gekümmert hatte, obwohl er von dessen Problemen wusste, beschämt Hesse. Die Umstände des Todes erinnern ihn an seine eigene Flucht aus dem Maulbronner Seminar, die so viel glimpflicher verlaufen war. Er, der so oft mit dem Gedanken an Selbstmord gespielt, die Versuchung dazu aber immer wieder hatte überwinden können – er muss nun erfahren, dass diese wie ein tödlicher Keim in dem labilen Bruder gewachsen und schließlich übermächtig geworden war. Von Anfang an stand Hans im Schatten seines erfolgreicheren Bruders, schon als Kind hatte der auf den Schüchternen, immer ein wenig Geduckten mit spöttischer Überheblichkeit herabgeschaut, obwohl der Jüngere zwar weniger Geist und Bildung, dafür aber umso mehr Herz und Duldsamkeit besaß. Wenige Tage zuvor noch hatte er Hans am Fabriktor abgeholt, um mit ihm im Hotel zu Abend zu essen und Schach zu spielen. Da schien er noch einmal aufzublühen, der Glanz der gemeinsamen Kindheit kehrte für Stunden zurück, die Angst schien vergessen. Jetzt, an einem grauen, nassen Novembertag steht Hesse an seinem Grab und bemerkt, wie sehr dieser unscheinbare, erfolglose, schwermütige Bruder von seiner Familie, von seinen Freunden und Kollegen doch geliebt worden sein muss, die in großer Zahl gekommen sind. In seiner »Erinnerung an Hans«

schreibt Hesse: »Da war mehr gewesen, als ich gewußt hatte, und wenn mir das Glück geworden war, meinen Beruf mehr zu lieben und im Dienst einer edleren Arbeit zu stehen als mein Bruder, so hatte ich das doch mit einem guten Stück Leben bezahlt, mit einem allzu großen vielleicht, und ich durfte nicht hoffen, daß um mein Grab her einst so viel Strahlung und Liebeswärme walten werde wie um dieses Grab, in das ich jetzt, Abschied nehmend, noch einmal blickte.«[692]

Das Jahr 1936 beginnt so, wie das vorherige endete: mit einem öffentlichen Schlagabtausch, bei dem Hesse nun auch von der anderen Seite, den Emigranten, angegangen wird. In der Pariser Exilzeitschrift *Das Neue Tage-Buch* wird Hesses Verleger Gottfried Bermann, der Nachfolger Samuel Fischers, am 11. Januar heftig attackiert. Weil sich der S. Fischer Verlag wider Erwarten im nationalsozialistischen Deutschland halten kann, bezichtigt Leopold Schwarzschild, Herausgeber des *Neuen Tage-Buch*, Bermann der Kollaboration mit dem Propagandaministerium; er sei der »Schutzjude des nationalsozialistischen Verlagsbuchhandels«[693]. In einem von Thomas Mann und Annette Kolb mitunterschriebenen Protest verteidigt Hesse seinen Verleger gegen diese Vorwürfe und verweist darauf, dass der S. Fischer Verlag dabei sei, sich »im deutschsprachigen Ausland eine neue Wirkungsstätte zu verschaffen«[694]. In der Folge wird Hesse selbst zum Ziel des Angriffs. Das Emigrantenorgan *Pariser Tageblatt* wirft ihm am 19. Januar 1936 vor, sich durch die Mitarbeit bei der *Frankfurter Zeitung*, dem »Feigenblatt des Dritten Reiches«[695], der verharmlosenden Außendarstellung der NS-Kulturpolitik mitschuldig zu machen. Hesse ist aber längst kein Autor der *Frankfurter Zeitung* mehr. Empört schreibt er an seinen Freund Hermann Hubacher: »Im Moment hält mich eine doppelte Hetze in Atem, die wieder einmal gegen mich im Gang ist. Ich werde von zwei Seiten beschossen: von meinen Kollegen in Deutschland, die mich immer heftiger denunzieren und den Behörden empfehlen, mich endlich zu verbieten – weil ich Juden und Emigranten auch für Menschen halte und zuweilen ihre Bücher empfehle. Und zugleich schießen von der anderen Seite diese selben Emigranten, die zum Teil Saupack sind, und suchen mir den Hals abzudrehen.«[696]

Weil er sich nicht wie 1914 in politische Kontroversen hineinziehen lassen will, verzichtet Hesse schließlich auf seine Mitarbeit bei *Bonniers Litterära Magasin*. Sein Rückzug wird durch eine Erklärung des Propagandaministeriums »belohnt«, die an alle Buchhändler geht und einem möglichen Boykott von Hesses Büchern entgegenwirken soll: »Entgegen anderslautenden Meldungen stelle ich ausdrücklich fest, daß ich im Einvernehmen mit dem Herrn Reichsminister für Volksaufklärung und Propaganda und der Parteiamtlichen Prüfungskommission zum Schutze des NS-Schrifttums aus bestimmten Gründen die Ansicht vertrete, daß der Schriftsteller Hermann Hesse zukünftig keinerlei Angriffen mehr ausgesetzt und daß demnach die Verbreitung seiner Werke im Reich nicht behindert werden soll.«[697] Ganz anders das Verhalten von Thomas Mann. Er hatte drei Jahre lang laviert und immer darauf gehofft, seine Bücher weiter in Deutschland veröffentlichen, vielleicht sogar in sein Haus nach München zurückkehren zu können. Jetzt bekennt er sich auf Drängen seiner im Exil lebenden Kinder Erika und Klaus in der *Neuen Zürcher Zeitung* zu den Emigranten und gegen das nationalsozialistische Deutschland. Hesse bedauert diesen Schritt, wie er Mann am 5. Februar 1936 schreibt: »Wir haben aus der Giftgasatmosphäre zwischen den Fronten keine andere Zuflucht als zu unserer Arbeit. Und die, gewissermaßen illegale Wirkung des Trostes und der Stärkung, die Sie auf die reichsdeutschen Leser hatten, wird Ihnen nun wohl verloren gehen – das ist ein Verlust für beide Teile. Auch ich bin mitbetroffen, ich verliere einen Kameraden, und ich beklage das ganz egoistisch. So wie ich während des Weltkriegs einen Kollegen in Romain Rolland hatte, so hatte ich ihn seit 1933 in Ihnen.«[698] Er stehe nun als Autor in Deutschland ganz allein.

Hesse will seinen deutschen Lesern unbedingt treu bleiben. Doch dem S. Fischer Verlag droht wie vielen jüdischen Firmen die »Zwangsarisierung«, nachdem 1935 die »Nürnberger Rassengesetze« in Kraft getreten sind. Eben noch von den Emigranten der Kollaboration bezichtigt, ist Gottfried Bermann gezwungen, mit seinem Verlag ins Ausland zu wechseln. Sein bevorzugter Standort wäre Zürich gewesen, was aber von der Schweizer Verlegerlobby verhindert wird, die in ihm einen Konkurrenten sieht. Um zu verhindern, dass sein Haus unter nationalsozialistischen Einfluss gerät, kommt Bermann den staatlichen Zwangsmaßnahmen durch einen geschickten Schachzug zuvor. Peter Suhrkamp, der Herausgeber der *Neuen Rundschau*, erwirbt im Einvernehmen mit der Familie Fischer die Verlags AG, Gottfried Bermann organisiert in Wien den anderen Teil als Emigrantenverlag. Ihm sollen die Rechte an den geächteten Autoren wie Thomas Mann, Franz Werfel und Carl Zuckmayer gehören. Hesse dagegen muss nach dem Willen der deutschen Behörden auf jeden Fall weiter im reichsdeutschen Verlag verlegt werden. Doch Bermann setzt darauf, dass sein prominenter Autor nicht allzu lange bei dem »arisierten« Berliner Verlag bleiben wird. Hesses Bindung an Peter Suhrkamp ist aber stärker als die zu Gottfried Bermann, der noch immer auf einen Umzug seines Teilverlags von Wien nach Zürich hofft. Hesse verspricht Suhrkamp, seinem neuen alten Verlag die Treue zu halten.

Seit Ende 1934 ist die Arbeit am *Glasperlenspiel* ins Stocken geraten. Zwar veröffentlicht Hesse einzelne Erzählstücke, die in den Korpus der Erzählung eingehen sollen, wie den »Regenmacher« oder den »Beichtvater«, aber das Ganze entzieht sich dem organisierenden Zugriff, auch weil Hesse sich durch die Dynamik der politischen Ereignisse zu einer Erzählweise gezwungen sieht, die immer stärker jenseits der Wirklichkeit verortet ist. Nebenbei schreibt er Gedichte, die in den gedanklichen Umkreis des *Glasperlenspiels* gehören; schon im Juli 1935 erscheinen einige unter dem Titel *Die Gedichte des jungen Josef Knecht* in der Zeitschrift *Corona*. Die erste Strophe des Gedichts »Seifenblasen« könnte als Motto über Hesses Gedankenlyrik der späten Jahre stehen, lässt sich aber auch als Anspielung auf das gleichzeitig entstehende große Prosawerk lesen, das, noch ungestaltet, aber gleichsam naturhaft seiner Vollendung entgegenwächst:

Es destilliert aus Studien und Gedanken
Vielvieler Jahre spät ein alter Mann
Sein Alterswerk, in dessen krause Ranken
Er spielend manche süße Weisheit spann.[699]

Hesses Gedichte entstehen in meditativen, stillen Stunden, bei der Gartenarbeit oder auf einem Spaziergang, der Gedanke soll seine Entsprechung in der Anschauung, die Erkenntnis ihr Sinnbild finden. Die Schwerelosigkeit, die den meisten Versen anhaftet, ihre meisterliche Simplizität ist das Ergebnis eines unermüdlichen Feilens und Probierens, eines Reduktionsprozesses, bei dem Inhalt und Form, Gedanke und Wort gleichermaßen unter das Gesetz der Musikalität gestellt sind. Der Gedanke muss klingen, um zu bestehen, »Einklang« ist das Wort, mit dem sich das Wesen von Hesses Lyrik, das harmonische Zusammenspiel von Einsicht und Klang, aber auch sein über alle Zerrissenheit hinweg zutiefst religiöses Weltverhältnis erfassen lässt – wie in dem wohl schönsten Altersgedicht, das in seinem Rang der Poesie eines Mörike oder Eichendorff kaum nachsteht:

WELKES BLATT

Jede Blüte will zur Frucht,
Jeder Morgen Abend werden,
Ewiges ist nicht auf Erden
Als der Wandel, als die Flucht.

Auch der schönste Sommer will
Einmal Herbst und Welke spüren.
Halte, Blatt, geduldig still,
Wenn der Wind dich will entführen.

Spiel dein Spiel und wehr dich nicht,
Laß es still geschehen.
Laß vom Winde, der dich bricht,
Dich nach Hause wehen.[700]

Die Metaphorik vom Werden und Vergehen ist naheliegend für einen Dichter, der in enger Fühlung mit der Natur lebt, oft tagelang im Garten arbeitet und den Wandel der Jahreszeiten körperlich miterlebt. Der große Garten ist für Hesse ein Zufluchtsort, wenn ihn die Nachrichten aus Deutschland in eine düstere Stimmung versetzen. Wie schon in Gaienhofen und Bern ist die Gartenarbeit aber auch Ausgleich, Erholung für die überlasteten Augen und Therapie gegen die Gicht. Dann begibt Hesse sich mit Hacke, Korb, Rechen und dem Strohhut auf dem Kopf in das steile Gelände, um Unkraut zu jäten, die Beete zu gießen oder »Erde zu brennen«. Die beste Zeit dafür ist der frühe Vormittag, vor der großen Hitze und dem Eintreffen der Post, deren Beantwortung oft den ganzen Nachmittag in Anspruch nimmt, denn Hesse ist ein pflichtbewusster Briefschreiber. Das Unkrautjäten habe etwas Religiöses, schreibt Hesse in einem Brief an Georg Reinhart, »man kniet am Boden und vollzieht das Rupfen, wie man einen Kult celebriert, nur des Kultes wegen, der sich ewig erneuert, denn wenn drei, vier Beete sauber sind, ist das erste schon wieder grün«[701].

Was für Hesse eine vor allem heilende Wirkung hat, ist für seine Frau Ninon oft Schwerstarbeit. Die Wochen der Weinernte, die alljährliche Vendemmia, werden von ihr geradezu gefürchtet, aber auch sonst verschafft ihr die mühsame Gartenarbeit auf den engen und steilen Terrassen wenig Freude. Ganz anders der Maler Gunter Böhmer, Hesses »Gartenfreund«, für den die Nähe zu dem verehrten Dichter alle Mühe aufwiegt. Beim Gießen und Köhlern, beim Anlegen von Gartenwegen und bei der Weinernte kann er den »Weisen vom Berge« von einer ganz anderen Seite erleben, wird Zeuge seiner humorvollen, kindlichen, bisweilen ausgelassenen Art. Einmal werden die beiden bei der Gartenarbeit von einem Unwetter überrascht und müssen ins Haus fliehen. Als die Wolkendecke aufbricht und der nasse Garten im blendenden Sonnenlicht aufglänzt, ist Hesse so hingerissen, dass er mit seinen genagelten Arbeitsschuhen wie ein Derwisch übers glatte Parkett der Bibliothek tanzt, mit der Zunge schnalzend, den Armen rudernd und die Beine wie ein Tänzer in die Luft werfend.

Den Gästen, die ihm wichtig sind, zeigt Hesse stolz seinen dem Hang abgerungenen Garten mit den in klassischer Tessiner Bauweise errichteten Steinmauern, Treppen und Wegen, sein »chinesisches« Bambusgehölz, die Blumen- und Gemüsebeete, den Kräutergarten und die romantische Wassergrotte. Für seine Leser hat er die »Stunden im Garten« in einer gleichnamigen Verserzählung festgehalten, die im September 1936 im Bermann Fischer Verlag in Wien veröffentlicht wird. Hesse beschreibt darin ausführlich seine gärtnerische Ausrüstung, die Geräte und die Kniffe, mit denen er sie instand hält. Der Weg des Gärtners führt zum »Blumenwald« mit den Kletterrosen, die sich am Granit hochranken, vorbei an den Beeten mit den Gladiolen, dem Frauenherz und dem Jasmin und verweilt kurz bei einem alten Kaktus, den der Frost gespalten hat. Dann geht es durch die Reben den Hang hinab, bis das rote Haus hinter dem hohen Buchsbaum verschwindet. Der Gärtner prüft, ob das Gemüse genug Wasser hat, wässert ein paar einsam stehende Blumen, dann flicht der Erzähler ein kleines Lob für Ninon ein, um deren Terrain es sich hier handelt:

Zwar sind von diesen Gemüsen
Nahezu alle gesät und betreut von der Frau, doch zuweilen
Seh ich auch hier ein wenig zum Rechten. Denn groß ist die Arbeit,
Und es hat eine Hausfrau auch außer dem Garten viel Pflichten...
Forschend durchwandert mein Blick die stattliche Reihe der Beete;
Wahrlich, sie stehen nicht schlecht, auch eine geborne Bäurin
Oder Gärtnersfrau hielte sie besser kaum.[702]

Die im gemächlich dahinfließenden Duktus des Hexameters geschriebene Dichtung erhält bisweilen eine drollige Note, wenn der feierliche Ton mit dem profanen Gegenstand kollidiert:

Schön in geraden Reihen, in fünfen, stehn meine Tomaten
(Meine, sag ich, denn ich bin's, der sie gepflanzt hat und hütet,
So wie andre Gemüse der Frau unterstehn und das Dasein
verdanken).[703]

Aber Hesse ist nicht nur ein Gärtner, der Blumen begießt und Unkraut jätet. Liebstes Spiel ist ihm, den Ninon den »Köhler« nennt, das Brennen von Erde und das Sieben der Asche, das Träumen und Sinnieren vor der schwelenden Glut. Die Flamme wird ihm zum Gleichnis für die »Rückwandlung der Vielheit ins Eine«, für Läuterung und Reinigung durch den Geist:

Und ohne zu wollen, verfall ich
So beim Schütteln in feste, einander gleichende Takte.
Aus dem Takt wiederum erschafft die nie müde Erinnerung
Eine Musik, ich summe sie mit, noch ohne mit Namen
Sie und mit Autor zu kennen, dann weiß ich es plötzlich: von Mozart
Ist's ein Quartett mit Oboe … Und nun beginnt im Gemüt mir
Ein Gedankenspiel, dessen ich mich schon seit Jahren befleiße,
Glasperlenspiel genannt, eine hübsche Erfindung,
Deren Gerüst die Musik und deren Grund Meditation ist.
Josef Knecht ist der Meister, dem ich das Wissen um diese
Schöne Imagination verdanke. In Zeiten der Freude
Ist sie mir Spiel und Glück, in Zeiten des Leids und der Wirren
Ist sie mir Trost und Besinnung, und hier am Feuer, beim Siebe
Spiel ich es oft, das Glasperlenspiel, wenn auch längst noch wie
Knecht nicht …
Während vom Stall her die großen Blumensonnen mich anschaun
Und hinter Rebengezweig die Ferne mittagsblau duftet,
Hör ich Musik und sehe vergangne und künftige Menschen,
Sehe Weise und Dichter und Forscher und Künstler einmütig
Bauen am hunderttorigen Dom des Geistes – ich will es
Einmal später beschreiben, noch ist der Tag nicht gekommen.[704]

Der Hinweis, dass der Zeitpunkt für die Beschreibung des Glasperlenspiels noch nicht gekommen sei, ist eine Mahnung, die Hesse an sich selbst richtet, irgendwann mit dem Abschluss des Buchprojekts ernst zu machen. Im Jahr seines sechzigsten Geburtstags, im Februar 1937, erscheinen zwar *Neue Gedichte*, aber die Geschichte von Josef Knecht kommt nur mühsam voran. Thomas Mann, dessen Bücher in Deutschland nicht mehr erscheinen dürfen, wünscht Hesse in einer Geburtstagshommage in der *Neuen Zürcher Zeitung* für »seinen gewagt-spirituellen Traum-Entwurf« des *Glasperlenspiels* »Gelingen und Vollendung«[705] und äußert die Erwartung, Hesses Ansehen möge bald mit dem Nobelpreis für Literatur gekrönt werden. In der Schweiz, die ihm bereits zwei Jahre zuvor den Gottfried-Keller-Preis verliehen hat, wird Hesse gefeiert, in Deutschland ist die Resonanz dagegen gering. Die Zeitungen verschweigen den Geburtstag oder melden ihn ohne Kommentar. Nur Theodor Heuss schreibt eine längere Würdigung in der Zeitschrift *Die Hilfe*, für die sich Hesse herzlich bedankt. Gottfried Bermann gratuliert und hofft, Hesse als Autor irgendwann zurückzugewinnen, und der *Simplicissimus* bringt das Kunststück fertig, seinen früheren Autor ohne Nennung des Namens zu würdigen. Ganz anders die Szenerie in Montagnola: Der Strom der Besucher reißt nicht ab, es kommen die Schriftsteller Hans Carossa, Rudolf G. Binding, Max Picard, Ernst Wiechert und Stefan Zweig, der Mythenforscher Karl Kerényi, der junge Emigrant und Autor Peter Weiss und der Verleger Peter Suhrkamp. Für Hesse, der täglich von unangemeldeten Besuchern und Neugierigen geplagt wird, ist diese Inanspruchnahme als Gastgeber nicht immer leicht. An Luise Rinser, die Hesse verehrt und ihm ihre erste Erzählung mit der Absicht zusendet, ihn auch einmal persönlich kennenlernen zu dürfen, schreibt Hesse im November 1937: »Nun muß ich fast das ganze Jahr hindurch am Vormittag Briefe lesen und beantworten, meist bis zur Erschöpfung der Augenkraft für den Tag, und nachmittags kommen dann Besuche, dies Jahr waren hunderte da, sitzen bei uns, trinken Tee, schwatzen, bringen Empfehlungen und Grüße von Freunden, bringen ihre Sorgen und Ängste, schwatzen oder beichten, sind verzweifelt oder sind junge Gymnasiasten und soeben mit gestohlenem Geld der Eltern durchgebrannt, oder auch sind es ruhige alte Leute, die mir von anno damals erzählen und eine Tante von mir gekannt haben, oder sind es Emigranten und Leute mit Fransen an den Hosen und keinem Pfennig im Sack, die man trösten und füttern muß, und so gehe ich beinahe jeden Tag ins Bett, überfüllt von Fremdem, beladen mit

Fremdem, und mit dem Altwerden verliert sich die Lust, auszubrechen und zu meiner eigenen Arbeit zu fliehen. So weiß ich nicht, wann ich einmal wieder mein Manuskript heraussuchen werde, das Wiederlesen allein ist, wie jedes Lesen, eine Arbeit und eine Qual, die ich fürchte.«[706]

Hesses Produktionsstau führt zu neuen Spannungen mit Ninon, die mit dem Bild von der treu waltenden Hausfrau und fleißigen Gärtnerin, das Hesse von ihr in den »Stunden im Garten« gezeichnet hat, nicht einverstanden ist. Sie will kein Hausmütterchen sein, sondern sieht sich als gebildete Frau mit wissenschaftlichen Ambitionen. Zudem muss sie sich einem gynäkologischen Eingriff unterziehen, was große Ängste und ein Gefühl der Hilflosigkeit auslöst. Hesse wiederum sieht sich zurückgesetzt, weil seine Frau im Frühjahr, kurz vor seinem großen Geburtstag, allein nach Griechenland gereist ist. Die gegenseitige Gereiztheit macht sich in tagelangem Schweigen Luft, man verkehrt nur per Hausbriefchen, die oft in ironisch-vorwurfsvollem Ton abgefasst sind und an vereinbarter Stelle abgelegt werden, damit es zu keiner unerwünschten Begegnung kommt. Ninon tituliert Hesse mit »Vogel«, dieser nennt sie »Keuper«, eine Anspielung auf ihre Erdverbundenheit und Sturheit. Ninon schreibt eingeschüchtert: »Guten Morgen, Vogel, Ninon war zweimal in der Nähe Deiner Tür, getraute sich aber nicht näher!« Hesse vermeidet ebenfalls die direkte Anrede, was seine Vorwürfe abmildert, aber nicht weniger deutlich macht: »Keuper muß besser auf Vogels Diät achten.«[707] Nicht selten sind es Kleinigkeiten, die zu seinen Wutanfällen führen, ein falsch zurückgestelltes Buch oder eine verschimmelte Banane. Um diesem Unmut zuvorzukommen, entwickelt Ninon eine Pedanterie, die auch das Personal zu spüren bekommt, das es ihr niemals recht machen kann. Seitdem sie den großen Haushalt zu führen hat, fühlt sie sich gehetzt und überfordert. Selbst der Briefträgerin macht sie Vorhaltungen, wenn diese zu spät kommt und ihren Zeitplan durcheinanderbringt. »Sempre con distanza«, sehr distanziert, ja hochmütig sei die Frau des Dichters, tuschelt man im Dorf. Er hingegen gilt als umgänglich, weil er immer freundlich grüßt und mit den Leuten ein paar Worte wechselt. Hesse fürchtet die Verschlossenheit Ninons, mit der sie sich selbst schützt, ebenso wie ihren Perfektionismus und lenkt immer mal wieder ein, um das Eis zu brechen: »Keuperchen. Mir scheint, ich habe irgend etwas falsch gemacht. Ich wollte darum bloß sagen: als ich heut morgen um 7 aufstand und mich in Dein Gärtchen oben schlich, um Dich mit der Zinnienpflanzung zu überraschen, geschah das nicht um Dich zu ärgern, sondern Dir eine Freude zu machen.«[708]

Am 12. März 1938 marschieren deutsche Truppen in Österreich ein, um den Anschluss an das Reich zu erzwingen, den Hitler lange angekündigt hat. Die nun einsetzende Repression löst eine neue Flüchtlingswelle aus, deren Ausläufer auch das Tessin erreichen. Viele Freunde und Verwandte von Ninon sind betroffen und müssen aufgenommen oder mit Geldspenden unterstützt werden. Hesse fühlt sich in die Zeit der aufreibenden Arbeit bei der Kriegsgefangenenfürsorge in Bern zurückversetzt. Viele Interventionen für die jüdischen Freunde laufen jedoch ins Leere, weil die Schweizer Behörden kaum Aufenthaltsgenehmigungen erteilen, eine besonders für Ninon deprimierende Erfahrung. Als deutsche Soldaten in Folge des »Münchner Abkommens« im März 1939 auch die Tschechoslowakei besetzen, fürchtet sie um ihre in Prag lebende Schwester Lilly. In Wien ist inzwischen der Bermann Fischer Verlag von der Gestapo aufgelöst worden, was Hesse in seiner Entscheidung bestätigt, bei seinem alten Berliner Verlag und Peter Suhrkamp geblieben zu sein. Gottfried Bermann hat sich gerade noch rechtzeitig mit seiner Familie in die Schweiz absetzen können. Im Mai 1938 gründet er seinen zweiten Exilverlag in Stockholm.

Während die neue Welle der Flüchtlinge über ihn hinwegflutet und das Gefühl wächst, einer Katastrophe entgegenzugehen, setzt Hesse seine Arbeit am *Glasperlenspiel* nun doch endlich fort. Teilstücke der Erzählung werden nach und nach in der Zeitschrift *Corona* veröffentlicht. In einem Brief an Georg Reinhart streicht Hesse die Bedeutung seiner dichterischen Mission heraus: »Sie denken möglicherweise: was der gute Hesse alles treibt und für nötig hält, während die Welt in Trümmer geht! Aber ich halte das, was ich treibe, auch wenn es nur Spielereien sind, für sehr viel nötiger und richtiger als das, was sämtliche Generäle, Staatslenker und Völker tun, welche alle, ob sie wollen oder nicht, dem Krieg dienen und zum Krieg rüsten. Daß ich da nicht mitzutun brauche, und daß man das, was ich bin und tue, auch mit aller Gewalt nicht zum Rüsten und zum Kriegen verwenden kann, ist mein einziger kleiner Trost inmitten des Jammers.«[709]

So ist Hesse nicht allzu sehr überrascht, als am 1. September 1939 deutsche Truppen Polen angreifen. Zwei Tage später erklären England und Frankreich Deutschland den Krieg, der Zweite Weltkrieg beginnt. Auch in der Schweiz wird die Mobilmachung ausgerufen, um für einen möglichen Angriff vorbereitet zu sein. Hesses Söhne Bruno, Heiner und Martin, die inzwischen alle Familienväter sind, werden als Soldaten eingezogen. Die Geschwindigkeit, mit der die Wehrmacht ein Land nach dem anderen besetzt – zuerst Polen, dann Norwegen, Dänemark, Belgien, Holland und im Juni 1940 auch Nordfrankreich –, erschreckt Hesse, der sich nicht vorstellen will, dass das nationalsozialistische Deutschland dabei ist, ganz Europa unter seine Herrschaft zu bringen. Zudem fällt, als die Sowjetarmee 1940 in Rumänien einmarschiert, in Folge des deutsch-russischen Nichtangriffspakts Ninons Heimatstadt Czernowitz in russische Hand. Hesse hilft, so gut er kann, verschickt Lebensmittel- und Bücherpakete an Freunde und Bekannte, die auf ihrer Flucht in französischen Internierungslagern gestrandet sind. Der Schock der Ereignisse verfolgt ihn bis in seine Träume. Im März 1940 notiert er in seinem *Traumtagebuch* eine nächtliche Begegnung mit Hitler: »Ich sage ihm erst beherrscht, dann wütend, er habe eine Gemeinheit begannen, als ich im Zorn rede, ahmt er höhnisch meine schwache, sich überschlagende Stimme nach. Ich habe ihn nun zum Feind.«[710] Aus den Zeilen spricht deutlich der – unterdrückte – Wunsch, Hitler direkt anzugehen, aber ebenso die Angst, sich als Gegner sichtbar zu machen.

Dem Heroismus des Frontsoldaten kann Hesse nichts abgewinnen. Er hält ihn, wie schon in den Jahren des Ersten Weltkriegs, für fehlgeleiteten Idealismus. Sein Ideal bleibt der Eigen-Sinn, der um die soziale Verantwortung des Einzelnen weiß. Sein Held Josef Knecht verkörpert die Dialektik des Dienens, in der Eigensinn und Gemeinsinn sich im Sinne des mönchischen Ideals ergänzen. »Das ganze Mittelalter hindurch«, schreibt Hesse im November 1941 an einen Leser, »sind die Mehrzahl der Klöster nicht nur Übungsstätten der Askese oder Weltferne gewesen, sondern Heimat aller Kultur, aller Gelehrsamkeit, aller Musik, des Schulwesens, der Krankenpflege und Armenpflege.«[711] Die höchste Form des Dienens ist für Hesse, der sich, angeregt durch die Studien seines Freundes Hugo Ball, einige Jahre lang leidenschaftlich mit den christlichen Märtyrern beschäftigt hatte, das Selbstopfer, mit dem der Gläubige sein Leben für die Wahrheit hingibt – wie Josef Knecht, der am Ende in den Tod gehen wird. Doch dieses Märtyrertum ist nicht Hesses Weg. Er will kein Widerstandskämpfer, sondern geistlicher Führer sein. Das *Glasperlenspiel* bezeichnet nicht das Ende, sondern den Gipfel seiner romantischen Kunstreligion, es ist kein Abschied von der Heilserwartung durch die Kunst. Im Gegenteil – die Heilserwartung wird noch gesteigert, denn das Schreiben als Bezeugen wird nun, angesichts des Schreckens, geradezu zum sakramentalen Akt, ein mystischer Vorgang, vergleichbar der Transsubstantiation, der Wandlung von Brot und Wein in den Leib und das Blut Christi, des Wortes in den geheimen Sinn. Das *Glasperlenspiel* will nicht mehr nur Dichtung sein, sondern Eucharistie. Hesse versteht sich selbst als Hohepriester der kastalischen Welt, der dem Nichtsagbaren, dem Glauben an den Geist als weltschaffender und welterhaltender Kraft mit seinem Buch sichtbare Gestalt gibt, wie er dies durch ein der Erzählung vorangestelltes Motto andeutet: »Nichts entzieht sich der Darstellung so sehr und nichts ist doch notwendiger, den Menschen vor Augen zu stellen, als gewisse Dinge, deren Existenz weder beweisbar noch wahrscheinlich ist, welche aber eben dadurch, daß fromme und gewissenhafte Menschen sie gewissermaßen als seiende Dinge behandeln, dem Sein und der Möglichkeit des Geborenwerdens um einen Schritt näher geführt werden.«⁷¹²

Einen solch frommen und gewissenhaften Menschen stellt Hesse in seiner *Lebensbeschreibung des Magister Ludi Knecht* vor. Das Leben des Josef Knecht, der als Waise keine Familiengeschichte hat und so als gleichsam ursprungslose und exemplarische Existenz beschrieben ist, wird in zehn Kapiteln nach Art des klassischen Erziehungsromans und in der Tradition von Goethes *Wilhelm Meister* erzählt. Doch schon die Wahl des Namens deutet an, dass es Hesse anders als Goethe nicht um die Darstellung der Emanzipation einer künstlerischen Persönlichkeit geht, dass Knecht also nicht der Meister seines eigenen Lebens ist, sondern sich von Anfang an bereitwillig in den Dienst einer höheren Ordnung stellt. Das erste Kapitel beginnt mit der Aufnahmeprüfung des zwölfjährigen Lateinschülers in die Eliteschule Eschholz, die er vor dem Alt-Musikmeister des Ordens ablegt – eine schicksalhafte und für das Verständnis der Erzählung zentrale Begegnung, weil sie das Leitmotiv des Glasperlenspiels anklingen lässt, die Leidenschaft Josef Knechts für die Musik und ihre spirituelle Dimension. Der Magister Musicae lässt den Prüfling ein Musikstück vorspielen und führt ihn dann durch Improvisationen zur Mehrstimmigkeit der Fuge, und »er ahnte hinter dem vor ihm entstehenden Tonwerk den Geist, die beglückende Harmonie von Gesetz und Freiheit, von Dienen und Herrschen, er ergab und gelobte sich diesem Geist und diesem Meister, er sah sich und sein Leben und sah die ganze Welt in diesen Minuten vom Geist der Musik geleitet, geordnet und gedeutet«⁷¹³. Josef Knecht erkennt, dass die Musik mehr als Kunst, dass sie Gleichnis der Weltordnung ist. Die in der Fuge verkörperte Harmonie von Gesetz und Freiheit, bei der die erste Stimme das Thema vorgibt, das von der nachfolgenden aufgenommen und variiert wird, um in einer atemlosen »Flucht« (lat. fuga) der Stimmen und dem Auf und Ab wechselnder Tonarten zum Inbild des Lebens selbst zu werden, dieses musikalische Urerlebnis hat ihm den Himmel einen Spalt weit geöffnet. Als Josef das Haus des Lehrers verlässt, erscheint ihm die Welt »verwandelt und verzaubert«. Er hat seine Berufung erlebt, die ihn einmal zum Magister Ludi, zum Spielmeister machen wird – und auch der Alt-Musikmeister besitzt nun die Gewissheit, dass der Knabe »das Zeug zum Musikanten im höhern Sinn habe, zur Begeisterung, zum Sicheinordnen, zur Ehrfurcht, zum Dienst am Kultus«[714].

Für den Chronisten ist das Leben Josef Knechts »in klarer Stufenfolge aufgebaut«[715], nach Art einer Heiligenlegende, die den Späteren als Vorbild dienen soll. Auf der Eliteschule Eschholz gewinnt Knecht Einblick in den Geist und die Organisation des Ordens, dem er anfangs skeptisch gegenübersteht. Von den Oberen wird er für das ebenfalls zum kastalischen Orden gehörende Zisterzienserkloster Waldzell bestimmt. Vorher darf er aufgrund seiner glänzenden Leistungen den von ihm verehrten Magister Musicae in Monteport besuchen und wird von ihm in die Kunst der Meditation eingeweiht, eine wichtige Vorbereitung auf das Glasperlenspiel. Die den Musen geweihte Schule Waldzells bringt nach einem alten Spruch »das kunstreiche Völkchen der Glasperlenspieler«[716] hervor. Das Kloster, zu dem Maulbronn das Vorbild abgibt, ist auch Sitz des Spielmeisters Thomas von der Trave (eine Anspielung auf Thomas Mann), dem der hochbegabte Schüler bald auffällt. Auf der Klosterschule gewinnt Knecht zwei sehr gegensätzliche Freunde: zum einen den Gastschüler und Freigeist Plinio Designori, mit dem er sich öffentliche Streitgespräche über die Privilegien der klösterlichen Gemeinschaft Kastaliens liefert, und zum anderen Carlo Ferromonte (Carlo Isenberg), der ihn in das Wesen der »alten Musik« einführt. Nach Jahren eines sich an Waldzell anschließenden freien Studiums, das Teil des erzieherischen Konzepts der pädagogischen Provinz Kastalien ist, wird Knecht als Abgesandter des Ordens in das Benediktinerkloster Mariafels geschickt. Hier soll er die Aufnahme diplomatischer Beziehungen zwischen der katholischen Kirche und der kastalischen Ordensprovinz vorbereiten. Das führt ihn mit Pater Jakobus, dem Haushistoriker der Benediktiner, zusammen. Der Pater hält das Glasperlenspiel für fragwürdiges l'art pour l'art, er erinnert Knecht an die soziale Verantwortung der Kultur. Zudem mangle es der »intellektuell-ästhetischen Geistigkeit«[717] der Glasperlenspieler an religiösem Ernst. Die Kritik des katholischen Ordensmannes sät bei Knecht erste Zweifel am Wesen des Glasperlenspiels und dem pädagogischen Auftrag des kastalischen Ordens. Er fragt sich angesichts des in Jahrhunderten gewachsenen liturgischen Reichtums und der Schönheit der Hochämter, wie er sie in Mariafels erlebt, ob »möglicherweise auch die kastalische Kultur nur eine verweltlichte und vergängliche Neben- und Spätform der christlich-abendländischen Kultur sei und von ihr einst wieder würde aufgesogen und zurückgenommen werden«[718].

Zurückgekehrt nach Waldzell, wird Knecht, kaum vierzigjährig, zum Nachfolger des verstorbenen Glasperlenspielmeisters Thomas von der Trave gewählt und erreicht damit als Magister Ludi die höchste Stufe der geistigen Hierarchie. Es ist bezeichnend, dass ihn dazu in den Augen der Oberen des Ordens nicht nur seine mustergültig absolvierte diplomatische Mission in Mariafels, sondern vor allem das positive Urteil des Alt-Musikmeisters qualifiziert, der die Stimmung im Wahlgremium entscheidend für Knecht beeinflusst. Der greise Magister Musicae ist die geheime Zentralgestalt der kastalischen Welt, und Hesse hat in die Erzählung zahlreiche Hinweise eingestreut, dass er sich für den Alt-Musikmeister Johann Sebastian Bach zum Vorbild genommen hat, der sich sowohl in seiner »Kunst der Fuge«[719] als auch in seinem »Musicalischen Opfer«[720] der pythagoreischen Lehre verpflichtet sah, die Musik müsse die Ordnung des Himmels abbilden. Dass Hesse diesen Zusammenhang geahnt hat, könnte die Wahl des Namens für die Hauptfigur der Erzählung nahelegen, denn als Bach 1747 sein »Musicalisches Opfer« dem Preußenkönig Friedrich II. widmete, nannte er sich in seiner Widmungsvorrede »allerunterthänigst gehorsamste(r) Knechte«[721]. Überdies erinnert der ungewöhnliche Titel »Musicalisches Opfer« an die »altpythagoreische Verhaltensregel« (Thomas A. Szlezák) bei der Libation, welche besagt, die Götter nicht in hergebrachter Weise mit einem blutigen Tieropfer, sondern durch Musik, mit einem musikalischen Opfer, zu ehren. So ist es kein Zufall, dass sich die Metaphorik des Opfers durch das gesamte Buch, das eine heimliche Hommage an Johann Sebastian Bach darstellt, hindurchzieht und ihre Peripetie im Opfertod Josef Knechts am Schluss der Erzählung erfährt.

Das Ende von Josef Knecht ist vorgebildet in der Legende vom »Regenmacher«, die Hesse bereits im Mai 1934 in der *Neuen Rundschau* veröffentlicht hatte. Der steinzeitliche Wettermacher opfert sich während einer Trockenzeit, die die Ernte und damit das Überleben seines Stammes gefährdet, um durch seinen rituellen Tod die feindlichen Dämonen zu besänftigen. Auch Josef Knecht sorgt sich um das Überleben der kastalischen Welt, die in sinnentleerter Virtuosität und Weltfremdheit zu erstarren droht, und verabschiedet sich auf dem Höhepunkt seiner Laufbahn vom Orden, um sich der Erziehung Titos, des Sohnes seines Freundes Plinio Designori, zu widmen. Er will künftig nicht mehr Spiel-, sondern Schulmeister sein. Knecht weiß, dass der Orden sich grundlegend zu erneuern und auch er selbst sich weiterzuentwickeln hat, dass der Wandel – das Sinnbild dazu gab ihm die Kunst der Fuge – das einzig Stetige ist: »Mein Leben, so etwa nahm ich mir vor, sollte ein Transzendieren sein, ein Fortschreiten von Stufe zu Stufe, es sollte ein Raum um den andern durchschritten und zurückgelassen werden, so wie eine Musik Thema um Thema, Tempo um Tempo erledigt, abspielt, vollendet und hinter sich läßt, nie müde, nie schlafend, stets wach, stets vollkommen gegenwärtig.«[722]

Schon bei der ersten Begegnung mit Tito in Belpunt, einem Ort in den Alpen, kommt es zur Katastrophe: Bei einem Wettschwimmen mit dem jungen Schüler im eiskalten Bergsee ertrinkt der von seinem Aufstieg geschwächte Josef Knecht, sein Zögling bleibt mit dem Bewusstsein zurück, den Tod seines Lehrers sühnen zu müssen: »Und indem er sich, trotz allen Einwänden, an des Meisters Tod mitschuldig fühlte, überkam ihn mit heiligem Schauer die Ahnung, daß diese Schuld ihn selbst und sein Leben umgestalten und viel Größeres von ihm fordern werde, als er bisher je von sich verlangt hatte.«[723] So ist der Tod

kein Ende, sondern ein Neuanfang, er ist Symbol der Erneuerung, des Aufgangs im Untergang, der notwendigen Wandlung
und Weiterentwicklung, wie dies Josef Knecht als Student in
einem Gedicht zum Ausdruck gebracht hatte, das *Josef Knechts
hinterlassene(n) Schriften* eingefügt ist:

Stufen

*Wie jede Blüte welkt und jede Jugend
Dem Alter weicht, blüht jede Lebensstufe,
Blüht jede Weisheit auch und jede Tugend
Zu ihrer Zeit und darf nicht ewig dauern.
Es muß das Herz bei jedem Lebensrufe
Bereit zum Abschied sein und Neubeginne,
Um sich in Tapferkeit und ohne Trauern
In andre, neue Bindungen zu geben.
Und jedem Anfang wohnt ein Zauber inne,
Der uns beschützt und der uns hilft, zu leben.*

*Wir sollen heiter Raum und Raum durchschreiten,
An keinem wie an einer Heimat hängen,
Der Weltgeist will nicht fesseln uns und engen,
Er will uns Stuf' um Stufe heben, weiten.
Kaum sind wir heimisch einem Lebenskreise
Und traulich eingewohnt, so droht Erschlaffen,
nur wer bereit zu Aufbruch ist und Reise,
Mag lähmender Gewöhnung sich entraffen.*

*Es wird vielleicht auch noch die Todesstunde
Uns neuen Räumen jung entgegensenden,
Des Lebens Ruf an uns wird niemals enden …
Wohlan denn, Herz, nimm Abschied und gesunde!*[724]

Am 29. April 1942 teilt Hesse seiner Schwester Adele aus Baden
per Postkarte mit, dass er seinen Roman endlich abgeschlossen
habe: »Liebe Adis, Gestern habe ich die letzten Zeilen des Josef

Knecht geschrieben. Es grüßt Dich Dein Hermann.«[725] Für die letzten zwanzig Seiten habe er »etwa ein Jahr gebraucht«[726], berichtet er am 2. Mai an den Schriftsteller Rudolf Jakob Humm. Bis Ende des Monats bleibt Hesse mit Ninon im »Verenahof«; seine Frau hilft ihm bei der Überarbeitung und Komposition der verschiedenen Manuskriptteile des *Glasperlenspiels*, bevor es am 28. Mai an den S. Fischer Verlag abgesandt wird. Zusammen bereiten sie auch eine Sammelausgabe diverser Lyrikbände vor. Noch ahnt Hesse nicht, dass das Romanmanuskript sieben Monate lang in den Schubladen des Berliner Verlags liegen bleiben wird. Peter Suhrkamp ist bemüht, für das umfangreiche Werk die notwendige Papierzuteilung genehmigt zu bekommen, was schwierig ist, weil Hesse inzwischen als unerwünschter Autor gilt. An Alice Leuthold schreibt Hesse: »Dieser Tage bekam ich ein merkwürdiges Dokument zu lesen. Jemand sandte mir ein durch Schmuggel herübergekommenes Exemplar von den gedruckten Vorschriften, welche in Deutschland ›streng vertraulich‹ jeweils von der Behörde den Zeitungsredaktionen zugestellt werden. Da hieß es, meinen 65. Geburtstag könne man zwar erwähnen, aber man müsse dabei betonen, daß die Arbeit dieses Dichters von einer ›Moderichtung bestimmt gewesen ist‹. Man dürfe anerkennen, daß ich trotzdem wirklich ein begabter Dichter sei, aber keineswegs der Führer der Jugend, der ich vor zwanzig Jahren scheinbar gewesen sei. Das ist angenehm. So weiß man im voraus, was in sämtlichen deutschen Blättern stehen wird, und braucht keins mehr zu lesen.«[727]

Doch noch immer geht Hesse fest davon aus, dass sein vielleicht letztes großes Werk in Deutschland erscheinen wird, wo es als Signal des geistigen Widerstands verstanden würde, als »Insel des Menschentums und der Liebe«, eine Antwort auf Nationalismus und Krieg, ein Arkanum für alle Deutschen.

FÜNFZEHNTES KAPITEL

Peter Suhrkamp kämpft um seinen Verlag. Das Glasperlenspiel erscheint in der Schweiz. Suhrkamp wird verhaftet. Tod von Josef Bernhard Lang. Neue Angriffe: Die Affäre Hans Habe. Hesse wird mit dem Goethe- und dem Nobelpreis geehrt. Suhrkamp bringt Das Glasperlenspiel in Deutschland heraus. Ehrendoktor und Ehrenbürger. »Weggenossen und Brüder«: Thomas Manns Hommage zum 70. Geburtstag. Beichtvater, Prediger, Erzieher. Tod der Schwester Adele. Depressionen. Entscheidung für Peter Suhrkamp

Das Jahr 1942 ist bestimmt vom bangen Warten auf die Antwort aus Berlin. Das Genehmigungsverfahren der Reichsschrifttumskammer zieht sich hin. Und Peter Suhrkamp liegt in einem dauernden Abwehrkampf mit dem Propagandaministerium, das sein Verlagsprogramm genau beobachtet. Hesse gehört wie Otto Flake, Manfred Hausmann und Oskar Loerke zu den Autoren des Verlags, die als weltanschaulich »unzuverlässig« gelten, auch wenn ein weiteres Kapitel des *Glasperlenspiels* in der *Neuen Rundschau* erscheinen darf. Die NS-Kulturbehörden fordern Suhrkamp auf, den jüdischen Namen Samuel Fischer aus dem Verlagsnamen zu tilgen. Schließlich einigt man sich auf den Kompromiss »Suhrkamp Verlag, vormals S. Fischer«.

Hesse leidet in diesen lähmenden Monaten nicht nur unter der Ungewissheit, was aus dem *Glasperlenspiel* wird, auch sein körperlicher Zustand ist schlechter denn je. Am 26. April schreibt er Thomas Mann, der sich seit 1938 im amerikanischen Exil befindet und in seinen Briefen regelmäßig über eigene Beschwerden klagt: »Die Gelenkrheumatismen, mir seit vielen Jahren wohlbekannt, haben mich seit beinahe zwei Jahren nicht mehr verlassen, ich habe seit anderthalb Jahren keine Faust mehr gemacht und keinen Gegenstand mehr fest in der Hand halten können, zeitweise konnte ich sogar die Feder nicht mehr halten.«[728] Sein medizinischer Ratgeber ist Dr. Lang, der ihm Bienengift- und Vitamininjektionen verabreicht, weil die üblichen Mittel, die er von den Ärzten im Zürcher Kantonskrankenhaus bekommt, nicht helfen. Er werde auch wieder, berichtet Hesse seinem Freund, von »höllischen Augenkrämpfen gepeinigt« und könne deshalb nicht einmal die Post lesen.

Der Sommer wirkt entspannend, Heiner kommt mit Frau und Kind und per Fahrrad nach Montagnola, dann fahren Ninon und Hesse nach Bern und treffen dort die Söhne Martin und Bruno. Martin arbeitet als freier Fotograf in Bern, und Bruno ist inzwischen ein anerkannter Maler geworden. Hesse liebt seine Söhne, die einen ähnlich schwierigen Charakter haben wie er selbst, und unterstützt sie auch finanziell. Immer hatte er sie darin bestärkt, ihren eigenen Weg zu gehen, nie ihnen die eigenen Ansichten aufzuzwingen versucht. Obwohl seine Söhne diese liberale Haltung zu schätzen wissen, fühlen sie sich lebenslang im Schatten der überdimensionalen Vater-Figur, wie ein Tagebucheintrag von Bruno Hesse belegt: »Ach, das Schreiben ist so unvollkommen und Stümperei bei mir. Vater ist eine so überragende Persönlichkeit, so weise, so ausgeglichen, jede kleinste Geste sinnvoll oder voller Anmut und Kraft, nichts Halbes, Zagendes, alles voll und ganz, einfach herrlich.«[729]

Für einige Tage sind Ninon und Hesse zu Gast bei Max und Tilly Wassmer auf Schloss Bremgarten. Doch dann holt sie die Vergangenheit ein. Im November brennt das Haus von Mia bis auf die Grundmauern nieder, ihr ganzes Mobiliar einschließlich der Briefe, die sie von Hesse erhalten hat, wird dabei vernichtet. Hesse macht sich Sorgen, wie sich das Unglück auf die seelische Verfassung seiner früheren Frau auswirken wird. Die Söhne Martin und Bruno eilen nach Ascona, um ihrer Mutter beizustehen. Hesse erfährt davon bei einem Kuraufenthalt in Baden, wo ihn am 20. November auch Peter Suhrkamp besucht. Der Verleger hat 24 Kilogramm abgenommen und ist sichtlich gezeichnet von den Auseinandersetzungen der zurückliegenden Monate. Er bringt Hesse das Romanmanuskript zurück, für das er keine Druckerlaubnis erhalten hat. Hesse entschließt sich augenblicklich, das Buch bei dem Zürcher Verlag Fretz & Wasmuth erscheinen zu lassen, wo eben auch der Band *Die Gedichte* herausgekommen ist. Schon am 20. März 1943 wird der Vertrag abgeschlossen. Peter Suhrkamp gibt Hesse in gegenseitigem Einvernehmen alle Auslandsrechte zurück, damit die gesamten Werke in der Schweiz erscheinen können.

Als das *Glasperlenspiel* am 18. November 1943 in zwei Bänden herauskommt, ist die Resonanz freundlich, aber auch kritisch. Für Hesse kommt die Kritik nicht unerwartet: »Es wäre ja auch töricht«, schreibt er Ende Dezember an Otto Korradi, »gerade bei den Feuilletonisten Liebe für ein Buch zu erwarten, das sich über das Feuilleton und sein Zeitalter immerhin ziemlich lustig macht.«[730] Vor allem die Basler *National-Zeitung* stößt sich an der Darstellung des »feuilletonistischen Zeitalters«. Doch die gewichtigere Kritik kommt von dem Hesse eigentlich wohlgesinnten Schriftsteller Rudolf Jakob Humm, der am 10. Dezember in der Zürcher *Weltwoche* schreibt, Kastalien sei ein Kloster voll von »letzten, müden Geistesheroen«. Zwischen Geist und Welt habe sich ein tiefer Abgrund aufgetan, und das rückwärtsgewandte Bild, das Hesse von der Wirklichkeit zeichne, nehme ihm den Wert einer Utopie. Das *Glasperlenspiel* sage mehr über Hesse aus als über die Probleme der Gegenwart: »Es ist der Roman Hesses und seiner Introversion. Es ist hier das Bild seines äußersten Rückzuges gegeben, den er antrat in der Epoche der höchsten Gefahr.«[731] Hesse ist empört: »Daß Sie etwas mir Wichtiges und Heiliges wie dies Buch, an dem ich elfeinhalb Jahre gearbeitet habe, so von oben herab mißverstehen, mir dafür von oben herab auf die Schulter klopfen würden, war mir doch eine Überraschung. Man lernt nicht aus, auch Freunde können stets wieder überraschen. Aber wenn ich mir von Ihnen zu Neujahr etwas wünschen dürfte, so wäre das: daß Sie nichts mehr über mich schreiben.«[732] Es gibt jedoch auch positive Stimmen, so lobt Robert Faesi in einer ausführlichen Rezension im Berner *Bund*, dass Hesse »aus der Sphäre der pathologischen und problematischen Naturen herausgefunden« habe, und rühmt Knechts »liebenswürdige und überlegene Heiterkeit«[733]. Und der bekannte Germanist Emil Staiger schreibt: »Seit langem hat mich kein Buch so gestärkt.«[734]

Je mehr sich der Krieg ausweitet, desto brutaler wird der Terror nach innen. Seit der Niederlage in Stalingrad und dem Kriegseintritt der USA verstärkt Hitler seine Vernichtungspolitik gegenüber den Juden, die nun im gesamten Besatzungsgebiet erfasst, deportiert und in Vernichtungslagern massenhaft ermordet werden. Der nationalsozialistische Ausrottungs- und Vernichtungswahn erfasst alle Bereiche der Gesellschaft. Mitte April wird Peter Suhrkamp auf Anordnung des Reichssicherheitshauptamtes wegen des »dringenden Verdachts der Vorbereitung zum Hochverrat«[735] verhaftet und in ein Gestapo-Gefängnis nach Ravensbrück gebracht. Länger schon arbeiten das Propagandaministerium, aber auch NS-Größen wie Bormann und Himmler daran, den Suhrkamp Verlag zu liquidieren. Mithilfe eines Spitzels gelingt es ihnen, belastendes Material zu sammeln. Auch die Reisen zu Hermann Hesse in die Schweiz werden angeführt. Am 21. Januar 1945 wird Suhrkamp in das Konzentrationslager Sachsenhausen verschleppt. Misshandelt und schwer verletzt, wird er am 2. Februar in eine Klinik nach Potsdam verlegt. Zwei Tage nach der Kapitulation Deutschlands, am 10. Mai, wird das Berliner Verlagshaus bei letzten Kämpfen in Brand geschossen und zerstört. Dabei werden auch die Restbestände von Hesses Büchern vernichtet.

In den von vielen Ungewissheiten erfüllten Wochen nach Kriegsende erhält Hesse die Nachricht, dass sein Freund Josef Bernhard Lang am 3. Juni an einer Gehirnblutung gestorben ist. Von einem Schlaganfall im Frühjahr 1944 hatte er sich nicht mehr erholt. In einem Kondolenzbrief an Langs Tochter Marli zeichnet Hesse ein liebevolles Bild seines Freundes, der ihm einst aus einer schweren Lebenskrise herausgeholfen hatte und der zuletzt selbst so hilfsbedürftig gewesen ist: »In meiner Erinnerung wird er dennoch nicht als der Verbitterte fortleben, der er zu Zeiten war, sondern als der offene, vertrauensvolle, keines Argen fähige Freund, den man schon seiner Unschuld und unzerstörbaren Kindlichkeit wegen lieben mußte, auch wenn er nicht dazu noch der Menschenfreund und Arzt und der begabte Gelehrte gewesen wäre.«[736]

Die Schar der Freunde lichtet sich. Schon 1942 hatte Stefan Zweig in seinem Exil in Brasilien den Freitod gesucht, Ende 1943 waren die Sängerin Ilona Durigo und der Maler Hans Sturzenegger gestorben, und Hesses Lieblingsneffe Carlo Isenberg, der »Ferromonte« des *Glasperlenspiels*, war 1944 in Russland gefallen, wie erst jetzt bekannt wird. Und Ninon fürchtet, dass viele ihrer Verwandten in den Vernichtungslagern umgekommen sind. Briefe von Lesern, die die schlimmen Zustände im Nachkriegsdeutschland beklagen und die Deutschen als Opfer sehen, sind deshalb in der »Casa Rossa« ein andauerndes Ärgernis. Hesse schreibt an seine Cousine Fanny Schiler: »Es fehlt hier nicht an Gefühlen und Stimmen des Mitgefühls mit dem nichtnazistischen Teil des deutschen Volks. Unverständlich freilich bleibt allen die Gesamthaltung Deutschlands seit dem ersten Auftreten Hitlers, die Wahl Hindenburgs, das zähe Sabotieren jeder demokratischen Entwicklung in Eurer ›Republik‹, das völlige Fehlen einer wirklichen Widerstandsbewegung, und jetzt das Sichweigern, eine Mitschuld an der Zerstörung unsrer Welt zu haben. Nun, Dir brauche ich da nichts weiter zu sagen, auch Dich hat die Apathie, mit der das Volk diesen Hitler etc. annahm und ertrug, oft wild empört.«[737]

Hesse ist in seiner Tessiner Abgeschlossenheit über das, was die geschlagenen Deutschen an Obdachlosigkeit, Hunger und Flüchtlingselend ertragen müssen, aber auch über die Opfer, die von der tragisch gescheiterten Anti-Hitler-Bewegung erbracht worden sind, kaum informiert. Doch für ihn ist jetzt die Zeit der Scham und des Schuldeingeständnisses gekommen, nicht der Klage über das, was die Aggressoren von gestern heute selbst erleiden müssen. Als ihn Briefe von Lesern erreichen, die als Katholiken, Liberale oder Sozialisten vom NS-Regime ausgegrenzt und verfolgt wurden oder für ihre Überzeugungen in Gefängnissen saßen und nun durch die »Aufklärungs- und Strafpredigten der Alliierten«[738] mit einer Kollektivschuld belegt werden, revidiert er sein Urteil: »Wie sollte ein Mensch, der in einem unzerstörten Hause sitzt, und täglich zu essen hat, der in den letzten zehn Jahren zwar Ärger und Sorgen, aber keine unmittelbare Bedrohung oder gar Vergewaltigung erfahren hat, diesen in jedem Leid Geprüften etwas zu sagen haben!«[739] An diesen Vorsatz, den er im August 1945 in sein Tagebuch notiert, wird sich Hesse in den kommenden Jahren nicht immer halten. Er will sich einmischen, Missstände anprangern, Umkehr einfordern. Er begibt sich aus den Höhen der kastalischen Welt in die Niederungen der Politik, um auf die drängenden Fragen der Geschichte zu antworten, wie dies Pater Jakobus – eine Verkörperung des von Hesse bewunderten Basler Gelehrten Jacob Burckhardt – von den Glasperlenspielern eingefordert hatte.

Doch erst einmal wird er selbst zur Zielscheibe. Der Angriff kommt, wie schon 1936, von einem prominenten Emigranten. Ursache ist eine Beschwerde, die Hesse an die Redaktion einer Stuttgarter Besatzungszeitung gerichtet hatte. Das Stuttgarter Blatt hatte das Gedicht »Dem Frieden entgegen« ohne Genehmigung und in gekürzter Form veröffentlicht. In seinem Brief an die amerikanische Leitung der Zeitung bezeichnet Hesse das Weglassen eines Kommas als »Barbarei« – ein gefundenes Fressen für den verantwortlichen Kulturoffizier Hans Habe, einen von Österreich in die USA emigrierten Schriftsteller. Die zynische Entgegnung des »Chief Editors« ist von verletzender Schärfe: »Ich weiß genau, wie weh es dem Autor tut, wenn ein Wort verdruckt oder auch nur ein Komma versetzt ist. Aber wir, die wir die Geschehen dieser Welt nicht aus der sonnigen Perspektive des Tessin beobachtet haben, meinen doch, daß Barbarei in unserem Jahrhundert nicht die Vergewaltigung eines Kommas bedeutet.«[740] Und dann zählt Habe die wahren Barbareien auf: die Vergasung der Juden, die Besetzung der Tschechoslowakei, die Überfälle auf Polen und Holland, die Zwangsarbeit, den Volksgerichtshof. Angesichts solcher Verbrechen stelle sich die Frage, warum Hesse nicht wie Thomas Mann, Stefan Zweig oder Franz

Werfel Anklagen gegen das NS-Regime »in den Äther hinausge-
schrien« habe. An Hesses Berechtigung, noch einmal in Deutschland zu sprechen, glaube er nicht.

Hesse ist tief getroffen, will rechtliche Schritte gegen Habe einleiten. Er sei ja »kein besiegter und besetzter Germanensklave«
und habe wenig Lust, sich »vor dem Offizierchen zu verteidigen«[741], wettert er in einem Brief an seinen Vetter Fritz Gundert.
Dann mobilisiert er Freunde und Kollegen, darunter auch Thomas Mann, und sendet ihnen Abschriften des Habe-Briefs mit
der Erläuterung zu, bei dem Verfasser handle es sich um den
Sohn eines »Herr(n) Bekessy, der vor Jahrzehnten in Wien eine
Revolver- und Erpresserjournalistik großen Stils betrieb, einer
der gefürchtetsten Pressepiraten seiner Zeit«[742]. Diese nach Art
der Sippenhaft argumentierende Gegenpolemik führt zu einem
Aufruhr in Schweizer Blättern, die »ihren« Autor gegen die An-
griffe des US-Besatzungsoffiziers meinen verteidigen zu müssen.
Thomas Mann interveniert sogar im Weißen Haus bei Präsident
Truman, und von dort ergeht eine Rüge an das militärische
Pressekorps, die schließlich auch Hans Habe im Hauptquartier
der 12. U.S. Army Group in Bad Nauheim erreicht. Der Presse-
chef lenkt jedoch keineswegs ein, sondern bezichtigt stattdessen
Hesse, in der Schweiz eine Kampagne gegen ihn anzuzetteln.
Weil er fürchtet, dass nach den Nationalsozialisten nun auch die
amerikanische Besatzung sein Werk in Deutschland verbietet,
veröffentlicht Hesse eine Reihe von Erklärungen, um über seine
Haltung zum Nationalsozialismus keine Unklarheit aufkommen
zu lassen. Ein wichtiger Beitrag dazu ist sein langer »Brief an
Adele«, der unter anderem auf die deutsch-schweizerisch-balti-
sche Herkunft der eigenen Familie verweist, um die lebensge-
schichtliche Distanz zu Rassismus und Nationalismus zu betonen.

Dieses Rechtfertigungsbedürfnis erklärt auch, warum Hesse
seinen alten Freund Ludwig »Ugel« Finckh mit beinahe richter-
licher Attitüde mahnt, sich endlich zur eigenen nazistischen
Verstrickung zu bekennen, statt ihn mit Berichten von seinen
Kindern und Enkeln zu belästigen. Finckh war nach der Macht-

ergreifung der Nationalsozialisten in die NSDAP eingetreten und hatte im Oktober 1933 wie viele andere Schriftsteller ein Treuegelöbnis für Adolf Hitler unterzeichnet. Hesse verwahrt sich gegen die Widmung von Finckhs Gedichtband *Rosengarten*, weil dies bei den Lesern den Eindruck erwecke, als sei der Autor mit ihm »im Denken und innersten Gewissen verbunden und einig«[743]. Zugleich unterstützt er jedoch Finckhs Familie mit Lebensmittelpaketen und erlaubt dem Freund, einen entlastenden Brief bei der Spruchkammer vorzulegen. Dort heißt es unter anderem: »Wichtig ist jetzt nicht, dass Du an Hitler und seinen Schwindel geglaubt hast, sondern daß Du es nicht aus Egoismus, sondern reinen Herzens getan hast … Du warst verblendet, aber Du warst nicht feige und nicht eigennützig. Du wolltest Deinem Volk und Deinen Idealen dienen, auch da, wo es Dich selber gefährdete und Dir schadete. Damit bist Du unschuldiger, als es Zehntausende sind, die heut unangefochten herumlaufen.«[744] Um die Kontinuität und moralische Unangreifbarkeit der eigenen politischen Haltung über zwei Jahrzehnte hinweg zu dokumentieren, bringt Hesse Ende 1946 bei Fretz & Wasmuth in Zürich den Band *Krieg und Frieden: Betrachtungen zu Krieg und Politik seit dem Jahr 1914* heraus, eine Sammlung von bereits veröffentlichten Beiträgen und erstmals publizierten Briefen.

1946 wird das Jahr der Ehrungen. Im August erhält Hesse den Goethe-Preis der Stadt Frankfurt am Main, den er aus Gesundheitsgründen, aber auch aus einer Scheu heraus, ins zerstörte Deutschland zu reisen, nicht persönlich entgegennimmt. Bei der Feier im Kleinen Komödienhaus lässt er eine »Danksagung und moralisierende Betrachtung« verlesen. Hesse versteht die Auszeichnung nicht als »Versöhnung mit dem offiziellen Deutschland«, das ihn in den Jahren des Krieges seines Lebenswerks beraubt habe, sondern als Ehrung durch ein Komitee, »das sich in den Tagen schwerer Prüfung unter Hitler nicht nur anständig, sondern wirklich tapfer benommen«[745] habe. Er nutzt den Anlass, um vor den »Geisteskrankheiten« zu warnen, die für die heutige katastrophale Lage der Menschheit verantwortlich seien, vor »de(m) Größenwahn der Technik und de(m) Größenwahn des Nationalismus«[746]. Diesen beiden Weltkrankheiten sei im Geiste Goethes der Kampf anzusagen. Dann könne Europa »vielleicht wieder ein mit hohem Wert beladener Begriff, ein stilles Sammelbecken, ein Schatz edelster Erinnerungen, die Zuflucht der Seelen werden, etwa in dem Sinne, in dem meine Freunde mit mir bisher das magische Wort ›Morgenland‹ gebrauchten«[747]. Das Preisgeld von 16 000 Mark stiftet Hesse für wohltätige Zwecke, unter anderem gehen 3000 Mark für die »Armen der Stadt« nach Calw.

Um der Briefflut und den Anfragen der Presse zu entgehen, fahren Ninon und Hesse am 26. Oktober zunächst nach Bern, wo sie Martins Familie besuchen, und werden dann von Max Wassmer mit dem Wagen nach Préfargier am Neuenburger See gebracht. Auf Einladung des befreundeten Arztes Otto Riggenbach, dem Leiter des dortigen Sanatoriums, will sich Hesse sechs Wochen lang therapieren lassen. Kaum angekommen, erreicht ihn Anfang November die Nachricht eines schwedischen Journalisten, dass ihm der Nobelpreis für Literatur zuerkannt worden sei. Hesse sendet Ninon, die nach Zürich weitergefahren ist, um dort den Winter über zu bleiben und ihren Studien nachzugehen, eine Nachricht, die weniger Freude als Besorgnis ausdrückt: »Daß nun diese Sache über mir hängt, mit Stockholm, hat gerade noch gefehlt. Sollte es wahr werden, so würde ich bitten, daß Du gleich Fretz anrufst, ob er mir zur Antwort auf die neue Brief-Sintflut etwas drucken würde, vielleicht postkartenähnlich, auf der einen Seite ein Bild von mir, auf der anderen ein paar Dankworte. Das Bild würde ich noch wählen und den Text aufsetzen. Der Teufel hole den verfluchten Kram.«[748]

Ninon dagegen ist überglücklich und fühlt sich in all ihren Entbehrungen und Opfern bestätigt, die sie in den zurückliegenden Jahren erbracht hat. Sie hoffe, schreibt sie ihrem Mann, dass diese Ehrung seine Depressionen ein wenig zu lindern helfe, denn die weltweite Rehabilitierung durch den Nobelpreis könne auch helfen, eine Versöhnung mit seinen deutschen Lesern herbeizuführen. Hesse dämpft ihre Erwartungen: »Du siehst mein

Verhältnis zu dem dummen Preis und dem ganzen Theater drumherum nicht richtig … Deine Briefe kommen aus einer Welt, zu der ich die Beziehung verloren habe.«[749] Gegenüber Thomas Mann, dessen wiederholter Empfehlung er diese Auszeichnung wesentlich mit verdankt, bemüht Hesse sich um einen freundlicheren Ton, verweist aber auf die für ihn wichtigen Prioritäten: »Dies Jahr hat mir mehrere an sich gute und erwünschte Gaben gebracht: im Sommer konnte ich meine beiden Schwestern einige Wochen bei mir zu Gast haben, füttern, kleiden und trösten, bis sie wieder ins finstere Germanien zurück mußten. Dann gab man mir den Goethepreis. Dann hat man den grimmigsten und bösesten Feind, den ich je gehabt habe, er hieß Rosenberg [der fanatische Antisemit Alfred Rosenberg war Hitlers Chefideologe, HSch], in Nürnberg aufgehängt. Und nun hat der November den Nobelpreis gebracht. Das erste dieser Ereignisse, das mit den Schwestern, war schön und war das einzige, das wirklich Realität für mich hatte. Die andern haben mich vorerst noch nicht so recht erreicht, ich habe die Verluste immer schneller perzipiert und verdaut als Erfolge, und daß ich während einer Woche von schwedischen und andern Journalisten regelrecht auf Detektivfahrten umstellt und belagert wurde, denn man hat ihnen meine Adresse nicht gegeben, war schon beinahe ein Chock … Sollte es mir mit der Zeit wieder besser gehen, so wird das alles mir noch mancherlei Spaß machen. Ich drücke Ihnen die Hand und denke des Tages, an dem ich Sie einst in München kennen lernte, im Hotel, wo Fischers wohnten, so etwa 1904.«[750]

Unter den Hunderten von Briefen, die ihn schließlich doch in seinem Versteck am Neuenburger See erreichen, ist auch einer von Peter Suhrkamp, die einzige für Hesse wirklich erfreuliche Nachricht. Suhrkamp, der im Oktober 1945 von der englischen Militärbehörde eine Verlagslizenz erhalten hat, kann Dezember 1946 endlich die erste deutsche Ausgabe des *Glasperlenspiels* in zwei Bänden im Rahmen der *Gesammelten Werke* herausbringen, in einer unerwartet hohen Auflage von 10 000 Exemplaren. 1947 folgt eine Einzelausgabe mit ebenfalls 10 000 Exemplaren. Und bald sollen, wenn das Papier zur Verfügung steht, auch *Narziß und Goldmund, Der Steppenwolf* und *Die Morgenlandfahrt* erscheinen.

Suhrkamp gratuliert seinem Autor am 22. November 1946 und verbindet damit die Hoffnung, dass dieser glückliche Augenblick »alle übrige Misere«[751] vergessen lasse. Hesse sieht darin eine versteckte Ironie und meint, in seltsamer Verkennung dessen, was sein Verleger an tatsächlicher Verfolgung durchgemacht hat, in seinem Antwortbrief noch einmal das eigene Unglück herausstellen zu müssen: »Ich zweifle nicht daran, daß Sie in all den Jahren Ihre verschiedenen Fegefeuer zu bestehen hatten. Die Hölle, in der ich seit etwas mehr als zwei Jahren ohne Pause lebe, ahnen Sie dennoch nicht, mein guter Suhrkamp.«[752] Alle Welt freut sich, nur der Geehrte zieht sich ins Schneckenhaus seiner Leiden zurück. So versteht es sich von selbst, dass Hesse auch zur Nobelpreisverleihung nicht nach Schweden reisen wird. Hesse schlägt Ninon vor, sie solle den Preis an seiner Stelle entgegennehmen. Auch Freunde drängen sie, nach Stockholm zu reisen. Ninon hält das für unangemessen, »aber ›als Maus‹ in einer Ecke des Saales«, schreibt sie einer Freundin, »wäre ich gern bei der Verleihung des Preises dabei gewesen«[753].

Stattdessen reist sie von Zürich an den Neuenburger See, um am Tag der Stockholmer Feier bei ihrem Mann zu sein. Am 10. Dezember sind beide zu einer kleinen Feier in das Haus von Dr. Riggenbach und seiner Frau eingeladen. Das Arztehepaar hat eine Überraschung vorbereitet, einen Chor, der Hesse ein Ständchen bringt. Kinder rezitieren Gedichte, und die Dame des Hauses liest Telegramme vor, die sie sich selbst ausgedacht hat: einen Glückwunsch aus dem Himmel, mit »Knulp« unterzeichnet, ein zweiter aus der Arche Noah, ein dritter vom Berg Sinai. Das heitere Treiben gefällt Hesse, der froh ist, dem »Klimbim« der offiziellen Gedenkfeier entkommen zu sein. Während man im Hause Riggenbach Forelle und Brathühnchen verspeist, nimmt der Schweizer Botschafter beim Bankett im Goldenen Saal des Stockholmer Rathauses die Auszeichnung entgegen und verliest die Dankesrede des Geehrten: »Indem ich Sie bei Ihrem festlichen

Zusammensein herzlich und ehrerbietig begrüße, gebe ich vor allem meinem Bedauern darüber Ausdruck, daß ich nicht selbst Ihr Gast sein, Sie begrüßen und Ihnen dankbar sein kann. Ich bin stets von sehr zarter Gesundheit gewesen, und die Strapazen der Jahre seit 1933, die mein gesamtes Lebenswerk in Deutschland vernichtet ... haben, haben mich vollends dauernd invalide gemacht. Darin, daß der mir verliehene Preis zugleich eine Anerkennung der deutschen Sprache und des deutschen Beitrags an die Kultur bedeutet, sehe ich eine Gebärde der Versöhnlichkeit und des guten Willens, die geistige Zusammenarbeit aller Völker wieder anzubahnen.«[754]

Die Ruhe im Sanatorium ist dahin. Journalisten sind auf der Jagd nach Interviews, versuchen Hesse abzufangen, wenn er das Haus verlässt. Der Rummel um seine Person gehe ihm auf die Nerven, schreibt Hesse am 6. Januar 1947 an Richard Matzig: »Die Welt hat sich in den Kopf gesetzt, mich mit Preisen, Gratulationen, Dissertationen und 7000 Briefen vollends zu Tode zu steinigen. Dagegen ist nichts zu machen, aber die, die es tun, sollten vom Opfer nicht auch noch Dankbarkeit erwarten.«[755] Die weltweite Anerkennung entfaltet ihre Wirkung in vielerlei Hinsicht. Das Preisgeld, umgerechnet 145 342 Franken, ist für Bedürftige Anlass, Bittbriefe an Hesse zu schreiben. Man erwartet von dem prominenten Dichter Hilfe bei der Aufenthaltsbewilligung für die Schweiz oder bei der Suche nach einer Arbeitsstelle. Da auch das Haus in Montagnola von Neugierigen umlagert ist, fährt Hesse im März von Préfargier direkt zur Kur nach Baden. Aber auch dort geben sich die Besucher die Klinke in die Hand, um dem Nobelpreisträger zu gratulieren. Nacheinander kommen Ricarda Huch, Martin Buber, André Gide und Hans Carossa. Und die Ehrungen reißen nicht ab: Am 7. Juli wird Hesse Ehrenbürger seiner Heimatstadt Calw, die Philosophische Fakultät der Universität Bern verleiht ihm den Ehrendoktor. Er habe das Gefühl, in Deutschland sei mal wieder »eine Hessemode« ausgebrochen, schreibt er an Hans Bodmer. Er komme sich vor »wie ein Affe, den man als General kostümiert hat«[756].

Das Echo auf die deutsche Ausgabe des *Glasperlenspiels* ist zustimmend bis enthusiastisch, wozu auch der Nobelpreis beiträgt, der das Buch zusätzlich adelt. Karl Korn sieht in dem kastalischen Orden, anders als die Kritiker in der Schweiz, keinen Rückzug in den Elfenbeinturm, sondern die »Macht des Geistes«[757], der durch Erziehung herrschen will. Für den Germanisten Hans Mayer ist das *Glasperlenspiel* ein Signal für den geistigen Aufbruch nach der Diktatur; er erklärt Hesse endgültig zum »großen Humanisten«[758]. Der einflussreiche Zürcher Literaturkritiker Max Rychner fühlt sich bei der Lektüre in ein »Reich« geführt, »wo sich das Wahre und das Gute nur durch das Schöne offenbaren«[759]. Thomas Mann setzt ein Ausrufezeichen hinter all die Elogen und nutzt einen Artikel zu Hesses siebzigstem Geburtstag, den er am 2. Juli 1947 in der *Neuen Zürcher Zeitung* veröffentlicht, um an Gemeinsames zu erinnern, gewissermaßen von Nobelpreisträger zu Nobelpreisträger. Im *Glasperlenspiel* sieht er sein in Jahren gewachsenes, freundschaftliches Verhältnis zu Hermann Hesse gespiegelt: »Das äußere Geschehen, das unvermeidliche Verderben des armen Deutschland zumal, haben wir zusammen vorausgesehen und zusammen erlebt – in weiter räumlicher Entfernung voneinander, die zeitweise gar keinen Austausch zuließ, aber doch immer zusammen, doch immer in gegenseitigem Gedenken. Unsere Wege überhaupt laufen wohl deutlich getrennt, in gemessener Entfernung voneinander durchs geistige Land und laufen doch irgendwie gleich – irgendwie sind wir doch Weggenossen und Brüder, – oder confrères, wie ich mit weniger zutunlicher Nuance sagen sollte; denn ich sehe unser Verhältnis gern im Bilde der Begegnung seines Joseph Knecht mit dem Benediktinerpater Jakobus im ›Glasperlenspiel‹, wo es denn ohne das Höflichkeits- und Geduldspiel endloser Verneigungen wie bei der Begrüßung zwischen zwei Heiligen oder zwei Kirchenfürsten nicht abgeht, – ein halb ironisches Zeremoniell chinesischen Geschmacks, das Knecht sehr liebt, und von dem er bemerkt, daß auch der Magister ludi Thomas von Trave es meisterlich beherrscht.«[760]

Hesse stöhnt unter der Last des Briefschreibens, denn die Post hat sich seit der Auszeichnung mit dem Nobelpreis vervielfacht. Inzwischen kümmert sich Ninon um die gesamte Verlagskorrespondenz, liest die Korrekturen für die Neuauflagen seiner Bücher und archiviert die Briefe, die für das Werkverständnis wichtig sind. Hesse kann sich allein der Beantwortung der zahllosen Schreiben seiner Freunde und Leser widmen. Die Korrespondenz hat etwas Seelsorgerisches, ja Missionarisches, Hesse wird für seine Leser zum Beichtvater, Prediger und Erzieher – eine späte Reverenz an das pietistische Ethos seines Elternhauses, das er als junger Mann so strikt abgelehnt hatte. Einer von Liebeskummer gequälten Leserin gibt er den Rat, sich nicht in die eigene Gefühlswelt zu verstricken, sondern der Gemeinschaft zu dienen: »Daß ein Mensch den, den er liebt, nicht bekommen und für sich allein haben kann, ist das häufigste aller Schicksale, und damit fertig zu werden heißt: den Überschuß an Leidenschaft und Hingabe, den man für seine Liebe hat, diesem Objekt entziehen und sie anderen Zielen zuwenden: der Arbeit, der Mitarbeit im Sozialen, der Kunst. Dies ist der Weg, auf dem Ihre Liebe fruchtbar und sinnvoll werden kann. Das Feuer, an dem Sie jetzt nur Ihr eigenes Herz verbrennen lassen, ist nicht nur Ihr Eigentum, es gehört der Welt, der Menschheit, und wird aus Qual zur Freude werden, wenn Sie es fruchtbar werden lassen.«[761] Treffender hätte auch Johannes Hesse das protestantisch-pietistische Ideal der Selbstzurücknahme nicht ausdrücken können.

Lästig sind Hesse weniger diese bisweilen allzu persönlichen Anschreiben als die Versuche öffentlicher Organisationen, ihn für ihre Zwecke einzusetzen. »Das ewige Angezapftwerden durch die Öffentlichkeit, die Presse, die nationalen und internationalen Gesellschaften mit weltanschaulichen, humanitären, politischen Programmen, das ist … einfach ein Unglück«[762], klagt er einem Schulkameraden. So lehnt Hesse es im Oktober 1948 ab, als Mitglied in die Akademie der Schönen Künste in München aufgenommen zu werden. Er befürchtet, nicht nur als Dichter, sondern auch politisch in Anspruch genommen zu werden. Die Zeit, in der Deutschland den deutschsprachigen Teil der Schweiz »als ein ihm zugehörender Gau reklamiert«[763] habe, sei noch nicht vergessen, schreibt er in seiner Ablehnung. Später wird er auch die Ehrenmitgliedschaft in der ostdeutschen Akademie der Künste zurückweisen, weil er darin eine propagandistische Vereinnahmung sieht. Auch der Bitte des Schriftstellers und Kafka-Freundes Max Brod, einen Pro-Israel-Aufruf zu unterschreiben, kommt er nicht nach. Israel befindet sich seit seiner Proklamation als Staat im Krieg mit seinen arabischen Nachbarn, aber Hesses Solidarität mit den Juden geht nicht so weit, sich auch mit ihren territorialen Ansprüchen zu identifizieren. Er hält das »Mahnen, Bitten, Predigen oder gar Drohen der Intellektuellen den Herren der Welt gegenüber für falsch«[764]. Hesse will nur dem einzelnen, konkreten Menschen helfen. So versendet er Lebensmittelpakete, hilft in Not geratenen Schriftstellerkollegen wie dem Dichter Robert Walser, der seit 1933 in der Nervenheilanstalt lebt, oder seiner Freundin Emmy Ball-Hennings. Auch Ninons völlig mittellose Schwester Lilly und ihr Mann, seit ihrer Flucht aus Rumänien staatenlos, werden unterstützt und sind seit Anfang 1948 Hausgenossen in der »Casa Rossa«.

Am 24. September 1949 stirbt Hesses Lieblingsschwester Adele im Alter von sechsundsiebzig Jahren. Bis zuletzt hatte sie als Pfarrfrau in der Pietistengemeinde Korntal gelebt, wo auch Johannes Hesse begraben ist. Als Ninon die Todesnachricht überbringt, lässt sich Hesse eben von Marulla, der jüngeren Schwester, in der Bibliothek vorlesen. Gleich am nächsten Morgen fährt sie zurück nach Deutschland, um das Begräbnis vorzubereiten. Hesse setzt sich sofort hin und verfasst, wie schon für die Eltern und den Bruder Hans, einen Nachruf. Darin heißt es: »In meinem Leben ist Adele die dauerhafteste Liebe geblieben. Es gab stärkere Affekte, leidenschaftlichere Lieben und Freundschaften, aber auch die mir Nächsten, meine Frau, meine Söhne, meine paar nächsten Freunde haben mit mir ja nicht jenen Urboden aller Erinnerungen, die Kinderzeit und Heimat, gemeinsam … Adele war die einzige von uns, die das Erbe beider Eltern in sich zu einer völligen Einheit und Harmonie gebracht hat: das helläugig Nordische des Vaters und das glühend dunkeläugige, in Hingabe und Liebe

unerschöpfliche, Herzlichkeit und Werbung strahlende Wesen der Mutter. Und die dunklern Seiten der beiden, ihre Gefahren und Abgründe, ihre Anfälligkeit für Schwermut und Lebensunlust, haben, so scheint es, in Adele trotz der Zartheit und Verletzbarkeit ihres vornehmen Wesens keinen Boden gefunden, es sei denn in ihrem Verständnis für die seelischen Leiden anderer. So ist sie zwischen ihren zwar lebhaften, aber eher etwas schwerlebigen Geschwistern die Beschwingte und Begnadete gewesen.«[765]
Hesse entwirft das freundliche Porträt seiner Schwester geradezu als Gegenbild zu der eigenen Düsternis, die ihn, wieder einmal, im Herbst 1949 übermannt hat. Ninon ist seiner gereizten Stimmung ungeschützt ausgesetzt. In ihrem Tagebuch klagt sie über die tyrannische Art ihres Lebensgefährten: »Hesse in elender Laune, ißt fast nichts, schneidet furchtbare Gesichter, stumm spazierengegangen. ›Idiot‹ vorgelesen, dann entlassen. Zum Nachtessen H. freundlicher, dann mit Krach um 8 Uhr auseinander. In Selbstmörderstimmung zu Bett.«[766] Weitere Eintragungen spiegeln die schweren Spannungen dieser Tage. »Zurückgeprallt vor seinem Gebaren«, schreibt Ninon, »ich möchte unter die Räder.« Und am 8. Oktober 1949 notiert sie: »Toben. Keine Worte mehr mit mir gesprochen. Um 8 Uhr vor dem Vorlesen frage ich nach meinem ›Verbrechen‹. Aussprache. H. ›entschuldigt‹ sich. Trennung oder Selbstmord?«[767] Trost gibt ihr die Hiob-Geschichte des Alten Testaments. Wie Hiob will sie sich unter ihr Schicksal beugen: »Hinnehmen-können ist das Erlösungsgeheimnis.«[768] Zum Glück gibt es aber auch die Freundin Elsy Bodmer, die »Herrin des Hügels«, der Ninon alles erzählen kann, was sie bedrückt. Verständnis findet sie auch bei dem nebenan in der »Casa Camuzzi« wohnenden Maler Hans Purrmann. Wenn er von einem Besuch bei Hermann Hesse kommt, pflegt er nach dem Verlassen des Hauses zu sagen: »Nicht ansprechen! War bei Hesse, brauche eine Woche Bettruhe!«[769]
Peter Suhrkamp dagegen ist von der starken Präsenz Hesses fasziniert, sein Blick hat für ihn ein »scharfes sprühendes Licht«[770]. Hesse wiederum schätzt seinen Verleger, der so beharrlich und klug den Verlag über alle Klippen hinweggeführt hat. Doch jetzt

steht Streit ins Haus. Nicht zwischen Suhrkamp und Hesse, aber vonseiten Gottfried Bermann Fischers, der aus dem Exil nach Deutschland zurückgekehrt ist und wieder in seine alten Rechte eingesetzt werden will. Peter Suhrkamp soll aus der Verlagsleitung ausscheiden und nur noch als kündbarer Verlagsberater arbeiten. Hesse bestärkt Suhrkamp darin, um seine Position zu kämpfen, und verspricht ihm Unterstützung. Suhrkamp besteht nun seinerseits darauf, im Verlag eine verantwortliche Stellung einzunehmen. Das führt zum Bruch. Gottfried Bermann Fischer reicht eine Klage vor der Wiedergutmachungskammer ein und lässt Suhrkamp das Betreten der Verlagsräume verbieten. Im April 1950 kommt es vor dem Landgericht Frankfurt am Main zum Prozess, doch der Rechtsstreit endet mit einem Vergleich: Gottfried Bermann Fischer erhält die Verlage in Berlin und Frankfurt zurück, Peter Suhrkamp kann einen eigenen Verlag gründen. Und die Autoren des S. Fischer Verlages sollen selbst entscheiden, bei welchem Verleger sie bleiben wollen.

Anfang Mai 1950 kommt Bermann Fischer mit seiner Frau nach Montagnola, um seine Sicht der Dinge darzulegen, aber Hesse hat seine Entscheidung längst getroffen. Schon am nächsten Tag, am 8. Mai, teilt er Bermann Fischer in einem Brief mit, Suhrkamp weiter die Treue zu halten: »Er ist, nachdem er Unsägliches im Widerstand gegen die Nazi und im Dienst an Eurer Sache geleistet und erduldet hat, nun durch Eure ›freundschaftliche‹ Vereinbarung in eine für einen Mann seines Alters und von seiner Gesundheit grausame oder mindestens heikle Lage gekommen, und ihn darin im Stich zu lassen, ist mir nicht möglich.«[771] Die Mehrzahl der achtundvierzig Autoren, dreiunddreißig, folgt dem Beispiel Hesses und entscheidet sich für Suhrkamp, darunter auch Bertolt Brecht, Max Frisch und Reinhold Schneider. Schon zwei Jahre später, zu Hermann Hesses fünfundsiebzigstem Geburtstag, wird der Suhrkamp Verlag die *Gesammelten Werke* in sechs Bänden herausbringen.

SECHZEHNTES KAPITEL

»Bitte keine Besucher«: Invasion der Hesse-Touristen. Musikabende. Reisen nach Sils Maria. Ninon kauft ein Auto. Als Archäologin in Griechenland. Späte Prosa. *Hesse erhält den Friedenspreis des Deutschen Buchhandels. In Äquidistanz zu den beiden deutschen Staaten. Die Reihen der Freunde lichten sich: Tod von Thomas Mann. Der achtzigste Geburtstag.* Gesammelte Schriften. *Kleingärtner und Epigone: Hesse im Kreuzfeuer der Kritik. Peter Suhrkamp stirbt. Hesse rezensiert Ernst Jünger. Ehrenbürger von Montagnola.* Knarren eines geknickten Astes. *Tod durch Gehirnblutung. Beerdigung auf dem Friedhof von Sant' Abbondio*

Je älter Hesse wird, desto mehr zieht er sich in sich selbst zurück. Sein Tagesablauf ist penibel geregelt und darf von niemandem missachtet werden. Besuchern wird eine genau bemessene Zeit bewilligt, die von Ninon überwacht wird. Wenn das Telefon klingelt, nimmt sie ab und entscheidet, für wen ihr Mann zu sprechen ist. Auch nach außen schottet Hesse sich konsequenter ab als früher, denn das Dichterhaus in Montagnola ist zu einem in den Reiseführern vermerkten Ausflugsziel geworden. Wer in Lugano seinen Urlaub verbringt, muss unbedingt auch einmal hinauf zur Collina d'Oro, um den Nobelpreisträger – und sei es nur aus der Ferne – zu sehen. Ganze Schulklassen reisen an und lärmen um das Haus herum, bis in den letzten Winkel seines Weinbergs folgen ihm Neugierige, die sich Zugang zum Grundstück verschafft haben. Hesse bittet seinen Malerfreund Gunter Böhmer, am Gartentor ein Schild mit der Aufschrift »Bitte keine Besucher« anzubringen. Einige der Hesse-Touristen sind enttäuscht und hinterlassen Nachrichten auf der Tafel, etwa: »Na, dann nicht!« oder etwas unfeiner: »Du kannst mich!«. Ein Spaßvogel versucht sogar, das Wort »keine« auf Böhmers Schild wegzukratzen. Eine boshafte Inschrift lautet: »Thomas Mann lässt grüßen«.[772] Dabei ist gerade Thomas Mann einer der häufigsten Gäste in der »Casa Rossa«. 1952 ist er aus den USA zurück nach Europa gekommen und lebt jetzt mit Ehefrau Katia und Tochter Erika am Zürichsee. Für die Feinsinnigeren unter den Zaungästen heftet Hesse ein Papier an die Haustür.

Worte des Meng Hsiä (alt chinesisch)

Wenn einer alt geworden ist und das Seine getan hat, steht ihm zu, sich in der Stille mit dem Tode zu befreunden.
Nicht bedarf er der Menschen. Er kennt sie, er hat ihrer genug gesehen. Wessen er bedarf, ist Stille.
Nicht schicklich ist es, einen solchen aufzusuchen, ihn anzureden, ihn mit Schwatzen zu quälen.
An der Pforte seiner Behausung ziemt es sich vorbeizugehen, als wäre sie Niemandes Wohnung.[773]

Um der Touristeninvasion und der Tessiner Hitze zu entgehen, verbringen Hesse und Ninon die Sommermonate seit 1949 regelmäßig im Oberengadin. Entdeckt hatte Hesse die Gegend mit seiner ersten Frau Mia und dem Freund »Ugel« Finckh, damals als Bewunderer Nietzsches, der dort an seinem Werk *Also sprach Zarathustra* geschrieben hatte. Man wohnt im Hotel »Waldhaus« in Sils Maria und trifft dort bei den verschiedenen Aufenthalten mit Thomas und Katia Mann, mit dem Philosophen Theodor W. Adorno, dem Historiker Carl Jacob Burckhardt, mit dem deutschen Bundespräsidenten Theodor Heuss, dem Maulbronner Schulfreund und Pfarrer Hans Völter und den Musikern Edwin Fischer, Clara Haskil und Pierre Fournier zusammen. Die Begegnung mit dem weltberühmten Cellisten hinterlässt einen tiefen Eindruck. Im August 1953 gibt Fournier im Hotel ein privates Bach-Solokonzert. Das Musikerlebnis führt Hesse in die kastalische Welt zurück: »Ich ging hin, trat ein, bekam einen Stuhl, der Meister setzte sich, stimmte und statt der Luft von Müdigkeit, Enttäuschung, Unzufriedenheit mit mir und der Welt umgab mich alsbald die reine und strenge Luft Sebastian Bachs, es war, als sei ich aus unserm Hochtal, dessen Zauber sich heute an mir wenig bewährt hatte, plötzlich in eine noch viel höhere, klarere, kristallnere Bergwelt gehoben worden, die alle Sinne öffnete, anrief und schärfte. Was ich selber diesen Tag über nicht vermocht hatte: aus dem Alltag heraus den Schritt nach Kastalien zu tun, das vollzog die Musik an mir in Augenblicken. Eine Stunde oder anderthalb weilte ich hier, zwei Solo-Suiten von Bach anhörend, mit kurzen Pausen und wenig Gespräch dazwischen, und die kraftvoll, genau und herb gespielte Musik schmeckte mir wie einem Verschmachtenden Brot und Wein, sie war Nahrung und Bad und half der Seele wieder zu Mut und zu Atem kommen. Jene Provinz des Geistes, die ich mir einst, im Dreck der deutschen Schande und des Krieges erstickend, zur Rettung und Zuflucht erbaut hatte, tat mir ihre Tore wieder auf und empfing mich zu einer ernst-heiteren, großen, im Konzertsaal nie ganz zu verwirklichenden Feier. Geheilt und dankbar ging ich davon und habe noch lange daran gezehrt.«[774]

Die Musik bleibt Hesses große Leidenschaft. Wenn nicht vorgelesen wird, werden Schallplatten aufgelegt oder Radiosendungen angehört, am liebsten Bach und Mozart, gern auch Händel, Telemann und Vivaldi. Manchmal schläft »Vogel« dabei ein, und Ninon macht daraus ein Scherzgedicht:

Am Abend, wenn es acht geschlagen,
Wird Bach und Mozart übertragen.
Zuweilen hört man Meister Archen
Bei der Musik zufrieden schnarchen.[775]

Das alte Grammofon mit der Kurbel kann Hesse mit seinen steifen, von Arthrose geplagten Händen nicht mehr bedienen. Das besorgt der treue Helfer und Nachbar Gunter Böhmer. Als Hesse zu Weihnachten von einem Leser einen neuartigen Plattenspieler geschenkt bekommt, beschädigt er den empfindlichen Mechanismus schon beim Auspacken des Geräts. Sein bissiger Kommentar: »Zivilisationsdreck!«[776] So muss das alte und bewährte Grammofon weiter seinen Dienst tun. Ähnlich problematisch ist der Umgang Ninons mit ihrem Automobil, einem hellgrauen Standard Fourteen mit Schiebedach, den sie kurz nach der Verleihung des Nobelpreises angeschafft hat. Das Aus- und Einparken ist eine ständige Herausforderung. Vor der Fahrprüfung hatte sie von ihrem Mann den bedenklichen Rat bekommen, im Zweifelsfall Gas zu geben und »wie der Teufel los zu fahren, scharf an die Ecken und Bäume streifend«[777]. Dementsprechend sieht der Wagen auch bald aus: verbeult und voller Kratzer.

Hesse lässt sich trotz dieser Unwägbarkeiten gern von seiner Frau chauffieren, so auch an seinem fünfundsiebzigstem Geburtstag. Die Fahrt geht über Lugano und Bellinzona durch das Valle Mesolcina bis nach Mesocco, wo der Motor überhitzt seinen Geist aufgibt. Während die beiden in einem Gasthof Geburtstag feiern, hält Bundespräsident Theodor Heuss im Wüttembergischen Staatstheater in Stuttgart eine Rede auf seinen alten Weggefährten. Die Laudatio gipfelt in dem Satz: »Hesse schreibt, so will mir scheinen, unter den Heutigen das schönste Deutsch.«[778] Der Geehrte ist froh, in Stuttgart nicht dabei sein zu müssen, ihm sind solche Jubiläumsfeiern suspekt, besonders wenn sie jungen Menschen aufgenötigt werden. Er möchte kein Dichter auf dem hohen Sockel sein: »Den schwäbischen Schulen wurde vorgeschrieben, am 2. Juli eine ›Gedenkstunde‹ zu halten, da wird mancher Schüler gähnen und mancher Lehrer über die Extramühe brummen, und es wäre doch so leicht gewesen, sie alle zu erfreuen, etwa durch einen freien Nachmittag. Aber auf solche Ideen kommen Ministerien nicht.«[779]

Seit dem Winter 1949 wird Hesse jedes Jahr von Ninon zur Kur nach Baden begleitet. Mit ihrer Resolutheit schützt sie ihn vor zudringlichen Verehrern, die dem »Kurgast« auf den Leib rücken. Ihr selbst bietet sich dadurch die Gelegenheit, ins nahe Zürich zu fahren und ihren archäologischen Studien nachzugehen. Am Vormittag, wenn Hesse sich den Bädern und Massagen widmet, sitzt sie in der Bibliothek und forscht über die Herkunft und das

Wesen der griechischen Götter, vor allem über Dionysos, Apollon und Hera. Die Zeus-Gattin Hera wird ihr zum heimlichen Vorbild, weil sie aus ihrer Sicht zugleich Geliebte und Schwester ist, Zeus vollkommen ebenbürtig. So möchte auch sie ihre Ehe sehen: als Gemeinschaft von zwei Persönlichkeiten, die sich schöpferisch ergänzen.

Griechenland ist Ninons geistige Wahlheimat. Vom 28. August bis zum 13. Oktober 1952 hatte sie die Argolis, Korfu, Samos, Thessalien und Böotien bereist. Ihr Begleiter war der in Athen lebende Schriftsteller und Übersetzer Helmuth von den Steinen gewesen, ein exzellenter Kenner der griechischen Mythologie. In den Wochen der Abwesenheit hatte sie Hesse fast täglich Briefe geschrieben, alles, was sie gesehen und erfahren hatte, sollte auch er sehen und erfahren, alles von ihr Entdeckte, Entzifferte und Entschlüsselte sollte auch vor seinem »apollinischen« Blick bestehen. Tief bewegt hatte sie von ihren Reiseerlebnissen berichtet, über ihre Besuche der mythischen Stätten, von der kastalischen Quelle in Delphi, vom Heraion in Olympia, von Eleusis und Knossos. Hesses Antworten waren voller Anerkennung und Fürsorge, er hatte die Reisende ermahnt, sich nicht zu viel zuzumuten, seinerseits geschildert, was für ihn in Montagnola von Bedeutung war: das Treiben des Katers Porphy, das Fallen des herbstlichen Laubs, die vulkanisch gleißenden Waldbrände am Monte Salvatore. Und er hatte berichtet, was in ihrer Abwesenheit im »Zaubergarten« geschieht: »Die Amaryllis ist jetzt fort. Die hellrote Hyazinthe wird wohl morgen abgeschnitten werden müssen, aber die zweite kleinere Blüte wirst Du wohl noch vorfinden … Ich hoffe, Du habest es schön gehabt und habest überhaupt dies und jenes, was Dir hier fehlt. Addio, ich denke an Dich, Vogel.«[780]

Die Fotos der späten Jahre strahlen Verbundenheit und gegenseitige Achtung aus. Das fortschreitende Alter löst die Verkrampfungen auf beiden Seiten, Ninons neue Freiheiten und Hesses allmähliches Loslassenkönnen als Dichter, der mit dem *Glasperlenspiel* längst sein Alterswerk geschaffen hat, tragen viel dazu bei. Besucher, die erstmals seit dem Krieg wieder nach Montagnola kommen, bemerken diese neue Gelassenheit. Hans Carossa, den bei der ersten Begegnung das ungewöhnlich barsche Verhalten Hesses gegenüber seiner jungen Frau erschreckt hatte, findet ihr Zusammenleben jetzt angenehm ungezwungen: »Ein festliches Gefühl von Freiheit war um die zwei Menschen.«[781]

Auch Hesses *Späte Prosa* atmet diese Heiterkeit. Es sind Meisterwerke der kleinen Form, unangestrengt, schwerelos um einen Erinnerungskern gesponnene Erzählungen und Miniaturen. Trotz des erkennbaren Versuchs, Abstand zu sich selbst zu gewinnen, wird das Erlittene nicht »altersweise« überspielt, sondern neu erfasst und in ein überpersönliches Ganzes gerückt. So ist die Kindheitserinnerung »Der Bettler« ein anerkennendes Porträt des Vaters, gewissermaßen das Gegenstück zu der Erzählung »Kinderseele«, in der Hesse die früheren Verletzungen hervorkehrt. Er hatte sie unter dem Eindruck des Zusammenbruchs der »Vaterwelt« am Ende des Ersten Weltkriegs geschrieben. André Gide schreibt in seinem Vorwort für die französische Ausgabe der *Morgenlandfahrt* über Hesses Altersstil: »Bei Hesse ist nicht die Gemütsbewegung oder der Gedanke, sondern allein der Ausdruck gemäßigt; und was den Ausdruck mäßigt, ist das erlesene Gefühl für das Schickliche, Zurückhaltende, Harmonische und – in bezug auf den Kosmos – für die Abhängigkeit der Dinge untereinander.«[782]

Als Hesse 1955 der Friedenspreis des Deutschen Buchhandels zugesprochen wird, soll Ninon auf Vorschlag von Peter Suhrkamp den Preis entgegennehmen. Dieses Mal sträubt sie sich nicht, bereitet sich sogar, wie sie einer Freundin schreibt, darauf vor: »Jetzt rüste ich mich zur Frankfurter Reise – mit Frau Bodmer, die acht Tage hier war, übte ich ›Preis-in-Empfang-nehmen‹, – wenn ich ihr im Korridor begegnete, verneigte ich mich und sagte: ›Herr Bundespräsident! Verehrte Anwesende!‹ … Eben habe ich Generalprobe vorgeführt, Kleid, Jacke, Hütchen, er [Hesse] war entzückt, ich strahlte.«[783]

Am 9. Oktober wird Ninon vom Bundespräsidenten Theodor Heuss persönlich im Hotel »Frankfurter Hof« abgeholt und im offenen Wagen zur Paulskirche gefahren. Während sie erstaunlich routiniert das Festprogramm absolviert, ist Hesse im Garten, um zu »köhlern«. Abends hört er sich einen Bericht von der Verleihung im Radio an. In dem Grußwort, das von Ninon verlesen wird, erinnert Hesse an seine lebenslange Beziehung zum Buchhandel, an den Verlag der Familie in Calw und seine Zeit als Buchhändler in Tübingen und Basel. In den Mittelpunkt der Ansprache stellt er ein Friedensgedicht, das zu Beginn des Ersten Weltkriegs entstanden ist, gleichzeitig mit einer Reihe von patriotischen Versen, die bei diesem Anlass allerdings keine Erwähnung finden. Seinen Kritikern, die ihn für weltfremd halten, weil er auf eine Friedensordnung jenseits der Machtblöcke setzt, hält er seinen Idealismus entgegen: »Aber Sache des Dichters ist es ja nicht, sich irgendeiner aktuellen Wirklichkeit anzupassen und sie zu verherrlichen, sondern über sie hinweg die Möglichkeit des Schönen, der Liebe und des Friedens zu zeigen.«[784]

Für diese Kritiker, zu denen auch viele treue Leser gehören, ist Hesses Äquidistanz zu den beiden deutschen Staaten schlicht unverständlich. Die Entscheidung kann in ihren Augen nur für die Bundesrepublik und gegen die DDR ausfallen: hier ein sich in den freien Westen eingliederndes, demokratisch verfasstes Staatswesen, dort die von einer Einheitspartei regierte »Satrapie« der kommunistischen Sowjetunion. Das Bündnis mit den USA und die Wiederbewaffnung sind in dieser Sichtweise eine logische Folge der Zugehörigkeit zur »freien Welt«. Hesse dagegen hält den Antikommunismus für eine von »Angstmachern und Kriegshetzern« geschürte »Bolschewiken-Panik«[785], um den Konflikt zwischen Ost und West anzuheizen. Drahtzieher dieser Manipulationen sind für ihn die Rüstungsindustriellen und ihre politischen Handlanger in den USA. Der von Amerika geschürte Antibolschewismus begünstige in gefährlicher Weise auch die in Westdeutschland noch immer aktiven Anhänger des Nationalsozialismus. Mit diesem äußerst negativen Amerikabild befindet sich Hesse in Übereinstimmung mit Thomas Mann, der 1950 vor einer »Renazifikation unter anglo-amerikanischem Schutz und Schirm« gewarnt hatte. Ein »faschistisches Westdeutschland«[786] stehe unmittelbar bevor. Um seine Reise zu den Goethe-Feiern in die DDR und die Entgegennahme des Weimarer Goethe-Preises im August 1949 zu rechtfertigen, hatte Mann in einem Zeitungsbeitrag erklärt, der Kommunismus wisse »die Macht des Geistes wohl zu schätzen, und wenn er ihn reglementiert und in den Schranken des Dogmas hält, so muss man eben darin einen Beweis dieser Schätzung sehen«. Im Gegensatz zum Faschismus sei der Kommunismus »eine humanitäre und demokratische Bewegung«[787].

Die antikapitalistische Sicht auf die USA teilt Hesse mit Mann. Wie dieser hofft er auf einen dritten Weg zwischen Kapitalismus und Sozialismus. Das trägt ihm Beschimpfungen in Westdeutschland und Vereinnahmungsversuche in Ostdeutschland ein. Die Proteste gegen Wiederbewaffnung und atomare Aufrüstung tun ein Übriges. Ein Solidaritätsbrief für einen von der Sowjetunion finanzierten »Weltkongreß der Mütter gegen den Atomkrieg« veranlasst einen Schweizer Journalisten zu der provozierenden Frage: »Ist Hermann Hesse Kommunist?«[788] und bringt ihm eine neue Flut empörter Leserbriefe ein. Einem Leser, der ihn über die Verhältnisse in der Ostzone aufklären will, teilt er mit: »Glauben Sie wirklich, ich wohne auf dem Mond? Ich bin zur Erkenntnis der geschichtlich-politischen Wirklichkeit während des Ersten Weltkriegs erwacht und habe seither die Schlafmütze nie mehr benützt.«[789] Seine öffentlichen Erklärungen finden in der DDR Wohlgefallen, man glaubt in Hesse einen Verbündeten zu erkennen. Schriftstellerkollegen wie Johannes R. Becher, Anna Seghers und Arnold Zweig werben um ihn, aber Hesse lässt sich nicht propagandistisch vereinnahmen. Sein Credo als Dichter formuliert er in einem Brief an einen Leser aus Calw: »Zwischen Marx und mir ist, abgesehen von den viel größeren Dimensionen von Marx, der Unterschied der: Marx will die Welt ändern, ich aber den einzelnen Menschen. Er wendet sich an Massen, ich an Individuen.«[790]

Am 12. August 1955 stirbt Thomas Mann wenige Wochen nach seinem achtzigsten Geburtstag im Zürcher Kantonsspital. Mann, der Hesse einmal ermahnt hatte, ja nicht »naseweis«[791] zu sein und vor ihm zu sterben, ist einer Thromboseerkrankung erlegen.

Dies ist ein besonders schmerzlicher Abschied, denn gerade in den letzten Jahren hatte sich die Freundschaft weiter gefestigt. Katia und Thomas Mann waren oft mehrmals im Jahr nach Montagnola gekommen, und man sah sich regelmäßig beim Sommerurlaub in Sils Maria. Zur Beerdigung Thomas Manns in Kilchberg bei Zürich kann Hesse aus gesundheitlichen Gründen nicht fahren, dafür schreibt er einen »Abschiedsgruß«, der am 16. August in der *Neuen Zürcher Zeitung* veröffentlicht wird: »In tiefer Trauer nehme ich von Thomas Mann Abschied, dem Meister deutscher Prosa, dem trotz allen Ehrungen und Erfolgen viel Verkannten. Was hinter seiner Ironie und seiner Virtuosität an Herz, an Treue, Verantwortlichkeit und Liebesfähigkeit stand, jahrzehntelang völlig unbegriffen vom großen deutschen Publikum, das wird sein Werk und Andenken weit über unsre verworrenen Zeiten hinaus lebendig erhalten.«[792]

»Das Herz tut mir weh, wenn ich an Sie denke«, kondoliert Hesse der Witwe. »Mir ist in meinem Kreise keine zweite so intensive langdauernde, keine so treue und fruchtbare Lebenskameradschaft begegnet.« Die Nachricht habe ihm »dasselbe Gefühl von Leere und Alleingebliebensein«[793] gegeben wie der Tod seiner Schwester. Hesses jüngere Schwester Marulla war am 17. März 1953 im Alter von dreiundsiebzig Jahren gestorben und neben ihrem Vater auf dem Korntaler Friedhof beerdigt worden. Aber die Trauer um das letzte ihm gebliebene Familienmitglied hindert ihn nicht, sich Gedanken zu machen, was mit all den Briefen und Erinnerungsstücken geschehen soll, die sich im Nachlass seiner Schwester befinden. Hesse sorgt dafür, dass die Papiere in das Literaturarchiv des Schiller-Nationalmuseums in Marbach übernommen werden. Den Grundstock für die Marbacher Hesse-Sammlung hatte er selbst gelegt, als er 1906 aus Gaienhofen persönlich angereist war, um dem eben gegründeten Museum die Originalmanuskripte seiner ersten Gedichtsammlungen auszuhändigen.

Nacheinander sterben auch Hesses Gönner, zuerst Fritz Leuthold, dann Georg Reinhart, der den Suhrkamp Verlag bis zuletzt finanziell unterstützt hatte, und 1957 auch Josef Englert und Hans C. Bodmer. Der Tod schreckt Hesse nicht, er gehört für ihn zum Leben. Manchmal sehnt er sich sogar nach ihm, besonders wenn ihn Augenschmerzen quälen und vom Schreiben abhalten: »Wenn ich an den Tod denke, so ist die Vorstellung, daß er … das Aufheben meiner kleinen Privathölle bedeutet, höchst angenehm, mein halbes Leben wurde dadurch schwer getrübt.«[794]

Mehr als den Tod fürchtet Hesse die fortschreitende Erschließung der Hügel um Montagnola. In einem Brief an seinen Verleger Peter Suhrkamp wird daraus eine Philippika gegen die moderne Zivilisation: »Aber das Herandrängen der Stadt, des Lärms, der Autos, das Knappwerden des Atemraumes auch hier auf einem Boden, der vor Kurzem noch völlig ländlich war, paßt allzu gut zu dem, was in der Weltgeschichte vor sich geht, es sind Brandungen, vor denen wir alten Leute kapitulieren müssen, der Kampf um die letzten paar Atemzüge ist hoffnungslos. Die Welt hat und behält recht, die Alten müssen weg, die Gärten müssen Sportplätze und Autostraßen werden, die Luft von Flugzeugen und Radiokrach verdorben.«[795] Wenige Tage nach der Niederschrift dieser resignativen Zeilen kauft Hesse für sich und Ninon eine Grabstätte auf dem Friedhof von Sant' Abbondio, der einen Kilometer nördlich von Montagnola an der Straße nach Lugano gelegen ist.

Vor dem erwarteten Ansturm am achtzigsten Geburtstag fliehen Hesse und Ninon in das Städtchen Ambri-Piotta am Gotthard, um dort im familiären Kreis in einem alten Tessiner Landhaus zu feiern. Beim großen Festakt in der Stuttgarter Liederhalle hält Martin Buber eine weithin beachtete Laudatio unter dem Motto »Hermann Hesses Dienst am Geist« und zieht eine Linie vom erzählerischen Neuanfang des *Demian* bis zum *Glasperlenspiel*, dem eindeutigen Höhe- und Schlusspunkt seines Schaffens: »Hermann Hesse hat dem Geist gedient, indem er als der Erzähler, der er ist, vom Widerspruch zwischen Geist und Leben und vom Streit des Geistes gegen sich selber erzählte. Eben dadurch hat er den hindernisreichen Weg wahrnehmbar gemacht, der zu

einer neuen Ganzheit und Einheit führen kann.«[796] Peter Suhrkamp ehrt seinen Freund und Autor durch die Edition *Gesammelte Schriften* in sieben Bänden, das Schiller-Nationalmuseum
in Marbach präsentiert eine Hermann-Hesse-Ausstellung. Werk-
ausgabe und Werkschau ermöglichen so eine erste große Bilanz.

Die fällt nicht immer freundlich aus. Der junge Germanist
Karlheinz Deschner nutzt den Anlass, um Hesse in seiner literarischen Streitschrift *Kitsch, Konvention und Kunst* der Epigonalität zu bezichtigen. Den seiner Meinung nach erstrangigen Autoren Robert Musil, Hermann Broch, Gottfried Benn und Hans
Henny Jahnn stellt er die »Epigonen« gegenüber: Werner Bergengruen, Hans Carossa, Ernst Wiechert, Rudolf Binding – und
Hesse. Hesse gebrauche, besonders in *Narziß und Goldmund*,
»eine ganz und gar auf dem längst Vorgeprägten und Verbrauch-
ten fußende Ausdrucksweise, die hier deutlich das Zuckrig-
Romantische, Läppisch-Empfindsame, das Alberne und Abge-
schmackte streift«[797]. Auch seine Lyrik sei abgedroschen und
unschöpferisch: »Die Lyrik Hermann Hesses ist, gemessen an
den Schöpfungen der großen deutschen Lyriker des 20. Jahrhunderts, an den Schöpfungen von Trakl, Rilke oder Loerke, bedeu-
tungslos, sie ist für jeden Kenner der Literatur indiskutabel.«[798]
Hesse reagiert auf die Kritik mit erstaunlicher Gelassenheit. »Die
gelegentlichen Anpöbelungen oder Verhöhnungen durch literarische Halbstarke«, schreibt er an Otto Engel, »nehme ich nicht
so ernst.« Er halte sich an die Devise: »Knabe hat alten Kerl mit
Dreck beworfen. Alter Kerl bürstet sich den Rock.«[799]

Zur Zielscheibe wird der Einundachtzigjährige jetzt auch für
das Nachrichtenmagazin *Der Spiegel*, das im Juli 1958 mit seiner
Schlagzeile »Im Gemüsegarten« klarmacht, dass es Hesse für den
Gartenzwerg unter den Nobelpreisträgern hält, denn »seit mehr
als fünfzig Jahren bilden Kleingärtnerfreuden das entlegene
Glück Hermann Hesses«. Im Übrigen, so der anonyme Verfasser,
seien die Leser der monomanischen Thematik des Geist-Trieb-
Dualismus herzlich müde, mit der Hesse ständig sein unerledig-
tes Pubertätsproblem repetiere. Er werde außerhalb Deutschlands gar nicht mehr wahrgenommen und habe es zeit seines

Lebens abgelehnt, »klare und direkte Äußerungen zu aktuellen Problemen der Politik zu geben«[800]. Ninon ist entsetzt und versucht, die *Spiegel*-Ausgabe vor ihrem Mann zu verbergen. Vergebens, denn Leser haben ihm den polemischen Beitrag längst zugesandt. Seinem Sohn Bruno gegenüber kommentiert Hesse: »Bei dieser Zeitung ist es Tradition, daß jede Woche ein Prominenter abgeschlachtet wird. Nun war eben ich mal an der Reihe.«[801]

Anfang April 1959 erhält Hesse die Nachricht, dass Peter Suhrkamp gestorben ist. Er erlag achtundsechzigjährig den Spätfolgen der Misshandlungen, die man ihm im Konzentrationslager Sachsenhausen zugefügt hatte. Aus dem hochdekorierten Stoßtruppführer des Ersten Weltkriegs, der sich vor seiner Inhaftierung jahrelang als Leichtathlet betätigt hatte, war nach Kriegsende ein schwerkranker Mann geworden, der unter Herzasthma, Lungenentzündungen und Lähmung der Beine litt. Die Gesundheit war neben dem Literarischen ein Dauerthema ihres Briefwechsels; die letzten Briefe, die Suhrkamp an seinen Duzfreund Hesse richtete, verschickte er vom Krankenhaus aus. Auch ihm galt der Satz, den Hesse am 28. März 1947 geschrieben hatte: »Nur eine Erfahrung wird mir in letzter Zeit immer deutlicher: wie einsam Schmerzen in der Welt machen.«[802] Denn Suhrkamp schonte sich nicht, trieb den Aufbau des Verlags energisch und mit Mut zum Risiko voran. Er verlegte Marcel Proust, Rudolf Alexander Schröder, Oskar Loerke, Walter Benjamin, Samuel Beckett, Theodor W. Adorno, Günter Eich, Max Frisch, Hermann Kasack, Hans Erich Nossack, Martin Walser und Bert Brecht. Die dauerhaft guten Verkaufszahlen der Hesse-Titel sicherten dem Unternehmen von Anfang an die materielle Basis, sodass Suhrkamp sein Haus gut bestellt hatte. Sein Nachfolger im Verlag wird Siegfried Unseld, der über Hermann Hesse promoviert hat und ihm vor acht Jahren in Bremgarten schon einmal begegnet ist. Damals hatte Hesse dem etwas unentschlossenen jungen Mann geraten, mit Peter Suhrkamp Kontakt aufzunehmen. Unseld folgte diesem Ratschlag und wurde Suhrkamps rechte Hand.

In den letzten Jahren hat Hesse nur noch wenige Rezensionen geschrieben. Für Schweizer Blätter verfasste er ein halbes Dutzend Buchempfehlungen im Jahr oder lieferte Vorworte und Geleitworte für Anthologien und Bildbände. Umso überraschender wirkt die umfangreiche Besprechung, die er im Mai 1960 Ernst Jüngers Werk *An der Zeitmauer* widmet. Als Kriegsbuchautor ist Jünger dem Kriegsgegner Hesse lange suspekt geblieben; aber seit der Lektüre von dessen Tagebuch-Zyklus *Strahlungen* hat sich sein Urteil gewandelt, nun hält er ihn für »eine wahrhaft souveräne Begabung von guter Rasse und hoher Disziplin, sehr hoch über den andern Talenten seiner Generation«[803]. In Jüngers Buch *An der Zeitmauer* findet Hesse seine eigenen Ängste angesichts der dort geschilderten zerstörerischen Dimension der technischen Welt wieder. Seine Rezension in der *Stuttgarter Zeitung* endet mit einem bemerkenswert positiven Resümee: »Wie weit nun Jüngers Dichtungen und Prognosen ›stimmen‹, oder was von diesem oder jenem Standort aus Triftiges gegen sie vorgebracht werden kann, berührt mich nicht. Der Streit darüber wird Literatur und Geschwätz sein. Mir genügt es vollauf, an dieser Schau teilgenommen und fruchtbare Tage mit ihr verbracht zu haben. Belehrt und korrigiert hat mich das schöne Werk auf den Gebieten der Naturwissenschaft und der Technik, auf denen ich rückständig bin. Im Humanen und Moralischen hat es mich nicht geändert, aber wohltuend bestärkt.«[804] Jünger lässt es sich nicht nehmen, Hesse für die so freundliche Besprechung seines Buches zu danken, und so bahnt sich eine kleine Korrespondenz zwischen den beiden so gegensätzlichen Männern an. Hesse sendet dem 65-jährigen Jünger einen Privatdruck, für den dieser sich am 1. Februar 1961 brieflich bedankt. Und schon am 9. Februar 1961 erhält er von Hesse »ein schönes Gedicht«, wie Jünger seinem Verleger Ernst Klett am selben Tag schreibt. [805]

Im Dezember 1961 erkrankt Hesse an einer hartnäckigen Grippe, wirkt dauerhaft müde, blass. Die Ärzte diagnostizieren Leukämie, und Ninon fährt ihren Mann in immer kürzeren Abständen zur Blutauffrischung ins Krankenhaus nach Bellinzona. Dieses langsame Dahinwelken ist schon ein Sterben, von dem aber der Betroffene nichts weiß. Ninon hat ihm sein genaues Krankheitsbild vorenthalten, um ihn nicht zu beunruhigen. Ein Gedicht, zur Jahreswende 1961/62 geschrieben, verrät jedoch eine Ahnung, wohin der Weg führt. Die ersten beiden Strophen lauten:

Unruhevoll und reiselüstern
Aus zerstücktem Traum erwacht
Hör ich seine Weise flüstern
Meinen Bambus in der Nacht

Statt zu ruhen, statt zu liegen
Reißt michs aus den alten Gleisen,
Weg zu stürzen, weg zu fliegen,
Ins Unendliche zu reisen.

Ninon erschrickt, als sie das Gedicht liest, denn aus ihm spricht die Sehnsucht nach dem Tod:

Vogelschwingen möcht ich breiten
aus dem Bann, der mich umgrenzt.
Dort hinüber, zu den Zeiten,
Deren Gold mir heut noch glänzt.[806]

Einen Tag vor seinem 85. Geburtstag, dem 1. Juli 1962, wird Hesse zum Ehrenbürger von Montagnola ernannt. Schon am Vorabend des Ereignisses ist das ganze Dorf auf den Beinen, und die »Filarmonia liberale«, die örtliche Blaskapelle, spielt vor der »Casa Rossa« ein Ständchen. In der Garage gibt es Weißwein und »Bierstengeli«, und Hesse erinnert in seiner auf Italienisch gehaltenen Dankesrede an die mehr als vier Jahrzehnte, die er in Montagnola verbracht hat. Am nächsten Vormittag kommen die Vertreter der Gemeinde festlich gekleidet in sein Haus. Es geht zwanglos, »mittelmeerisch« zu, man lacht und scherzt, trinkt Waadtländer Weißwein und isst Schinkenkipfel und Bocconcini, kleine Bissen aus Wurst und Käse. Ein Gruppenfoto hält den Moment fest, als man Hermann Hesse die Urkunde überreicht, die ihn zum Ehrenbürger Montagnolas macht. Der Geburtstag selbst wird am nächsten Tag, wie der achtzigste, am Gotthard gefeiert, diesmal in Faido. Max Wassmer hat Hesses engere Familie, dazu Elsy Bodmer und seinen Hausarzt Dr. Clemente Molo zum Festessen geladen. Nach dem Menü spielt das Berner Reist-Quartett Mozart. »Hermann bebte vor Ergriffenheit, seine Schultern zuckten«, berichtet Ninon ihrer Schwester Lilly, »aber dann faßte er sich, er ist ja ganz unsentimental, Gottlob!«[807]

Anfang August schreibt Hesse in einem Brief an die befreundete Schriftstellerin Gertrud von Le Fort, er sei »meist guter Dinge, habe Freude an Lektüre und Musik«[808]. Es ist sein letzter Brief. Die kurzen Spaziergänge, die er unternimmt, führen nur noch durch den Garten, immer an einer Robinie mit einem morschen Ast vorbei. Jedes Mal reißt er an ihm und freut sich, wenn er hält. Dieser geknickte Ast wird ihm zum Sinnbild der eigenen Existenz: schon vom Tode gezeichnet, aber noch nicht gebrochen. Eine Woche lang schreibt Hesse an einem Gedicht, das er am 8. August vollendet und in Ninons Nachtkästchen legt. Als sie es am Abend findet, eilt sie hinunter zu ihm in die Bibliothek, um sich zu bedanken: »Das ist eins deiner schönsten Gedichte!«[809] Dieser Vers macht ihr Hoffnung, er ist diesseitig, trotzig, lebensfroh:

KNARREN EINES GEKNICKTEN ASTES

Splittrig geknickter Ast,
Hangend schon Jahr um Jahr,
Trocken knarrt er im Wind sein Lied,
Ohne Laub, ohne Rinde,
Kahl, fahl, zu langen Lebens,
Zu langen Sterbens müd.
Hart klingt und zäh sein Gesang,
Klingt trotzig, klingt heimlich bang
Noch einen Sommer,
Noch einen Winter lang.[810]

Hesse ist erschöpft, am Nachmittag war die Übersetzerin der französischen Ausgabe des Romans *Gertrud* da, man sprach lange über moderne französische Literatur, danach hat er mit Ninon zwei Stunden lang die Geburtstagspost gelesen. Jetzt hören beide noch eine Klaviersonate von Mozart. Um zehn Uhr zieht Ninon sich in ihre Räume zurück. Am nächsten Morgen gegen acht Uhr ist die Verbindungstür zu Hesses Schlafzimmer noch immer geschlossen, das ist ungewöhnlich. Ninon, die weiß, wie ungehalten er sein kann, wenn er sich gestört fühlt, setzt sich mit einem Buch vor die Tür und wartet. Dann ist es schon fast zehn Uhr, und Ninon öffnet die Tür. Sie ruft leise »Vogel« und beugt sich über ihn, als er sich nicht rührt. An seinem Mundwinkel klebt etwas Blut, der Nacken ist noch warm. Aber sie hört ihn nicht atmen. Sie stürzt zum Telefon und ruft Dr. Molo herbei. Fünfzig Minuten später ist der Arzt mit einer Pflegerin da. Er kann nur noch den Tod feststellen, der zwischen sieben und neun Uhr eingetreten sein muss. Es ist Donnerstag, der 9. August 1962. Hesse sei an einer Hirnblutung gestorben, sagt der Arzt. Der Tod sei sanft und im Schlaf gekommen. So, wie er es sich gewünscht habe.

Nacheinander reisen die Söhne Martin und Heiner an; Bruno ist mit der Familie in Österreich und kann nicht rechtzeitig benachrichtigt werden. Elsy Bodmer kommt, um ihrer Freundin beizustehen. In der Nacht vom 9. auf den 10. August hält Ninon auf einem Feldbett liegend Totenwache bei ihrem Mann. Der Verleger Siegfried Unseld ist dabei, als der Tote in den Sarg gebettet wird. Die Beerdigung findet am 11. August, an einem heißen Sommertag, nachmittags um vier Uhr auf dem Friedhof von Sant' Abbondio statt. Die Söhne Heiner und Martin sowie die Enkel Silver und Simon, beide in Schweizer Militäruniform, tragen den Sarg. Den Trauergottesdienst hält Hans Völter, Hesses Maulbronner Schulkamerad. Der Kreis schließt sich: Von Maulbronn war Hermann Hesse aus- und aufgebrochen in ein selbst bestimmtes Leben als Dichter. Und im Zeichen Kastaliens ist er am Ende seines Lebens in die geistige Welt Maulbronns zurückgekehrt.

ANMERKUNGEN

Kapitel 1

1 Adele Gundert, *Marie Hesse. Die Mutter von Hermann Hesse. Ein Lebensbild in Briefen und Tagebüchern*, Frankfurt am Main 1977, S. 216.

2 Hermann Hesse, *Sämtliche Werke*, Bd. 1 (Jugendschriften), Frankfurt/Main 2001, S. 30 (im Folgenden zitiert als *SW*).

3 A. a. O., S. 28 f.

4 Brief von Hermann Hesse an seine Eltern, zitiert nach: *Hermann Hesse. Kindheit und Jugend vor Neunzehnhundert: 1877–1895*, hrsg. von Ninon Hesse, Frankfurt/Main 1984, S. 142 (im Folgenden zitiert als *Hermann Hesse. KuJ I*).

5 Gundert, a. a. O., S. 180.

6 *Hermann Hesse. KuJ I*, a. a. O., S. 179.

7 Ebenda.

8 A. a. O., S. 181.

9 A. a. O., S. 185.

10 A. a. O., S. 186.

11 A. a. O., S. 187.

12 Ebenda.

13 A. a. O., S. 188.

14 *Hermann Hesse. »Unterm Rad«. Entstehungsgeschichte in Selbstzeugnissen des Autors*, hrsg. von Volker Michels, Frankfurt/Main 2008, S. 169.

15 A. a. O., S. 189.

Kapitel 2

16 *Hermann Hesse. KuJ I*, a. a. O., S. 208.

17 A. a. O., S. 210.

18 A. a. O., S. 207.

19 Gundert, a. a. O., S. 131.

20 A. a. O., S. 160.

21 *Hermann Hesse. KuJ I*, a. a. O., S. 549.

22 Christoph Blumhardt, *Gedanken aus dem Reich Gottes*, Bad Boll 1895.

23 Hermann Hesse, *SW*, Bd. 1, a. a. O., S. 9 (Kleine Lieder).

24 *Hermann Hesse. KuJ I*, a. a. O., S. 233.

25 Vgl. Johann Christoph Blumhardt, *Sieg über die Hölle. Die Krankheits-*

und Heilungsgeschichte der Gottliebin Dittus in Möttlingen; Bad Schwartau 2007.

26 *Hermann Hesse. KuJ I*, a.a.O., S.224.

27 Gundert, a.a.O., S.164.

28 A.a.O.; S.165.

29 A.a.O., S.169.

30 A.a.O., S.174.

31 *Hermann Hesse. KuJ I*, a.a.O., S.223.

32 A.a.O., S.220f.

33 A.a.O., S.223/232.

34 A.a.O., S.248.

35 A.a.O., S.238.

36 A.a.O., S.251.

37 A.a.O., S.269.

38 A.a.O., S.260.

39 A.a.O., S.255.

40 A.a.O., S.258f.

41 A.a.O., S.261.

42 A.a.O., S.263.

43 A.a.O., S.267.

44 A.a.O., S.268f.

45 A.a.O., S.270.

46 Ebenda.

47 A.a.O., S.271.

48 A.a.O., S.272.

49 A.a.O., S.278.

50 A.a.O., S.287.

51 Gundert, a.a.O., S.210f.

52 *Hermann Hesse. KuJ I*, a.a.O., S.321.

53 A.a.O., S.324.

54 A.a.O., S.326.

55 A.a.O., S.335.

56 A.a.O., S.337f.

57 A.a.O., S.346.

58 A.a.O., S.363.

59 A.a.O., S.371f.

Kapitel 3

60 *Hermann Hesse. KuJ I*, a.a.O., S.408.

61 A.a.O., S.413.

62 A.a.O., S.459.

63 A.a.O., S.416.

64 A.a.O., S.417.

65 Hermann Hesse, *SW*, Bd. 1, a.a.O., S.65–85 (Lebensfahrt).

66 A.a.O., S.71.

67 A.a.O., S.77.

68 A.a.O., S.81.

69 *Hermann Hesse. KuJ I*, a.a.O., S.475.

70 A.a.O., S.429 f.

71 A.a.O., S.443–445.

72 A.a.O., S.446.

73 A.a.O., S.472.

74 A.a.O., S.481.

75 A.a.O., S.468.

76 A.a.O., S.491–493.

77 A.a.O., S.464.

78 A.a.O., S.477.

79 A.a.O., S.511.

80 *Hermann Hesse. Kindheit und Jugend vor Neunzehnhundert: 1895–1900*, hrsg. von Ninon Hesse. Fortgesetzt und erweitert von Gerhard Kirchhoff, Frankfurt/Main 1984, S.16 (im Folgenden zitiert als *Hermann Hesse. KuJ II*).

81 A.a.O., S.17.

Kapitel 4

82 Gundert, a.a.O., S.216.

83 *Hermann Hesse. KuJ II*, a.a.O., S.18.

84 A.a.O., S.20 f.

85 A.a.O., S.26.

86 A.a.O., S.27.

87 A.a.O., S.23.

88 A.a.O., S.25.

89 A.a.O., S.21.

90 A.a.O., S.28.

91 A.a.O., S.29.

92 A.a.O., S.54.

93 A.a.O., S.63.

94 A.a.O., S.54.

95 A.a.O., S.53.

96 Gundert, a.a.O., S.167.

97 A.a.O., S.129.

98 A.a.O., S.133.

99 Hermann Hesse, *SW*, Bd. 10, a.a.O., S.66f. (Valse Brillante).

100 *Hermann Hesse. KuJ II*, a.a.O., S.204.

101 A.a.O., S.205.

102 A.a.O., S.207.

103 Ebenda.

104 A.a.O., S.209f.

105 A.a.O., S.208.

106 A.a.O., S.56.

107 A.a.O., S.37.

108 Hermann Hesse, *SW*, Bd. 1, a.a.O., S.224 (Hinterlassene Schriften und Gedichte von Hermann Lauscher. Herausgegeben von Hermann Hesse).

109 A.a.O., S.225.

110 A.a.O., S.227.

111 A.a.O., S.225.

112 A.a.O., S.241.

113 A.a.O., S.238.

114 *Hermann Hesse. KuJ II*, a.a.O., S.32.

115 A.a.O., S.38.

116 A.a.O., S.43.

117 A.a.O., S.68f.

118 A.a.O., S.302.

119 »Novalis. Hymnen an die Nacht/Geistliche Lieder/Die Jugendwerke«, in: *Deutsche Klassiker. Bibliothek der literarischen Meisterwerke*, Herrsching 1978, S.153.

120 Hermann Hesse, *SW*, Bd. 10, a.a.O., S.23 (Eine Stunde hinter Mitternacht).

121 *Hermann Hesse. KuJ II*, S.304.

122 Hermann Hesse, *SW*, Bd. 10, a.a.O., S.23 (Weil ich dich liebe).

123 *Hermann Hesse. KuJ II*, a.a.O., S.305.

124 A.a.O., S.306.

125 Ebenda.

126 A.a.O., S.301.

127 A.a.O., S.308.

128 A.a.O., S.225.

129 A.a.O., S.227.

130 A.a.O. S.203.

131 Hermann Hesse, *SW*, Bd. 10, a.a.O., S.22 (Eine Stunde hinter Mitternacht).

132 Hermann Hesse, *SW*, Bd. 1, a.a.O., S.211 *(Eine Stunde hinter Mitternacht)*.

133 A.a.O., S.177.

134 A.a.O., S.191.

135 A.a.O., S.181.

136 A.a.O., S, 218.

137 *Hermann Hesse. KuJ II*, a.a.O., S.340f.

138 A.a.O., S.328.

139 A.a.O., S.359.

140 A.a.O., S.604.

141 A.a.O., S.288.

142 Volker Michels, »Vom Überdauern einer abgewiesenen Liebe. Hermann Hesses ›Lulu‹ in Kirchheim/Teck«, in: *Spuren* 57, hrsg. von Heike Gfrereis, Ulrich Ott und Thomas Scheuffelen, Deutsche Schillergesellschaft Marbach am Neckar 2004, S.12.

143 *Hermann Hesse. KuJ II*, a.a.O., S.377.

144 Volker Michels, »Vom Überdauern ...«, a.a.O., S.6.

145 *Hermann Hesse. KuJ II*, a.a.O., S.372.

Kapitel 5

146 *Hermann Hesse. KuJ II*, a.a.O., S.389f.

147 A.a.O. S.387.

148 A.a.O., S.434.

149 A.a.O., S.383.

150 A.a.O., S.388.

151 A.a.O., S.394.

152 A.a.O., S.395.

153 Hermann Hesse, *SW*, Bd. 1, a.a.O., S.293 (Hinterlassene Schriften und Gedichte von Hermann Lauscher).

154 *Hermann Hesse. KuJ II*, a.a.O., S.453.

155 A.a.O., S.455.

156 A.a.O., S.468f.

157 Hermann Hesse, *SW*, Bd. 1, a.a.O., S.308 (Hinterlassene Schriften und Gedichte von Hermann Lauscher).

158 A.a.O., S.319.

159 A.a.O., S.308.

160 *Hermann Hesse. KuJ II*, a.a.O., S.476.

161 Hermann Hesse, *SW*, Bd. 1, a.a.O., S.321.

162 A.a.O., S.224.

163 Hermann Hesse, *SW*, Bd. 11, a.a.O., S.200f. (Italienische Reise 1901).

164 A.a.O., S.213.

165 A.a.O., S.210.

166 A.a.O., S.216.

167 A.a.O., S.238.

168 A.a.O., S.260.

169 A.a.O., S.245.

170 Gundert, a.a.O., S.229.

171 *Hermann Hesse. Gesammelte Briefe 1895–1921*, hrsg. von Ursula und Volker Michels, Frankfurt/Main 1990, S.83 (im Folgenden zitiert als *Hermann Hesse. GB I*).

172 Hermann Hesse, *SW*, Bd. 10, a.a.O., S.119 (Meiner Mutter).

173 A.a.O., S.54.

174 Siegfried Unseld, *Hermann Hesse. Werk und Wirkungsgeschichte*, Frankfurt/Main 1985, S.17.

175 Ebenda.

176 Hermann Hesse, *SW*, Bd. 10, a.a.O., S.91 (Kennst du das auch?).

177 *Hermann Hesse. GB I*, a.a.O., S.91.

178 *Hermann Hesse/Stefan Zweig. Briefwechsel*, hrsg. von Volker Michels, Frankfurt/Main 2006, S.7.

179 A.a.O., S.13.

180 A.a.O., S.14.

181 *Hermann Hesse. GB I*, a.a.O., S.497.

182 A.a.O., S.100.

183 Hermann Hesse, *SW*, Bd. 11, a.a.O., S.288 (Italienische Reise 1903).

Kapitel 6

184 *Hermann Hesse. GB I*, a.a.O., S.497.

185 A.a.O., S.104.

186 A.a.O., S.106.

187 A.a.O., S.105.

188 *Hermann Hesse/Stefan Zweig. Briefwechsel*, a.a.O., S.24.

189 Hermann Hesse, *SW*, Bd. 2, a.a.O., S.97f. (Peter Camenzind).

190 A.a.O., S.7.

191 A.a.O., S.82.

192 A.a.O., S.47.

193 A.a.O., S.41.

194 A.a.O., S.84.

195 *Hermann Hesse. GB I*, a.a.O., S.108.

196 A.a.O., S.130.

197 Hermann Hesse, *SW*, Bd. 2, a.a.O., S.212 (Unterm Rad).

198 A.a.O., S.229.

199 A.a.O., S.141.

200 Hermann Hesse, *SW*, Bd. 6, a.a.O., S.190 f. (Erzählungen 1).

201 Hermann Hesse, *SW*, Bd. 16, a.a.O., S.101 ff. (Die Welt im Buch).

202 *Hermann Hesse. GB I*, a.a.O., S.126.

203 Eva Eberwein, *Mia Hesse geb. Bernoulli – Gaienhofener Alltag neben Hermann Hesse*, hrsg. vom Förderverein Hermann-Hesse-Haus und Garten e.V., Edition I, S.4.

204 *Hermann Hesse. GB I*, a.a.O., S.122.

205 Eva Eberwein, *Mia Hesse...*, a.a.O., S.3 f.

206 *Hermann Hesse. GB I*, a.a.O., S.125.

207 A.a.O., S.130.

208 A.a.O., S.132.

209 A.a.O., S.131 f.

210 A.a.O., S.135.

211 Hermann Hesse, *SW*, Bd. 13, a.a.O., S.57 (Herbstnächte).

212 Ralph Freedman, *Hermann Hesse. Autor der Krisis. Eine Biographie*, Frankfurt/Main 1982, S.169.

213 Ludwig Finckh, *Himmel und Erde*, Stuttgart 1961, S.16.

214 *Hermann Hesse. GB I*, a.a.O., S.134.

215 Siegfried Unseld, *Hermann Hesse...*, a.a.O., S.27.

216 A.a.O., S.24.

217 *Hermann Hesse. »Unterm Rad«. Entstehungsgeschichte in Selbstzeugnissen des Autors*, hrsg. von Volker Michels, Frankfurt/Main 2008, S.13.

218 A.a.O., S.90.

219 Siehe Ralph Freedman, *Hermann Hesse*, a.a.O., S.173.

220 *Hermann Hesse. GB I*, a.a.O., S.136.

221 Hermann Hesse, *SW*, Bd. 10, a.a.O., S.136 (Die Gedichte).

222 Thomas Scheuffelen, *»Vor meinen Fenstern stundenweit See...«* Hermann Hesse als Bauherr in Gaienhofen am Bodensee, Deutsche Schillergesellschaft Marbach am Neckar 1988, S. 4.

223 Ralph Freedman, *Hermann Hesse*, a.a.O., S.178 f.

224 Hermann Hesse, *SW*, Bd. 11, a.a.O., S.315 (Autobiographische Schriften 1).

225 A.a.O., S.317.

226 *Hermann Hesse. GB I*, a.a.O., S.140.

Kapitel 7

227 Hermann Hesse, *SW*, Bd. 12, a.a.O., S.145 (Beim Einzug in ein neues Haus).

228 *Hermann Hesse. GB I*, a.a.O., S.144.

229 Hermann Hesse, *SW*, Bd. 11, a.a.O., S.323 (Aus einem Notizbuch von 1907–1914).

230 Hermann Hesse, *SW*, Bd. 6, a.a.O., S.550 (Eine Fußreise im Herbst).

231 A.a.O., S.537.

232 Hermann Hesse, *SW*, Bd. 7, a.a.O., S.216 (Taedium vitae).

233 Ebenda.

234 »Urworte, orphisch« in: Johann Wolfgang Goethe, *Gesammelte Werke in acht Bänden*, Bd. 1 (Gedichte), Gütersloh 1970, S.392.

235 Hermann Hesse, *SW*, Bd. 7, a.a.O., S.164 (Freunde).

236 *Hermann Hesse. GB I*, a.a.O., S.145.

237 Hermann Hesse, *SW*, Bd. 11, a.a.O., S.323 (Aus einem Notizbuch von 1907–1914).

238 Siegfried Unseld, *Hermann Hesse*, a.a.O., S.29.

239 Hermann Hesse, *Gertrud*, Berlin 1927, S.51.

240 A.a.O., S.380 f.

241 A.a.O., S.53.

242 *Hermann Hesse. GB I*, a.a.O., S.152.

243 A.a.O., S.154.

244 A.a.O., S.155.

245 Ebenda.

246 A.a.O., S.159.

247 Hermann Hesse, *SW*, Bd. 7, a.a.O., S.300 f. (Haus zum Frieden).

248 *Hermann Hesse. GB I*, a.a.O., S.162.

249 A.a.O., S.167.

250 A.a.O., S.166.

251 A.a.O., S.179.

252 A.a.O., S.174.

253 Siehe Reso Karalaschwili, *Hermann Hesse. Charakter und Weltbild*, Frankfurt/Main 1993, S.25.

254 *Hermann Hesse. GB I*, a.a.O., S.184.

255 A.a.O., S.189.

256 Ebenda.

257 A.a.O., S.191f.

258 *Hermann Hesse. Die Antwort bist du selbst. Briefe an junge Menschen*, hrsg. von Volker Michels, Frankfurt/Main 2000, S.37.

259 A.a.O., S.39.

260 *Ninon Hesse. Lieber, lieber Vogel. Briefe an Hermann Hesse*, ausgewählt und erläutert von Gisela Kleine, Frankfurt/Main 2000, S.49f.

261 A.a.O., S.50.

262 *Hermann Hesse. GB I*, a.a.O., S.193.

263 A.a.O., S.194.

264 A.a.O., S.195.

265 Vgl. Eva Eberwein, *Mia Hesse*, a.a.O., S.13.

266 Hermann Hesse, *SW*, Bd.11, a.a.O., S.329 (Tagebuch der Indonesienreise).

267 *Hermann Hesse. GB I*, a.a.O., S.200.

268 Hermann Hesse, *SW*, Bd.9, a.a.O., S.261 (Die Legende vom indischen König).

269 Hermann Hesse, *SW*, Bd.11, a.a.O., S.336 (Tagebuch der Indonesienreise).

270 Ebenda.

271 Hermann Hesse, *SW*, Bd.13, a.a.O., S.229 (Aus Indien).

272 A.a.O., S.254.

273 Hermann Hesse, *SW*, Bd.13, a.a.O., S.352 (Erinnerung an Asien).

274 A.a.O., S.249.

275 A.a.O., S.231f.

276 A.a.O., S.277f.

277 Hermann Hesse, *SW*, Bd.20, a.a.O., S.354 (Erinnerung an Asien).

278 A.a.O., S.272.

279 *Hermann Hesse. GB I*, a.a.O., S.203f.

Kapitel 8

280 *Hermann Hesse. GB I*, a.a.O., S.209.

281 Hermann Hesse, *SW*, Bd.12, a.a.O., S.146 (Beim Einzug in ein neues Haus).

282 Michael Limberg, *Hermann Hesse. Leben Werk Wirkung*, Frankfurt/Main 2005, S.39.

283 *Hermann Hesse. GB I*, a.a.O., S.210.

284 Hermann Hesse, *SW*, Bd.3, a.a.O., S.58 (Roßhalde).

285 A.a.O., S.109.

286 A.a.O., S.142.

287 *Hermann Hesse. GB I,* a.a.O., S.242.

288 Hermann Hesse, SW, Bd. 3, a.a.O., S.49 (Roßhalde).

289 Hermann Hesse, SW, Bd. 11, a.a.O., S.328 (Notizbuch 1907–1914).

290 Hermann Hesse, *Musik des Einsamen,* Heilbronn 1915, S.11.

291 Siegfried Unseld, *Hermann Hesse,* a.a.O., S.39.

292 A.a.O., S.41f.

293 Ebenda.

294 Joseph Mileck, *Hermann Hesse. Dichter. Sucher. Bekenner,* Frankfurt/ Main 1987, S.92.

295 *Hermann Hesse. GB I,* a.a.O., S.240.

296 Hermann Hesse, SW, Bd. 13, a.a.O., S.357–360 (Der Brunnen im Maulbronner Kreuzgang).

297 A.a.O., S.358.

298 A.a.O., S.359.

299 Hermann Hesse, SW, Bd. 11, a.a.O., S.392. (Tagebuch-Notizen vom 1. August 1914 an).

300 A.a.O., S.394.

301 A.a.O., S.396.

302 Hermann Hesse, SW, Bd. 15, a.a.O., S.7f. (Die politischen Schriften).

303 Siehe Hermann Hesse, SW, Bd. 17, a.a.O., S.445f. (Apologie des Krieges).

304 Hermann Hesse, SW, Bd. 15, a.a.O., S.245 (Die politischen Schriften).

305 Thomas Mann, *Betrachtungen eines Unpolitischen,* Frankfurt/Main 1983, S.65.

306 Hermann Hesse, SW, Bd. 15, a.a.O., S.19 (Die politischen Schriften).

307 Hermann Hesse, SW, Bd. 10, a.a.O., S.220 (Die Flamme).

308 Hermann Hesse, SW, Bd. 15, a.a.O., S.25 (An den Kaiser).

309 Hermann Hesse, SW, Bd. 11, a.a.O., S.440 (Tagebuch-Notizen).

310 A.a.O., S.442.

311 Hermann Hesse, SW, Bd. 10, a.a.O., S.226 (Den Kindern).

312 Siehe Thomas Mann, *Betrachtungen eines Unpolitischen,* a.a.O., S.461.

313 Hermann Hesse, SW, Bd. 15, a.a.O., S.20 (Der Künstler an die Krieger).

314 A.a.O., S.11 (O Freunde, nicht diese Töne!).

315 *Hermann Hesse. GB I,* a.a.O., S.249.

316 A.a.O., S.317.

317 Hermann Hesse, SW, Bd. 15, a.a.O., S.26ff. (Einführung »Zum Sieg. Brevier für den Feldzug«).

318 A.a.O., S.55 (Wieder in Deutschland).

319 Ralph Freedman, *Hermann Hesse,* a.a.O., S.228ff.

320 Hermann Hesse, *SW*, Bd. 3, a. a. O., S. 216 f. (Knulp).

321 Siegfried Unseld, *Hermann Hesse*, a. a. O., S. 47.

322 *Hermann Hesse. GB I*, a. a. O., S. 317.

323 Hermann Hesse, *SW*, Bd. 12, a. a. O., S. 302 (Zum Gedächtnis des Vaters).

324 A. a. O., S. 299.

325 A. a. O., S. 304; das Zitat entstammt Psalm 124, Vers 7.

326 A. a. O., S. 306.

327 *Materialien zu Hermann Hesses »Demian«. Entstehungsgeschichte in Selbstzeugnissen*, hrsg. von Volker Michels, Frankfurt/Main 1993, S. 80.

328 *Hermann Hesse. GB I*, a. a. O., S. 322.

Kapitel 9

329 *Hermann Hesse. GB I*, S. 324.

330 A. a. O., S. 325.

331 Hermann Hesse, *SW*, Bd. 3, a. a. O., S. 50 (Roßhalde).

332 *Hermann Hesse. KuJ I*, a. a. O., S. 251.

333 *Hermann Hesse. GB I*, a. a. O., S. 332.

334 Hermann Hesse, *SW*, Bd. 14, a. a. O., S. 351–356 (Künstler und Psychoanalyse).

335 Hermann Hesse, *SW*, Bd. 9, a. a. O., S. 53 (Flötentraum).

336 Siehe *Lexikon Jungscher Grundbegriffe*, hrsg. von Helmut Hark, Trimbach 1988, S. 150 ff., sowie für das Folgende C. G. Jung, *Die Archetypen und das kollektive Unbewusste*, Freiburg 1992.

337 C. G. Jung, *Traum und Traumdeutung*, München 1990, S. 51.

338 Ebenda.

339 Günter Zehm, *Der Leib und die Seele. Von den vielen Wurzeln der menschlichen Vernunft*, Schnellroda 2004, S. 168.

340 Ebenda.

341 Zum Folgenden Uwe Wolff, *Hermann Hesse. »Demian« – die Botschaft vom Selbst*, Bonn 1979.

342 Uwe Wolff, a. a. O., S. 19.

343 Hermann Hesse, *SW*, Bd. 14, a. a. O., S. 352 (Künstler und Psychoanalyse).

344 A. a. O., S. 354.

345 Hermann Hesse, *SW*, Bd. 14, a. a. O., S. 120 (Der schwere Weg).

346 Hermann Hesse, *SW*, Bd. 19, a. a. O., S. 127 (Iris).

347 A. a. O., S. 136.

348 *Materialien zu Hermann Hesses »Demian«*, a. a. O., S. 85.

349 *Hermann Hesse. GB I*, a. a. O., S. 346.

350 Hermann Hesse, *SW*, Bd. 11, a.a.O., S.446 (Traumtagebuch der Psycho-analyse 1917/1918).

351 A.a.O., S.452.

352 A.a.O., S.534.

353 A.a.O., S.508.

354 »*Die dunkle und wilde Seite der Seele.*« *Hermann Hesse. Briefwechsel mit seinem Psychoanalytiker Josef Bernhard Lang,* hrsg. von Thomas Feitknecht, Frankfurt/Main 2006, S.50.

355 Hermann Hesse, *SW*, Bd. 11, a.a.O., S.471 (Traumtagebuchder Psycho-analyse 1917/1918).

356 A.a.O., S.455.

357 A.a.O., S.577.

358 A.a.O., S.518.

359 A.a.O., S.468.

360 A.a.O., S.473.

361 Ebenda.

362 A.a.O., S.474.

363 A.a.O., S.474f.

364 A.a.O., S.590.

365 A.a.O., S.594f.

366 *Hermann Hesse. GB I,* a.a.O., S.423.

367 Hermann Hesse, *SW*, Bd. 11, a.a.O., S.496 (Traumtagebuch der Psycho-analyse).

368 A.a.O., S.510.

369 Hermann Hesse, *SW*, Bd. 3, a.a.O., S.235 (Demian).

370 Ebenda.

371 A.a.O., S.237.

372 A.a.O., S.246.

373 A.a.O., S.281.

374 A.a.O., S.263.

375 A.a.O., S.286.

376 A.a.O., S.288.

377 A.a.O., S.292.

378 Ebenda.

379 A.a.O., S.296.

380 A.a.O., S.299.

381 A.a.O., S.305.

382 A.a.O., S.306.

383 A.a.O., S.308.

384 *Lexikon Jungscher Grundbegriffe*, a.a.O., S.20.

385 Hermann Hesse, *SW*, Bd. 3, a.a.O., S.309 (Demian).

386 Siehe dazu Uwe Wolff, *Hermann Hesse. »Demian«*, a.a.O., S.52 ff.

387 Hermann Hesse, *SW*, Bd. 3, a.a.O., S.345 (Demian).

388 A.a.O., S.337.

389 A.a.O., S.363 f.

390 Hermann Hesse, *SW*, Bd. 11, a.a.O., S.204 (Krieg und Frieden).

391 *Hermann Hesse. GB I*, a.a.O., S.344.

392 A.a.O., S.360.

393 Hermann Hesse, *SW*, Bd. 11, a.a.O., S.559 (Traumtagebuch der Psycho-analyse).

394 A.a.O., S.560 f.

395 Hermann Hesse, *SW*, Bd. 3, a.a.O., S.489 (Volker Michels, Nachwort des Herausgebers).

396 *Materialien zu Hermann Hesses »Demian«*, a.a.O., S.92 f.

397 *Hermann Hesse. GB I*, a.a.O., S.382.

398 A.a.O., S.380.

399 Hermann Hesse, *SW*, a.a.O., S.24 (Registerband).

400 *»Die dunkle und wilde Seite der Seele«*, a.a.O., S.96.

401 *Hermann Hesse. GB I*, a.a.O., S.399.

Kapitel 10

402 Hermann Hesse, *SW*, Bd. 11, a.a.O., S.18 (Wanderung).

403 Hermann Hesse, *SW*, Bd. 12, a.a.O., S.212 (Erinnerung an »Klingsors letzter Sommer«).

404 Hermann Hesse, *SW*, Bd. 11, a.a.O., S.10 (Wanderung).

405 A.a.O., S.150 (Beim Einzug in ein neues Haus).

406 *Hermann Hesse. GB I*, a.a.O., S.407.

407 A.a.O., S.413.

408 Hermann Hesse, *SW*, Bd. 14, a.a.O., S.349 (Zu »Expressionismus in der Dichtung«).

409 Hermann Hesse, *SW*, Bd. 8, a.a.O., S.224 (Klein und Wagner).

410 A.a.O., S.225.

411 A.a.O., S.250 f.

412 A.a.O., S.279.

413 A.a.O., S.282 f.

414 Ebenda.

415 Siegfried Unseld, *Hermann Hesse*, a.a.O., S.55.

416 *Materialien zu Hermann Hesses »Demian«*, a.a.O., S.133.

417 A.a.O., S.149.

418 Siegfried Unseld, *Hermann Hesse*, a.a.O., S.59.

419 Hermann Hesse, SW, Bd. 8, a.a.O., S.284 (Klingsors letzter Sommer).

420 *Hermann Hesse. Farbe ist Leben*, hrsg. von Volker Michels, Frankfurt/ Main und Leipzig 1997, S.15.

421 Hermann Hesse, SW, Bd. 8, a.a.O., S.288 (Klingsors letzter Sommer).

422 A.a.O., S.284.

423 Hermann Hesse, SW, Bd. 3, a.a.O., S.142 (Roßhalde).

424 Hermann Hesse, SW, Bd. 8, a.a.O., S.312 (Klingsors letzter Sommer).

425 A.a.O., S.291.

426 A.a.O., S.321.

427 A.a.O., S.332.

428 A.a.O., S.333.

429 *Hermann Hesse. GB I*, a.a.O., S.412.

430 A.a.O., S.416.

431 *»Die dunkle und wilde Seite der Seele«*, a.a.O., S.101.

432 A.a.O., S.103.

433 *Materialien zu Hermann Hesses »Demian«*, a.a.O., S.130.

434 Hermann Hesse, SW, Bd. 12, a.a.O., S.7 (Mein Horoskop).

435 Ebenda.

436 A.a.O., S.8.

437 A.a.O., S.9.

438 *»Die dunkle und wilde Seite der Seele«*, a.a.O., S.162.

439 Hermann Hesse, SW, Bd. 8, a.a.O., S.296 ff. (Klingsors letzter Sommer).

440 A.a.O., S.303.

441 *Hermann Hesse. »Liebes Herz!« Briefwechsel mit seiner zweiten Frau Ruth*, hrsg. von Ursula und Volker Michels, Frankfurt/Main 2005, S.32.

442 A.a.O., S.34.

443 A.a.O., S.35.

444 A.a.O., S.41.

445 Ebenda.

446 A.a.O., S.46.

447 A.a.O., S.48 f.

448 »Die *dunkle und wilde Seite der Seele«*, a.a.O., S.161.

449 Hermann Hesse, SW, Bd. 11, a.a.O., S.628 (Tagebuch 1920/21).

450 *Hermann Hesse. GB I*, a.a.O., S.409.

451 Hermann Hesse, SW, Bd. 18, a.a.O., S.129 (Die Brüder Karamasoff oder Der Untergang Europas).

452 A.a.O., S.130.

453 Hermann Hesse, *SW*, Bd. 3, a.a.O., S.394 (Siddhartha).

454 Hermann Hesse, *SW*, Bd. 11, a.a.O., S.629 (Tagebuch 1920/1921).

Kapitel 11

455 *Hermann Hesse. GB I*, a.a.O., S.442f.

456 A.a.O., S.454.

457 Hermann Hesse, *SW*, Bd. 12, a.a.O., S.55 (Kurzgefaßter Lebenslauf).

458 Hermann Hesse, *SW*, Bd. 11, a.a.O., S.629f. (Tagebuch 1920/1921).

459 Hermann Hesse, *SW*, Bd. 15, a.a.O., S.292 (Haßbriefe).

460 A.a.O., S.295.

461 A.a.O., S.294.

462 Hermann Hesse, *SW*, Bd. 11, a.a.O., S.638 (Tagebuch 1920/1921).

463 *Hermann Hesse. GB I*, a.a.O., S.455.

464 Ruth Wenger, »Meine Liebe und meine Ehe mit Hermann Hesse«, in: *Hermann Hesse. »Liebes Herz!«*, a.a.O., S.612.

465 A.a.O., S.611.

466 A.a.O., S.71.

467 A.a.O., S.127.

468 A.a.O., S.97.

469 A.a.O., S.98.

470 A.a.O., S.99.

471 A.a.O., S.101.

472 Hermann Hesse, *SW*, Bd. 11, a.a.O., S.645f. (Tagebuch 1920/1921).

473 A.a.O., S.634.

474 Ebenda.

475 *Hermann Hesse. GB I*, a.a.O., S.470.

476 Hermann Hesse, *SW*, Bd. 3, a.a.O., S.398 (Siddhartha).

477 A.a.O., S.403.

478 A.a.O., S.414.

479 A.a.O., S.421.

480 A.a.O., S.436.

481 A.a.O., S.462.

482 A.a.O., S.457.

483 A.a.O., S.468f.

484 A.a.O., S.471.

485 Siegfried Unseld, *Hermann Hesse*, a.a.O., S.88.

486 *Hermann Hesse. GB II*, a.a.O., S.21.

487 *»Die dunkle und wilde Seite der Seele«*, a.a.O., S.188.

488 *Hermann Hesse. »Liebes Herz!«*, a.a.O., S.165f.

489 Hermann Hesse, *SW*, Bd. 9, a.a.O., S.192 (Piktors Verwandlungen).

490 Hermann Hesse, *SW*, Bd. 9, a.a.O., S.636 (Volker Michels, Nachwort des Herausgebers zu den Märchen und Legenden).

491 *»Die dunkle und wilde Seite der Seele«*, a.a.O., S.197f.

492 *Hesse. Kommentar zu sämtlichen Werken*, von Martin Pfeifer, Frankfurt/ Main 1980, S.205.

493 Siegfried Unseld, *Hermann Hesse*, a.a.O., S.91.

494 *Hermann Hesse. »Liebes Herz!«*, a.a.O., S.177.

495 Ralph Freedman, *Hermann Hesse*, a.a.O., S.301.

496 Hermann Hesse, *SW*, Bd. 18, a.a.O., S.411ff. (Byzantinisches Christentum).

497 *Hermann Hesse. GB II*, a.a.O., S.32.

498 *Hermann Hesse. »Liebes Herz!«*, a.a.O., S.289f.

499 A.a.O., S.308f.

500 A.a.O., S.313.

501 *Hermann Hesse. GB II*, a.a.O., S.64.

502 *»Die dunkle und wilde Seite der Seele«*, a.a.O., S.222.

503 *Hermann Hesse. GB II*, a.a.O., S.65.

504 *Hermann Hesse. »Liebes Herz!«*, a.a.O., S.332.

505 Hermann Hesse, *SW*, Bd. 11, a.a.O., S.88 (Kurgast).

506 *Hermann Hesse. »Liebes Herz!«*, a.a.O., S.377.

507 A.a.O., S.380.

508 A.a.O., S.381.

509 Ralph Freedman, *Hermann Hesse*, a.a.O., S.326.

510 *Hermann Hesse. GB II*, a.a.O., S.72.

511 Ruth Wenger, »Meine Liebe und meine Ehe mit Hermann Hesse«, a.a.O., S.625.

512 A.a.O., S.389.

513 A.a.O., S.390.

514 A.a.O., S.393.

515 A.a.O., S.402.

516 Hermann Hesse, *SW*, Bd. 12, a.a.O., S.60f. (Kurzgefaßter Lebenslauf).

517 A.a.O., S.62f.

Kapitel 12

518 *Materialien zu Hermann Hesses »Der Steppenwolf«*, hrsg. von Volker Michels, Frankfurt/Main 1972, S.43.

519 *Hermann Hesse: GB II*, a.a.O., S.86.

520 A.a.O., S.87.

521 *Hermann Hesse. »Liebes Herz!«*, a.a.O., S.430.

522 Hermann Hesse, *SW*, Bd. 16, a.a.O., S.377f. (Ekstatische Konfessionen).

523 *Hermann Hesse. GB II*, a.a.O., S.95.

524 Ebenda.

525 *Hermann Hesse. »Liebes Herz!«*, a.a.O., S.447f.

526 A.a.O., S.456.

527 A.a.O., S.458.

528 A.a.O., S.463.

529 A.a.O., S.464f.

530 *Hermann Hesse. GB II*, a.a.O., S.110.

531 *Materialien zu Hermann Hesses »Der Steppenwolf«*, a.a.O., S.46.

532 A.a.O., S.57.

533 A.a.O., S.49.

534 Hermann Hesse, *SW*, Bd. 11, a.a.O., S.133 (Die Nürnberger Reise).

535 A.a.O., S.147.

536 A.a.O., S.166.

537 A.a.O., S.155.

538 A.a.O., S.177.

539 A.a.O., S.170.

540 A.a.O., S.16.

541 A.a.O., S.168.

542 *Materialien zu Hermann Hesses »Der Steppenwolf«*, a.a.O., S.55.

543 *Hermann Hesse. GB II*, a.a.O., S.128f.

544 *Hermann Hesse. »Liebes Herz!«*, a.a.O., S.515.

545 *Hermann Hesse. GB II*, a.a.O., S.127.

546 A.a.O., S.135.

547 Hermann Hesse, »Ausflug in die Stadt«, in: *Materialien zu Hermann Hesses »Der Steppenwolf«*, a.a.O., S.53.

548 *Hermann Hesse. GB II*, a.a.O., S.130.

549 A.a.O., S.131.

550 Hermann Hesse, *Krisis. Ein Stück Tagebuch*, Frankfurt/Main 1977, S.29.

551 *Hermann Hesse. GB II*, a.a.O., S.134f.

552 Hermann Hesse, *Krisis,* a.a.O., S.47.

553 Gisela Kleine, *Ninon und Hermann Hesse*, Sigmaringen 1982, S.178.

554 *Ninon Hesse. Lieber, lieber Vogel*, a.a.O., S.78.

555 A.a.O., S.79.

556 A.a.O., S.89.

557 *»Die dunkle und wilde Seite der Seele«*, a.a.O., S.233.

558 A.a.O., S.234.

559 Hermann Hesse. »Liebes Herz!«, a.a.O., S.538.

560 Hermann Hesse. GB II, a.a.O., S.152f.

561 »Die dunkle und wilde Seite der Seele«, a.a.O., S.237.

562 Hermann Hesse. GB II, a.a.O., S.154.

563 Hermann Hesse, Krisis, a.a.O., S.36f.

564 Hermann Hesse, SW, Bd. 4, a.a.O., S.9 (Der Steppenwolf).

565 A.a.O., S.13.

566 A.a.O., S.14.

567 A.a.O., S.28.

568 A.a.O., S.31.

569 A.a.O., S.33.

570 A.a.O., S.34.

571 A.a.O., S.51.

572 A.a.O., S.52.

573 A.a.O., S.54.

574 A.a.O., S.63f.

575 A.a.O., S.57f.

576 A.a.O., S.60.

577 A.a.O., S.58f.

578 A.a.O., S.146.

579 A.a.O., S.164.

580 A.a.O., S.169.

581 A.a.O., S.179.

582 A.a.O., S.188.

583 A.a.O., S.194.

584 Ebenda.

585 A.a.O., S.201.

586 A.a.O., S.203.

587 A.a.O., S.65.

588 Hermann Hesse. »Liebes Herz!«, a.a.O., S.542.

589 A.a.O., S.545f.

590 A.a.O., S.550.

591 A.a.O., S.558.

592 Ebenda.

593 Materialien zu Hermann Hesses »Der Steppenwolf«, a.a.O., S.106.

594 Gisela Kleine, Ninon und Hermann Hesse, a.a.O., S.199.

595 A.a.O., S.187.

596 A.a.O., S.183.

Kapitel 13

597 Siegfried Unseld, *Hermann Hesse*, a.a.O., S.115.

598 A.a.O., S.117.

599 A.a.O., S.115.

600 *Hermann Hesse. GB II*, a.a.O., S.183.

601 Hugo Ball, *Hermann Hesse. Sein Leben und sein Werk*, Frankfurt/Main 1977, S.178 f.

602 *Hermann Hesse. GB II*, a.a.O., S.178.

603 Hugo Ball, *Hermann Hesse*, a.a.O., S.17 f.

604 *Hermann Hesse. »Liebes Herz!«*, a.a.O., S.561.

605 *Hermann Hesse. GB II*, a.a.O., S.186 f.

606 Emmy Ball-Hennings. *Briefe an Hermann Hesse*, Frankfurt/Main 1956, S.83 f.

607 *Ninon Hesse. Lieber, lieber Vogel*, a.a.O., S.179 f.

608 A.a.O., S.185.

609 A.a.O., S.186.

610 Hermann Hesse, *Krisis. Ein Stück Tagebuch*, a.a.O., S.5 f.

611 *Hermann Hesse – Thomas Mann. Briefwechsel*, hrsg. von Anni Carlsson, Frankfurt/Main 1968, S.15.

612 Siegfried Unseld, *Hermann Hesse*, a.a.O., S.125.

613 Gisela Kleine, *Ninon und Hermann Hesse*, a.a.O., S.201.

614 A.a.O., S.214.

615 A.a.O., S.151 f.

616 *Hermann Hesse. GB II*, a.a.O., S.191.

617 Gisela Kleine, *Ninon und Hermann Hesse*, a.a.O., S.207.

618 Hermann Hesse, *SW*, Bd. 4, a.a.O., S.609 (Volker Michels, »Nachwort des Herausgebers«).

619 Hermann Hesse, *SW*, Bd. 4, a.a.O., S.304 (Narziß und Goldmund).

620 A.a.O., S.315.

621 Hermann Hesse, *SW*, Bd. 4, a.a.O., S.606 (Volker Michels, »Nachwort des Herausgebers«).

622 Hermann Hesse, *SW*, Bd. 4, a.a.O., S.410 f. (Narziß und Goldmund).

623 *Hermann Hesse. GB II*, a.a.O., S.275 f.

624 Hermann Hesse, *SW*, Bd. 4, a.a.O., S.528 (Narziß und Goldmund).

625 A.a.O., S.531.

626 Gisela Kleine, *Ninon und Hermann Hesse*, a.a.O., S.219.

627 *Ninon Hesse. Lieber, lieber Vogel*, a.a.O., S.258.

628 Hermann Hesse, *SW*, Bd. 4, a.a.O., S.535 (Die Morgenlandfahrt).

629 A.a.O., S.546 f.

630 A.a.O., S.538.

631 Ebenda.

632 A.a.O., S.540.

633 A.a.O., S.545.

634 A.a.O., S.545f.

635 A.a.O., S.548.

636 A.a.O., S.590

637 A.a.O., S.550

638 *Hermann Hesse. GB II*, a.a.O., S.283.

639 Gisela Kleine, *Ninon und Hermann Hesse*, a.a.O., S.227.

640 *Hermann Hesse. Sein Leben in Bildern und Texten*, hrsg. von Volker Michels, Frankfurt/Main 1979, S.245.

641 Gisela Kleine, *Ninon und Hermann Hesse*, a.a.O., S.236.

642 A.a.O., S.238f.

643 A.a.O., S.239.

644 A.a.O., S.242.

645 Hermann Hesse, *SW*, Bd. 9, a.a.O., S.203f. (Vogel).

646 A.a.O., S.204.

647 Siegfried Unseld, *Hermann Hesse*, a.a.O., S.149.

648 *Hermann Hesse. Die Antwort bist du selbst. Briefe an junge Menschen*, a.a.O., S.181.

649 *Hermann Hesse. GB II*, a.a.O., S.339.

650 Hermann Hesse, *SW*, Bd. 10, a.a.O., S.568 (Absage).

651 *Hermann Hesse. GB II,* a.a.O., S.367.

Kapitel 14

652 Bernhard Zeller, *Hermann Hesse in Selbstzeugnissen und Bilddokumenten*, Reinbek bei Hamburg 1963, S.116.

653 Hermann Kurzke, *Thomas Mann. Das Leben als Kunstwerk. Eine Biographie*, München 1999, S.357.

654 *Hermann Hesse – Thomas Mann. Briefwechsel*, hrsg. von Anni Carlsson, a.a.O., S.124.

655 *Thomas Mann. Tagebücher 1933–1934*, hrsg. von Peter de Mendelssohn, Frankfurt/Main 1977, S.54.

656 *Materialien zu Hermann Hesses »Das Glasperlenspiel«. Erster Band*, hrsg. von Volker Michels, Frankfurt/Main 1981, S.63.

657 Hermann Hesse, *SW*, Bd. 11, a.a.O., S.684f. (Tagebuch vom Juli/August 1933).

658 A.a.O., S.680.

659 A.a.O., S.681.

660 A.a.O., S.673.

661 Hermann Hesse, *Ausgewählte Briefe,* Frankfurt/Main 1976, S.438.

662 Hermann Hesse, *Das Glasperlenspiel. Versuch einer Lebensbeschreibung des Magister Ludi Josef Knecht samt Knechts hinterlassenen Schriften,* Frankfurt/Main 1972, S.8.

663 A.a.O., S.9.

664 Ebenda.

665 Ebenda.

666 A.a.O., S.14.

667 *Hermann Hesse. GB II,* a.a.O., S.410.

668 Hermann Hesse, *Das Glasperlenspiel,* a.a.O., S.15.

669 A.a.O., S.19.

670 A.a.O., S.18.

671 A.a.O., S.30.

672 A.a.O., S.19.

673 A.a.O., S.10.

674 A.a.O., S.11.

675 A.a.O., S.12.

676 A.a.O., S.26.

677 A.a.O., S.27.

678 A.a.O., S.23.

679 A.a.O., S.37.

680 Hermann Hesse, *SW,* Bd. 5, a.a.O., S.45 (Das Glasperlenspiel).

681 A.a.O., S.21.

682 Ebenda.

683 A.a.O., S.24.

684 A.a.O., S.13f.

685 Hermann Hesse, *SW,* Bd. 18, a.a.O., S.557 (Von der Gegenwart vergangener Literaturen).

686 Anicius Manlius Severinus Boethius, *Fünf Bücher über die Musik,* hrsg. von Oscar Paul, Leipzig 1872, Reprint Hildesheim 1985, S.7.

687 Hermann Hesse, *SW,* Bd. 10, a.a.O., S.338 (Das Glasperlenspiel).

688 Hermann Hesse, *SW,* Bd. 19, a.a.O., S.495 (Über einige Bücher).

689 Hermann Hesse, *SW,* Bd. 12, a.a.O., S.330 (Erinnerung an S.Fischer).

690 *Materialien zu Hermann Hesses »Das Glasperlenspiel«.* Erster Band, a.a.O., S.134.

691 A.a.O., S.138.

692 Hermann Hesse, *SW,* Bd. 12, a.a.O., S.373 (Erinnerung an Hans).

693 Hermann Hesse, *Politik des Gewissens,* Bd. 2, Frankfurt/Main 1977, S. 614.

694 *Materialien zu Hermann Hesses »Das Glasperlenspiel«.* Erster Band, a. a. O., S. 139.

695 Hermann Hesse, *Politik des Gewissens,* Bd. 2, a. a. O., , S. 560 f.

696 *Materialien zu Hermann Hesses »Das Glasperlenspiel«.* Erster Band, a. a. O., S. 139.

697 Joseph Mileck, *Hermann Hesse. Dichter, Sucher, Bekenner,* Frankfurt/Main 1978, S. 277.

698 *Hermann Hesse – Thomas Mann. Briefwechsel,* a. a. O., S. 97.

699 Hermann Hesse, *SW,* Bd. 10, a. a. O., S. 336 (Gedichte des Sommers 1933).

700 A. a. O., S. 324.

701 *Hermann Hesse. Freude am Garten,* hrsg. von Volker Michels, Frankfurt/Main 1998, S. 190.

702 Hermann Hesse, *SW,* Bd. 9, a. a. O., S. 606 (Stunden im Garten).

703 A. a. O., S. 607.

704 A. a. O., S. 614.

705 *Materialien zu Hermann Hesses »Das Glasperlenspiel«.* Erster Band, a. a. O., S. 181.

706 A. a. O., S. 182.

707 Gisela Kleine, *Ninon und Hermann Hesse,* a. a. O., S. 274.

708 A. a. O., S. 276.

709 *Materialien zu Hermann Hesses »Das Glasperlenspiel«.* Erster Band, a. a. O., S. 202 f.

710 Hermann Hesse, *SW,* Bd. 11, a. a. O., S. 706 (Traumtagebuch. März 1940).

711 *Materialien zu Hermann Hesses »Das Glasperlenspiel«.* Erster Band, a. a. O., S. 217.

712 Hermann Hesse, *SW,* Bd. 5, a. a. O., S. 7 (Das Glasperlenspiel).

713 A. a. O., S. 46.

714 A. a. O., S, 47 f.

715 A. a. O., S. 40.

716 A. a. O., S. 74.

717 A. a. O., S. 149.

718 A. a. O., S. 156.

719 Siehe Hans-Eberhard Dentler, *Johann Sebastian Bachs »Kunst der Fuge«. Ein pythagoreisches Werk und seine Verwirklichung,* Mainz 2004.

720 Siehe Hans-Eberhard Dentler, *Johann Sebastian Bachs »Musicalisches Opfer«. Musik als Abbild der Sphärenharmonie,* Mainz 2008.

721 A.a.O., S.22.

722 Hermann Hesse, *Das Glasperlenspiel*, a.a.O., S.367.

723 A.a.O., S.394.

724 Hermann Hesse, *SW*, Bd. 10, a.a.O., S.407 (Stufen).

725 Ralph Freedman, *Hermann Hesse*, a.a.O., S.474.

726 *Materialien zu Hermann Hesses »Das Glasperlenspiel«*. Erster Band, a.a.O., S.223.

727 A.a.O., S.223f.

Kapitel 15

728 *Hermann Hesse – Thomas Mann. Briefwechsel*, a.a.O., S.152.

729 Uli Rothfuss, *Hermann Hesse privat. In Texten, Bildern und Dokumenten*, Berlin 1997, S.164.

730 *Materialien zu Hermann Hesses »Das Glasperlenspiel«*, Erster Band, a.a.O., S.233.

731 *Materialien zu Hermann Hesses »Das Glasperlenspiel«*, Zweiter Band, hrsg. von Volker Michels, Frankfurt/Main 1981, S.28.

732 *Materialien zu Hermann Hesses »Das Glasperlenspiel«*, Erster Band, a.a.O., S.236.

733 *Materialien zu Hermann Hesses »Das Glasperlenspiel«*, Zweiter Band, a.a.O., S.18.

734 *Materialien zu Hermann Hesses »Das Glasperlenspiel«*, Erster Band, a.a.O., S.238.

735 A.a.O., S.50.

736 *»Die dunkle und wilde Seite der Seele«*, a.a.O., S.25.

737 *Hermann Hesse. GB III*, a.a.O., S.268.

738 Hermann Hesse, *SW*, Bd. 11, a.a.O., S.728 (Rigi-Tagebuch. August 1945).

739 A.a.O., S.729.

740 Hermann Hesse, *Politik des Gewissens*, Bd. 2, a.a.O., S.698ff.

741 *Hermann Hesse. GB III*, a.a.O., S.288.

742 A.a.O., 298.

743 A.a.O., S.509.

744 A.a.O., S.406.

745 Hermann Hesse, *SW*, Bd. 14, a.a.O., S.475.

746 A.a.O., S.476.

747 A.a.O., S.476f.

748 *Hermann Hesse. GB III*, a.a.O., S.385.

749 Gisela Kleine, *Ninon und Hermann Hesse*, a.a.O., S.319.

750 *Hermann Hesse. GB III*, a.a.O., S.387f.

751 *Hermann Hesse/Peter Suhrkamp. Briefwechsel 1945–1959*, hrsg. von Siegfried Unseld, Frankfurt/Main 1969, S. 44.

752 A. a. O., S. 46 f.

753 Gisela Kleine, *Ninon und Hermann Hesse*, a. a. O., S. 319.

754 Hermann Hesse, *SW*, Bd. 14, a. a. O., S. 477 (Worte zum Bankett anläßlich der Nobel-Feier).

755 *Hermann Hesse. GB III*, a. a. O., S. 397.

756 A. a. O., S. 422.

757 Siegfried Unseld, *Hermann Hesse*, a. a. O., S. 193.

758 A. a. O., S. 195.

759 A. a. O., S. 193

760 *Materialien zu Hermann Hesses »Das Glasperlenspiel«*, Erster Band, a. a. O., S. 276.

761 *Hermann Hesse. Die Antwort bist du selbst. Briefe an junge Menschen*, a. a. O., S. 313.

762 *Hermann Hesse. Ausgewählte Briefe*, Frankfurt/Main 1976, S. 290.

763 *Hermann Hesse. GB III*, a. a. O., S. 500.

764 A. a. O., S. 480.

765 Hermann Hesse, *SW*, Bd. 12, a. a. O., S. 457 ff. (Gedenkblatt für Adele).

766 Gisela Kleine, *Ninon und Hermann Hesse*, a. a. O., S. 301.

767 Ebenda.

768 A. a. O., S. 336.

769 A. a. O., S. 241.

770 *Hermann Hesse/Peter Suhrkamp. Briefwechsel*, a. a. O., S. 469.

771 *Hermann Hesse. GB IV*, a. a. O., S. 60.

Kapitel 16

772 Gunter Böhmer, »In Hesses Nähe«, in: *Hermann Hesse in Augenzeugenberichten*, hrsg. von Volker Michels, Frankfurt/Main 1991, S. 296 f.

773 *Hermann Hesse. Sein Leben in Bildern und Texten*, hrsg. von Volker Michels, Frankfurt/Main 1979, S. 302

774 Hermann Hesse, *SW*, Bd. 12, a. a. O., S. 605 (Engadiner Erlebnisse).

775 *Ninon Hesse. Lieber, lieber Vogel*, a. a. O., S. 35.

776 Gunter Böhmer, »In Hesses Nähe«, a. a. O., S. 292.

777 Gisela Kleine, *Ninon und Hermann Hesse*, a. a. O., S. 325.

778 Hans Völter, »Ein Tag bei Hermann Hesse, 9.9.1953«, in: *Hermann Hesse in Augenzeugenberichten*, hrsg. von Volker Michels, a. a. O., S. 394.

779 *Hermann Hesse. GB IV*, a. a. O., S. 153.

780 Gisela Kleine, *Ninon und Hermann Hesse*, a. a. O., S. 349.

781 A.a.O., S.345.

782 Siegfried Unseld, *Hermann Hesse*, a.a.O., S.149.

783 Gisela Kleine, *Ninon und Hermann Hesse*, a.a.O., S.338.

784 Hermann Hesse, SW, Bd. 14, a.a.O., S.495 (Dankadresse anläßlich der Verleihung des Friedenspreises des Deutschen Buchhandels).

785 Hermann Hesse, SW, Bd. 15, a.a.O., S.721 (Antwort auf Briefe aus Deutschland).

786 Thomas Mann, *Tagebücher 1949–1950*, hrsg. von Inge Jens, Frankfurt/Main 1991, S.451.

787 Thomas Mann, *Essays 1945–1955*, Bd. 6, hrsg. von Hermann Kurzke und Stephan Stachorski, Frankfurt/Main 1997, S.137.

788 Hermann Hesse, SW, Bd. 15, a.a.O., S.782 (Die politischen Schriften).

789 Hermann Hesse, *Politik des Gewissens*, Bd. 2, a.a.O., S.853f.

790 Hermann Hesse, SW, Bd. 15, a.a.O., S.770 (Die politischen Schriften).

791 *Hermann Hesse – Thomas Mann. Briefwechsel*, a.a.O., S.237.

792 A.a.O., S.261.

793 A.a.O., S.260.

794 Ralph Freedman, *Hermann Hesse*, a.a.O., S.502.

795 *Hermann Hesse. GB I*, a.a.O., S.217.

796 *Über Hermann Hesse*, Bd. 1, hrsg. von Volker Michels, Frankfurt/Main 1976, S.316.

797 Karlheinz Deschner, *Kitsch, Konvention und Kunst. Eine literarische Streitschrift*, München 1957, S.115.

798 A.a.O., S.157.

799 *Hermann Hesse. GB IV*, a.a.O., S.386.

800 Hermann Hesse, SW, Bd. 15, a.a.O., S.799 (Die politischen Schriften).

801 *Hermann Hesse. GB IV*, a.a.O., S.469.

802 *Hermann Hesse – Peter Suhrkamp. Briefwechsel*, a.a.O., S.477.

803 Hermann Hesse, SW, Bd. 15, a.a.O., S.557 (Die politischen Schriften).

804 Hermann Hesse, SW, Bd. 20, a.a.O., S.353 (Nach der Lektüre von Ernst Jüngers Buch »An der Zeitmauer«).

805 Verlagsbriefwechsel Ernst Klett – Ernst Jünger (1948–1976), im Archiv des Klett Verlags Stuttgart.

806 Hermann Hesse, SW, Bd. 10, a.a.O., S.397 (Einst vor tausend Jahren).

807 Gisela Kleine, *Ninon und Hermann Hesse*, a.a.O., S.407.

808 *Hermann Hesse. GB IV*, a.a.O., S.427.

809 Gisela Kleine, *Ninon und Hermann Hesse*, a.a.O., S.409.

810 Hermann Hesse, SW, Bd. 10, a.a.O., S.398 (Knarren eines geknickten Astes).

QUELLEN- UND LITERATURVERZEICHNIS

Werke und Briefeditionen

Hermann Hesse, *Gesammelte Werke.* 12 Bde, Frankfurt/Main 1970.

Hermann Hesse, *Sämtliche Werke in 20 Bänden,* hrsg. von Volker Michels, Frankfurt/Main 2001–2004.

Hermann Hesse, *Politik des Gewissens. Die politischen Schriften. Vorwort von Robert Jungk,* hrsg. von Volker Michels. Erster Band: 1914–1932. Zweiter Band: 1932–1964, Frankfurt/Main 1977.

Kindheit und Jugend vor Neunzehnhundert. Hermann Hesse in Briefen und Lebenszeugnissen, Bd. 1: 1877–1995. Ausgewählt und hrsg. von Ninon Hesse, Frankfurt/Main 1966. Bd. 2: 1895–1900. Hrsg. von Ninon Hesse, fortgesetzt und erweitert von Gerhard Kirchhoff, Frankfurt/Main 1978.

Hermann Hesse, *Gesammelte Briefe.* In Zusammenarbeit mit Heiner Hesse hrsg. von Ursula und Volker Michels, Bd. 1–4, Frankfurt/Main 1972, 1979, 1982 und 1986.

Hermann Hesse, *Ausgewählte Briefe.* Erweiterte Ausgabe. Zusammengestellt von Hermann Hesse und Ninon Hesse, Frankfurt/Main 1976.

Hermann Hesse. »Liebes Herz!« Briefwechsel mit seiner zweiten Frau Ruth, hrsg. von Ursula und Volker Michels, Frankfurt/Main 2005.

Ninon Hesse. »Lieber, lieber Vogel«. Briefe an Hermann Hesse. Ausgewählt, erläutert und eingeleitet von Gisela Kleine, Frankfurt/Main 2000.

Hermann Hesse. Die Antwort bist du selbst. Briefe an junge Menschen, hrsg. von Volker Michels, Frankfurt/Main und Leipzig 2000.

»Die dunkle und wilde Seite der Seele«. Hermann Hesse. Briefwechsel mit seinem Psychoanalytiker Josef Bernhard Lang 1916–1944, hrsg. von Thomas Feitknecht, Frankfurt/Main 2006.

Hermann Hesse, *Briefwechsel 1921–1927 mit Hugo Ball und Emmy Ball-Hennings,* hrsg. und kommentiert von Bärbel Reetz, Frankfurt/Main 2003.

Hermann Hesse/Stefan Zweig. Briefwechsel, Frankfurt/Main 2006.

Hermann Hesse/Thomas Mann. Briefwechsel. Erweiterte Ausgabe, hrsg. von Anni Carlsson und Volker Michels, Frankfurt/Main 1975.

Von Poesie und Politik. Hermann Hesse/Conrad Haussmann. Briefwechsel, hrsg. und kommentiert von Helga Abret, Frankfurt/Main 2011.

Hermann Hesse/Peter Suhrkamp. Briefwechsel, hrsg. von Siegfried Unseld, Frankfurt/Main 1969.

Ausgewählte Sekundärliteratur

Hugo Ball, *Hermann Hesse. Sein Leben und sein Werk,* Frankfurt/Main 1977.

Ralph Freedman, *Hermann Hesse. Autor der Krisis. Eine Biographie,* Frankfurt/Main 1991.

Adele Gundert, *Marie Hesse. Die Mutter von Hermann Hesse. Ein Lebensbild in Briefen und Tagebüchern.* Frankfurt/Main und Leipzig 1977.

Siegfried Greiner, *Hermann Hesse. Jugend in Calw.* Mit einem Geleitwort von Volker Michels, Sigmaringen 1981.

Adrian Hsia, *Hermann Hesse im Spiegel der zeitgenössischen Kritik,* Bern/München 1975.

Reso Karalaschwili, *Hermann Hesse. Charakter und Weltbild,* Frankfurt/Main 1993.

Gisela Kleine, *Ninon und Hermann Hesse. Leben als Dialog,* Sigmaringen 1982.

Michael Limberg, *Hermann Hesse. Leben. Werk. Wirkung,* Frankfurt/Main 2005.

Ders., *Hermann-Hesse-Literatur,* Düsseldorf 1996f.

Ders. (Hrsg.), *Hermann Hesse und die Psychoanalyse,* Bad Liebenzell 1997.

Volker Michels (Hrsg.), *Hermann Hesse. Sein Leben in Bildern und Texten.* Mit einem Vorwort von Hans Mayer, Frankfurt/Main 1987.

Ders., *Hermann Hesse. Farbe ist Leben. Eine Auswahl seiner schönsten Aquarelle.* Vorgestellt von Volker Michels, Frankfurt/Main und Leipzig 1997.

Ders., *Über Hermann Hesse,* 2 Bde, Frankfurt/Main 1976–77.

Ders., *Hermann Hesse in Augenzeugenberichten,* Frankfurt/Main 1991.

Ders. (Hrsg.), *Hermann Hesse »Unterm Rad«. Entstehungsgeschichte in Selbstzeugnissen des Autors,* Frankfurt/Main 2008.

Joseph Mileck, *Hermann Hesse. Dichter. Sucher. Bekenner.* Biografie, Frankfurt/Main 1987.

Martin Pfeifer, *Hesse. Kommentar zu sämtlichen Werken,* Frankfurt/Main 1990.

Alois Prinz, *»Und jedem Anfang wohnt ein Zauber inne«. Die Lebensgeschichte des Hermann Hesse,* Frankfurt/Main 2006.

Uli Rothfuss, *Hermann Hesse privat. In Texten, Bildern und Dokumenten,* Berlin 1997.

Ders., *Bruno, Heiner und Martin Hesse. Erinnerungen an unseren Vater Hermann Hesse,* Calw 2007.

Herbert Schnierle-Lutz, *Hermann Hesse. Schauplätze seines Lebens,* Frankfurt/Main und Leipzig 1997.

Sikander Singh, *Hermann Hesse,* Stuttgart 2006.

Siegfried Unseld, *Hermann Hesse. Werk und Wirkungsgeschichte,* Frankfurt/Main 1985.

Uwe Wolff, *Demian – Die Botschaft vom Selbst,* Bonn 1979.

Theodore Ziolkowski, *Der Schriftsteller Hermann Hesse. Wertung und Neubewertung,* Frankfurt/Main 1979.

Bernhard Zeller, *Hermann Hesse in Selbstzeugnissen und Bilddokumenten,* Reinbek bei Hamburg 1963.

NAMENREGISTER

Adorno, Theodor W. 384, 394
Andreä, Volkmar 161
Arp, Hans 260, 284
Ausländer, Frau (Mutter von Ninon
   Hesse) 310, 334
Ausländer, Jakob 310, 312, 327, 334
Ausländer, Lilly *siehe* Kehlmann, Lilly
Ausländer, Ninon *siehe* Hesse, Ninon

Bach, Friedemann 341
Bach, Johann Sebastian 14, 340f.,
   362f., 384f.
Ball, Hugo 188, 246, 260f., 267f., 272,
   274, 278, 289–291, 306-310, 313f., 316,
   359
Ball-Hennings, Emmy 246, 260f., 272,
   274, 289, 307–309, 380
Basilides 200f.
Baudelaire, Charles 186
Bebel, August 66
Becher, Johannes R. 390
Beckett, Samuel 394
Beethoven, Ludwig van 248
Békessy, Imre 372
Bengel, Johann Albrecht 57, 344
Benjamin, Walter 394
Benn, Gottfried 393
Bergengruen, Werner 393
Bermann Fischer, Brigitte 325, 357, 382
Bermann Fischer, Gottfried 136, 325,
   331, 348, 350, 355, 357, 382
Bernoulli, Emilie (Schwiegermutter)
   138
Bernoulli, Fritz jr. (Schwager) 243,
   277
Bernoulli, Fritz sen. (Schwiegervater)
   120, 126, 131f., 138f., 168
Bernoulli, Maria (»Mia«) *siehe* Hesse,
   Maria

Bernoulli, Mathilde (Schwester von
   Mia) 116f.
Bernus, Alexander von 134, 136
Bethge, Hans 133
Binding, Rudolf G. 355, 393
Blavatsky, Helena 142, 146
Bleibtreu, Karl 65
Bloch, Ernst 346
Blümel, Otto 152f., 180, 284
Blumhardt, Johann Christoph 31f.,
   39f.
Blumhardt, Christoph Friedrich
   31–33, 38–40
Boccaccio, Giovanni 131
Böcklin, Arnold 94–96, 108, 169
Bodmann, Emanuel von 152
Bodmer, Anny 238, 257, 267, 285, 287
Bodmer, Elsy 319, 326, 381, 388, 397f.
Bodmer, Hans Conrad 259, 261, 306,
   319, 326, 377, 392
Bodmer, Hermann 238, 267
Boethius, Anicius M. S. 342
Böhmer, Gunter 344, 352, 383, 385
Bormann, Martin 369
Brecht, Bert 332–334, 344, 382, 394
Brentano, Clemens 67
Broch, Hermann 393
Brod, Max 380
Brun, Fritz 130, 161, 192
Buber, Martin 270, 273, 344, 377, 392
Bucherer, Max 140, 152
Buddha Shakyamuni (Siddhartha
   Gautama) 57, 147f., 166f., 218, 244,
   252, 256, 258
Burckhardt, Carl Jacob 384
Burckhardt, Jacob 94–96, 107, 371

Camuzzi, Rosetta 225
Carossa, Hans 355, 377, 387, 393